总　序

伴随着我国法学教育的快速发展，我国的法学教材建设也呈现日益繁荣的景象。在民商法学科，以高校教师为主体组织编写出版的各种系列教材，不仅大大促进了民商法学科的教材建设，而且也为法科学生学习民商法选用教材提供了比较大的空间。同时，伴随着我国市场化改革的深入和社会主义市场经济体制的逐步建立，我国的民商法学理论也获得了长足的进步，无论是研究领域的宽度还是研究领域的深度，民商法理论的进步与发展都是有目共睹的，也是令人欣喜的。我国民商法理论的进步与发展也充分反映在我国民商法学科教材的建设之中。进入本世纪以来出版的民商法学系列教材逐步改变了上个世纪 80 年代以来存在的一本民法教材贯穿全部民法课程学习过程的状况，不仅出版了民商法学的系列教材，而且教材的内容比过去丰富得多，理论深度也比过去大得多。进而，90 年代以来，我国的民商法学教材建设也逐渐摆脱了 80 年代民法教材所具有的前苏俄民法学教科书的影响，在构建我国科学的民商法学理论体系方面发挥着其他出版物所不可替代的积极作用。

本系列教材是我与我过去的厦门大学法律系民商法教研室的同事共同努力的成果，也是与厦门大学出版社良好合作的结果。自 2000 年陆续出版以来，多次重印，陆续再版，逐渐被多所高校法学院系采用，作为本科教学的教材或教学参考书，有的还被选作硕士研究生教学的教材或参考书。2007 年在教育部组织的"普通高等教育'十一五'国家级教材规划"评选中，本系列中的《民法总论》和《商法》还被选定为规划教材。

这些对于我和我过去的同事来说，无疑是一种极大的鼓励，也是一种无形的鞭策。我们将不辜负广大读者的厚爱，继续做好本系列教材的修订与再版工作，不断完善教材的内容和体系，尽力为民商法教学提供一套好的教材。

柳经纬

2007 年 12 月 22 日

于中国政法大学

Civil Law and Commercial Law Series Courses for the Higher Education of Law

民法总论〔三版〕

Civil Law

主　编　柳经纬
撰稿人　丁丽瑛　朱炎生　柳经纬　钟瑞栋
　　　　洪艳蓉　徐国栋　郭俊秀

三版前言

《民法总论》于2000年初版，初版作者为柳经纬、丁丽瑛、朱炎生、洪艳蓉和郭俊秀；2005年二版由柳经纬、徐国栋、钟瑞栋负责修订；本次修订仍由二版修订者负责。

初版分工：柳经纬撰写第一章、第十章，丁丽瑛撰写第二章、第八章和第九章，朱炎生撰写地三章、第四章和第五章，洪艳蓉撰写第六章，郭俊秀撰写第七章，全书由柳经纬统稿。

二版和本次修订分工：徐国栋修订第一章，钟瑞栋修订第二章、第五章、第八章至第十二章，柳经纬修订第三章、第四章和第七章。

柳经纬

2008年6月

二版前言

2002年底,《中华人民共和国民法(草案)》提交全国人大常委会审议,标志着我国民法典的立法工作已经进入法律的程序。这对于我国民法学界来说,可谓是千载难逢的盛事。民法典的制定需要民法学理论的支持,同时也必将推动着我国民法学理论研究的发展。事实已经证明,近年来围绕着民法典的制定,民法学界呈现出前所未有的学术热情和热闹场面,对民法典制定中所遇到的诸多问题,如民法典的体系和编纂思路,人格权是否独立成编,是否应设立债法总则,在自然人和法人之外是否应规定第三类民事主体,是制定财产法还是制定物权法,知识产权的入典问题等等,进行了深入而热烈的讨论,民法学理论研究正在得到不断的充实和丰富。

与此同时,伴随着我国市场化改革的深入,民事关系呈现出多元化的发展趋势,新类型案件不断出现,司法实践在不断提出诸多新的民商事法律问题的同时,也推动着民商法学理论研究的深入。

民商法理论研究的深入和司法实践的发展要求我们不断丰富和改进民商法学的理论教学。正是基于这样的考虑,我们对本系列教材进行了修订和补充。

本系列教材建设被列入福建省高等学校2003年度精品课程建设项目,本次修订得到了该项目建设经费的资助。参加《民法总论》修订的作者及其分工如下:徐国栋:第一章;钟瑞栋:第二、五、六、八、九、十、十一、十二章;柳经纬:第三、四、七章。

柳经纬

2005年元旦

前　言

民商法学博大精深,不仅理论内容丰富,而且极具实用性。在我国建立社会主义市场经济体制和实现依法治国宏伟目标的过程中,民商法作为社会主义法律体系中最为基础性的法律部门,涉及社会生活的各个方面,因而越来越受到广泛的认同。民商法学理论研究也随之成为学者和研修法律学科的人士钟情的法学领域之一。近年来,民商法学科考研热即是一个很好的说明,1999 年合同法颁行引起的遍及全国的合同法出书热和学习热更是一个很好的例证。

确立社会主义市场经济体制以来,我国民商法学科发展迅速,研究成果令人瞩目,我国民商法学理论也逐渐趋于成熟。将民商法学的理论与我国法律实务加以梳理,编写一套民商法学系列读物,使之既能系统反映民商法学的基本理论,又能结合我国法律实务,探讨实践中提出的民商法律问题;既可作为高校法学专业教材,又可供一般读者学习民商法学理论知识之用。这是全体作者共同的愿望。厦门大学法学院民商法学是福建省重点学科,"民商法学系列"是本学科规划建设中的成果形式之一。本系列的出版得到厦门大学出版社的大力支持,编辑施高翔先生为本系列的策划、编辑付出了大量精力,特此表示谢意。

《民法总论》为"民商法学系列"之一,由柳经纬主编,各作者的具体分工是:柳经纬撰写第一章和第十章;丁丽瑛撰写第二章、第八章和第九章；朱炎生撰写第三章、第四章和第五章；洪艳蓉撰写第六章；郭俊秀撰写第七章。全书由柳经纬统稿。

本书不足之处，祈请读者和专家批评指正。

柳经纬

2000年8月

目 录

第1章 民法概述

第一节 民法的概念和内容

一、民法的概念

“民法”作为一个法律部门的称谓，源自古罗马的市民法(ius civile)，它是调整城邦生活的社会规则的总和，诸法合体，民刑不分。到18世纪，以1756年的《巴伐利亚民法典》的颁布为标志，欧洲完成了部门法运动，民法演变为在宪法统帅下的，与刑法、民事诉讼法、刑事诉讼法、商法相并列的法律部门(所谓的“六法”)。这样的部门法意义的民法通过日本传播到中国。1868年(庆应四年)，日本学者津田真道在介绍欧洲法律文明时，把荷兰语的“burgerlyk regt”译为“民法”。该词是拉丁词“ius civile”的转译。津田真道把“市民法”译为“民法”，省掉了一个“市”字，就把“民法”的规制对象到底是“市民”还是“公民”弄得模糊不清了。而市民和公民属于人在两个场景下的角色形象，前者为私的，后者为公的。因此，津田真道的翻译不确，为了正本清源，我们还是提倡把民法称为“市民法”。

1898年，日本颁布了民法典，在立法上确立了“民法”这一用语。我国清末，清政府革新图强，学习西方，制定现代式的法典，在立法上也继受了“民法”这一概念，大量留日学生把它带到了中国。20世纪20年代末30年代初，当时的国民政府相继颁布了民法典的各编。中华人民共和国成立后，虽迟迟未制定民法典，但“民法”一语在法律界广为使用。1986年4月12日，第六届全国人民代表大会第四次会议审议通过了《民法通则》，“民法”作为我国一个法律部门的称谓在立法上正式确定。

“民法”一语有两种用法。一是指用“民法”命名的法律文件，即民法典，如

《法国民法典》、《德国民法典》、《日本民法典》、《意大利民法典》等，称为形式意义上的民法。我国《民法通则》只是对民事法律的一些共同性问题的规定，不符合民法典内容上的全面性和形式上的体系性的要求，因此不是民法典。由于我国目前尚无作为法制完备之最重要标志的民法典，制定民法典是我国当前民事立法的主要任务，也是完善我国民商法的基本工程。二是指世俗法体系中的一个部门，即调整主体之间的人身关系和财产关系的法律规范的总称，称为实质意义上的民法。它不仅包括形式意义的民法即民法典，也包括其他单行的民商事法律（如公司法、票据法、海商法、保险法、证券法等）和其他法律中的民事法律规范。民法学研究的是实质意义的民法。

需要指出的是，“民法”一词是大陆法系特有的术语。在英美法系国家，不存在一个类似于大陆法系国家民法的法部门，因此，以“民法”命名的法典少有闻[①]，有关民法的内容分属于财产法、合同法、侵权法等按更具体的方式划分的部门法。

二、民法的内容

各国民法的内容和体系不尽相同。《法国民法典》分为人、财产及对所有权的各种限制、取得财产的各种方法 3 编；《德国民法典》、《日本民法典》、《中华民国民法典》（即现行台湾“民法”）则包括总则、债权、物权、亲属和继承 5 编；1942 年的《意大利民法典》除规定人与家庭、继承、所有权、债外，还包括劳动、公司、保险、知识产权等内容。1964 年的《苏俄民法典》则包括总则、所有权、债权、著作权、发现权、发明权、继承权、国际私法等 8 编。在我国，民法学界对民法的内容和体系也有不同主张，但从学科体系上看，民法一般包括以下内容：

1. 人格和身份制度。人格即国家赋予自然人、社会组织的充当民事主体的资格。民事主体是民事法律关系的参加者，在这种关系中享有权利和承担义务。在我国法律上，民事主体包括自然人和法人，国家是特殊的民事主体。但在社会经济生活中，合伙企业、企业分支机构、个人独资企业等非法人团体对外签订合同、参与民事活动，享有权利和承担义务的情况越来越普遍，它们也应属于民事主体。

身份是影响主体人格和其他权利的立法者安排，它具有对偶性和分配性，

① 实行普通法的美国加利福尼亚州于 1872 年制定了自己的民法典。关岛于 1933 年也是如此。

换言之,身份总是成对地设置的,其中一个给某些主体带来利益,另一个给另一些主体带来不利益,立法者正是通过确定这正负两种因素的归属来贯彻身份的分配性。因此,身份对人格的影响分为积极的和消极的。起前种作用的身份如国民,反之,起后种作用的身份就是外国人了,因为民法总是某个特定法域的民法,尚不存在一种全球通行的民法,因此,取得某个法域的国民资格,通常是取得该法域的民法人格的前提条件。当然,外国人也可在对等原则的条件下取得内国的民法人格。不妨说,前种身份是充实人格的,谓之正身份;后种身份是"掏空"人格的,谓之负身份。

在当代,身份正日益频繁地成为立法者运用的奖惩工具施用于特定法域的成员,这是一种行政过程的结果,因此,身份的这种运用状态表现了行政法与民法的交错,以及人身法相对于财产法的独立性。

2.人身权制度。人身权包括人格权和身份权。人格权是自然人、法人对其自身要素享有的权利。自然人的生命健康权、姓名权、肖像权、名誉权、荣誉权,法人的名称权、名誉权、荣誉权等,是这两种民事主体拥有的基本人格权。自然人的人格权是宪法规定的公民权利的最直接的体现,确认和保护它们是民法的重要任务。

必须把人格与人格权区分开来。人格本身也是一种权利,是一种前提性的权利,其他权利都要以它为依据取得,所以是派生的权利,人格权即为这些派生的权利的一种。人格是国家赋予的资格,表现了国家与民事主体之间的纵向关系;而人格权主要体现了民事主体之间自由空间的划分,属于横向关系。

身份权是自然人受法律确认的对其亲属人身的控制权。它只存在于狭义的身份法——即婚姻家庭法领域,具体表现为亲权和配偶权,其内容为父母对子女人身的占有(例如子女通常必须以其父母的住所为自己的住所)、配偶相互对对方人身的占有(例如夫妻互负同居义务)。诱拐他人子女为对前一种身份权的侵犯;引诱配偶一方与自己或他人发生性关系为对后一种身份权的侵犯,这些侵权行为都导致权利人的损害赔偿请求权。

也必须把身份与身份权区分开来。前者是影响主体人格的立法者安排,表现的是国家与民事主体之间的纵向关系;后者是身份权人对他人干扰或侵害家庭关系之行为的排除,属于民事主体之间的横向关系。

3.婚姻家庭制度。婚姻是两性或同性结合的法律形式,家庭是社会的细胞。结婚、离婚、收养、扶养等,是市民社会的重要内容,因而调整婚姻、家庭关系是民法的重要任务。

4.继承制度。财产继承解决的是自然人死后其财产权的移转问题。财产继承主要发生在家庭成员之间,是家庭成员之间经济连带性的表现。保护自然人的遗嘱处分权是保护其财产权的重要体现。财产继承制度是民法的重要内容。

5.物权制度。物权是民事主体对物直接支配并排除他人干涉的权利,包括财产所有权和土地使用权、土地承包权、抵押权、质权、留置权等他物权。物权制度解决的是财产的归属与利用问题,是民法的基本制度。

6.知识产权制度。知识产权包括著作权、专利权、商标权等以知识产品为客体的权利。随着科学技术的发展,尤其是知识经济时代的到来,知识产权对于社会经济发展和科学文化进步所起的作用越来越大,从不见诸民法典演变为重要的民法制度被许多民法典收纳。

7.债的制度。债是特定人之间请求为特定行为或不行为的法律关系。债权与物权是两类基本的财产权。前者主要表现动态的财产关系,后者表现静态的财产关系。合同是债发生的主要发生根据。此外,侵权行为、不当得利、无因管理等,也是债的发生根据。债的制度主要解决财产、服务、知识产权的流转问题,同时也解决消除侵害他人利益行为的后果问题,内容庞杂,是最占据民法典篇幅的制度。

第二节 民法的调整对象和调整方法

一、关于民法调整对象的学术论争

研究民法的调整对象要回答的是民法调整什么样的社会关系问题,即民法干什么的问题。民法调整对象问题的解决,关系到民法在我国法律体系中的地位,民法自身的体系与内容,民法学科体系的正确建构和民法典结构的设计,对我国的民事立法有直接影响,因此一直是学界关注的热点问题,曾在民法学界乃至整个法学界引起数次广泛的争论。讨论中,学者们见仁见智,提出了许多不同的观点。其中,对学术界产生较大影响的有“一定范围关系说”、“商品经济关系说”、“人文主义说”。

建国后,我国曾全盘接受前苏联的民法理论,其关于民法调整对象的观点在相当长时期内在我国民法学界占据统治地位。它认为,民法调整的是一定范围的财产关系和人身非财产关系。在 1986 年颁布《民法通则》之前,我国的民法教学以其为通说，称为“一定范围关系说”。[①] 此说将民法的调整对象界定为财产关系和人身关系，对于揭示民法调整的社会关系范围具有重要意义，成为如今我们认识民法调整对象的出发点。但这种观点的缺陷，正如学者指出的，“这个‘一定范围’没有说出民法调整对象质的规定性来”，[②]因为定义应该是被定义对象的内涵和外延的相加，“一定范围”的用语反映了定义者对民法内涵的把握不准造成的对民法外延的无法把握。

取代“一定范围说”的是“商品经济关系说”，它产生于我国在 20 世纪 80 年代初从计划经济到商品经济的转轨时期，持论者为证明古老的民法的存在必要而把它与领导人当时正在推行的商品经济联系在一起，为那个时期的民法赢得了生存空间，功不可没。它认为，民法调整的社会关系的核心是一定社会的商品关系。从历史来看，民法的产生与发展都与一定社会的商品关系紧密相连并为之服务。这种观点揭示了民法的经济调整功能，但它过分强调了民法调整财产关系的一面，而忽视了民法调整人身关系的一面，而且它力图把财产继承等非商品经济关系排除在民法之外，有阉割民法的倾向。

“人文主义说”是对“商品经济关系说”的反动，它认为民法的基本调整对象分为人身关系和财产关系两个板块，由于民法的本来含义是市民法，它是市民社会的宪章。而市民社会不可等同于市场经济，可以说，后者是前者的基本内容，但前者也有自己的与市场经济无关的内容。例如，亲属或非亲属之间的监护、保佐制度，就是为了维护一个市民社会的安定团结，与商品交换无关。由此，民法调整人身关系的部分和调整财产关系的部分获得了不同的逻辑，前者国家多多插足，公法色彩浓厚，强调团结互助；后者强调开明的自利。因此，用商品经济关系来涵盖民法的全部内容，完全是削足适履之举。在人文主义的民法论者看来，民法的人身法承担组织一个市民社会的任务，其财产法起分配维持这一社会所必要的资源的任务，这两个部分具有相对的独立性。由于前者是后者的前提，这部分民法学者主张把民法调整的两大对象调个，强调民法先调整人身关系，然后才调整财产关系。其人文主义的民法观由此得名，该

① 《民法原理》(修订本)(高等学校法学教材)，法律出版社 1986 年版，第 12 页。该书曾被各高校广泛采用为民法教材。

② 佟柔等：《民法原理》(上册)，全国第三期法律专业师资进修班民法班整理，西南政法学院 1983 年印行，第 1 页。

术语的含义是把对人身关系的调整置于优先于财产关系的调整的地位。[①]

二、我国民法的调整对象

《民法通则》第2条规定："中华人民共和国民法调整平等主体的自然人之间、法人之间、自然人和法人之间的财产关系和人身关系。"这一定义形成于商品经济的民法观甚嚣尘上的时期，反映了当时人们对民法的不正确理解，是把民法财产关系法化，把人身关系法作为财产关系法的附庸的错误思潮的反映，也与世界各国民法典以及《民法通则》自身先规定人身关系（如民事主体），后规定财产关系的立法实践矛盾。正确的民法调整对象定义应表述作：民法是调整人身关系和财产关系的法律。这一定义中包括人身关系和财产关系两个要素。

（一）人身关系

人身关系，是就人格、人格权和身份、身份权发生的社会关系。

所谓人格，是主权者赋予的主体资格，就自然人而言，指生物人被承认为法律人的状态，这种承认的结果表现为国家赋予生物学意义上的人以权利能力。因此，人格与权利能力是两个基本可以相互等同的概念。人格关系包括对外和对内两方面的内容。就对外方面而言，人格关系涉及到一个法域与其他法域的成员的关系。在这个世界上，每个国家都是一个法域或一个市民社会。如果一个法域接纳其他法域的成员为自己的民事主体，我们就说该被接纳者取得了另一个法域的人格。在这里，人格就是某一个市民社会的主体资格，它表现为承认外国人的民事权利能力问题，这一问题在现代社会已普遍获得解决。就对内方面而言，生活在一个法域的人并不见得都被承认为是这个法域的主体，例如在古罗马，奴隶就不被承认为主体；在现代，也有一些国家的少数群落成员的主体资格受到限制或贬损，其权利能力受到限制，这是不合理的。民法的精神是人格平等。因此，人们普遍通过女权运动、少数民族权利平等运动等来争取民法理念的实现。在现代世界，已经难以找到公开确定法域成员间人格不平等的国家，问题在于把法律允诺的人格平等兑现为现实的平等。

人格权是民事主体对自身要素享有的权利，是生命、健康、婚姻自主、姓名、肖像、名誉、荣誉等具体的人格权。人格权来自法国中世纪伟大的民法学

---

① 参见徐国栋：《市民社会与市民法》，载《法学研究》1994年第4期。徐国栋：《认真地对待民法典》，中国人民大学出版社2004年版，第83页及以次。

家雨果·多诺(Hugues Doneau,1527—1591)的权利分类理论,他把权利分为对我们自己的权利(人格权)和对外在物的权利两类,后者又可再分为物权和债权[①],这种理论马上传播到德国,在温德沙伊德(B. Windscheid, 1817—1892)的《潘德克吞法》中采用[②],构成我们现在的人格权理论的基础。

学术界还有一般人格权的提法,持论者基于关于人格权的立法不可能穷尽一切具体人格权现象,主张在未为法律明文规定的人格利益受到侵害时,可援用一般人格权进行保护。

关于作为民法调整对象的身份和身份权,前文已述,此处不赘。

(二)财产关系

财产关系是以财产、服务和知识产品为媒介发生的具有相互性的社会关系。由于财产关系主要以财产为客体,说明了什么是财产,也就基本上说明了财产关系。

在经济学上,把一切对人有用的东西都称为资源或财货(goods),对于财货,又分为物质的和个人的、经济的和自由的。物质的财货是各种有形的物和无形的权利。个人的财货有内在的和外在的两种,前者为人的各种能力(如天赋、体力、特殊技能等),后者为人在与他人关系中能带来利益的东西(如信誉、商誉等)。经济的财货受稀缺法则的支配,不能无限量地满足人的需要;相反,自由的财货不受这一法则的支配,可无限量地满足人的需要。如空气和阳光,它们对人有用,因而是财货,但它们在某种意义上无限地存在,人人可以各取所需而不需付出代价,所以通常不可能就它们产生财产权。[③] 任何财产权皆以客体的稀缺性以及由此而来的人们的自利心为基础。经济学中的财货不等于民法中的财产。显然,只有经济的财货、物质的财货才是财产。在劳动力市场已形成的条件下,个人内在的财货反映为具有一定素质的劳动力,也是财产。现代社会中已有商号和商标的买卖,这实际上是以商誉为客体的买卖。

---

① Cfr. Hugonis Donelli, Opera omnia, Tomus Primus I, Roma, Typis Josephi Salviuggi, 1828, p. 229.

② Cfr. Bernardo Windscheid, Diritto delle pandette(Vol. I), trad. it. di Carlo Fadda e Paolo Emilio Bensa, UTET, Torino, 1925, p. 177.

③ 最近10年来,在美国发生了"财产化"运动,一些过去看来不能被拥有的有体世界中的弥漫资源或公共物变成了财产。从1990年起,美国把空气本身作为国家财产,以控制污染性地使用空气。See Carol M. Rose, The Public Domain: Romans, Roads, and Romantic Creators: Traditions of Public Property in the Information Age, In *Law and Contemporary Problems*, 66, 2003.

在生产要素全面由市场配置的经济条件下，财产的范围十分广泛，因而民法调整的范围也十分广泛。

一切要素要成为财产，必须满足以下条件：第一，具有效用，即能满足人的需要；第二，具有稀缺性，即不能无限量地存在；第三，具有合法性。有些因素既具有效用，又具有稀缺性，例如学位、职称、职务、军衔以及人，但它们都不是财产，因为法律出于公共利益的考虑禁止它们成为财产。所以，一些媒体津津乐道地报道某女子为了给弟弟治绝症筹款，自愿一辈子受给款者支配这样的变相自卖为奴等类情事，实在是忘了现代已不允许奴隶制的现实。此外，由于大部分财产权的客体都是人的劳动产品，这部分财产必须包含有人类劳动。符合以上条件的财产即具有价值，因此，财产的价值来源于效用、稀缺性和劳动3个渠道。由于并非一切财产都是劳动产品，有的财产如国有土地使用权，其价值来源于其效用和稀缺性，而非劳动。所以，我们可以把财产分为劳动产品和非劳动产品两大类，对于前者，通常称为商品，即为了交换而生产的劳动产品。

有的民法著作将财产关系等同于商品关系，这是极端错误的。我们知道，财产包括劳动产品和非劳动产品，将财产关系等同于商品关系，无疑人为地缩小了民法的调整范围，而且也不符合市场经济条件下大量交易非劳动产品（如拍卖无线电频道和二氧化硫排放额）的经济实践。

在财产关系中存在的权利为财产权。它是人与资源的关系，财产权人有权就这些资源的占有、使用、收益做出决定。财产权的存在以资源的稀缺性为主要条件，因此，从另一角度看，财产权反映的是人与人之间就稀缺资源的利用发生的关系。

三、民法的调整方法

（一）概述

调整是一个一般的概念，在这一概念之下，有拟制、范导、修补、保障和惩罚5类调整手段。民法的调整分为事前调整和事后调整两个阶段。“事”在此处的含义是“争议的发生”，因此，所谓的事前调整，就是民法在当事人发生争议之前对社会关系施加影响的活动；所谓的事后调整，就是民法在当事人发生争议之后对社会关系施加影响的活动。拟制和范导属于事前调整的范围；修补、保障和惩罚属于事后调整的范围。

从学说史的角度看，人们对民法调整的方法也有一个认识过程。首先要指出，在众多的民法教材中，只有少数关注这一问题。最早涉及这一问题的是

1984 年出版的，由王忠、苏惠祥、龙斯荣、王建明编写的《民法概论》，其中作者们主张，调整就是对不同的社会关系区别对待，有的加以确认和保护，有的要巩固和发展，有的要加以限制或制裁[①]。这种观点比较接近真理。1989 年出版的由寇志新主编的《民法学》(上册)中，作者们主张民法有以下调整方法：(1)确认民事主体的平等地位；(2)尊重、保护民事主体的财产权和人身权；(3)实行等价性的经济补偿和赔偿；(4)认可民事主体运用和解、调解形式解决民事争端；(5)以回复被侵害民事权利和赔偿损失等救济方法追究不法行为人的民事责任[②]。这种观点基本上按民法各编的顺序总结出民法的调整方法，并且把实体法与程序法结合起来考虑这一问题，是从素材出发总结出结论的路子，可堪赞赏。但第 3 种和第 5 种调整方法的界限并非十分明确。

但也存在相反的研究思路。1988 年出版的由李由义主编的民法教材《民法学》认为，“由于商品经济固有的平等、自愿、等价、有偿的特征，决定了平等、自愿、等价、有偿是民法调整的基本方法”。表现为：(1)民事主体地位平等；(2)民事法律关系的发生、变更和终止基于当事人的自愿；(3)法律关系的内容由当事人在等价、有偿、互利、互惠的原则下设定权利、义务，不允许显失公平的法律关系存在[③]。这种观点忽略了民法的强制性，忽略了整个法律调整的框图是一个三角关系，尤其是纵向关系，把民法曲解为软法，把民法承认的一点点当事人的自我调整等同于全部的民法调整，是一种从观念出发而不是从素材出发得出结论的研究路子，因此一唱而绝，无人追随。事实上，通过阅读各国民法典，运用归纳法，观察各国立法者作用于民事关系的手段，自然可得出如下较为科学的民法调整方法理论。

(二)事前调整

1. 拟制。所谓拟制，是立法者基于公共政策的考虑，把甲事实当作乙事实适用法律的活动。立法者常常用带“视为”的句子制定拟制性条文。拟制既可适用于主体，也可适用于客体。就前者而言，有如《民法通则》第 11 条第 2 款的规定：“16 周岁以上不满 18 周岁的公民，以自己的劳动收入为主要生活来源的，视为完全民事行为能力人。”本来，在行为能力问题上，16 周岁以上，不满 18 周岁的公民与 18 周岁以上的公民是两个不同的范畴，由于前者以自己

---

① 黑龙江人民出版社 1984 年版，第 10 页。

② 参见寇志新主编：《民法学》(上册)，陕西科学技术出版社 1989 年版，第 30～33 页。

③ 参见李由义主编：《民法学》，北京大学出版社 1988 年版，第 17 页。

的劳动收入为主要生活来源，表明他们具有与后者相当的辨认自己行为的能力，立法者基于扩大完全民事行为能力人的数目的考虑，遂运用拟制的调整手段赋予前者以完全的民事行为能力。就后者而言，有如许多国家的法律视船舶、飞机为不动产的规定。从事理之性质来看，船舶、飞机本身为动产，但立法者考虑到它们价值巨大且极为重要，遂赋予它们以不动产的地位，对其适用不动产方面的法律。

2.范导。是为当事人可能的行为提供法律模式的民法调整方法，最典型地体现为法律规范和法律行为制度。前者是事实的范导；后者是价值的范导。设立基本原则也是一种范导方式。

民法规范是对一个事实状态赋予一种确定的法律后果的规定，其逻辑结构分为行为模式和保证手段两个部分。行为模式由假定和处理构成，前者指民法规范适用的条件和情况；后者指可以做什么、不可以做什么、应该做什么的具体规定。行为模式部分旨在指导人们的行为，划定人们行为的可能空间，表达和反映立法者的意志和愿望。保证手段部分由假定行为和法律后果两者构成。前者指法律关系主体的可能性行为选择，后者指立法者对法律关系主体行为选择的裁决和处理。保证手段部分旨在督促人们依照法律规定的行为模式行为，体现和反映民法的国家强制力。当事人通过分析民法规范，即可在行为前预先知道法律对自己行为的要求以及违反这些要求所产生的后果，从而依法行事。通过这些过程，立法者所愿望的社会秩序得以实现，民法完成其调整功能。

法律行为则对立法者不能精确预见的当事人行为规定了价值框架性的行为模式。

（三）事后调整

事后调整包括以下手段：

1.修补。就是以补充性规定完善当事人间的法律关系的缺项的民法调整方法。法律做出某些规定，在当事人设立的法律关系就相关内容无约定，以致影响其圆满状态时，推定当事人以这些规定为法律关系的当然内容，以恢复法律关系的圆满状态。这些用以修补当事人间法律关系残缺的规定即为补充性规定。

2.保障。就是通过适用民事救济使被破坏的法律关系恢复圆满状态的民法调整方法。通过事前调整，民法将社会关系转化为法律关系，形成一种理想的社会秩序。但不排除法律关系被破坏的可能。在法律关系中的权利受到侵犯时，民法便通过事后调整使被破坏的权利得到恢复。如果说民法规范的行为模式部分旨在实现事前调整的功能，则其保证手段部分承担着事后调整的任务。事后调整的手段为民事救济，主要有返还财产、恢复原状、赔偿损失等方式。

3.惩罚。就是在行为人未按法律的要求行为的情况下，使其承担不利的法律效果的民法调整方法。惩罚有失权、强令失效、强令生效、价格制裁、证据规则、解释倾斜等形式。

失权，是在行为人未按法律的要求行为的情况下，法律令其丧失某种或某些权利能力，例如从事特定职业活动或担任企业领导人的权利能力。强令失效，是在权利人不积极行使权利的情况下，法律使他们丧失权利的处置。判断权利人是否不积极行使权利有时间的尺度和相对人信赖之产生两个尺度，前者适用于时效完成、除斥期间届满的情形；后者适用于权利失效制度的情形，在这种情形，由于权利人长期不行使权利，导致义务人相信他不会再行使，权利人再行使的，有违诚信，故法律使他不能再行使权利。强令生效（认假为真），是在当事人故意为不真实的意思表示，并无使其生效的动机的情况下，法律强令该意思表示生效，以惩戒不负责任的表意人。例如《埃塞俄比亚民法典》第 2123 条规定："某人通过其作为或不作为制造某种假象的，第三人基于对此等假象的信赖所实施的行为，可被宣告可用来对抗假象的制作人。"

价格制裁，指在法律行为履行中，其标的物价格发生变化的，法律令逾期履行的一方承担价格变动造成的损失。《合同法》第 63 条即为这样的规定。

证据规则，就是以分配举证负担的途径达到有利于一方当事人，不利于一方当事人的立法目的的措施。证据规则作为调整方法，有优势证据（preponderance of evidence）和举证责任倒置两种形式，前者有《菲律宾民法典》第 33 条的例子，该条规定："在破坏名誉、诈欺和人身侮辱的案件中，可由受害的当事人提起完全与刑事诉讼分开与分别地要求赔偿损害的民事诉讼。这样的民事诉讼将独立于刑事追究进行，并且只要求优势的证据。"在这一规定中，法律基于公共政策的考虑，对破坏名誉、诈欺和人身侮辱这些特别恶劣的案件中的受害人提供特别的保护，他们就上述类型的案件提出的证据，以比不利于他们的主张的证据多即为已足，换言之，不要求他们绝对地证明事实，而只要求他们相对地证明事实。优势证据是一个宽松的证明标准，通常适用于民事诉讼。刑事诉讼中适用"排除合理怀疑"的证明标准，它要求证据确凿无疑，能消除所有可能的不确定性[①]。显然,相较于适用"排除合理怀疑标准",被适用优势证据规则的加害人在诉讼中处于不利的地位,这正是制裁他们的立法目的所追求的。后者有违约责任中的过错推定责任的例子。在通常情况下,实行"谁主张,谁举证"的原则,但许多情况下举证困难,因而举证是一项负担。在违约之情形,违约人只要有违约的事实,就被推定为有过错,要承担相应的违约责任,除非他证明了违约不是由其过错造成的,才可免责,被违约人不承担证明违约人有过错的责任。法律通过这种制度敦促合同当事人避免违约行为。如果违约,就置其于不利的地位。

解释倾斜,指立法中规定,如果法律关系双方当事人的地位不均衡,则允许法官在解释作为法律关系产生根据的文件时,作不利于强势一方的解释,以图减少当事人地位的差异的民法调整方法。例如,《合同法》第 41 条规定,"……对格式合同有两种以上解释的,应作不利于提供格式条款者一方的解释……"。该条即采用了这种调整方法。

民法的调整方法种类甚多,不能一一列举。如果运用归纳法,不难从现有的民事立法中找到诸多这方面的实例。

四、民法与相关法律部门的关系

(一)民法与商法

商法是规范商人、商业组织和商事活动的法律,其内容一般包括商业登记法、公司法、非公司型商业组织法(如合伙企业法、独资企业法)、破产法、票据法、保险法、海商法。按通说,商法起源于中世纪地中海沿岸诸自治城市商人行会(Merchant Guild)自治性的商业习惯法。原来是属人法,只适用于商人;后演变为行为法,调整商行为即营利性的行为,不论此等行为是商人或非商人实施的。1807 年,法国在民法典之外另订《商法典》,由此确立了民商分立的体制。德国、日本、比利时等国仿之,分别制定了民法典和商法典。瑞士于 1872 年制定了《债法典》,内容包括公司、票据、商业登记等本属于商法的制度,1911 年将债法纳入《瑞士民法典》,为其第五编,从而确立了民商合一的体制,土耳其、泰国及旧中国仿之。意大利于 1860 年统一后采民商分立制,分别制定了民法典和商法典,1942 年制定新民法典时转采民商合一制,制定了包括民商内容的民法典。

---

① 参见彼得·G·伦斯特洛姆编:《美国法律辞典》,贺卫方等译,中国政法大学出版社 1998 年版,第 260~261 页。

民法与商法的关系为，前者为普通法，后者为特别法；前者具有地域性，后者具有国际性；前者既调整人身关系，又调整财产关系，后者主要调整财产关系。我国多数民法学者主张民商合一，认为商法属于普遍的民法规则的具体运用。它们的关系具体表现为：第一，从内容上看，商法的各项制度是民法制度的具体化和扩大化。例如，公司是法人制度的具体形式，个人合伙企业和个人独资企业则是自然人作为民事主体在商业活动领域的具体表现；股东订立公司章程，合伙人订立合伙合同，票据当事人签发、背书转让票据，当事人订立海上货物运输合同、保险合同等，都是具体的民事法律行为；票据关系，海上货物运输关系，保险关系等，则属具体的债权债务关系。第二，从法律的适用效力看，商法规范优先于民法规范适用。关于商人和商事活动，商法有规定的，适用其规定；无规定的，才适用民法的一般规定。

（二）民法与经济法

民法与经济法的调整对象不同。民法调整的人身关系和财产关系以横向关系为主；经济法调整政府对经济的管理、国家和企业之间的关系，以纵向关系为主。民法的调整对象是二元的，既包括人身关系也包括财产关系，而经济法的调整对象是一元的，只包括财产关系。《中共中央关于建立社会主义市场经济体制若干问题的决定》提出要"抓紧制定关于规范市场主体、维护市场秩序、加强宏观调控"等方面的法律。其中，有关规范市场主体和市场秩序的法律，主要是调整主体间财产关系的法律，如公司法、合伙企业法、独资企业法、合同法等，应属民商法；而有关宏观调控的法律，如反垄断法、反不正当竞争法、财政税收法等，应属经济法。国家干预市场行为的法律，如价格法、标准化法、产品质量法、广告法等，也属于经济法。

（三）民法与劳动法

劳动法是调整劳资关系的法律。在罗马法中，雇佣关系被认为是劳动力租赁关系，适用关于租赁合同的规定。19 世纪后半叶以来，由于工人运动的发展，劳工保护受到重视，有关劳动时间、劳动报酬、劳动安全、劳动保险、劳动争议处理、集体劳动合同等劳工保护的立法越来越多，逐渐形成相对独立的劳动法部门，从属于社会法的大的法的分支，贯彻平衡劳资双方利益的原则。苏联民法理论认为社会主义条件下劳动力不再是商品，故把劳动法排除在民法的调整范围之外。受其影响，我国法学界历来把劳动法作为独立的法部门，立法上也是单独成类。但劳动法通常只调整企业中的劳动关系，对于零星的私人雇佣，例如保姆雇佣，仍然适用民法中关于雇佣合同的规定。

(四)民法与土地法

土地关系包括横向关系和纵向关系,其横向部分的调整在大陆法系国家属于民法中物权法的内容。其纵向部分的调整,即国家关于土地管理的规定,属于土地法的内容。我国土地归国家所有或集体所有,不允许私人享有土地所有权,因而我国的土地关系纵向成分多横向成分少。1988年宪法修正案明确规定"土地的使用权可以依照法律之规定转让"。土地使用权由此成为一种可以依民事程序转让的财产,这就扩大了土地关系中横向部分的范围。土地使用权的设立和变动,自然适用民法的规定,对这方面关系的调整是物权法的重要内容。

第三节 民法的本质

一、民法是公私混合法

公私法是古罗马以来西方社会关于法律的传统分类。乌尔比安认为,公法是有关罗马国家状况的法律;私法是涉及个人利益的法律(D.1,1,1,2)。此语开利益说之先河。在西方理论传统中,关于公法和私法的划分标准,有利益说、主体说、法律关系说和生活关系说等不同主张。① 不论何种主张,都把宪法、行政法、刑法、诉讼法划归公法,把民法和商法划归私法。但这种划分是不严格的,因为民法的亲属制度、继承制度、物权制度、知识产权制度,其主要部分诚然都是关于民事主体相互间人身关系、财产关系的规定,体现的是民事主体的个体利益,因而原则上是私法,不过,民法的人格和身份制度是完全的公法制度。债法是典型的公私二合制度。依发生根据分类,合同之债具有较强的私法性,而责任之债(侵权之债、无因管理之债、不当得利之债则完全是公法性的),更何况物权制度和知识产权制度中有相当多的公法规定呢!私法规

① "利益说"以法律保护的利益为标准区分公私法,凡有关公共利益的为公法,有关保护私人利益的为私法;"主体说"以法律关系的主体为标准,凡以国家或公共团体为主体的为公法,规定私人相互关系的为私法;"法律关系说"以法律关系的内容和性质为标准,凡规定国家与公民之间的权力服从关系的为公法,有关公民相互间平等关系的为私法;"生活关系说"以主体参与的生活关系的性质为标准,主张凡规定公民的国家生活关系的为公法,规定其个人生活关系的为私法。

范和公法规范在民法制度中的并存，反映了公权力服务于私人利益的逻辑以及这两种规范的兼容关系。

二、民法是权利法

权利是法学的一个基本范畴，也是一定社会法律制度的核心内容。最直接且最集中地确立和保护自然人、法人的权利的是民法。民法的全部内容是围绕着确认和保护自然人、法人的民事权利展开的。民法规定了民事权利的享有者（民事主体），民事权利的内容（人格权和身份权、继承权、物权、知识产权、债权等），民事权利的取得与行使（法律行为和代理等）、民事权利的保护（民事责任）等，因此，民法是以权利为本位建立起来的法部门。无论是大陆法系国家的民法典，还是我国的《民法通则》，都体现出民法的这种内在逻辑。

民法是权利法，决定了民法包含许多任意性规范。民法赋予民事主体充分的行为自由，对于自己享有的民事权利，只要不违背法律、法规的强制性规定，民事主体可以行使也可以不行使直至放弃，可以此种方式行使亦可以彼种方式行使。

在民事法律关系中，民事权利始终处于主导的一面，民事义务则是为满足权利人的利益而存在的。不论是合同义务还是法定义务，都以满足权利人的利益为其目标。义务人如违反其承担的义务，应承担民事责任。而民事责任从根本上看，是民事权利的一种法律救济手段，也以满足权利人的利益要求为其目标。

准确理解民法的权利法属性，对于我国实现“依法治国”的战略目标具有深远的历史意义。由于几千年的封建传统的影响，我国人民的权利意识薄弱。不仅一般人对自己的权利缺乏必要的认识，对他人的权利缺乏应有的尊重；而且某些国家权力机关对自然人、法人的人身权利和财产权利也常常缺乏必要的认识和尊重。个别国家机关及其工作人员对民事主体权利的经常侵害，已成为我国法治建设中的一大顽症。因此，公正司法、依法行政成为全社会的殷切期望。要建立社会主义法治国家，就必须全社会树立尊重权利的观念，树立权利神圣的观念。民法既然为权利法，所以，进一步完善民法的各项制度，制定作为权利宣言的民法典，是建立社会主义法治国家的基本前提。

三、民法是中人法

民法对社会关系的调整通过调整人的行为进行，因此，民法必须以一定的人性观点为出发点规制人的行为，制定相应的规则。

中人指遵循社会一般道德的人，遵循更高道德的人为上人，没有任何道德或遵循更低道德的人为下人。采用中人作为民法的人性标准，意味着不要求民事主体遵循过高的道德标准。只有这样处理，才可以使民法规范与道德规范区分开来，使民法中的人区别于宗教和道德中的人。宗教和道德规范对人的行为提出较高的要求，即应该为善的"爱你旁边的下一个人"(Love your next one)的要求；而法律规范通常只对人提出最起码的要求，即不得为恶的"毋害他人"的要求。所以，民法的大部分规范，尤其是财产法中的规范，都贯彻了"经济人"假说，把民事主体设想为合理地追求自己利益最大化的人。一个以利他为目的的人，已脱出法律的境界而进入宗教和道德的境界，民法规范对他已完全多余。

另一方面，在有些民法规定中，尤其在人身法的规定中，立法者又根据社会团结的需要，对经济人假说加以限制。例如各国民法皆规定诚信原则，该原则要求当事人以对待自己事务的注意处理他人事务，爱人如己，不利用自己的优势地位凌迫处于不利地位的相对人。民法通过这种对经济人假说与社会团结的协调，追求各种等级的社会势力之间的均衡，减少事实上的不平等的消极后果，达成一种全社会的和谐。

第四节　民法的渊源

一、概述

法律渊源指法律的表现形式，民法渊源就是民法的表现形式。在民法渊源问题上存在着一元制与多元制两种主张。所谓一元制，就是只承认制定法为民法渊源的主张。《法国民法典》采用一元制，其第 5 条规定："审判员对于其审理的案件，不得用创立规则的方式进行判决。"此条排除了适用判例法的可能。按多元制主张，民法的渊源除了制定法外，还包括习惯、判例等。持多元制主张的有《瑞士民法典》。其第 1 条规定："(1)凡本法在文字上或解释上有相应规定的任何法律问题，一律适用本法；(2)如本法无相应规定，法官应依据惯例，如无惯例，依据自己作为立法人所提出的规则裁判；(3)在前款条件下，法官应依据最权威的学说和判例。"此条规定了《瑞士民法典》以制定法、习惯、判例为内容的多元的法律渊源体制，与《法国民法典》就同一问题所作的规定迥然不同。在上述《瑞士民法典》的渊源体制中，制定法是民法的直接渊源；

习惯、判例为间接渊源。直接渊源和间接渊源的区别在于:前者具有适用上的直接性和优先性;对于诉讼事件,有制定法的明文规定的,必须先直接适用制定法;后者具有适用上的补充性和间接性。补充性表现为无制定法规定时方可适用;间接性表现为:作为补充渊源的规范,只有经过法院选择、认可后,才可作为法律适用。[①]

在民法的渊源问题上是采用一元主义还是多元主义,取决于立法者对两个问题的答案。

第一,立法者是否承认制定法存在局限性或漏洞。凡不认为制定法有局限性者,必建立制定法完美无缺、不需要以其他渊源补充的信仰,而只承认制定法为唯一的渊源。凡承认制定法有局限性者,必自知制定法存在漏洞,因而明智地确立其他渊源加以补充。在《法国民法典》产生的时代,立法者受理性主义影响,认为人类的认识能力是至上的、绝对的,立法者因而作出一元论的选择。

经过经验的验证,人类认识能力具有至上性的信念已经崩溃,人们转而相信人类的认识能力处在有所知而有所不知的地位,立法者只能对自己已有把握认识的社会关系加以规定,对无把握认识的未来可能发生的社会关系,只能授权将来的有权机关处理,因而确立了法律局限性理论。它催生了《瑞士民法典》以补充渊源填补制定法漏洞的多元的法律渊源体制。

第二,立法者在设计法律渊源体制是一元还是多元时,需要回答的另一个问题是立法权与司法权是否要进行严格的划分?因为作为最重要、最经常适用的补充渊源——判例,就是法官立法之产物。《法国民法典》由于奉行严格的三权分立理论,不许司法者僭越立法权,因而设计了一元的法律渊源体制,其第 5 条明文禁止法官立法。而是否能禁止得住法官立法,取决于制定法能否做到完美无缺。假若制定法不可能做到完美无缺,在法官不得以法无明文为由拒绝审判的条件下,不管立法者是否愿意,法官创立规则以处理手中的案件都是必然之事。由于对法律局限性问题认识上的突破,近代各国立法逐步舍弃了严格的三权分立观念,人们转认为议会是一般的立法者;法官是个别的立法者[②]。前者制定法律之大纲;后者制定法律之细则。由此淡化了立法与司法两大权力之间的严格划分,模糊了二者之间的界限,因而普遍承认判例为

① 参见王泽鉴:《民法学说与判例研究》(二),台大法学丛书 1979 年版,第 9 页。

② 参见勒内·达维德:《当代主要法律体系》,漆竹生译,上海译文出版社 1984 年版,第 49 页。

民法的补充渊源。

二、我国民法的渊源体制

我国民法应包括如下渊源：

(一)法律

法律是全国人大及其常务委员会按照立法程序为人民制定的行为规范，它是最典型的成文法。所谓成文法，指以文字形式表述并于生效前予以公布的法律。以文字形式表述使其具有确定性，于生效前予以公布使其对于当事人具有可预见性。成文法的特点和优点在于：它是由执法者与守法者所共知的法律，守法者在作为执法客体之同时，是监督执法者的主体。因此，成文法的立法形式即意味着执法者在人民的监督下司法，防止司法者的任性和专横，最利于保障人民权利的安全。

成文法的双重约束性使其成为法治的象征和运作的基本条件。一个国家法律的成文法化程度是衡量其法治水平的尺度。

成文民法的主要表现形式是民法典。

民法典是成文民法的最高形式。所谓民法典，指将绝大部分民法规范集中在一部立法文件中规定的立法方式，以条文众多、体系完备、逻辑严密，便于当事人和法官寻法为特征。相较于民事单行法；民法典的立法形式有利于提高民法的公示性。法律的公布有两种方式：一是零星的公布，例如制定各项单行法；二是系统化的公布，例如制定民法典。明了以前一种方式公布的法律之内容，对以司法为业的法官不难，但对于非以司法为业的当事人往往甚难，因此，零星公布的成文法，使法官和当事人在对法律的可接近性上处于不平等的地位，很难保证后者的监督功能之实现。而系统化公布的民法典，可以使其拥有者一卷在手，权利义务了然于胸，因此，使法官和当事人对法律具有同等的可接近性[①]。

根据权力量守恒定律，法律规定的详略与执法者的权力成反比。法律所作的规定越多、越详备，法律留给执法者的权力就越小；反之，法律规定越简略，法律留给执法者的权力就越大。[②] 基于上述函数关系，为了保障人民权利的安全，最好的办法莫过于由人民制定尽可能详尽的法典，再由执法者严格执法，杜绝他们把自己的私欲冒充为法律的可能，在立法与执法之间划一条相对

---

① 参见徐国栋：《对民法调整对象和调整方法的再认识》，载《法学》1993年第9期。

② 参见徐国栋：《论我国民法典的认识论基础》，载《法学研究》1992年第6期。

明确的界线,在人民的权利与执法者的权力之间建立一道可靠的屏障。在我国法官的素质和待遇皆不高,而这些条件又难以在短期内改善的情况下,尤其有如此必要。因此,包罗广泛的民法典是最能保障权利之安全、最能制约权力的立法方式。只有在法典法条件下,成文法的普遍性和确定性才能发挥到极致。马克思说:"法典是人民自由的圣经"[①],即指法典法具有普遍的、不取决于个别人任性的性质。而且法典的内容为综合的、广泛的,尽可能包括了社会生活各方面的规则,这就使法律的确定性更加成为可能。法典法对普遍性和确定性的提升,使其成为对抗可能被滥用的权力的有力武器。

(二)习惯法

习惯法是独立于国家制定法之外,在人们的相互作用中形成的具有一定的强制力的行为规范。它是制定法之外的另一类法律渊源,有人称它为法律的第一渊源。它并非由国家立法机关制定,而是在社会全体或某一社会领域内以约定俗成的方式形成,由一定的强制力加以保障。构成习惯法法须符合两个条件:其一,经长期反复适用;其二,为一般国民的法律意识接受,信其为法律而受其约束。[②]

习惯法主要可分为全社会的习惯法和特定社会阶层的习惯法两类。前者如"打会"的习惯法,[③]它是由会首为集资以应急用为目的发起一批人约定每期应给付的会款、所得总额由打会者按抽签或竞标(通过允诺提供更高的利息)方式轮流使用的习惯法,为民间资金互助的一种方式。[④] 此种习惯法长期存在于中国大陆、台湾、日本、韩国民间。1999 年 5 月,台湾地区已将之制定法化,作为典型合同整合进了民法典[⑤]。后者如承揽行业先完成工作,后支付报酬的习惯法,以及自行车销售行业中出售完整的自行车不包括车锁的习惯法、汽车销售行业出售完整的汽车包括一套基本的修车工具(如千斤顶)的习惯法等。在就上述问题发生争议时,制定法若无规定,可适用习惯法处理当事人之间的权利义务关系。

---

① 《马克思恩格斯全集》第 1 卷,人民出版社 1964 年版,第 71 页。

② 参见王泽鉴:《民法学说与判例研究》(一),台大法学丛书 1980 年第 5 版,第 82 页。

③ 参见陈宝良:《中国的社与会》,浙江人民出版社 1996 年版,第二章。

④ 又称为"台会"。关于其性质,众说纷纭,有"合伙说"、"消费借贷说"、"无名契约说"等。关于这一问题,详见史尚宽:《债法各论》,荣泰印书馆 1981 年版,第 652 页。

⑤ 参见柳经纬:《中国大陆合同法之制定与台湾民法债编修订之比较》,载《厦门大学法律评论》第 1 卷,厦门大学出版社 2001 年版。

习惯法与民法典有对立性。民法典是在封建制结束、中央权力扩张之际诞生的。从政治学的意义而言，民法典是对国家统一和中央权力强化的事实的确认书。试以1804年的《法国民法典》为例说明此问题。我们知道，在制定它之前，法国北部是习惯法地区，南部是罗马法地区。这样，法国在法律文化上实际上是分裂的，尽管这个国家在路易十一时期就实现了国家的统一，并且力图以制定部门法性质的诸条例的方式实现法律的统一，但后者属于要由拿破仑补充完成的未竟之业。拿破仑把南北两方的法加以融合，分别吸收代表南方法区和北方法区的法学家参加民法典的制定，实现了法国法律上的统一。考虑到地方性因素是消极力量，《法国民法典》不承认习惯法是法的渊源，只认制定法为唯一的渊源，换言之，只承认中央制定的法律为有效。不论这种安排的可行性如何，它反映了当时的政治制度现实。

习惯法是民法的最初形式。恩格斯指出："在社会发展的某个很早的阶段，产生了一种需要：把每天重复着的生产、分配和交换的一般条件用一个共同的规则概括起来，设法使个人服从生产和交换的一般条件，这个规则首先表现为习惯，后来便成了法律。"[①]因此，习惯法产生于制定法之先，最初的制定法只是习惯法的记载。习惯法一经制定法吸收，便不再是习惯法而是制定法。但人民为了满足生活的需要，仍不断在相互交往中形成新习惯法，或调整制定法所不及的社会关系，或对制定法尽管有规定但不合时宜的事项进行更合理的调整。因此，习惯法是人民直接立法，是对制定法的补充和完善，因而是制定法进步的动力。

习惯法(custom)不同于惯例(usage)或实际做法(practice)。后两者是重复的行为，但尚未成为规则；前者也是重复的行为，但已被确认为规则。[②]

制定法也可以转化为习惯法。在1997年回归前的香港九龙，中国人涉及婚姻和继承的事件，可以适用《大清律》的有关规定。此时，《大清律》是作为习惯法被适用的，它由过去的制定法转化成了现在的习惯法。

我国司法实务中有采纳习惯法作为制定法之补充的作法，如1951年7月8日最高人民法院西南分院在《关于赘婿要求继承岳父母财产的问题的批复》中规定："如当地有习惯，而不违反政策精神者，则可酌情处理。"在我国民间，广泛存在于结婚前订婚的习惯法，以昭婚姻之慎重性。此种做法，从法律角度

---

① 《马克思恩格斯选集》第2卷，人民出版社1964年版，第538页。

② 参见单文华：《国际贸易惯例基本理论问题研究》，载梁慧星主编：《民商法论丛》第7卷，法律出版社1997年版，第592页。

看，是订立婚姻契约之预约，它无违善良风俗和四项基本原则，属于一种优良之民间习惯法，应予尊重。

随着民事生活的发展，必将产生更多的民事习惯法。习惯法作为补充渊源的地位将提高，适用范围将扩大。

（三）判例

判例是公开的，具有先例拘束性的，被普遍化的，由较高级别法院制作或认可的法院判决。公开的属性使判例成为成文法，有可能对执法者和守法者形成双向约束；具有先例约束性使判例具有确定性，约束制作它们的法院不得朝令夕改，从而达到法治的要求；"被普遍化的"指判例完成了从命令到法律的过渡。法院判决本性上是只适用于本案的当事人，只适用一次的命令，只有在法院详细说明判决理由，换言之，详细说明判决结果的行为模式和保证手段部分，形成一个完整的法律规范后，判决才由命令转化为法律。详细的判决理由最重要的意义在于完成这种转化；"由较高级别的法院制作或认可的"，意思是我国法院的人员素质和执法水平与其级别高低正相关，因此只宜让最高人民法院和省高级人民法院有权制作判例。当然，也不排除较低级别的法院能制作出好判决，如果真是这样，高级法院通过认可的程序也能把这些好判决上升为判例。

在判例作为民法渊源的情况下，实际影响当事人地位的法律不是在诉讼前，而是由法官在诉讼过程中制定的，违反了法不溯及既往的原则。如何解决这种两难处境？学术界提出了"将来适用规则"理论，即判例只对将来生效，对于创立判例的案件，仍按既有的法律处置。① 但这种理论仍然不能完全解决问题。我们知道，判例之所以有必要发生，出于三种情况：一是现有法有规定，但规定不合理，将来适用规则可以解决这种情况；二是法律对有关生活事实有规定，但规定得不完全；三是法律对有关生活事实完全无规定，对于后两者，将来适用规则并不能解决任何问题。看来，法律的灵活性与安全性的矛盾的完全解决，仍有待更好的理论出现。

判例制度在我国已逐步建立起来。《最高人民法院公报》定期地公布一些具有典型意义的案例，实际上对下级法院具有指导作用。这些案例担当了补充渊源的角色。

判例获得渊源的地位，意味着法官要通过自由的科学研究寻找到解决具

① 参见罗杰·科特威尔：《法律社会学导论》，潘大松等译，华夏出版社 1989 年版，第 276 页。

体问题的妥当方案，这种研究不能漫无边际地进行，而必须遵循一定的方向。从世界各国的实践来看，按照学说、事理之性质和同法族的外国法的路径进行寻法比较可取。

1.学说。学说是法学家就民法问题陈述的观点。早在古罗马，国家就允许法学家建构法(I,1,2,8)，赋予法学家立法权。426年，又颁布《引证法》，明定帕比尼安等5大法学家的著作具有法律效力，由此开创了以学说作为民法渊源的传统。在中世纪，学说的地位也非常崇高，"不读阿佐的书就不能进法庭"的法谚反映了这种现实。近代民族国家兴起后，由于国家实证主义占据统治地位，学说很少被各国法典列为直接的渊源了，只被列为制作判例的材料，例如《瑞士民法典》第1条第3款就规定，法官立法时，应依据最权威的学说……此乃因为法官并非专门从事研究活动，处理法律漏洞遇到高深理论问题时，难以不求诸学说。

不管学说的地位是否得到明示的承认，无论在哪个国家，学说在法律的发展史上均占重要地位。在制定法诞生之前，学说确立的原则成为法院办案的基本依据。在《民法通则》制定之前，我国法院长期参照教科书办案，就是这样的例子。在制定法诞生之后，抽象的法律规定又有赖于学说的阐释和具体化、确定化，使其丰满而有血肉。制定法历时长久之后，逐渐与时代脱节，学说又修正变更其内容，使其合理化。[①]因此，学说也是法律发展的重要推动力量。

学说作为补充渊源应具有一定的条件。由于它并非民法的直接渊源，仅为间接渊源，须经法院采用才可作为法律适用。法院采用学说时，应依据如下的标准：第一，在就某一法律问题存在多种学说时，采通说，因为多数人不容易犯错误；第二，在就某一法律问题存在旧说与新说时，尽量考虑采用新说，因为新说可能比旧说更加反映了情势的变迁，因而更符合实际；第三，在持论者具有不同的权威性程度的情况下，尽量采用权威学者的学说，因为权威学者一般在学说上处在前沿地位。当然，学者的权威程度不能为一般的判断，而应根据具体的研究领域确定。例如，一名研究铁路运送合同的专门家，在整体上权威性并不大，当案件涉及他的专门领域时，就应该把他而非在一般方面很权威的学者作为援引对象。无论如何，法院在选择学说时，有充分的自由裁量权，要考虑拟采用的学说适用于具体案件时能获得最公正之处理。

2.事理之性质.事理之性质的拉丁文表现为 *Rerum natura*，可译为"物

① 参见罗杰·科特威尔：《法律社会学导论》，潘大松等译，华夏出版社1989年版，第276页。

性”,卢克莱修的《物性论》的拉丁书名就是这一个词,它后来演化为法文的Nature des chose 和德文的 Natur der Sache。在日本,它们都被理解为“条理”[①]。在台湾,条理被等同于法理,其西文形式是“法的原则”[②]。因此,事理之性质与诚信原则的关系很难分清,可以认为两者互相包含。

作为一个法律概念的事理之性质,是德国法学家农德(Justus Friedrich Runde,1741—1807)于1791年在其《德国普通私法原理》一书中提出来的,它被当作实在法的一种渊源表示社会生活关系,或更广泛地说,所有法律组织的事实要素,它本身具有其平衡的条件,它们揭示了自身中的调整这些条件的规范。[③] 目的的观念也与事理之性质有关,正如耶林(Rudolph von Jhering,1818—1892)所说的,目的创造了法本身。惹尼(Francois Geny,1861—1959)扩张了事理之性质的概念,在他看来,法的目的有正义和功利两种,事理之性质就是在这种对目的的衡量中发挥作用的。它涉及对我们社会生活的所有事实要素进行详细的考虑和分析,对它们间的关系进行观察,对它们经受的相互作用进行认知。在运用事理之性质时,作为我们的理性的道德意识受到完全的信赖,运用这种能力去寻找出现象的法律,此时,以真正科学的方式,我们的所有资源被用于我们寻找的普通法的建构[④]。孟德斯鸠(Montesquieu,1689—1755)认为,事理之性质是一种相当于自然规律的东西,因为一切事物都有自己的法或规律,“法是由事物的性质产生出来的必然关系”[⑤]。这样的自然规律就是某种意义上的自然法,它最为接近罗马法中的事理之性质的概念。

在我国,尽管缺乏对事理之性质的理论探讨,但重庆市中院已提供了以事理之性质作为补充渊源的案例。甲售房与乙,乙得房后,发现该房无门,遂诉甲履行不当。在一审中,原告败诉,法院认为,合同中并未规定房屋须有门,故不支持原告的主张。判决作出后,社会哗然,有西南政法大学教师自愿帮原告上诉,后者在二审中获胜。法院认为,原告购房为居住,既如此,房屋必须有门,此为住房本身的性质,不需在合同中规定,当事人亦须遵守。在此案的二审中,法院适用的就是事理之性质,但并未自觉此点。

---

① 参见末川博主编:《全订法学辞典》,评论社1971年版,第529页。

② 参见《云五社会科学大辞典·法律学》,台湾商务印书馆1976年版,第144页,“法理”条。

③ Cfr. Francois Geny, *Methode d'Interpretation et Sources en Droit Prive Positif*, Tome seconde, L. G. D. J, Paris, 1919, p. 89.

④ Cfr. Francois Geny, op. cit., pp. 91s.

⑤ 孟德斯鸠:《论法的精神》(上册),张雁深译,商务印书馆1961年版,第1页。

综上所述，事理之性质，是案件中可作为确定当事人权利义务关系之依据的有关事实本身的规定性，在法律或合同无规定的情况下用作补充渊源，通常起击毁一方当事人之主张的作用。

事理之性质还可运用于隐含权利、牵连权利问题。例如，遗赠袋地，应认为也遗赠了相应的通行权，因为若不如此，袋地无法利用。

3.同法族的外国法。许多国家的民法典中都把法的一般原则作为最后的补充渊源。如何理解这种补充渊源？墨西哥学者尤里·冈萨雷斯·罗尔丹认为：对法的一般原则的援引，表示立法者允许采用同法族的外国法，这种外国法包括作为历史法的罗马法，这种利用从古至今的外国法补充本国法的做法，可称之为外源补全。因此，法的基本原则的立法表达，实际上就是立法者对同法族的外国法采取的开放态度。① 他的这种观点与墨西哥依托伊比利亚-拉丁美洲法系的背景有关。《瑞士民法典》第1条第2款也被用来作为适用同法族的外国法的根据，其作者欧根·胡贝尔在关于该条的立法理由中这样写道："诸国相互交融如同个人往来般的重要，从而不应使内国立法如中国长城般地拒斥外国立法例之流入。"此语暗示了诚信原则可作为援用外国法的工具。此语也与瑞士的国际化的背景有关。德国学者也认为，在本国法律缺乏规定的情况下，可适用共同法的一般原则，即适用其解决方法仍不明确的法律制度所附属的法律群体通用的原则。② 共同法是从许多内国法中概括出的"公分母"，相当于古罗马的万民法，它表达了人类的普遍生活经验。它不是由某个超国家的权威或通过各国的协商制定的，因此不是国际法。我们认为这种共同法理论可适用于我国，在我国目前已加入世界贸易组织的背景下，尤其如此。

如何适用这一理论呢？必须确定，我国民法属于大陆法系中的德国法族，因此，德国民法是我国民法的同族法，在我国民法对有关生活事实阙如时，以不违反我国的公共秩序为限，可适用其规定。考虑到适用他国之现代法往往有损本国尊严，可以尽量适用罗马古法避免这种情况。事实上，罗马古法比我们的现代民事立法在许多方面要完备得多，完全具有适用价值。这就要求在我国普及罗马法教育。

---

① 参见尤里·冈萨雷斯·罗尔丹：《墨西哥私法之一体化与统一的诸方面》，徐国栋译，载徐国栋主编：《罗马法与现代民法》第1卷，中国法制出版社2000年版，第134页。

② 参见勒内·罗迪埃：《比较法导论》，徐百康译，上海译文出版社1989年版，第39页。

(四)国际条约和国际惯例

《民法通则》第142条规定了在涉外民事关系中,我国缔结或参加的国际条约可作为法律渊源;国际条约没有规定的,可适用国际惯例。由此确立了国际条约和国际惯例在涉外民事关系中的法律渊源地位。

国际条约作为民法渊源具有以下条件:第一,只在涉外民事关系中适用,因此,它是一种非普遍性的渊源;第二,只适用我国缔结或参加的国际条约;第三,只适用我国缔结或参加的国际条约中我国未声明保留条款的部分。国际惯例作为民法渊源,除须适用于涉外民事关系外,还须在我国缔结或参加的国际条约未作规定时适用。因此,国际惯例是国际条约的补充渊源。

将国际条约和国际惯例作为民法的渊源是我国对外开放的标志。随着我国世界贸易组织缔约国地位的恢复,在我国的民事审判中,国际条约和国际惯例将更加频繁地作为民法渊源适用。

第五节 民法的基本原则

一、民法基本原则的概念

民法基本原则是其效力贯穿民法始终的民法根本规则,是对民法调整的人身关系和财产关系的本质和规律的集中反映,是克服法律局限性的工具。

民法的基本原则不同于民事活动的基本原则。后者是民事活动的当事人须遵循的行为准则,它们只有守法准则的意义,与立法和司法等法律运作的其他环节无关。而民法基本原则不仅与守法有关,而且与立法和司法皆有关,同时兼备立法准则、行为准则和审判准则、授权法官进行创造性司法活动的功能,因此,民法基本原则的外延远远大于民事活动的基本原则的外延。

民法基本原则的上述特性来自它们克服法律的局限性的功能。法律具有不合目的性、不周延性、滞后性3大局限性。

(1)不合目的性。指法律的适用达不到其正义目的的情况。正义是法律的根本目的,它是一种使分配的参加者都各得其所的分配方式。分配的对象包括利益和不利益两种,法律是分配它们的工具。无论是利益还是不利益,如果分配的参与者都得到了应得的,我们就说这样的分配是正义的。如果以法律为工具进行的分配未达成此等结果,而是使人感到应得到利益的人得到了不利益,应得到不利益的人得到了利益,我们就说法律发生了不合目的性。

不合目的性由法律的普遍性造成。法律的普遍性使法律只对其作用的关系进行类的调整而不进行个别调整,换言之,只注意适用对象的一般性而忽视其特殊性。但适用于一般情况能导致正义的法律,适用于个别情况的结果即可能是不公正的,因为在任何事物中,除了有一般性和共相的方面外,还存在个别性和殊相的方面。事物的一般性和共相的方面与法律的普遍性相容,在这种情况下,法律的适用能达到正义的效果;而事物的个别性和殊相的方面却与法律的普遍性严重冲突,表现为法律的僵硬,在这种情况下,法律的适用造成非正义的结果。

(2)不周延性。指法律实然的外延小于其应然的外延的情况。法律的这一局限性由法律的确定性的难以实现造成。法律的确定性的第一个要求是法律应提供尽可能多的规则,使人们的一切行为都有法可依,在法律的范围内获得自由。但立法者受到其认识能力的限制,不可能预见并规定将来的一切人类行为;客观上不得不在法律中留下星罗棋布的缺漏和盲区,形成所谓的法律漏洞,因此,十全十美的法律不存在。于是发生这样的情况:法律没有规定或规定得有缺漏的事项,却要求法律调整,挑战法律的功能。

(3)滞后性。指法律不能自我调整,追随社会生活的发展并与之相适应的属性。这一局限性也由法律的确定性造成。按照确定性的第二个要求,法律应保持稳定。但我们知道,法律反映并调整社会生活。如果与社会生活保持协调,这样的法律就是好的;如果法律与社会生活脱节,这样的法律就是恶的。然而,由于各种原因,法律呈现出保守的性质,社会生活向前发展了,法律仍在原地踏步,形成与社会生活的脱节。

法律局限性问题,产生于法律一身而兼数职而这些职责又互相冲突的情况。一方面,就成文法的发生原因和重要作用而论,它具有防范人性弱点的职责,这就要求在法律的运作中尽可能地排除人的因素而增加规则的因素;另一方面,法律具有社会分配的职责。在法治国家,无论是利益还是不利益,都以法律为根据进行分配。由于成文法基于其防范人性弱点的发生原因而设计的普遍性,并不能保证每一次分配都是公平的,而正义又不允许少数人成为牺牲品。对每一次分配的公平性的追求,又使法律不得不在其运作中引入危险的人的因素,因为只有人才能做法律所不能做之事,能度量事物之间细微精妙的区别并作出适当的裁断。况且,法律还具有适应社会变化的职责,这恰与它相对凝滞的特性相矛盾,这一职责又要求把危险的人的因素引入到法律的运作过程中来,把新的社会要求补充到法律中去。因此,法律始终处于两难境地:顾全了其职责的这一方面,不可避免地要疏忽其职责的另一方面,由此形成了局限性。

既然存在着法律的局限性,就产生了处理法律局限性的方法问题。第一种解决方法是无法司法,完全抛开规则由人根据自己的自由裁量处理一切问题。如果这样做,法律的局限性当然不存在了,但成文法的防范人性弱点的好处也完全被抛弃了,这是危险的人治的解决方法,不足采纳。第二种解决方法把规则的因素与人的因素加以综合利用,换言之,在立法者认识能力所及的地方,他们应当对生活事实作出尽可能详细的规定;在立法者认识能力所不及的地方或法律由于时过境迁过时的地方,他们应授权司法者进行补充立法或对过时的法律进行校正,由此实现法律对社会生活的完满调整。

民法基本原则即属于处理法律局限性的第二种方法。立法者通过设立民法基本原则,把人的因素或自由裁量的因素引入到法律的运作过程中,授权司法者进行创造性的司法活动,以此补充法律规则的不足,并引进新的社会要求消除法律的滞后性。由于司法者通过民法基本原则的授权介入了立法活动,民法基本原则的立法技术的运用,意味着立法权与司法权之间界限的模糊。

二、民法的诸基本原则

根据民法调整对象的本质及我国现行民事法的规定,民法的基本原则有四项:平等原则、意思自治原则、诚实信用原则和权利不得滥用原则。

(一)诚实信用原则

诚实信用原则是维持当事人双方之间以及他们与社会之间的利益平衡的立法者意志。它起源于罗马法中的诚信诉讼以及相关制度。[①] 在《法国民法典》和《德国民法典》中,它被规定为债的履行的准则。[②] 自《瑞士民法典》把它规定为民法基本原则之后,[③]大陆法系国家大多通过立法或司法活动确立了诚实信用的民法基本原则地位。我国《民法通则》第 4 条规定,民事活动应当遵守诚实信用的原则;《合同法》第 6 条规定:“当事人行使权利、履行义务应当

① 在罗马法里,诉讼有严格诉讼和诚信诉讼之分。在严格诉讼中,承审员只能依照合同的条款进行裁断,不得予以变更。在诚信诉讼中,承审员不受合同条款字面含义的约束,可根据公平原则,按照通常人的判断标准增减当事人的义务。这种诉讼因在诉讼请求中标明“依诚信”(ex fide bona)而得名。

② 《法国民法典》第 1134 条第 3 款规定:“契约应依诚信履行之。”《德国民法典》第 242 条规定:“债务人应依诚实和信用,并参照交易上的习惯,履行给付。”

③ 《瑞士民法典》第 2 条规定:“任何人都必须诚实、信用地行使其权利并履行其义务。”

遵守诚实信用原则。”这两个条文是诚实信用原则在我国民法中的体现。

诚实信用原则要求民事主体在民事活动中，不论是行使权利还是履行义务，都应当以诚待人、讲求信义，做到“己所不欲，勿施于人”。诚信有客观诚信和主观诚信两个分支，前者是当事人实施的尊重他人权利的行为；后者是当事人具有的侵犯了他人权利而不自知的心理状态。无论客观诚信还是主观诚信，都体现了对他人权利的维护，因此值得褒扬，立法者都给予其拥有者有利的处置。

客观诚信最集中地体现在合同法中。我国《合同法》除上述第 6 条的规定外，关于采用格式条款订立合同的规定（第 39 条）；关于缔约过失责任的规定（第 42 条）和保守对方商业秘密的规定（第 43 条）；关于合同履行中附随义务的规定（第 60 条）；关于合同解释应依合同目的、交易习惯和诚实信用的规定（第 125 条）等，都体现了客观诚信的要求。

主观诚信主要体现在物权法中的取得时效制度中。以为占有自己财产却占有他人财产的人，具备主观诚信，法律允许他在较短的期间内完成时效取得占有物的所有权。如果明知财产为他人的而为占有，则为恶信占有，立法者对这种主观状态的持有者有两种处理：第一，让他不能完成时效；第二，让他也完成时效，但要求他以加倍的期限完成，以达到既鼓励充分利用社会资源，又惩罚觊觎他人财产者的目的。

诚实信用原则着眼于当事人之间的公平与利益平衡，反映了民法对人们更高的道德要求。由于“诚实信用”的用语含义模糊，这一原则没有确定的内涵和外延，它在各个具体情况下的意义要依情形而定，这样，它客观上赋予了法官衡平权，授权他们在法无明文规定或规定不明确时依自己的正义观念作出裁判，从而补充法律漏洞。①

（二）权利不得滥用原则

《民法通则》第 7 条规定：“民事活动应当尊重社会公德，不得损害社会公共利益，破坏国家经济计划，扰乱社会经济秩序。”这一规定是权利不得滥用原则的法律表现形式。其中的“社会公德、社会公共利益、国家经济计划、社会经济秩序”，是社会利益的种种具体表现。民事活动是行使权利和履行义务以满足个人利益的活动，权利不得滥用原则的要旨，就是要求民事活动的当事人在行使权利及履行义务的过程中实现个人利益与社会利益的平衡。在大陆法系国家，权利不得滥用原则是诚信原则的当然内容，或者说是诚信原则的反面规

① 参见徐国栋：《诚实信用原则研究》，中国人民大学出版社 2002 年版，第 2 页。

范，即权利之行使有违诚信原则者，构成权利滥用。[①] 在诚信原则调整的当事人利益与社会利益的关系以及当事人之间的利益关系两个利益关系中，权利不得滥用原则主要调整前一个利益关系，适用范围主要在绝对权之行使方面，换言之，就是要将绝对权限制在社会利益许可的范围内行使。社会主义国家多将权利不得滥用原则从诚信原则中独立出来，以减少诚信原则的非直观性，我国亦是如此。我国《宪法》第 51 条规定：中华人民共和国公民在行使自由和权利的时候，不得损害国家的、社会的、集体的利益和其他公民的合法的自由和权利。这条是确立民法中的权利不得滥用原则的宪法根据。

我国《民法通则》采取列举式规定权利不得滥用原则，详列违反社会公德、社会公共利益、国家经济计划、社会经济秩序的行为为滥用权利的行为(尽管法条中未用滥用权利之语，但该条禁止滥用权利的立法意图十分明显)。列举式的优点和缺点都十分明显。优点是比较直观，当事人可获得何谓滥用权利的清晰认识，而且不至于给法官过大的自由裁量余地，从而危及民事活动的安全。因为“一旦某种内容极为广泛而且又十分重要的原则形成为一种基本原则时，这就要不可避免地付出法官享有过度权力的代价，原则的内容越广泛，法官的权力也就越广泛”[②]。缺点是缺乏概括性，“否定性的禁止规定绝不可能穷尽到列举全部有悖于权利职能的滥用权利的行为。同时，侵犯社会利益的行为因为权利主体的广泛自主性和有关条件的不断变化，实际上很难对它们设立一个固定标准，并且，禁止性规定亦很容易规避。因此，有必要确定一个有一定弹性的一般原则来禁止一切滥用权利的行为”[③]。因此，我们建议将《民法通则》第 7 条的规定修改为：“任何权利，都不得违反社会利益行使。”

我们认为应采用主客观相结合的标准认定滥用权利的行为。在主观方面，应看权利人有无滥用权利的故意或过失。判断的方法是从其外部行为推知其内心状态，为此应综合考察缺乏正当利益、选择有害的方式行使权利、损害大于取得的利益等标准。权利人的外部行为符合这些标准，即构成滥用权利的推定的故意。另可采不顾权利存在的目的行使权利、违反侵权法的一般原则的标准来推定权利人具有滥用权利的故意或过失。在客观方面，要看权

① 参见陈锐雄：《民法总则新论》，三民书局 1982 年版，第 920 页。

② 参见中国人民大学法律系编：《外国民法论文选》(二)，1986 年作者自版，第 453 页。

③ 参见刘晓星：《论我国民法的基本原则》，《民法硕士论文选》，群众出版社 1988 年版，第 31～32 页。

利人滥用权利的行为是否造成了他人或社会的损害或可能造成损害。在已造成损害的情况下，同时具备主客观要件即构成既然的滥用权利行为。在可能造成损害的情况下，只具备主观要件也可构成盖然的滥用权利行为，其可能的受害者可要求采取预防性的救济措施。

权利滥用的后果分为以下类型：(1)权利人具备滥用权利的主观要件而尚未造成损害的，相对人有权要求其消除危险。(2)滥用权利已对他人造成损害的，行为人承担侵权行为的民事责任。(3)因滥用权利而使权利人达不到所希望的法律效果。(4)剥夺滥用者的权利。《国家建设征用土地条例》第21条规定："已征用2年还不使用的土地，除经原批准征地的机关同意延期使用的土地外，当地县、市人民政府有权收回，并报原批准机关备案。"该条即剥夺滥用土地使用权者之权利。(5)可行使权利而不及时行使者，应限制其权利。2004年的《绿色民法典草案》第六分编第183条有这样的规定：自专利权被授予之日起满3年或自申请日起满4年(以期限长者为准)，具备专利实施条件的法人或非法人团体以合理的条件请求发明或实用新型专利权人许可实施其专利权，而未在合理的时间内获得这种许可的，国家知识产权局根据其提出的实施该专利的请求，可以给予其实施的强制许可，但专利权人自己已实施或已授权他人实施，或能合理解释不给予其实施许可理由的，上述专利局不得颁发此等许可。依这一规定，专利权人并不因怠于行使而丧失专利权，仍可向专利使用人请求专利使用费。但其专利权已受强制许可的限制，以保证社会财富得到正常而充分之利用。

(三)绿色原则

绿色原则，就是要求民事活动的当事人在进行民事活动时节约资源、保护环境的原则。也可称之为生态原则。绿色原则以悲观主义的人类未来论为基础，承认资源耗尽的必然性和一定的可避免性，基于这种确信禁止和限制民事主体对资源的浪费性使用，从而维持人类的可持续生存。

事实上，民法调整对象问题上就埋伏着绿色问题。我们知道，民法调整人身关系和财产关系。人身关系解决人类社会的自组织问题；财产关系解决人与资源的关系问题。财货短少而欲求它们的主体多，胃口大，由此引起的人与资源关系的高度紧张，是人类社会至今未摆脱的困境。民法调整对象的"人"和"财"两个要素的对立就是对这种困境的反映，民法就是为了消解此等困境而存在的。如果民法以自己的各种制度缓解了两大要素间的紧张，我们就可以说这样的民法是"绿色的"。相反的民法可以被描述为"黄色的"。此处的"黄"并非"色情"的含义，而是植被遭破坏后，黄土地被迫露出其原貌，任凭狂风殴打意义上的“黄”。这是生态失衡的标志。

我国是一个人口大国以及相对的资源小国，人与资源的关系比多数国家紧张，因此，绿色原则之提出和践行，对于我国人民和世界人民的福祉，都具有特别的意义。

绿色原则可通过主体、客体和方式的途径适用，兹分述之。

1. 主体的途径。就是在主体方面做文章缓和人与资源的紧张关系的途径，减少欲望主体的数量是实现它的最直接方式。这一途径又分为3个方面，第一，控制超过资源承载能力的欲望主体的产生。计划生育是达到这一目的的一项法律制度，因此，《婚姻法》第16条规定了“绿色生育原则”，反映为“夫妻双方都有实行计划生育的义务”的条文。第二，通过合理划定死亡的标准控制欲望主体的数目。为此，我国未来民法典应采用脑死亡标准，打破传统的心跳呼吸停止的死亡标准，由此可避免对脑组织已坏死，但仍有心跳和呼吸的人施医用药，节约宝贵的医疗资源和其他资源用于其他更需要的人。第三，控制既有的欲望主体的欲望的数量。为此，《民法通则》设立了宣告无行为能力制度，该制度可用于限制不正常欲望主体的行为能力，从而不仅保护了家族财产，同时也保护了社会财产。

2. 客体的途径。是在客体方面做文章缓和人与资源的紧张关系的途径。这一途径体现在取得时效、相邻关系、转租等制度中。容分述之。

(1)取得时效制度。具有讽刺意味的是，在我国一度被误解为是鼓励攫取不义之财之制度的取得时效实际上是一项绿色制度，其要旨是允许被所有人忽略(这是他不怎么需要这项财产的外在证据)的财产给他人使用，其道理跟允许剧场里的空座在开演后让需要者使用是一样的，由此缓解人与资源之关系的紧张。

(2)相邻关系制度。它是对所有权的私的限制，目的是为了社会财富得到充分的利用。

(3)转租制度。它允许承租人经出租人同意把租赁物转租给他人。允许不动产的承租人不经出租人同意将租赁物的一部分转租给他人。这一制度也是为了社会财富的最大化利用。

3. 方式的途径。是在立法者处理有关问题的方式上做文章缓和人与资源的紧张关系的途径。在未来民法典中，立法者不妨采用“当事人进行民事活动，应当遵循节约资源、保护环境的原则”落实这一途径。这一原则可以体现为商品的生产者不得过度包装其产品的义务；金钱的所有人、服务业的经营者避免购买或提供非必要的一次性使用物品的义务。一次性使用物品在有的情形是必要的，例如输血、输液的针具、管线、安全套等；在有的情形是不必要的，例如一次性筷子和其他大量的一次性餐具、洗漱用品等，它们造成了森林的过度耗费以及白色污染。在错误对法律行为的效力的影响问题上，立法者不妨采取尽量拯救受错误损害的法律行为的效力的立场，因为订立一个法律行为都消耗了一定的社会财富(如差旅费、公证费、律师费等等)，断然宣布一切受错误影响的法律行为都无效当然痛快，但这些已耗费的交易成本就浪费了，有违绿色原则，因此，只要剔除错误后能维持的，都应承认法律行为继续有效，以此节约社会资源。

(四)意思自治与国家的保护性干预相结合原则

意思自治与国家的保护性干预相结合原则要求民法在可能的范围内保障当事人从事民事活动时的意志自由，不受国家权力机关的非法干预，且不受来自其他当事人的非法干预，但在当事人不能做出正确决定的事项上，又承认国家做出保护性干预措施的必要与合理。

意思自治与国家的保护性干预相结合原则是对传统民法中的意思自治原则加以改造得出的。意思自治原则以理性主义为基础，塑造了民法中强而智的主体形象。意思自治与国家的保护性干预相结合原则则吸收了非理性主义的合理因素，勾画了民法中强而智与弱而愚两类主体并存的画面。前一个画面比较好看，但后一个画面更加真实。

传统民法理论与古典经济学共用许多前提。人的资质假定是这样的前提之一。传统民法中的强而智的人就是古典经济学以之作为出发点的经济人，因此，说明了经济人假说的变迁，民法中人的形象的变迁也就在其中了。

经济人的概念是19世纪末的意大利经济学家帕累托(Vilfredo Pareto，1848—1923)正式提出的，指在利己心的推动下进行活动、通过此等活动增进社会福利的人。在亚当·斯密之后，经济人假设成为古典经济学的拱心石之一。它奠基于3个前提。第一，经济主体的完全理性，借此他们可以明了自己的利益；第二，经济主体的完全意志力，这是他们坚持自己利益的必要条件；第三，经济主体的完全自利，以上两个“完全”都是为这个“完全”服务的。

对经济人假设的批判早就开始了，例如，新历史学派的施莫勒(Gustav von Schmoller，1838—1917)就不完全同意此说。他认为人类的经济生活并不限于满足物质方面的欲望，还满足高尚的、完美的伦理道德方面的欲望[①]。马歇尔(Alfred Marshall，1842—1924)也承认：不能把人们从事经济活动的动

---

① 参见鲁友章，李宗政主编：《经济学说史》，下册，人民出版社1983年版，第181页。

机全都归结为利己心,“家庭情感”就是一个例外,它是利他主义的一种纯粹的形式[①]。这是从经济人的伦理品性角度展开的批判。从19世纪末开始,人们另换角度,从经济人的认识品性出发展开批判。1899年,美国经济学家凡勃伦(Thorsfein Bund Veblen,1857—1929)在《有闲阶级论》一书中对完全理性的假定提出质疑,指出了炫耀性消费的普遍非理性现象,他把个体行为看成是习惯、嫉妒以及其他心理特性所激发的结果,而不是受理性与利已主义的驱动[②]。赫伯特·西蒙(Herbert Simon,1916—2001)在这方面最系统地展开。他基于经济决策者本身信息的不完全性和计算能力的有限性提出了“有限理性”假定[③],说:“理性的限度是从这样一个事实看出来的,即人脑不可能考虑一项决策的价值、知识及有关行为的所有方面……人类理性是在心理环境的限度之内起作用的”[④]。如此,他把经济人由一个伦理问题转化为一个认识论问题,产生了深远的影响。由于其杰出的理论贡献,他赢得了1978年的诺贝尔经济学奖。

行为经济学是利用试验心理学方法研究人类的经济行为,从而获得规律性认识的学科。其基本特点是不满足于一些缺乏试验依据的假设或“拍脑袋”假设,力图把经济学前提建立在可靠的试验方法的基础上[⑤]。

该学派是加利福尼亚大学心理学教授丹尼尔·卡尼曼(Daniel Kahneman,1934—)及其合作者斯坦福大学心理学教授阿莫斯·特维尔斯基(Amos Tversky,1937—1996)共同发展到顶峰的。行为经济学家以排炮式的方式对经济人假设发起了攻击。他们通过试验认为,经济人并非现实人,与前者单一的趋利属性相比,后者的属性要丰富得多,因而也更加符合生活现实。行为经济学系统地证明了现实人在上述3个方面的有限性。

第一,有限的理性。即人类认识能力存在许多局限,它们有框架效应、心理账户、代表性启发、双曲贴现、信念忠诚、确认偏差、可获得性启发、事后聪明

---

① 参见左大培:《弗莱堡经济学派研究》,湖南教育出版社1988年版,第15页及以次。

② 参见周林彬、黄健梅:《行为法经济学与法经济学——聚焦经济理性》,载《学术研究》2004年第12期。

③ 参见张谊浩:《心理学对经济学的影响》,载《经济学家》2004年第1期。

④ 转引自刘波、戴辉、孙林岩:《行为经济学对传统经济学基本假设的修正和发展》,载《西安交通大学学报(社会科学版)》2004年第3期。

⑤ 参见李爱梅、凌文辁:《论行为经济学对传统经济理论的挑战》,载《暨南学报》(人文科学和社会科学版)2005年第1期。

偏差、沉没成本谬误、赋予效应等。认识到利益之所在是追求此等利益的前提,行为经济学证明了人并不能完全认识自己的利益。

第二,有限的意志力。指在现实生活中,人们即使知道了什么是最好的,有时因为自制的原因也不会采用它的现象[①]。这一缺陷可归结为如下原因:(1)嗜好。即对某一物品或活动成瘾导致依赖它们。对物品成瘾有如抽烟吸毒;对活动成瘾有如在广告的煽动下疯狂购物、购买过多彩票、网瘾等。(2)热望(Cravings)。指过度的身体欲望或社会欲望[②]。前者如贪吃,例如,在吃自助餐时吃得过多,明知这样做有害身体,但出于对价格—实际消费比率的计算仍然多吃;后者如贪财,以此谋求购买权或对他人的控制力。嗜好与热望的区别在于:后者出于人的自然需要,不过此等需要被夸大性地满足,前者完全与人的自然需要无关,是人类过度文明造成的病态。(3)多重自我(Multiple Selves)。即主体被理解为多种自我的总和,这些自我经常彼此斗争的现象。它们包括只想着短期利益的"坏"的自我和想着长期利益的"好"的自我;年轻的自我和老年的自我。"坏"的自我对"好"的自我的战胜是经常的情况,前者的得胜可归因于人的有限的意志力[③]。这三类因素导致行为人无法有效控制自己的整体效用,无法对多重效用目标进行排序,最终令决策偏离效用最大化轨迹[④]。

第三,有限的自利。自利指人在自己行为的经济效果只能或利于他人或利于自己的情况下为了自我保存作有利于自己的选择的倾向。"有限的自利"指人类在其活动中不完全考虑自利,出于多种原因也考虑他人利益的现象。加里·贝克尔(Gary S. Becker 1930——)等学者的研究表明个体决策在更多的情况下受社会规范、道德规范等影响,作为所谓的"制度人",他们并不完全追求自我利益,而是也追求非自我利益的东西,如"公平"、"社会认可"等[⑤]。

---

① 参见[美]Sendhi Mulainathan,Richard H. Thaler著,吴克坤译:《行为经济学》,载http://jrxy.znufe.edu.cn/kycg/051011w12.doc,2005年12月18日访问。

② See Eric A. Posner, New Perspectives and Legal Implications: the Jurisprudence of Greed, In 151(2003) *University of Pennsylvania Law Review*, p.1101.

③ See Richard A. Posner, Rational Choice, Behavioral Economics, and the Law, In 50(1998) *Stanford Law Review*, p.1555.

④ 参见周林彬、黄健梅:《行为法经济学与法经济学——聚焦经济理性》,载《学术研究》2004年第12期。

⑤ 参见周林彬、黄健梅:《行为法经济学与法经济学——聚焦经济理性》,载《学术研究》2004年第12期。

行为经济学的上述结论引申到民法上，得出的自然结论是，作为传统民法中常态的人也是弱而愚的，由此打破了传统民法设定的两种人的界限。按照这种理路，民法中的人，不问男女、成年与否、患精神病与否，都是弱而愚的，只是“弱”与“愚”的程度有所不同而已，因此他们都需要保护，在这个意义上，他们都成了某些方面的禁治产人。

行为经济学的上述研究成果破坏了民法的私法设定。长期以来，私法被理解为个人自治的法，其灵魂是所谓的意思自治原则。当然，当事人能否实现“意思自治”，取决于他们是否有完全的理性，古典经济学提供了这个前提。现在行为经济学证明人的理性有限，这必然导致国家的家长制决定完全或部分地取代当事人的意思自治，过去自治的“家父”现在要变成被人照管的“儿子”，如此，民法的所谓私法性以及意思自治原则将面临挑战。

行为经济学还动摇了作为传统民法理论之基础的自由主义政治思想。自由主义是在国家与私人间设立屏障的政治主张，强调国家只有在最必要的情况下才能干预私人生活。自由主义的经典作家约翰·密尔(John Stuart Mill，1806—1873)把人的行为分为只关系到他自己的和也关系到他人的，立法者只能干预后一种行为[①]。之所以如此，乃因为“一个人只要保有一些说得过去的数量的常识和经验，他自己规划其存在的方式总是最好的，不是因为这方式本身算最好，而是因为这是他自己的方式”[②]。“对于一个人的福祉，本人是关切最深的人；除在一些私人联系很强的情事上外，任何他人对他的福祉的关怀，和他自己所怀有的关切比较起来，都是微薄而浮浅的”[③]。

为了在法律上反映新的对人的资质假定的研究成果，美国的一些行为法经济学家提出了不对称家长制(Asymmetric paternalism)的方案。其基本观点是立法者将愈加多地代替当事人决策，但条件是此等决策在给犯错误的人带来大的利益的同时对完全理性的人少带来或完全不带来损害。由于同样的代行决策对两种人带来的效果不均等，这种政策安排被认为是“不对称”的[④]。意思自治与国家的保护性干预相结合原则的提出，就是为了把不对称家长制

① 参见[英]约翰·密尔，程崇华译:《论自由》，商务印书馆1959年版，第72页。

② [英]约翰·密尔，程崇华译:《论自由》，商务印书馆1959年版，第72页。

③ [英]约翰·密尔，程崇华译:《论自由》，商务印书馆1959年版，第82页。

④ See Colin Camerer, Samuel Issacharoff, George Loewenstein, Ted O'Donoghue, and Matthew Rabin, Regulation for Conservatives: Behavioral Economics and the Case for “Asymmetric Paternalism”, In 151(2003) *University of Pennsylvania Law Review*, p. 1212.

的新的制度安排体现在民法上。

正因为传统的意思自治原则已被限缩为意思自治与国家的保护性干预相结合原则的一个构成成分,它并非适用于民法的全部内容。民法总则皆为强行性规定,该部分所涉的社会生活不在意思自治的范围之内。众所周知,物权法为了公共利益的考虑实行物权法定主义,在多数方面不适用意思自治原则。亲属法、知识产权法在这方面的情况略近于物权法。在债法中,只有合同法适用这一原则,侵权行为法、无因管理法、不当得利法不适用之。在继承法中,法定继承不适用之,遗嘱继承则适用之。总起来可以说,在适用法律行为制度的民法内容中,也都适用意思自治原则。具体而言,该原则表现为物权法中的财产自由原则,亲属法中的婚姻自由原则,合同法中的契约自由原则,继承法中的遗嘱自由原则。它们都是贯彻意思自治要素的民法具体原则。

契约自由原则是意思自治要素的最经常的运用形式。在现代社会,它正受到标准合同的限制和各种法律规定的限制。

(五)平等原则

平等原则是维护民事主体之间的平等的原则,因此,说清楚了什么是平等,基本上就说清楚了什么是平等原则。平等是自然人在无合理的法律限制的情况下,享受与他人相同的法律处遇的权利。因此,平等是一种持中的法律处遇。在此之上的为特权,在此之下的为歧视。所以,平等原则无非是说,除非有特别的必要,法律不得赋予特权或课加歧视。平等的"合理的法律限制"的定语反映了法律的"特别的必要"。此等限制沿着两个方向进行。其一,各种特权的赋予,例如,为了达成实质上的平等而放弃形式上的平等,赋予参与交易的未成年人针对成年人的特权地位;其二,各种歧视的课加。有的歧视是惩罚性的,有的是自卫性的,前者课加于有严重过犯的民事主体,例如限制或剥夺实施犯罪的法人的权利能力、以儆效尤的处置;后者如在取得内国土地的机会上对外国人的歧视。无论是平等,还是特权或歧视,都是民事立法者掌握在手中的调整方法,目的在于实现其谋求的治理秩序。当然,平等是常态,特权和歧视是例外,所以,平等还值得被张扬为一项民法的基本原则,但它的两个伴生物充分证明了它的相对性。完全平等的社会是不存在的,而且如果有,肯定是治理不善的。特权和歧视是像平等一样必要的治理手段,不过要合理运用或曰不得滥用而已。

须注意的是,民法是混合法,既调整国家与私人之间因为治理的需要发生的纵向关系,又调整私人之间的横向关系,平等原则只适用于后一种关系,不适用于前一种关系。在这个意义上可以说,平等原则是一个不完全的原则。

可能因为认识到这一点，早就有《德意志民主共和国民法典》和《捷克斯洛伐克共和国民法典》不把民事法律关系看作平权的主体之间的关系。①

严格说来，平等不仅适用于人的法律处遇，而且适用于物的法律处遇。因此，也存在物与物之间的平等、特权和歧视问题。而且，这两种法律处遇彼此关联，例如，国有企业、集体企业和私人企业是 3 种人的处遇，相对应的有国家财产、集体财产和私人财产 3 种物的处遇。

平等原则属于现代法，它以平等为常态，以特权和歧视为例外。与之对立的古代法——例如罗马法和法国封建法则以特权和歧视为常态，以平等为例外，由于古今两种法的对反关系，现代法对于平等原则的贯彻往往要以古代法的相反规定为衬托才能观察出来。现代法的以下制度体现了平等原则的适用。

1. 权利能力制度。该制度的核心理念是让每个生物人——至少是某个民族国家范围内的所有生物人——都成为法律主体，由此达成人与人之间的平等。而罗马法在生物人与法律人之间设置自由、市民、家族等障碍制造两种人的分裂，由此制造生物人彼此间的不平等，导致一些叫现代人惊诧的现象，例如人格利益如生命、自由在家子身上，而其人格权却归家父享有的现象。

2. 法律规范的普遍性。现代民法的规定以具有普遍性为常态，以特别规定为例外。所谓普遍性，是法律不区分对象的个别性而制定或适用的状态，在法条的逻辑结构上表现为全称判断。而古代法的规范较少普遍性，依等级立法，每个等级都有自己的法律。此外还有同罪因犯罪人身份的不同而异罚的现象。

3. 高额累进遗产税。罗马法中亦有遗产税，但那是一种低税率(5%)和不区分征税对象的遗产多少固定税率征收的遗产税。现代西方国家的遗产税实行高税率并区分征税对象的遗产多少定比例税率，多的多征，少的少征，由此力图达成一种起跑线的平等，而罗马法中的遗产税只有安置退伍兵的目的，无谋求平等的目的。

4. 补救上的平等。在古代法律文本中，打一个平民一拳适用一个惩罚，打一个贵族一拳适用一个更重的惩罚之类的规定不绝于书，在现代侵权法上，无论打的对象是什么身份，补救都是一样的。

但由于古代落后性的残留，我国民法中曾有过城乡人口死亡赔偿金数额

① 参见[苏]格里巴诺夫等主编：《苏联民法》(上册)，中国社会科学院民法经济法室译，法律出版社 1984 年版，第 61 页。

的不平等给付制度，体现在如下标志性案例中。

2005 年 12 月 15 日凌晨，重庆市郭家沱长城公司路段发生车祸，导致农村户口的中学生何源和两名城市户口的同学死亡。肇事司机挂靠单位——重庆铺金公路运输有限公司与死者家属“私了”，赔偿城市户口家庭者每家 20 余万元，对农村户口者仅赔 5.07 万元，两者相差 4 倍。依据是 2003 年 12 月 4 日通过、次年 5 月 1 日开始执行的《最高人民法院关于审理人身损害赔偿案件适用法律若干问题的解释》。它明确规定：死亡赔偿金按照受诉法院所在地上一年度城镇居民人均可支配收入或者农村居民人均纯收入标准，按 20 年计算。因此，农村户口居民的赔偿基准是 2004 年度的重庆市全年农村居民人均纯收入，城市居民的赔偿基准是全年城市居民人均可支配收入。当年重庆市全年城市居民人均可支配收入为 9221 元，农村居民人均纯收入是 2535 元，这两个数字分别乘以赔偿年限（20 年）后，自然产生出近 20 万元和 5 万元两个存在巨大差距的结果。如果两类死者处在城乡隔绝的状态，如果她们不死于同一场车祸，这样的差别可能不会引起震动。然而，在本案中这两个假定都不成立，因此震动发生了，社会哗然，提出同命不同价的司法解释违反了平等原则[①]。所幸的是，错误改正得很快，2005 年 12 月 26 日，安徽省高级人民法院在《审理人身损害赔偿案件若干问题的指导意见》第 21 条中规定，在城镇常住的农村人口遭遇交通事故时按城市人口的标准赔偿。此外，厦门市中级人民法院于 2007 年在一个判例中实施了与安徽省的上述规定相同的原则：2006 年，林某驾驶的货车与盛某驾驶的摩托车发生碰撞，盛某当场死亡，交警认定林某应负事故全部责任。因盛某生前系农村户口，双方就赔偿应适用农村居民标准还是城镇居民标准发生争议。法院认为，受害人盛某户籍登记虽为农村居民，但盛某于 1996 年 9 月就离开家乡到厦门工作，并在厦门结婚、购房。盛某的死亡必然会影响其家庭可预期的收入，如果按农村居民的标准计算盛某的死亡赔偿金，显然不足以填补损失，有失公平。法院遂判决以城镇居民的标准计算盛某的死亡赔偿金。确立了在城市有固定工作和稳定收入并达到一定年限的农村居民，其损害赔偿标准和城镇居民一致的原则[②]。安徽省的规定和厦门市的判例对消除歧视作出了一定贡献，但它们都只解决了住在城市

---

① 唐中明、田文生：《城乡差别大，三少女遭车祸赔偿“同命不同价”》，载 2006 年 1 月 24 日《中国青年报》。

② 参见廖桂金等：《市中院公布 2007 年十大民生案件，“同命同价”赔偿案入选》，载《厦门晚报》2008 年 2 月 21 日第三版。

的农村人口与城市人的补救上的平等问题，尚未解决不住在城市的农村人口与城市人口的补救上的平等问题。看来，在中国实现城乡人口间的平等，还有很长的路要走。

对平等原则的理解，存在如下谬见：

1. 自然人的民事权利能力一律平等。这是一个《民法通则》第10条规定的并广泛流传的谬见。从赋予的角度看，自然人的权利能力确实平等，但如果有人恶用这种能力从事违法活动，从而遭到限制或剥夺权利能力——例如由于遭遇车祸逃逸被终身禁驾，从而间接地导致受罚人为自己购买汽车的权利能力无意义，受剥夺或限制者的权利能力就不会与未受此等剥夺或限制者的权利能力平等。

2. 赡养费、扶养费和抚养费的区分问题。由于平等原则的实现，在现代刑法上，一个儿子杀害自己的父亲和杀害一个家外人在量刑上已不会有区别，在中国古代法上是另外的安排，这证明了家族的身份在刑法上的消失，但它还顽强地存在于一些民法学者和法律起草者的脑海中。他们喜欢把西语中统一的扶养(support)一词依所涉亲属的辈分不同处理成三种尊卑有序的费，他们在这样做的同时扼杀了一回平等原则，丢失了一块现代法从古代法手中夺回的阵地。

看来，正确理解和运用平等原则的道路还很漫长。

第六节 民法的历史沿革

一、罗马法

现代民法以罗马法为源。罗马人在希腊哲学的影响下普遍信仰社会契约论，认为人们以合意建立了城邦或市民社会(Civitas)，而城邦的分子是独立的个人(Civis)，维持这样的城邦秩序的法是市民法(Ius civile)。它是调整人与人之间关系的法，与调整人与神之间关系的圣法形成对立。这样的市民法是综合的而非分析的，包括了现在有的几乎所有的部门法，因此，它们是诸法合一、民刑不分的。现代的民法、刑法、民事诉讼法、刑事诉讼法、商法、宪法等都可以在这样的市民法中找到自己的因子。这样的市民法分为人法、物法和诉讼法三部分。人法包括人格与身份、婚姻、收养、监护等内容；物法包括物的概念和分类、所有权及其他物权、债、继承等内容。人法和物法规定的都是实体权利，诉讼法规定的是保护它们的诉权。罗马人认为，诉讼是产生实体权利的依据，因此诉讼法优先于实体法。因此，他们的法律体系表现出诉讼优位主义的倾向。由于诉讼是法律的中心问题，被赋予建构市民法职责的法学家的著述也围绕诉讼考虑各种具体问题，形成了务实的理论风格。所以，在罗马法原始文献中，很难找到现代民法典中常见的简明扼要、命令式的法律规范，它们由一些案例及其分析、一段讲义等组成，形成决疑式的法律方法。尽管如此，由于罗马法学家既从事律师实务，又从事教学工作，他们在后一领域，至少在其中的教科书写作方面，为了有效地向学生传授知识的需要，也采用体系化的方法，盖尤斯和优士丁尼各自的《法学阶梯》构成其实例。这种方法与决疑式的方法形成对立。罗马法的这一方面是现代的大陆法系的立法风格的始祖，而其决疑法的方面与当代的英美法倒是非常接近。

罗马法的长期累积造成了对它进行整理的必要，于是，东罗马帝国皇帝优士丁尼于 528 年组织编纂法典，收集和整理自公元前 753 年建城至他的时代的所有的罗马法规范和制度，先后编成《优士丁尼法典》(529 年)、《学说汇纂》(530 年)和《法学阶梯》(533 年)。优士丁尼死后，法学家将他在位期间颁布的敕令整理成《新律》。16 世纪末，法国法学家狄奥尼修·哥多弗雷多(Dionisio Gotofreddo，1549—1622)将这 4 部作品合称为《市民法大全》(*Corporis Iuris Civilis*)[①]。其中，除了《法学阶梯》采用体系化的方法外，《优士丁尼法典》、《学说汇纂》和《新律》都采用决疑法。因此，当我们说优士丁尼进行法典编纂的时候，一定要注意到他的法典与建立在体系化方法基础上的现代的法典不同。

二、中世纪和近代民法

把罗马法与现代民法相比较，有两个重要的不同。其一，方法论的转变；其二，现代民法增加了一些罗马法中没有的制度。这两个不同都是由中世纪和近代法学家完成的。因此，当我们像惯常的那样说罗马法是现代民法之源的时候，千万别忘了补充一句：没有中世纪和近代法学家作为桥梁，罗马法是不能走到现代民法的。下面展开说明这两大不同。

(一)方法论的转变

现代民法以体系化为特征。从罗马法到现代民法的变迁并非质变，利用

① Cfr. Federico del Giudice, Dizionario giuridico Romano, Napoli, Edizione Simone, 1995, p. 133.

已有的资源，把研究的重点从《学说汇纂》转移到《法学阶梯》就行了。为创造新体系，就需要找到建立它的新的基石范畴，这一工作基本上是由法国法学家雨果·多诺完成的。他赋予罗马法中的Ius一词以主观权利和客观法两种含意，主张Ius在通常情况下指属于个人的主观权利，因此法律的整体也就是一个权利的体系。从1565年开始，他在《市民法评注》(*Commentaires du droit civil*)一书中以这种意义上的权利概念为枢纽整理混乱不堪的优士丁尼《学说汇纂》，完成了法律体系从客观到主观、从法到权的转变，形成了新的法律材料阐述体系[①]。他认为民法学的任务就是分析私人个体在不同的情形下拥有的"权利"(ius)。民法是"权利法"的观念由此而生。

多诺还完成了民法的重心从程序到实体的转变。他认为民法应由两部分构成：首先是"法律上归属于每个人的东西是什么"，其次是"获得它的程序性手段"。原先的法律规则总是把"特定的法律救济"与"赋予它们强制力"这两个方面混淆，而多诺认为私法应划分为实体法和程序法两部分。从逻辑上说，"法律上归属于每个人的东西"应该在"获得它的手段"之前。因此私法从诉讼或裁判开始的做法一定是错误的，而这是《学说汇纂》的遵从者的做法。相对而言，多诺认为优士丁尼《法学阶梯》把"诉讼"放在最后比较恰当。总之，多诺开创了现代大陆法系民法区分实体法和程序法的路线。[②]

(二)新的民法观念或制度的建立

以下观念或制度是罗马法中没有的：

1. 部门法意义上的民法观念。约翰·阿佩尔(Johann Apel，1486—1536)第一次用"民法"一词概括了所有调整私人之间关系的法律，并且把财产、合同、侵权和其他私人关系都归入了民法的概念之下，把它们的共性概括为都属于平等的私人主体之间的关系。通过阿佩尔的努力，民法结束了世俗法的整体的历史，变成部门法。[③]

2. 人格权制度。如前所述，多诺把私法中的权利分为两类：第一类是对我们自己的权利，也就是人格权，包括作为一个自由人享有的生命权、自由权；第

---

① Voire Jean-Louis Thireau, Hugues Doneau et les fondements de la codification moderne, En Denis Alland et Stephane Rials(Directeur), Droit, PUF, Paris, 1998, pp. 84ss.

② 参见朱晓喆：《现代民法科学的历史起源——以人文主义法学为中心》，外法史研究会2003年烟台年会论文，未刊稿。

③ 参见朱晓喆：《现代民法科学的历史起源——以人文主义法学为中心》，外法史研究会2003年烟台年会论文，未刊稿。

二类是对外在对象的权利，又分为两种。第一种是对外在物的权利，也就是物权；第二种是对他人的权利，也就是债权，也称对人权。这样，他首先提出了人格权思想以及相应的权利分类理论，这样，在罗马法古老的人格概念之旁，又诞生了词形相似而含义迥异的人格权概念。

3. 物权概念。罗马法学家未创立任何所有权理论，未留下任何所有权的定义，更谈不上有现代意义的物权理论。但罗马法中有对物之诉和对人之诉的区分，中世纪注释法学家在此基础上解释出物权和债权的概念。1811 年的《奥地利民法典》第 307 条采用了半个物权的概念。其辞曰："属于一个人财产上之权利，不限于对抗任何其他人者，称对世财产权。财产上权利系直接因法律规定或债务行为而产生，仅限于对抗特定人者，谓对人财产权。"①在这一定义中，对世财产权就是现代的物权，对人财产权就是现代的债权。可以看出，在《奥地利民法典》的时代，尚未出现完全的物权概念，这一工作在立法上由 1897 年的《德国民法典》完成，它设了单独的物权编，规定了占有、所有权、地上权、役权、先买权、土地的产物负担、不动产担保权、质权等物权类型。

4. 法律行为制度。罗马法学家仅认识到一些具体的法律行为，惜未创立法律行为的一般概念。德国法学家阿诺尔德·海瑟（Arnold Heise，1778—1851）在 1807 年出版的《供潘得克吞教程所用的普通民法体系概论》一书中使用了 Rechtgeschaeft（法律行为）一词，他还第一次揭示了法律行为的意思表示属性。这里的意思表示是追求私法效果的当事人意思。之后，萨维尼（Friedrich Savigny，1799—1861）在《现代罗马法体系》第三卷中将法律行为理论进一步精致化，对其意思表示的本质部分作了重要的理论发展。1794 年制定的《普鲁士普通邦法》接近采用了这一概念，它规定了与"人"、"物"相并列的"行为"，但还未规定"法律行为"。同时它还采取了"意思表示"概念。1863 年的《萨克森王国民法典》第一部分第四章（论交易）第三节规定了法律行为制度，其第 88 条规定："如某行为与法律要求相符，旨在设定、废止、变更法律关系的意思表示，即为法律行为。"这是一部法典对法律行为制度的首次承认②。法律行为制度意味着立法者采用了框架式的立法，用以确定他们未具体规制的事项的合法性。

5. 意思表示的概念。意思表示是与"法律行为"密切相关的法律术语，它

---

① 王绍堉译：《奥国民法》，文武有限公司 1977 年版，第 51 页。

② 参考谢鸿飞：《论法律行为概念的缘起和法学方法》，载 http://www.civillaw.com.cn/more.asp.

与“法律行为”的概念几乎同时出现，也是德国法族的核心概念之一。在18世纪，克里斯琴·沃尔夫（Christian Wolf，1670—1754）首次提出并阐述了这一概念。到19世纪，它成为德国民法理论中的基本概念。后来，在学说上，萨维尼在《当代罗马法体系》中将意思表示与法律行为作为同义语使用。在立法上，《普鲁士普通邦法》首次在“行为”制度之后使用了这一概念[①]。至此，理性主义哲学终于被贯彻到民法中，在这个领域，所有的民事主体都被理解为理性的、为了自己的生存和发展不断对外界发出意思表示的存在。

6. 意思自治原则。16世纪的法国法学家杜摩林（Charles Dumoulin，1500—1566）最早在《巴黎习惯法评注》一书中提出这一原则。[②] 他认为，在契约关系中，应适用当事人自主选择的习惯法，即使当事人在契约中未作明示的选择，法院也应根据其推定的意思确定应适用的法律。[③] 显然，意思自治原则首先出现于法律选择领域，后来才演变为整个民法的基本原则。这一原则体现了人的自由意志的载体的本质，同时隐含着理性人假说，因为这一原则把每个人都假定为自己利益的最佳判断者。既然如此，国家或其他权威的代为判断就没有什么必要，于是，市民社会与政治国家的分野也就包含在这一原则中了。

7. 不动产登记制度。为了征土地税的土地登记在德国有几百年的历史，到18世纪，有了为此目的的详尽的地籍图。12世纪，在德国北部城市产生了土地的物权变动必须登记于市政会的都市公簿的制度。为了抵押的土地登记的出现要晚一些，于18世纪在普鲁士和法国的抵押法中全面推行，很快风靡于欧陆各国[④]，1825年的《摩德纳及雷乔·埃米利亚公国民法典》就规定了这一制度。[⑤] 法国于1853年制定了登记法弥补民法典的物权公示制度上的漏洞。这一制度的确立对民法的诸制度产生了广泛影响。例如，对取得时效要

---

① 参考谢鸿飞：《论法律行为概念的缘起和法学方法》，载 http://www.civillaw.com.cn/more.asp.

② Voire J. P. Niboyet, La question d'un nouveau code civil en France, In *Tulane Law Review*, Vol. 24, 1955, p. 262.

③ 参见韩德培主编：《国际私法新论》，武汉大学出版社1997年版，第57页。

④ 参见梁慧星主编：《中国物权法研究》（上），法律出版社1998年版，第194～195页。

⑤ 参见阿尔多·贝特鲁奇：《意大利统一前诸小国的民法典制定与1865年〈意大利民法典〉》，徐国栋译，载徐国栋主编：《罗马法与现代民法》第1卷，中国法制出版社2000年版。

件之一的诚信就是如此。不动产登记制度以地籍制度为基础，地籍是政府为所有土地建立的档案。因此，当土地登记制度推行一段时间后，必然使主观诚信的构成极为困难，由于受到非经登记不得有效的限制，所有关于土地的交易以及相应的权属关系都必须反映在对公众开放的登记簿中，对上述权属关系发生错误或不知的可能性就微乎其微了。正像法律一经颁布不得以不知作为抗辩一样，人们也不得以自己不知登记簿上登记的存在作为证明自己诚信的理由。如此，以诚信取得土地占有的可能如果不能说没有，也可以说已极小。尽管如此，也可能发生权利人被错误登记的情形，如果被误登的权利人占有土地达到法定的时效期间，只要他的登记在 10 年内未被涂销，他就取得标的物的所有权。这样，时效制度的基点似乎就从占有的错误转向了登记的错误。[①] 由此可见，在中世纪产生的不动产登记制度极大地改变了取得时效制度的适用条件，把它改造成了登记取得时效，缩小了诚信的空间。

三、现代民法

现代民法表现为通过 19 世纪的法典编纂运动形成的大陆法系，又称罗马—日耳曼法系，后一名称表明它有拉丁法族和德国法族两个分支。前者包括由讲拉丁语族的语言的国家构成的法域，例如欧洲的意大利、法国、西班牙、葡萄牙等国家、拉丁美洲的几乎全部国家；后者为由德语国家以及受其影响的国家构成的法域，例如德国、瑞士、奥地利以及日本、泰国和我国的台湾。大陆法系的两个分支有许多共性，例如它们都采用法典法的立法形式，重理论、重抽象等，这些共性使它们能够被称为一个法系。但这两个分支又各有特点，表现为拉丁法族比较重视民法中的人身法部分，而德国法族比较重视民法中的财产法部分。下面分别介绍它们各自的著名民法典。

拉丁法族民法典的代表是 1804 年的《法国民法典》；日耳曼法族民法典的代表是 1896 年的《德国民法典》。

（一）《法国民法典》

《法国民法典》又称《拿破仑法典》，是拿破仑亲自主持制定的，1804 年 3 月 21 日由法国国民公会作为一个整体公布实施。这部民法由序题和 3 编组

① 参见《德国民法典》第 900 条，《瑞士民法典》第 661 条，以及王利明教授主持的《物权法（草案）》第 70 条、第 71 条。On http://www.zzhf.com/detail.asp? id=627。梁慧星教授主持的物权法草案第 57 条，第 58 条。梁慧星主编：《中国物权法草案建议稿》，社会科学文献出版社 2000 年版，第 232 页及以次。

成,共2281条。序题是关于法律的公布、效力和适用的规定,其调整范围不限于民法,而是及于一般的法,这一安排是民法的世俗法的整体的远祖属性的残留。第一编"人",规定了自然人和婚姻家庭法律制度;第二编"财产及对于所有权的各种限制",规定了所有权及他物权制度;第3编"取得财产的各种方法",规定了债、合同、继承等制度。从体系看,《法国民法典》基本上沿袭了罗马法《法学阶梯》的体系,划分人法和物法,但基于多诺和阿佩尔的研究成果已经把诉讼法从民法中分离出去。人法的存在构成其结构上的特征。从内容看,《法国民法典》详细规定了人身关系和财产关系的各个方面,确立了人的自由平等、私有财产神圣不可侵犯、合同自由等原则,充分体现了"自由、平等、博爱"的法国革命的理想。从语言文体看,《法国民法典》行文流畅明快,通俗易懂,被誉为"法国最伟大的文学著作",为民众喜爱。[①]

《法国民法典》对世界各国的民法影响很大。不仅法国在200年后的今天仍继续适用它,比利时、卢森堡也把它作为自己的法典适用至今。加拿大的魁北克省、美国的路易斯安那州都以它为蓝本制定民法典。德国、西班牙、瑞士、巴西等国制定民法典时也多少受其影响。

(二)《德国民法典》

《德国民法典》于1896年公布,1900年施行。共5编,2385条。第一编"总则",规定了自然人、法人、物、法律行为、消灭时效、权利的行使、自助和自卫、提供担保等内容;第二编"债的关系法",规定了债的关系的内容、合同、债的消灭、债权移转、债务承担、各种具体合同及其他具体的债;第三编"物权法",规定了占有、所有权、地上权、役权、先买权、土地负担、抵押权、质权;第四编"亲属法",规定了婚姻、亲属关系和监护;第五编"继承法",规定了继承顺序、继承人的法律地位、遗嘱、继承契约、特留份、继承权的丧失等内容。

与《法国民法典》相比,《德国民法典》有明显的特点。其一,从体系看,它突破了《法国民法典》的编纂模式,在债法、物权法、亲属法、继承法这些具体民事法律制度前专设"总则"一编,规定了主体(自然人、法人)、物、法律行为等民法的共同性问题,阐明了法律关系形成的一般过程,体系上更完整、系统,为此后的民事立法提供了一个较为科学的模式。其二,从内容看,它同样详细规定了资本主义经济关系的各个方面,肯定了主体平等、私有财产不可侵犯、合同自由等原则,但它由于制定在将近100年之后,必须反映新时代的客观要求。为此,它最终把法人制度确定下来,对公司制度的广泛存在作出了确认,适应

① 大木雅夫:《比较法》,范愉译,法律出版社1999年版,第183页。

了资本主义经济组织尤其是垄断组织、跨国公司发展的需要。它使用了法律行为的抽象概念，囊括了所有基于当事人的意思表示缔结的行为，避免了新的民事关系产生而法律上无相应规定造成无法可依的现象。它开始对所有权作出限制，这对于缓和所有者之间及所有者与非所有者之间的矛盾起了一定的作用。它及以后颁布的一些法令开始规定无过失责任，为解决现代工业发展和现代化科学技术的广泛运用带来的问题提供了法律手段。它把债法置于物权法之前，突出了民法调整动态财产关系的作用，也反映了当时社会中财富证券化的趋势。需要指出的是，《德国民法典》以大量的篇幅规定土地问题，一定程度上维护了封建土地关系，反映了当时德国容克地主阶级的利益要求。其三，《德国民法典》的制定者们不仅追求法典体系的完整、系统，而且重法理，讲究概念科学、字义准确，大量吸收了 19 世纪潘得克吞学派的研究成果。这一方面使得法典的科学性提高；但另一方面也使得它晦涩难懂，非一般人所能掌握。

受《德国民法典》影响较大的国家有日本、泰国等，旧中国的民法也基本采纳德国民法体例。1905 年的《俄罗斯帝国民法典草案》及前苏联的 1922 年《苏俄民法典》在体例上也受德国民法的影响。

第七节 我国民事立法简史

一、旧中国的民事立法

我国古代，封建社会延续数千年。其间，法制的基本状况是诸法合体、刑民不分、民附于刑、重刑轻民，没有独立的民事立法，调整人身关系和财产关系的民事法律规范大多以刑事规定体现。如《唐律·杂律》规定："诸负债违契不偿，一疋以上，违二十日，笞二十，二十日加一等，罪止杖六十；三十疋，加二等；百疋，又加三等。各令备偿。"这是古代社会以刑罚处理违约责任问题的一个实例。

我国制定西方式的民事立法始于清末。1840 年，鸦片战争爆发，中国开始进入半殖民地半封建社会。19 世纪末，内外交困的清王朝从日本明治维新的成功得到启示，开始引进西方国家的法律文化。1907 年(光绪三十三年)，开始仿效德日民法起草民律，至 1911 年(宣统三年)完成，史称第一次民律草案。它包括总则、债、物权、亲属、继承 5 编。但未及颁行，清王朝即灭亡。中华民国时期，国民政府于 1918 年再次设馆起草民律，至 1925 年完成，史称第二次民律草案。这一草案除债编效法瑞士债法外，其他各编与第一次民律草案基本相同。当时的国民政府司法部曾通令全国法院将这一草案作为条理引用，但仍未作为法律颁行。1927 年，国民政府设法制局，再次起草民律，决定先行拟定与本国固有法律传统联系较为紧密的亲属、继承两编，至 1928 年完成，是为第三次民律草案。同年 12 月成立立法院，着手制定完整的民法典，从 1929 年 5 月至 1931 年 12 月，陆续颁行起草成果，共分总则、债、物权、亲属、继承 5 编，计 1225 条。尔后，又次第颁布了《票据法》、《公司法》、《海商法》、《保险法》等民事特别法。1949 年，共产党取得大陆的政权，成立中华人民共和国，国民政府溃逃台湾，《中国人民政治协商会议共同纲领》第 17 条明确宣布废除包括民法典在内的国民党《六法全书》，“中华民国”民法典及其民事特别法遂只在台湾适用。

旧中国民法典以德、日、瑞士等国的民法为蓝本制定，大量的内容来自外国，正如学者所言，这部民法“除物权亲属中一部分规定外，亦纯为外国法之继受”。[①] 在大量移植外国法的同时，它把西方民法的平等原则、私有财产权神圣不可侵犯原则、意思自治原则也规定了下来。1982 年，台湾对其民法总则编作修订时，补充规定了诚实信用原则。

由于大量移植外国民法，这部民法同当时的半封建半殖民地的中国现实情况严重脱离。在其颁行 20 多年后，学者仍指出，“默察社会情况，与新民法之精神，仍有甚大之距离”，故该民法典为“超前之立法”。[②] 法律的适当超前，对于引导社会生活、促进社会经济的发展，无疑会起积极作用。继受法国家的民法，都难免充当超前立法的角色，要经过相当的时间，超前的立法相对静止，落后的现实疾步趋前，法律与现实才会耦合起来。旧中国民法典到台湾适用后，才完成了这一过程。

作为半封建半殖民地社会的法律，旧中国民法典在一定程度上保留了封建主义的色彩。例如，在亲属和继承领域，它关于重婚为可撤销婚姻的规定，关于养子女继承份额为婚生子女份额的二分之一的规定，反映的是封建的婚姻家庭制度的要求。因此，1985 年，台湾修订其民法亲属编和继承编时，废除

---

① 李宜琛：《民法总则》，“国立”编译馆 1977 年版，第 8 页。

② 王伯琦：《民法总则》，正中书局 1963 年版，第 18 页。

了上述规定。[①]

二、中华人民共和国的民事立法

(一)改革前的民事立法

1949年建国后,我国的民事立法主要为巩固新民主主义革命的成果展开。《中国人民政治协商会议共同纲领》第3条规定:“中华人民共和国必须取消帝国主义国家在中国的一切特权,没收官僚资本归人民的国家所有,有步骤地将封建的半封建的土地所有制改变为农民的土地所有制,保护国家的公共财产和合作社财产,保护工人、农民、小资产阶级和民族资产阶级的经济利益及其私有财产,发展新民主主义的人民经济,稳步地变农业国为工业国。”根据这一基本路线,制定了许多法律、法令,如《政务院关于没收战犯、官僚资本家及反革命分子财产的指示》、《土地改革法》、《新区农村债务纠纷处理办法》、《私营企业条例》、《机关、国营企业、合作社签订合同契约暂行办法》、《保护发明和专利权暂行规定》、《婚姻法》等。它们的颁布和实施,对于消灭半封建半殖民地的所有制关系,建立新民主主义经济,以及恢复和发展国民经济,发挥了积极的作用,并为国家进一步对私有制经济进行社会主义改造创造了条件。

1953年以后,我国开始对农业、手工业和资本主义工商业进行社会主义改造,颁布了《公私合营工业企业暂行条例》、《关于目前工商业和手工业的社会主义改造中若干事项的决定》、《农业生产合作社示范章程》、《高级农业生产合作社示范章程》等法律文件,据此消灭了生产资料的私有制,建立了生产资料的全民所有制和集体所有制。与此同时,在经济体制上学习苏联,把工商业、农业的经济活动纳入了国家计划的轨道,逐步建立起全国集中统一的计划经济体制并一直持续到经济体制改革之前。由于把企业的所有经济活动都纳入了国家计划的轨道,各种关系都已变成纵向关系,民法失去了存在的空间。加上法律虚无主义尤其是私法虚无主义的影响,从1957年至1978年12月十一届三中全会召开,我国民事立法几乎一片空白。社会生活中的民事纠纷基本上在靠政策和司法意见(如最高人民法院1963年8月28日《关于贯彻执行民事政策几个问题的意见》)解决,无法可依。

(二)改革以来的民事立法

1979年,中国政府确定将工作重点转到社会主义现代化建设上来以后,

① 参阅李景禧主编:《台湾亲属法和继承法》,厦门大学出版社1991年版,第7页、第84～85页。

我国进入了改革开放时代，并最终确立了依法治国的方针，基此，自十一届三中全会以后，我国的民事立法十分活跃，初步形成以1986年《民法通则》为龙头的多层次的民事法律体系。全国人民代表大会及其常务委员会先后颁布及修订了一系列的民事法律。主要有：《婚姻法》(1980年通过)、《经济合同法》(1981年12月通过，1993年9月修正)、《商标法》(1982年8月通过，1993年2月修正)、《专利法》(1984年3月通过，1992年9月修正)、《继承法》(1985年3月通过)、《涉外经济合同法》(1985年3月通过)、《民法通则》(1986年4月通过)、《技术合同法》(1987年11月通过)、《全民所有制工业企业法》(1988年4月通过)、《著作权法》(1990年9月通过)、《收养法》(1991年通过，1998年修订)、《海商法》(1992年通过)、《产品质量法》(1993年2月通过)等。

1992年12月，中共十四大确立了社会主义市场经济体制的改革目标，十四届三中全会通过的《关于建立社会主义市场经济体制若干问题的决定》提出："法制建设的目标是：遵循宪法规定的原则，加快经济立法，进一步完善民商法律、刑事法律，有关国家机构和行政管理方面的法律，本世纪末初步建立适应社会主义市场经济的法律体系……"我国的民商立法从此步入了新的发展阶段。《公司法》(1993年通过，1999年修正)、《票据法》(1995年通过)、《担保法》(1995年通过)、《合伙企业法》(1997年通过)、《证券法》(1998年通过)、《个人独资企业法》(1999年通过)等民事特别法相继颁行。1999年3月15日，九届人大二次会议通过了《合同法》并于同年10月1日起施行，《经济合同法》、《涉外经济合同法》和《技术合同法》同时废止，结束了我国合同法"三法鼎立、多种规范并存"的局面。此外，2007年3月颁布了《物权法》。婚姻法的修订在2001年完成。服务于我国社会主义市场经济的完备的民商法体系正在逐步形成。

在健全和完善我国民商法问题上，民法典的制定具有特殊的意义，一个符合社会主义市场经济体制要求的民商法体系有赖于民法典的制定；社会主义法治的实现也有赖于一部完备的民法典的制定，因为"法典是人民自由的圣经"，法典具有普遍的、不取决于个别人任性的性质。1986年颁布的《民法通则》不是民法典。经过20年来的改革，我国经济体制改革的目标已经确立，市场经济体制已初步形成；人民的法律意识、权利意识有很大提高，"依法治国"、"建立社会主义法治国家"已写入宪法并成为全社会的共识；法学理论研究取得了突出的成果，有中国特色的民法学已初步形成；尤其是20余年来活跃的民事立法取得了辉煌的成就，除侵权行为法外，民法的其他领域均有单行法。有关土地使用权、土地承包权、担保物权等他物权的规定散见于《城市房地产管理法》、《土地管理法》、《担保法》等法律、法规中。所有这些都为我国进一步制定民法典创造了基本的条件，积累了必要的经验。[①] 民法典应当到了呼之即出的时候。基于这些条件，中国目前已产生了5个民法典草案，它们是：王汉斌委托的9位专家完成的学者建议稿；人大法工委民法室人员以此稿为基础加工成的所谓“室内稿”；梁慧星教授及其同事利用自己起草的前述学者建议稿中的有关编外加自己补写的编构成的补全稿[②]；王利明教授以同样的方式完成的补全稿[③]；以及由厦门大学和中南财经政法大学的部分民商法教师合作起草的洋洋90万言的《绿色民法典草案》[④]。以如此众多的草案为基础，我国定能在近10年内制定出一部先进的民法典。

① 彭万林主编：《民法学》(修订版)，中国政法大学出版社1997年版，第25页。

② 梁慧星主编：《民法典草案学者建议稿》，法律出版社2003年版。

③ 中国人民大学民商事法律科学研究中心：《民法典草案学者建议稿》，2003年打印稿。

④ 徐国栋主编：《绿色民法典草案》，社会科学文献出版社2004年版。

第2章

民事法律关系

第一节 民事法律关系概述

一、民事法律关系的概念

民事法律关系,又称法律关系[①],是指民事法律调整的具有民事权利义务内容的社会关系。民法的调整对象是平等主体之间的人身关系和财产关系,平等主体之间的人身关系和财产关系因民法的调整而具有民事权利和民事义务内容,形成民事权利义务关系,这种民事权利义务关系就是民事法律关系。

民事法律关系是一种法律关系,其本质是人与人之间的社会关系,但与一般意义上的民事关系存在概念上的区别。民事关系是人与人之间在民事交往中形成的一切社会关系,但这些社会关系只有经过民法的调整,并因此具有权利义务的内容,才能称为民事法律关系。在民事交往中,所形成的民事关系除包括由民法调整的财产占有、交换、继承等财产关系和因人格、身份而形成的各种人身关系外,还包括乡亲邻里之间、师生、同学、同事等之间基于礼仪或正常交往而形成的各种民事关系。但并不是所有的民事关系都可以纳入民法的调整范围。法律的调整往往体现国家的意志,法律赋予某种民事关系具有特定的权利义务内容,并以国家强制力保证这些权利义务内容的实现,往往表明这些民事关系对社会经济生活的稳定和发展至关重要,仅靠当事人自行处置或由道德规范约束是不够的,而需以法律加以调整。民法调整的是一部分的

① 传统民法学理论中,一般使用“法律关系”,我国民法学采用“民事法律关系”概念,理由是以便区别于其他部门法理论的法律关系,如行政法律关系、诉讼法律关系。

民事关系而不是全部的民事关系，由民法调整的民事关系上升为民事法律关系。对于那些未纳入民法调整范围的，而由乡规民约或道德礼仪约束，或者不由法律调整而由当事人自行处置的民事关系，则不属于民事法律关系的范畴。

民事权利无不以民事法律关系的形式表现出来，而民事权利的实现和保护又是民法的一项重要内容。因此，民事法律关系理论被认为是民法学理论的基础和重要的组成部分。

二、民事法律关系的特征

法律依其调整的社会关系的不同而分为不同的部门法，因不同的法律调整而形成不同的法律关系。民事法律关系是法律关系的一种，它既有一般法律关系的共性，又具有区别于其他部门法的法律关系的特殊性。

民事法律关系与其他法律关系均具有的共性体现为：

第一，法律关系反映的是人与人之间的关系，民事法律关系也反映人与人的关系。民法调整的财产关系并不是人与物或物与物的关系，而是人与人之间基于财产占有、交换等而形成的社会关系。民法调整的人身关系包括人格与身份，更直接反映了人与人之间的社会关系。

第二，法律关系体现的是国家意志，是一种思想社会关系。民事法律关系是由体现国家意志的民法所确认和保护的，从这一意义上讲，民事法律关系的形成反映的是国家意志；民事法律关系具体表现为相关当事人之间的权利义务关系，民事法律关系的产生、变更和终止又受当事人意志的影响，从这一意义上讲，民事法律关系的形成又体现当事人的意志。

第三，法律关系由国家强制力保障实现。民事法律关系既由民法所确认和调整，其实现也受国家强制力的保障，这是民事法律关系与以社会舆论和道德观念约束的道德关系的主要区别所在。民事法律关系具有具体的民事权利义务内容，当事人应当自觉履行法律规定或当事人约定的义务，义务人不履行义务时，权利人可以依法请求司法机关强制义务人履行，以实现权利人的合法权益。

民事法律关系不同于其他法律关系的特殊性体现为：

第一，民事法律关系是平等的民事主体之间的法律关系，其主体具有平等性。民法是调整平等主体之间的财产关系和人身关系的法律规范的总称，平等原则是民法的一项重要原则。这决定了与其相对应的民事法律关系也具有平等性。民事法律关系的平等性主要表现在：当事人在产生、变更、终止民事法律关系的民事活动中法律地位平等；公民的民事权利能力平等；民事主体在民事法律关系中享有的权利和承担的义务对等一致，在多数情况下，民事主体在享有权利的同时也承担相应的义务；民事主体的民事权利受法律的同等保护，其在民事诉讼中地位平等。

第二，民事法律关系是具体、现实的民事权利义务关系。民法的调整对象范围决定了民事法律关系的内容和范围。一方面，民事法律关系为民事权利义务关系。民法调整平等民事主体之间的财产关系和人身关系，赋予民事主体以民事权利或民事义务，即明文规定当事人享有的权利和应当履行的义务。这实质上是代表国家意志表明在民事活动中保护什么，禁止或反对什么。另一方面，民事法律关系的内容为具体的民事权利和民事义务。民事法律关系是当事人依法在民事活动中形成的社会关系，当事人根据法律规定或合同约定而享有权利或承担义务，该权利或义务的内容是具体的、现实的，可以行使或履行的。

第三，民事法律关系是民法确认和调整的法律关系。民事法律关系是民法调整的结果，没有民法，也就没有民事法律关系。民法规定、确认和保护合法的民事关系，赋予当事人民事权利和民事义务，从而使这种关系成为以民事权利义务为内容的社会关系。例如财产所有权关系，民法规定特定的所有人依法对自己的财产享有占有、使用、处分和收益的权利。财产所有权受法律保护，禁止他人不法侵害。据此，所有人以外的任何人就负有不得侵占、损害所有人财产或妨碍所有人行使所有权的义务。因此，所有权关系实质上是根据法律规定而形成的特定的所有人与非特定的非所有人之间具有确定的权利义务内容的社会关系。

第四，民事法律关系体现的是民事主体的私人利益或个别利益，具有等价有偿性。由于法律关系的主体不同，其实质内容以及所体现的利益也有所不同。民事法律关系的主体包括公民、法人和非法人组织，国家在特殊的情形下(如发行国债，承担国家赔偿责任等)也可作为民事主体。这些民事主体参与民事活动、取得权利和承担义务，其法律地位是平等的。民事法律关系往往体现的是这些平等主体间的财产利益和人身利益，具有特定的内容。这些利益虽与国家利益、社会利益等整体利益在原则上是统一的，但就具体内容而言，应当认为属于私权范围，体现的是民事主体的个别利益。而等价有偿正是民事法律关系主体的平等性以及私权和个别利益的特性在经济利益上的体现，也是商品经济发展的必然反映。

第五，民事法律关系具有任意性，贯彻当事人意思自治原则。民事法律关系发生在公民、法人或非法人组织之间，当事人的意志对于民事法律关系的产生、变更和终止具有决定性的作用。因而民事活动以当事人意思自治为原则，尤其是在合同关系中，更是强调合同当事人的自治处分权。当然，民事法律关系的任意性并不是毫无限制的，当事人设立、变更、终止民事法律关系，必须在法律规定的范围内进行，否则不能产生相应的法律效果。

三、民事法律关系理论的意义

（一）理论意义

从理论上讲，民事法律关系是民法学中的一个最基本的概念，是认识和了解民法学的一把钥匙。民事法律关系理论是民法学中最基本的理论。国家制定和颁布各种民事法律规范，目的是要求人们以其为根据设立各种民事法律关系，使人们的行为纳入民法调整的法律轨道。民法学研究的问题虽然非常广泛，但其中心问题是民事法律关系。民法学研究作为民事法律关系发生根据的各种民事法律规范，研究发生民事法律关系的各种原因，研究民事法律关系产生、变更和消灭。在一定意义上可以说，民法学就是民事法律关系学。[①]

民法规范的条文数以千计，民法学理论的内容“博大精深”。但无论是民事立法，还是民法学理论的著作，都是依循民事法律关系来构建的。总则和总论，实际上就是民事法律关系的总则和总论，包括民事法律关系的基本理论、民事法律关系的主体（自然人、法人和其他组织）、民事法律关系的客体、民事法律关系产生、变更和消灭的原因（民事法律行为、代理、诉讼时效、期间）。分则和分论就是民事法律关系的内容（权利和义务），同时也是民事法律关系的不同类型。

由此可见，民事法律关系已然成为民事立法和民法理论大厦的框架。民事法律关系理论是民法学理论的基础，也是民法学理论的总纲，同时也是民事立法的主线。只有把握这个基础和主线，才有可能进入素有“博大精深”之称的民法学殿堂。

（二）实践意义

从实践上讲，民事法律关系是解剖案件最基本、最有效的工具。无论多复杂的案件，只要将案件中的法律关系分析清楚，便能找到解决问题的办法。“以事实为依据，以法律为准绳”是法院审理案件和适用法律（包括民法）的基本原则。换言之，法官在适用民法时，应以民事法律规范为大前提，以具体案件事实为小前提，然后才能得出结论——判决。这就是法律适用中的所谓“三

① 魏振瀛主编：《民法》，北京大学出版社、高等教育出版社 2000 年版，第 31 页。

段论”推理方法。因此,法官在审理民事案件时,首先要找到一个对于本案生活事实有其适用性的法律规定,作为三段论的大前提。然后分析案件中的具体事实,作为三段论推理的小前提,最后将大前提和小前提结合起来,运用逻辑推理得出结论(判决)。法律适用的这三个逻辑步骤,均与民事法律关系理论密不可分。

首先,大前提的寻找离不开民事法律关系理论。寻找大前提,又称“找法”作业。在民法的适用中,所要找的就是民法规范。在法典化国家,民法规范都是以民事法律关系为主线构筑的体系化的规范集合。所谓民法典的编纂,就是从民事法律关系的要素出发来构建整个民法典的体系。法典的编纂者首先将民事法律关系的要素分解为主体、客体、行为和内容四个要素,然后把主体、客体、行为作为总则的内容加以规定,内容(权利和义务)作为分则的内容来规定。当总则中的主体、客体、行为和分则中的物权结合在一起,就形成了物权法律关系;当总则中主体、客体、行为和分则中的债权结合在一起,就形成了债权法律关系。余类推。[①] 由此可见,从某种意义上可以说,所谓民法典的体系,其实就是民事法律关系的体系。只有以体系化了的民事法律关系为线索,按图索骥,才能在泱泱数千条的民法典中找到适用于具体案件的法律规范,并以此为法律适用之大前提。

其次,小前提的确定也与民事法律关系理论密不可分。小前提的确定是指取向于大前提的评价和对案件事实的抽象,看它是否具备大前提中的构成要件所要求的特征。如果具备,那么该法律事实在逻辑上就是构成要件所指称的法律事实。小前提的逻辑结构是:本案法律事实即为构成要件所指称的法律事实。[②] 可见,小前提(即案件事实)的确定,总是在大前提(即法律规范)的评价和比较中进行的。事实上,大前提的寻找与小前提的确定总是交互进行的。当获得一个法律规定时,首先必须对照系争事实,看构成要件是否对它有意义。而当我们进行这种比较时,就会发现,构成要件对于系争事实来说,过于抽象;与此对应,系争事实对于构成要件来说,则过于具体,而且掺杂了许多与构成要件毫无关系的情况。经过剔除、修剪一番之后,所留下的情况,仍嫌具体,无从与构成要件对照。这时必须分析构成要件,使它面向系争事实而

---

① 王利明:《民法典体系研究》,载柳经纬主编:《厦门大学法律评论》(第 6 辑),厦门大学出版社 2004 年版,第 15 页。

② 张俊浩主编:《民法学原理》,中国政法大学出版社 1997 年版,第 47 页。

具体化；同时也要评价系争事实，使它面向构成要件而类型化。[①] 系争事实类型化的根本方法，就是运用民事法律关系的理论，分析案件中各当事人之间所发生的具体法律关系。所谓“剔除”和“修剪”，无非就是将不具有民事法律关系性质的生活事实排除在小前提的范围之外，从而使大前提中的法律事实与小前提中的系争事实具有可比性。因此，小前提的确定也离不开民事法律关系理论。

最后，结论（判决）的得出也必须运用民事法律关系理论。如前所述，结论（判决）是将大前提和小前提结合起来，运用逻辑推理而形成。问题是，属于规范层面的大前提怎么能与属于事实层面的小前提结合起来呢？法官在运用逻辑方法进行推理时，其逻辑基点又在何处？我们认为，答案非常简单，这就是民事法律关系。所谓判决，是在获得对于系争案件具有适用性的法律规定以及把案件事实涵摄到该规定的构成要件之后，依照三段论方法，把法律规定的效果归属到案件事实上去，并且依照诉讼法的要求，作成裁判文件。裁判的任务，关键在于确定法律效果的归属。[②] 而法律效果的归属实际上就是指权利、义务和责任在当事人之间的分配。分配的结果，就是具体民事法律关系的形成。所谓“构成要件”实际上就是指民事法律关系的构成要件。只要系争事实符合民法规范中所确立的民事法律关系的构成要件，该系争事实的法律效果，就应当按照民法规范中所确立的民事法律关系的效果（即作为规范的一般化的法律效果）来配置权利、义务和责任。由此可见，判决的形成过程，实际上就是民事法律关系的分析过程，包括对规范层面上的民事法律关系的分析（找法——寻找大前提）和对事实层面的民事法律关系的分析（分析案件事实——确定小前提），以及对上述两个层面的民事法律关系进行价值评判、逻辑涵摄和比较。

第二节 民事法律关系的构成要素

民事法律关系的构成要素，指构成民事法律关系的必不可少的因素。它包括主体、内容和客体三要素。

① 张俊浩主编：《民法学原理》，中国政法大学出版社 1997 年版，第 48 页。

② 张俊浩主编：《民法学原理》，中国政法大学出版社 1997 年版，第 55 页。

一、民事法律关系的主体

(一)民事法律关系主体概述

民事法律关系的主体,又称民事主体、当事人,指参加民事法律关系,享有民事权利或承担民事义务的人。民事法律关系的主体可以分为权利主体和义务主体,在民事法律关系中享有权利的人称为权利主体或权利人,承担义务的人称为义务主体或义务人。

民事法律关系的主体一般由两方当事人组成,某些民事法律关系则有三方以上的主体参加,例如合伙人为三人以上的合伙关系。民事法律关系的主体可以是特定的或不特定的,例如,债权关系中,权利主体和义务主体均为特定的;而物权关系、知识产权关系、人身权关系、继承权关系中,权利主体是特定的,义务主体则是不特定的。就组成民事主体一方的人数而言,可能是单一主体,也可能是多数人主体。民事法律关系的主体双方均为一人时,称为单一主体;主体双方或一方由多数人构成时,称为多数人主体。

民法上的人包括公民(自然人)和法人。民事活动主要由公民和法人参加,民事法律关系主要发生在公民之间、法人之间或公民与法人之间。

国家是一种特殊的民事主体。国家为主权国家,是国际法上的主体,一般情况下,国家并不直接参加民事活动。只有在某些特殊的情况下,国家才作为民事主体参加民事活动,享有权利和承担义务。这些特殊的情况主要包括:(1)国家是国有财产的所有权人,国家代表全体人民对全民所有的财产享有和行使所有权;(2)国家发行国债时,国家在债的法律关系中为债务人,负有到期还本付息的义务;(3)在国家赔偿责任中,国家是民事责任的承担者,国家承担赔偿责任是通过国家机关承担具体的赔偿责任来实现的。

此外,随着我国社会主义市场经济的发展,合伙企业、个人独资企业、法人的分支机构等非法人组织参加民事活动的情况越来越多,在经济生活中发挥着日益重要的作用。这些非法人组织虽不具备法人资格,但依法经核准登记,具有一定的民事权利能力、民事行为能力和相对独立的民事责任能力,因而越来越多的立法将它们的行为纳入法律的调整范围,在一定范围内承认它们作为民事法律关系的主体。我国民事诉讼法也规定它们可以作为独立的诉讼主体参加民事诉讼活动,提起诉讼或应诉。

(二)民事能力

民事主体参加民事法律关系,享有权利和承担义务,应当具备相应的资格,这种资格即民事能力。民事能力包括民事权利能力、民事行为能力和民事责任能力。民事权利能力,又称权利能力,是指民事主体能享有权利和承担义务的资格。公民、法人之所以成为民事主体,能够享有民事权利和承担民事义务,是因为法律赋予他们相应的民事权利能力。民事行为能力,又称行为能力,指民事主体以自己的行为取得和行使民事权利,设定和承担民事义务的资格。民事主体是否具有相应的民事行为能力,是决定民事行为是否有效的重要因素。具有民事行为能力的人可以从事相应的民事活动,所为的行为可以有效成立;不具有民事行为能力的人所为的行为则存在法律上的缺陷。民事责任能力,又称责任能力,是指民事主体对自己的不法行为后果承担责任的资格。有责任能力人对因自己的不法行为造成他人的损害,应承担民事责任。

二、民事法律关系的内容

民事法律关系的内容,指民事主体享有的民事权利和承担的民事义务。民事法律关系为具体的民事权利和义务关系,即民事主体在民事活动中所形成的各种社会关系,经过民法的调整而具有具体的权利义务内容。

在民事法律关系中,民事权利和民事义务是对立和统一的。民事权利是权利主体为实现其受法律保护的民事利益(包括财产利益和人身利益),而为一定行为或不为一定行为和请求他人为一定行为或不为一定行为的可能性。民事义务是义务主体为满足权利主体实现其民事利益,而应当为一定行为或不为一定行为的约束。在民事法律关系中,权利主体和义务主体的利益是对立的,但又是相互依存的。一方面,当事人一方享有的民事权利往往是另一方承担的民事义务,民事权利的实现依赖于民事义务的履行;另一方面,在多数情况下,民事主体在民事法律关系中往往既是权利主体又是义务主体,其在享有权利的同时,也承担相应的义务。

三、民事法律关系的客体

(一)民事法律关系客体的概念

民事法律关系的客体,指民事法律关系中民事权利和民事义务所指向的对象。通常情况下,民事主体是为了某一客体而设定权利义务关系的,该客体是当事人享受权利和履行义务的标的。如果没有民事法律关系的客体,民事主体就无从享受权利和履行义务,民事权利和义务将因失去标的而毫无意义。因而,民事法律关系的客体也是构成民事法律关系不可或缺的因素。

(二)民事法律关系客体的种类

民事法律关系的客体包括哪些？民法学界对此有不同的看法。[①] 通说一般认为，不同的民事法律关系，其客体也不相同，通常包括以下几种：

1.物

民法学意义上的物，指具有一定形体、占有一定空间，能够为民事主体实际支配和利用的，具有一定经济价值的物质财富。物是物权关系的客体。物可以是天然财富，也可以是人工制造的物质。但作为民事法律关系客体的物与物理学意义上的物是有联系又有区别的，它不仅具有物质属性，而且具有相应的法律属性，即具有一定的经济价值。

2.行为

作为民事法律关系的客体的行为，指能够满足权利主体某种利益的作为或不作为。行为是债权关系的客体。行为作为民事法律关系的客体主要体现为以下几种：(1)交付财物。在买卖、互易、租赁、保管等合同以及侵权人向受害人为所有物返还、不当得利返还等，均以财物的交付为其给付的具体形态。(2)支付金钱。金钱在法律上是一种特殊的物，支付金钱也是较为常见的一种给付形态，在移转财产所有权或使用权而支付其对价，以及一方消费他人劳务时支付报酬的场合，在侵权的损害赔偿、不当得利返还时无法返还原物、因违约而支付违约金、损害赔偿金等情形，都以支付金钱作为给付手段。在金钱借贷中，更是以金钱的支付为给付形态。(3)移转权利。所谓移转权利，有广义和狭义两种。广义的移转权利包括所有权、债权、知识产权、他物权、名称权、股权等权利的移转；狭义的移转权利，仅指不伴随交付财物及支付金钱的单纯的权利移转。如债权让与，票据的背书转让，股权转让等。作为一种独立的给付形态，移转权利仅指狭义的移转权利。(4)提供劳务或服务。例如委托合同关系中，客体为受托人以委托人的名义实施某种行为。该行为作为民事法律关系的客体，并不要求产生相应的有形或无形的成果，权利主体仅从义务主体的行为中即可实现其民事利益。(5)完成一定工作并交付工作成果。例如在加工承揽合同关系中，客体为承揽人亲自完成一定工作并按约定交付该工作成果的行为。该行为作为民事法律关系的客体，除要求有一定的劳务外，还要求以该劳务获得约定的工作成果。权利主体须以该行为及其物化成果来实现其民事利益。(6)不作为。不作为即不为特定的行为，包括单纯的不作为和容

---

① 《法学研究》编辑部：《新中国民法学研究综述》，中国社会科学出版社1990年版，第60页。

忍。不作为也可以成为给付的内容。例如，债务人不为营业竞争、不泄露商业秘密等。

3.智力成果

智力创造的成果是一种精神财富，它虽没有具体的形体，不占任何的空间，难以采用与有形物一样的方式进行实际管领而有别于有体物。但它具有一定的表现形式，能够为人们所感知和利用，具有财产的属性，不仅可以为民事主体所专有，而且可以作为商品进行转让或许可他人使用，因而也属于民事法律关系的客体。作为民事法律关系的客体的智力成果包括专利、商标、作品、植物新品种、集成电路布图设计和商业秘密等。智力成果是知识产权的客体。在现今信息化的社会中，某些未纳入知识产权范围的信息也是智力劳动创造的成果，并具有相应的经济价值，虽未为知识产权立法所保护，但因其具有财产的属性而同样受民法的保护。例如，电视台的电视节目预告作为一种劳动成果，在司法实践中已被确认可以作为民事法律关系的客体，受到法律的保护。

4.人身

人身是人身权的客体。人身包括人格、身份两大方面。前者为人格权的客体，后者为身份权的客体。关于人身权的法律保护问题，本书有专章介绍，兹不再赘述。

5.权利

权利也可以成为民事法律关系的客体，例如，在权利质押法律关系中，其客体即为某种民事权利，如股票质押关系的客体是股权，票据质押关系的客体是票据债权，知识产权质押关系的客体是知识产权。

第三节 民事法律事实

一、民事法律事实的概念

民事法律事实，又称法律事实，指民法规定的能够引起民事法律关系产生、变更或消灭的客观事实。民事法律事实有两个主要的特点：第一，民事法律事实是由民法规定的。客观事实可以是自然现象或人的活动，但并非一切的自然现象或人的活动都可以成为民事法律事实。只有当某种客观事实为民事法律规范所规定，并能够产生一定的法律后果时，这种客观事实才具有法律的意义，才能成为民事法律事实。第二，民事法律事实必须能够产生一定的法律后果，即能够引起民事法律关系的发生、变更或消灭。民事法律关系的产生，指民事主体实际取得民事权利或承担民事义务。民法对民事权利和民事义务的规定，表现为民事主体享有权利和承担义务的可能性，只有当具备了法律规定的法律事实时，这种客观的权利义务关系才能成为现实，权利人才得以行使权利，义务人才据以履行义务。民事法律关系的变更，指民事法律关系的主体、内容或客体发生变化。例如，法人的分立或合并导致民事法律关系主体的变更；不可抗力的自然灾害导致标的物部分灭失，从而引起合同关系的内容变更；选择之债中当事人行使选择权的行为引起债的关系的客体变更。民事法律关系的消灭，指民事主体间的权利义务关系不复存在。民事法律事实引起民事法律关系的消灭有两种情形：一是单纯引起民事法律关系消灭，不再因此产生其他的民事法律关系的发生，例如债的完全履行导致债权债务关系的消灭。二是引起原有的民事法律关系消灭，同时又导致另一新的民事法律关系的产生，例如因侵权行为导致财产灭失，从而使财产所有权关系消灭，但却因此引起另一新的法律关系即侵权损害赔偿之债关系的发生。

二、民事法律事实的分类

民事法律事实多种多样，根据其与当事人的主观意志是否有关而分为事件和行为。

（一）事件

事件，指与当事人的意志无关的客观现象。法律事件是否发生是当事人无法预见或无法支配的，它包括自然灾害和自然事件。例如，地震为自然灾害，可以引起合同的变更或解除。公民的死亡和时间的经过为自然事件，被继承人死亡引起继承关系的开始，时间的经过引起请求权的产生或消灭。

（二）行为

行为，指当事人有意识的活动。作为民事法律事实的行为与行为人的意志有着密切的关系，它一般包括民事行为和非民事行为两大类：

1. 民事行为

民事行为又称私法行为，是指由行为人实施，且在行为人之间产生、变更或者终止民事权利和义务关系的行为。根据法律对这类行为的不同评价，民事行为包括合法行为、违法行为和失当行为。(1)合法行为。凡法律对民事行为作出完全肯定评价的行为，为合法行为。在合法行为中，以该行为是否以意思表示为要素为标准，又可分为民事法律行为和事实行为，前者是以意思表示为要素的民事行为(如合同、遗嘱等),后者是不以意思表示为要素的民事行为(如不当得利、无因管理、作品创作等)。(2)违法行为。凡法律对民事行为作出完全否定评价的行为,为违法行为。在违法行为中,根据违法的不同原因,又可分为因标的违法而无效的行为、侵权行为和违约行为三种。因标的违法而无效的行为的发生,将可能导致缔约过失之债产生。侵权行为是指侵害他人财产权或人身权的行为。侵权行为的发生,将导致侵权行为之债的发生,如因侵害财产权行为的发生将在当事人之间产生物上请求权关系或损害赔偿请求权关系,因侵害人身权行为的发生则在当事人之间产生损害赔偿和赔礼道歉等请求权关系。违约行为是指不履行合同义务的行为。违约行为的发生将可能导致合同关系的终止、合同解除权和损害赔偿请求权的产生。(3)失当行为。凡法律对民事行为作出部分否定和部分肯定评价的行为,为失当行为。失当行为又包括自卫过当行为(包括防卫过当和紧急避险过当)、可变更、可撤销的民事行为以及效力待定的民事行为三种。自卫过当行为的发生将在当事人之间产生损害赔偿之债。可变更、可撤销的民事行为,如果被变更,将按变更后的意思表示来确定当事人的权利和义务;如果被撤销,视为自始没有法律约束力,但因民事行为被撤销,在相关当事人之间引起相应的返还财产、赔偿损失等债的给付关系。效力待定的民事行为,是指民事行为虽已成立,但是否生效尚不确定,只有经过特定当事人的行为(行使追认权或者撤销权的行为),才能确定生效或不生效的民事行为。如果一方行使追认权,将使该民事行为变为有效的民事法律行为,从而在当事人之间产生相应的权利和义务关系;如果一方拒绝追认或者对方行使撤销权,将使该民事行为变为无效的民事行为,从而导致当事人之间的民事权利和义务关系无法产生。

2.非民事行为

非民事行为包括行政行为、审判行为和仲裁行为。与民事权利义务有关的行政行为、发生法律效力的法院判决、裁定或仲裁机关作出的生效的仲裁裁决具有相应的法律后果,能够引起某种民事权利或民事义务产生、变更或消灭,因而也被认为是一种民事法律事实。与民事行为相比,这类行为的特点是,行为人(行政机关、审判机关和仲裁机关)不承受该行为在私法上的效果,而承受行为在私法上效果的人,不是行为人,而是与该行为有关的民事主体。

三、民事法律事实构成

民事法律事实构成,指能够引起民事法律关系产生、变更或消灭的两个以上的民事法律事实的总和。某些民事法律关系的产生、变更或消灭只需具备一个民事法律事实就足以实现，但在另一些民事法律关系中，民事法律关系的产生、变更或消灭必须具备两个或两个以上的民事法律事实的结合才得以实现。这些需要两个以上民事法律事实的结合才能产生行营的法律后果，即属于民事法律事实构成。

民事法律事实构成有三种情形：一是两个以上法律行为的结合。例如，外商投资企业合同除当事人订立合同的行为外，还须报经外资主管部门批准才能发生效力。二是两个以上法律事件的结合。例如，代位继承关系的发生，须有被继承人死亡和被继承人的子女先于被继承人死亡这两个自然事件。三是法律行为与法律事件的结合。例如，遗嘱继承关系的发生，须有被继承人生前立遗嘱的行为和被继承人死亡的事件。

第四节　民事权利

一、民事权利的概念

民事权利是由民法规定和保障的主体以相对自由的作为或不作为的方式获得利益的一种手段，是民法规范赋予当事人为实现其利益所可实施的行为范围。这一定义包含三层含义：

首先，民事权利意味着权利人在一定范围内的意思自由，在这一范围内，他可以做他所希望做的事情。相反，民事义务则意味着义务人的自由受到了限制，义务人必须听命于他人的意思为一定行为或者不行为。因此，民事权利首先是一种自由权，法律对权利的设定，就是为了划定各民事主体之间的自由界限，使各民事主体的自由不致互相妨碍，从而实现社会关系的有序化。

其次，民事权利意味着权利人实现一定利益的可能性。权利人享有自由权只是手段，获得某种利益才是目的。在民法领域，一切法律关系都可归结为利益关系。民事权利的最终落脚点是利益，包括财产利益和人身利益。民事主体享有的民事权利正是以自己的作为或不作为实现这些财产利益或人身利益的资格。

最后，民事权利具有法律保障力。如果说自由和利益是权利的内容，那法律保障力则是权利的外壳。民事权利作用于民事活动，产生相应的民事权能，包括支配权能、请求权能和诉讼权能。当民事权利受到侵害，或由于义务人不履行义务而使其权利不能实现或行使权利遇到妨碍时，民事主体可以请求人民法院予以保护并申请执行生效的法律文书，以强制实现其民事利益。

二、权利的本质

“权利”是晚近出现的一个外来词，在拉丁文为 jus，在法语为 droit，在英语称为 right，在德语为 Recht，均含有正义、直道之意。据西方学者考证，“直至中世纪临近结束之时，在任何古代的或中世纪的语言里，都没有可以用我们的词语‘权利’来准确翻译的词语。在大约一千四百年以前，这一概念在希伯来语、希腊语、拉丁语、古典阿拉伯语或中世纪阿拉伯语中缺少任何表现手段，且不说在英语或晚至 19 世纪中叶的日语中。”[①]然而，词语（即概念名称）仅仅是表征事物的一个符号。“权利”一词在古代的阙如，并不必然意味着“权利”问题自古就不存在，更不能由此而得出自古以来的思想家、法学家并不重视对权利问题的探讨的结论。事实上，“权利”问题是一个亘古不灭的话题。梅因、庞德、哈特等人的研究表明，希腊思想家虽然没有直接议论权利问题，在他们的著作中没有出现过“权利”之词，但他们从伦理学、政治学的角度探讨过人们互相冲突或重叠的主张之间，什么是正当的或正义的，以及在特定场合可适用的正义标准或正当行为，这已触及了权利问题的症结。在罗马法中，也没有确定的权利概念。但罗马人却以法律来支持凡是正当的事情，这就在观念和技术上都把问题引到权利概念上来了，[②]正如梅因所说：“概括的权利这个用语不是古典的，但法律学有这个观念，应该完全归功于罗马法。”[③]在中世纪，托马斯·阿奎那首次解析性地把“jus”理解为正当要求，并从自然法理念的角度把人的某些正当要求称之为“天然权利”。中世纪末期，资本主义商品经济的发展使各种利益独立化、个量化，权利观念逐渐成为普遍的社会意识。[④] 可见，“权利”问题自古就受到法学家和思想家的重视。“人群共处，各有主张，涉及不同利益，不免发生冲突。为维护社会生活，自须定其分际，法律乃于一定要件之下，就其认为合理正当者，赋予个人某种力量，以享受其利益。”[⑤]权利的概念遂应运而生。自此以后，法学家们从未间断对权利的界定和阐释。可

---

① 阿拉斯代尔·麦金太尔：《遵循美德》，转引自[英]米尔恩：《人的权利与人的多样性——人权哲学》，夏勇、张志铭译，中国大百科全书出版社 1995 年版，第 5 页。

② [美]罗·庞德：《通过法律的社会控制·法律的任务》，沈宗灵、董世忠译，商务印书馆 1984 年版，第 44 页。

③ [英]梅因：《古代法》，沈景一译，商务印书馆 1959 年版，第 102 页。

④ 张文显：《二十世纪西方法哲学思潮研究》，法律出版社 1996 年版，第 490 页。

⑤ 梁慧星：《民法总论》，法律出版社 1996 年版，第 61 页。

以说，在法学领域，几乎没有别的词语能够像"权利"那样引起一代又一代法学家的普遍兴趣、劳神和沉思。这种普遍兴趣、劳神和沉思，既说明了权利问题的重要性，也说明了权利释义的复杂性，还预示着权利释义的多样性。[①] 什么是权利或曰权利的本质是什么？由于在界定权利时所选择的参照系不同，亦即权利定义中的核心范畴或指称范畴的不同，法学家们对权利的本质问题的回答也颇不一致。各家学说，聚讼纷纭，莫衷一是。[②] 其中，最具代表性的概有"自由说"、"利益说"和"法力说"三种。

（一）自由说（The Liberty-Theory）

自由说是由荷兰哲学家斯宾诺莎、英国哲学家霍姆斯等人系统化的学说。该理论用自由来界定权利。在思想史上，斯宾诺莎首次提出：权利就是一种免于干预的条件。霍姆斯最早明确把法律与自由相连，认为权利是法律允许的自由，即一种有限制的但受到法律保护的自由。后来，康德说：权利就是"意志的自由行使"，不过，"根据一条普遍法则"，一个人的意志的自由行使应"能够与所有其他人的自由并存。"[③]黑格尔也说："法定的权利，不论是私人的或是国家的、市镇等公共的，原先就称之为'自由'……每一个真正的权利就是一种自由。"[④]

（二）利益说（The Interest-Theory）

此说认为，权利的本质是受法律保护的利益。奥斯丁和耶林力倡此说。奥斯丁指出："权利之特质在于给所有者以利益"，"授权性规范的特质在于以各种限制条件对实际利益进行划分。"[⑤]耶林认为，法律的目的是平衡个人利

---

① 正如康德所说："问一位法学家'什么是权利？'就像问一位逻辑学家一个众所周知的问题'什么是真理？'同样使他感到为难。他的回答很可能是这样，且在回答中极力避免同义语的反复，而仅仅承认这样的事实，即指出某个国家在某个时期的法律认为唯一正确的东西是什么，而不正面解答问者提出来的那个普遍性的问题。"参见［德］康德：《法的形而上学原理》，沈叔平译，商务印书馆 1991 年版，第 39 页。

② 张文显教授认为至少有 8 种学说，梁慧星教授则认为有三种学说。参见张文显：《法学基本范畴研究》，中国政法大学出版社 1993 年版，第 74～81 页；梁慧星：《民法总论》，法律出版社 1996 年版，第 61～63 页。

③ 康德：《法的形而上学原理》，沈叔平译，商务印书馆 1991 年版，第 41 页。

④ 周辅成：《从文艺复兴到 19 世纪资产阶级哲学家、政治思想家有关人道主义人性论言论选集》，商务印书馆 1966 年版，第 681 页。

⑤ 奥斯汀：《法理学的范围》（英文版），英国全盛出版社 1954 年版，第 140 页。转引自张文显：《法学基本范畴研究》，中国政法大学出版社 1993 年版，第 77 页。

益和社会利益，实现利己主义与利他主义的结合，从而建立起个人与社会的伙伴关系。权利的基础是利益，权利乃法律所承认和保障的利益。不管权利的具体客体是什么，上升到抽象概念，对权利主体来说，它总是一种利益或必须包含某种利益。[①]

（三）法力说（The Legal Capacity-Theory）

此说主张，权利是法律赋予权利主体的一种用以享有或维护特定利益的力量。19世纪德国法学家梅克尔（Merkel）力倡此说，认为权利的本质是由法律和国家权力保证人们为实现某种特定利益而进行一定行为的“力”。[②] 质言之，权利之本质为法律上之力。权利总是由“特定利益”和“法律上之力”两个因素构成。所谓“法律上之力”，系由法律所赋予的一种力量，凭借此力量，既可以支配标的物，亦可以支配他人。[③]

上述三种学说其实是从不同的角度对权利本质所作的说明，三者各有千秋。自由说是从权利主体的意志和行为的范围的角度，来解释权利，其合理之处，自不待言。因为权利的享有即意味着权利主体在权利范围内的意志自由和行动自由。然而，该说未能区分一般自由（广义自由）与特定自由——自由权（狭义自由）的界限，把权利现象作了简单化的处理。在我们看来，虽然权利总是包含着自由，但不能仅仅归结于自由。[④] 利益说重在揭示权利的价值和目的，把权利需要和主张归结于满足主体的物质性和精神性期望和动机，而这期望和动机源于社会生活，这是唯物主义的一种权利观。[⑤] 其合理之处也是至为明显的。法律调整社会关系，正是将各种社会关系所体现的利益，用法律上权利义务的形式固定下来，并运用国家强制力保障其实现。无论何种情形，一提到权利，利益也就在其中了。[⑥] 但利益说并非完美无缺。首先，权利只是利益的表现与获得利益的手段，而不是利益本身。把权利同利益等同，必将造

---

① 博登海默：《法理学、法律哲学与法律方法》，邓正来译，中国政法大学出版社1999年版，第108～110页；张宏生、谷春德主编：《西方法律思想史》，北京大学出版社1990年版，第353～355页；［美］庞德：《通过法律的社会控制·法律的任务》，沈宗灵、董世忠译，商务印书馆1984年版，第46页。

② 佟柔主编：《中国民法学·民法总则》，中国人民公安大学出版社1990年版，第68页。

③ 梁慧星：《民法总论》，法律出版社1996年版，第62页。

④ 张文显：《法律基本范畴研究》，中国政法大学出版社1993年版，第76页。

⑤ 张文显：《法律基本范畴研究》，中国政法大学出版社1993年版，第76页。

⑥ 梁慧星：《民法总论》，法律出版社1996年版，第62页。

成享有法律权利就等于获得实际利益的错觉，这是利益说致命的缺点。其次，并非所有的利益都是权利。宣布为权利的利益不能仅是纯粹个人的利益，而应被视为能够普遍享有的、获得广泛关注的，即可能相互冲突并可竞争的利益或可以平等地适用于同一群体或社会成员的利益。那种被个别人垄断的利益是特权而不是权利；只被个人视为利益，而其他人对之漠不关心的东西不能成为权利。[①] 法力说强调行使权利的意志和行为所发生的结果，而不是意志和行为本身。在它的理论中，权利本身不是目的，而是达到一定目的的手段；不再是静止的宣告，而是对他人、对既有的权利义务结构发生的影响的活动。[②] 这无疑是正确的。但该说没有揭示出权利的目的到底是什么，即主体何以需要权利，法律规定权利的"主旨"究竟是什么。不正确地回答这些问题，"权利是手段"这一正确提法仍缺乏实质意义。[③]

笔者认为，事物的本质，是该事物区别于他事物的根本属性。上述三种学说虽均有失偏颇，但如果将它们相互结合起来，则基本能揭示权利本质的全貌。换言之，自由、利益和法力均属权利区别于其他法学范畴的基本属性。三者缺一不可。但在这三要素中，利益是权利的核心，自由是权利的内容，而法力则仅仅是权利的"外壳"（即法律对权利的保障力），因此，只有利益和自由才是权利的最深层次的本质。至此，我们可以将权利的本质界定为：权利是由法律规定和保障的主体以相对自由的作为或不作为的方式获得利益的一种手段。

三、民事权利的分类

在民法理论中，民事权利和与其相对应的民事义务根据不同的标准可以作不同的分类。根据较为普遍的民事立法和民法理论，主要有以下几种民事权利分类：

（一）财产权与人身权

根据民事权利所体现的民事利益的性质的不同，民事权利可以分为财产

---

① 张文显：《法律基本范畴研究》，中国政法大学出版社 1993 年版，第 77 页。

② 例如，订立遗嘱的权利不单纯指遗嘱人有在一张纸上写一些字的自由，而是意味着这些字将对遗嘱人的财产的分配发生影响，因而这类权利是指创立或改变一定法律关系的影响力。参见张文显：《法律基本范畴研究》，中国政法大学出版社 1993 年版，第 78 页。

③ 张文显：《法律基本范畴研究》，中国政法大学出版社 1993 年版，第 79 页。

权和人身权。在传统民法中,财产权与人身权是民事权利的最基本的划分方法。财产权与人身权这种分类可以溯源于罗马法中的"人法"与"物法"的划分。在罗马法中,"人法"调整人格和身份关系,确立了家父权、夫权、婚姻权等人身权;"物法"则调整财产关系,确立了物权、债权等财产权的基本形态。近代民事立法在罗马法的基础上,形成了相对应的财产权和人身权的概念,并不断地扩充权利涵盖的内容。

财产权,指以财产为标的,具有直接的财产内容或经济利益的民事权利。财产权包括物权、债权、继承权。物权,指直接对物加以支配并排除他人干涉的权利,包括自物权和他物权。债权,指请求特定的义务主体为一定行为或不为一定行为的权利。继承权,指自然人取得被继承人生前遗留的个人合法财产的权利。

人身权,指与权利主体的人身不可分离的,不具有直接的财产内容的,体现民事主体人身利益的民事权利。人身权可以分为人格权和身份权。人格权,指民事主体依法享有的维持自己生存和尊严的权利,它是以权利主体人格为客体的专属权,包括生命健康权、姓名权(或名称权)、名誉权、肖像权等。身份权,指民事主体基于一定身份或地位而享有的权利,包括配偶权、亲权、亲属权等。

民事主体享有的民事权利多数为单纯的财产权或人身权,但也有一些民事权利是财产权和人身权的复合体,如知识产权。知识产权是一种特殊的民事权利,指民事主体对创造性智力活动成果依法享有的专有权,它具有财产权和人身权的双重属性。例如,著作权的内容包括发表权、署名权、修改权、保护作品完整权等著作人身权,以及使用权和许可他人使用并获得报酬的权利等著作财产权。

我们还应注意到,财产权与人身权也存在一定的联系。人身权不具有直接的财产内容或经济利益,但对民事主体人身的侵害却可能产生承担财产责任的法律后果。例如,因侵害公民生命健康权而在受害人与侵权人之间产生损害赔偿之债。

(二)绝对权与相对权

根据民事权利效力范围的不同,民事权利可以分为绝对权和相对权。绝对权与相对权的划分理论,提供了以民事主体构成和民事权利实现方式来考察民事权利的方法,对民事立法和司法实践具有一定的理论指导意义。绝对权与相对权的分类,源于罗马法中"对人诉讼"和"对物诉讼"的划分。"对人诉讼"是仅对特定的债务人提出的,旨在保护债权的诉讼;"对物诉讼"则是对一切加害人提出的，旨在保护物权和身份权的诉讼。在罗马法的“对人诉讼”与“对物诉讼”的分类基础上产生了对人权和对物权，并为近代各国民法理论所沿用，形成相对权和绝对权的概念。

绝对权，指对抗权利人以外的一切人的权利，即以不特定的任何人为义务主体的民事权利。绝对权因权利效力及于不特定的任何人，故而又称为对世权。绝对权的义务主体是不特定的任何人，其所负有的义务是不得干涉、妨碍权利人行使权利，而没有配合或协助权利人实现权利的作为义务。换言之，绝对权的权利主体对权利标的享有直接的、排他的支配权，无需义务人积极作为的协助即可实现。例如，物权、人身权、知识产权为绝对权。

相对权，指只对抗特定人的权利，即以特定的人为义务主体的民事权利。相对权因权利效力仅及于特定的人，故而又称为对人权。相对权的权利主体和义务主体都是特定的，其权利内容体现为特定的权利主体请求特定的义务主体为一定的行为或不为一定的行为以实现其民事利益。换言之，相对权的权利主体的权利需要义务主体履行义务才得以实现。例如，债权为相对权，债权需以债务人履行义务才能得以实现。

（三）支配权、请求权、形成权、抗辩权

根据民事权利作用的不同，民事权利可以分为支配权、请求权、形成权、抗辩权。这种划分理论，提供以民事权利的作用来考察民事权利的方法，对于指导民事主体正确行使权利具有重要的意义。

支配权，指权利主体直接支配标的以实现其民事利益的权利。支配权具有以下的法律特征：(1)支配权体现为对权利标的的排他性支配或管领，具有排他性的效力。(2)权利的实现具有直接性，即权利人仅凭自己的行为就足以实现其民事权利设定的利益内容。(3)对应的义务主体负担的是消极的不作为义务。依权利主体直接支配的权利标的的不同，支配权可以分为对物的支配权（如物权）、对无形财产的支配权（如知识产权）、对人身利益的支配权（如肖像权）。

请求权，指权利主体请求义务主体为一定行为或不为一定行为的权利。请求权的主要法律特征在于：(1)请求权的作用体现为提出请求，而不具有直接支配的内容。(2)权利人民事利益的实现，须借助于义务人履行义务的行为。(3)对应的义务主体为特定的，其义务内容为满足权利人的请求而为一定的行为或不为一定的行为。(4)请求权不具有排他性的效力，即就同一标的可以成立两个以上不相同的请求权，且各请求权彼此独立、地位平等。请求权是一种派生的权利，依其据以产生的权利基础的不同，请求权可以分为债权请求权、物权请求权、人身权请求权、知识产权请求权等。并且，在现实生活中，还可能出现因同一事实，权利人基于不同的权利而取得两项以上的请求权，这种情形在民法理论中称为请求权竞合。发生请求权竞合时，权利人可以选择行使其中任何一项请求权。

形成权，指权利人仅凭自己单方意思表示即可引起民事法律关系产生、变更或消灭的权利。形成权的作用既不体现为对权利标的的支配，也不体现为对他人给付行为的请求，而是体现于直接导致民事法律关系的产生、变更或消灭。其最为主要的法律特点在于，以权利人的意思表示直接产生特定的法律效果。例如，被代理人对无权代理人实施的“代理行为”有追认权，一经追认即发生代理的后果。形成权依其所产生的作用的不同，可以分为使民事法律关系产生的形成权（如追认权）、使民事法律关系变更的形成权（如选择权）、使民事法律关系消灭的形成权（如撤销权、解除权）。

抗辩权，指权利主体对抗相对人的请求权或其他权利，阻止其效力发生的权利。抗辩权的法律特征主要体现在：(1)抗辩权主要是针对请求权而言的，依法享有抗辩权的民事主体有权拒绝对方请求给付的要求。但抗辩权也不仅限于抗辩请求权，对于性质上属于形成权的抵销权，另一方当事人也可以依法行使拒绝的抗辩权。(2)抗辩权的作用不在于否认相对人请求权的存在，也不在于变更或消灭相对人的权利，而在于阻止相对人请求权或其他权利的效力。这是抗辩权与形成权最为主要的不同。抗辩权依其权利的具体作用的不同，可以分为永久性抗辩权和一时性抗辩权。永久性抗辩权，指永久阻止相对人请求权及其他权利效力发生的抗辩权，如因诉讼时效期间届满而取得的诉讼时效抗辩权、因债务不属同种类而发生的抵销抗辩权。一时性抗辩权，指暂时阻止相对人请求权效力的抗辩权，如双务合同中的同时履行抗辩权、后履行抗辩权、不安抗辩权以及一般保证中的先诉抗辩权。

（四）主权利与从权利

根据并存的两个以上的民事权利的相互关系，民事权利可以分为主权利和从权利。

主权利，指在并存的两个以上的民事权利中，能够独立存在的权利。从权利，指在并存的两个以上的民事权利中，不能独立存在，而必须以另一权利的存在为前提的权利。主权利具有独立性，从权利具有附随性。从权利的存在以主权利的存在为前提，并随主权利的消灭而消灭，随主权利的转移而转移。例如，债权和抵押权即为主权利和从权利的关系。

(五)专属权与非专属权

根据民事权利是否具有可转移性,民事权利可以分为专属权和非专属权。专属权,指专属于特定的民事主体,不能在民事主体之间任意转移的民事权利。非专属权,指非专属于特定的民事主体,可以在民事主体之间转移、继承的民事权利。在民事权利中,某些民事权利是基于民事主体特定的人格或身份而取得的,与权利主体的人身密切相关,不可转让或继承,其权利的性质即属于专属权。而某些民事权利则不同,法律允许权利人依法处分其权利,从而使民事权利在不同的民事主体间转移,则其权利的性质为非专属权。例如,在著作权中,著作权人依法享有署名权,署名权是作者依其完成作品的创作行为而取得的一项著作人身权,与作品创作者的身份密切相关,因而转让署名权的行为是无效的,该署名权即为专属权。著作权人还依法享有使用作品的权利,作者可以自己行使使用权,也可以依法转让其作品的使用权,该使用权即为非专属权。通常,人身权为专属权,财产权为非专属权。

(六)既得权与期待权

根据民事权利的全部要件是否齐备,民事权利可以分为既得权和期待权。既得权,指民事权利的全部要件已经齐备,权利主体可以行使权利以实现其民事利益的权利。期待权,指民事权利已具备成立的部分要件,但全部要件尚未具备,权利主体须期待于将来全部要件具备时,才能实际取得民事利益的权利。例如,所有权为既得权,继承权则为期待权,继承人只有在被继承人死亡时才能现实地取得被继承人遗产的权利。

(七)原权与救济权

根据民事权利形成的特点和权利的目的的不同,民事权利可以分为原权和救济权。原权,指基于法律规定的合法事实而发生的权利。例如:因买卖合同而取得标的物的所有权、因不当得利而取得的请求不当得利人返还所取得的利益的债权。救济权,指基于原权受到侵害而发生的权利,具有保障性、派生性、援助性、消极性、期限性。救济权的发生以原权的存在为前提,其权利的内容主要体现为在原权受到侵害时,请求侵害人承担相应的法律责任,以恢复和救济其被侵害的民事利益。因此,原权也被称为前权,救济权也被称为后权,后权的目的在于救济前权,二者有着一定的牵连关系。例如,民事主体依法享有人身权(即原权),当他人的行为侵害了民事主体的人身权,该民事主体依法享有请求侵害人以消除影响、恢复名誉、赔偿损失等方式补救其被侵害的人身权的权利(即救济权)。又如,民事主体依合同约定取得债权(即原权),当合同一方不履行义务或履行义务不符合合同约定时,另一方因此享有请求对方承担违约责任，支付违约金、赔偿损失以救济其依合同应当取得的民事利益的权利(即救济权)。

(八)新型权利类型

1.社员权

社员权是指社团中的成员基于其成员的资格和地位，而对社团享有的各种权利的总称。社员权的权利主体是社员，其相对人是社团。由于社员只是社团的一分子，所以社员权不是个人法上的权利，而是团体法上的权利。[①] 最典型的社员权是股东权(简称股权)。社员权具有如下特点：(1)社员权以社员资格(地位)为发生的基础，与这种资格相始终，如股权是以股东资格为基础而产生的。近代私法上的团体主要是依社员自己的意思组成的社团，所以社员权的发生归根到底决定于个人的意思。在这一点上，社员权与亲属权是不同的，后者的产生与权利人的意思无关。(2)社员与社团在一定情形下不是完全平等的，社员有时须受团体意思(决议)的拘束。因此，在这个范围内，意思自治原则受到限制，社员权的行使与效力要受到限制。如公司章程就属于公司这一团体的意思，每一个股东均必须受公司章程的拘束。(3)社员权是一个复合的权利，包括多种权利，其中有经济性质的(称为自益权)，有非经济性质的(称为共益权)。但社员权中具有经济性质的权利，既不同于物权，也不同于债权；具有非经济性质的权利也不同于人身权，因为社员权只与社员的资格相联系而与社员个人的人身无关。(4)社员权具有专属性，只可以随社员资格的移转而移转，一般不能继承。[②]

在传统民法中，财产权与人身权是民事权利的最基本的划分方法，理论上称为民事权利划分的“二分法”。但是，“二分法”对权利的划分存在很大的局限。当一种新型的权利出现时，往往很难用“二分法”对其作出合理的定位。此外，人身权与财产权的划分也并不彻底。如人身权中的身份权就包含了财产权的内容；而在属于财产权的债权中，也可能包含人身权的内容(如侵害人身权的损害赔偿请求权)。有些物权(如私人信函)也未必有财产价值。

为了克服“二分法”的不足，同时也是为了给新型权利作出相对合理的定位，学术界提出了民事权利的“三分法”划分方法，将民事权利分为财产权、人身权和兼具人身权和财产权双重性质的权利(又称混合权利)。如知识产权和继承权被认为是财产权和人身权的复合体，是兼具财产权和人身权双重属性

---

① 谢怀栻：《论民事权利体系》，《法学研究》1996年第2期。

② 谢怀栻：《论民事权利体系》，《法学研究》1996年第2期。

的权利。许多学者将社员权也作为混合权利对待。[①]

但在我们看来,这种划分方法仍然存在不足。理由有三:其一,如前所述,社员权是一种新型的权利,其权利内容中具有非经济性质的部分与一般的人身权有很大的不同。在社员权中,具有非经济性质的部分一般称为共益权,包括社员出席社团会议的权利、选举权和被选举权、发表意见的权利、投票表决的权利、参加社团活动的权利等。这些权利均与一般的人身权没有直接联系。其二,社员权中具有经济性质的部分与一般的财产权(包括物权和债权)也有很大的不同。在社员权中,具有经济性质的部分一般称为自益权,主要包括团体设施利用权、利益分配请求权、剩余资产索取权等。这些权利均与物权和债权存在很大差别。以利益分配请求权为例,在未经具体分配时,是一种抽象的总括性的权利,不是债权。只有在分配完成后,才可以转化为债权。团体设施利用权也不是物权,因为社员对团体的设施只有使用权而没有支配权,而且其他社员也同样享有这种权利,因而没有排他性。其三,社员权的客体既不是物,也不完全是给付行为,因而既不是物权,也不是债权。

综上所述,随着现代公司制度的迅猛发展和各种俱乐部的广泛设立,社员权已完全具备自成一体的条件,将社员权作为一类独立的权利类型,并与人身权和财产权并行,不仅符合法律逻辑,也能更好地因应现实生活的需要。因此我们认为,社员权既不是人身权,也不是财产权,同时也不是兼具人身权和财产权双重性质的权利,而是一种传统民事权利中所没有的新型的、独立的民事权利。

2.信托财产权

信托起源于英国。在英美法上,信托财产权是一个古老的法律概念。因此,将信托财产权看作一类新型权利,是针对大陆法系国家的民法而言的。传统的大陆法系国家没有信托法,因而其民法典中一般没有信托财产权的规定。在民事权利的分类上,也找不到信托财产权的位置。但在 20 世纪以后,许多大陆法系国家均制定了信托法,关于信托财产权的性质和地位的问题就凸显出来。信托财产权究竟是物权还是债权抑或是一项独立的民事权利,在两大法系国家尤其是大陆法系国家引起了广泛争议。我国也于 2001 年 4 月 28 日颁布了信托法,对于信托财产权的性质和归类问题的研究就显得十分必要。

在英美法系国家,基于历史的原因,法律有普通法与衡平法之分,二者适用不同的法律规则和审理程序。在信托财产权的本质问题上,英美法认为,受

---

① 梁慧星:《民法总论》,法律出版社 1996 年版,第 64 页。

托人对信托财产所享有的权利是普通法上的所有权(legal title),而受益人对受托人所享有的权利(即受益权)则是衡平法上的所有权(equitable title)。尽管存在双重所有权,但这并不违反英美法的逻辑。由于英美法以实用主义为哲学基础,无论是对概念的界定和规则的制定,都是从是否实用的角度考虑,并不过分强调概念与概念之间的逻辑关系以及规则与规则之间的逻辑关系,或者说,“实用”就是英美法最重要的逻辑。所以,在英美法上,所谓的“一物一权”原则是不存在的。而在大陆法系国家,由于信托制度的跨法系移植,信托财产权是一个“舶来品”,因而在信托财产权的性质和归类的问题上,就难免存在分歧,并形成了诸说并存的格局,主要有“物权说”、“物权—债权说”、“法主体说”、“物权—债权并行说”、“财产权机能区分说”等。①

我们认为,信托制度是历史发展的产物,其萌芽、产生和发展的土壤是英美法。表面上,信托法已实现成功移植,但法系之间的差异所带来的种种难题不可能在短期内消除。英美法是判例法,其规则的表现形式首先是判例,判例的作出又主要是为了解决个案的纷争,实现个案公正是法官作出判决时的首要任务。因此,判例法所体现出来的首要特征就必然是务实。作为法律创制者的法官,在使用概念和确立规则时,基本上都是从效果出发,从解决当事人之间的纠纷出发。概念与概念之间以及规则与规则之间的逻辑关系固然重要,但一般不会是法官首要考虑的问题。但信托制度被移植到大陆法系之后,就必须面对建基于理性主义哲学和概念法学之上的法典法(成文法)。成文法的首要特征便是逻辑性和体系性。在“金字塔”式的法律大厦中,信托法处于何种位置,是任何一个大陆信托法学者首先必须回答的问题。正是由于两大法系之间存在的上述明显差异,导致大陆法系的学者在信托财产权性质的问题上引发了种种争议,各家学说聚讼纷纭,莫衷一是。

不过,在我们看来,这种争执完全没有必要。大陆法和英美法有各自完全不同的法律理念和法律文化传统,在英美法系土壤上成长的许多概念和制度,均无法在大陆法系的“家族”里找到合适的位置。不仅信托如此,几乎所有的法律概念和制度都不例外。我们所能看到的仅仅是概念和制度的相似性,却很难找到在两大法系中完全相同的概念和制度。认识到这一点,对于信托财产权的性质问题的回答,就迎刃而解了。我们认为,信托本来就是“舶来品”,是传统的大陆法系中所没有的概念和制度,因此当信托加入到大陆法之后,就

① 关于信托财产权的本质的详细介绍,可参见钟瑞栋、陈向聪:《信托法》,厦门大学出版社 2004 年版,第 12～13 页。

是大陆法中的一个新成员,就应当为信托打造一把崭新的“交椅”,而不应当在传统的概念和制度中去寻找信托财产权的合理位置以及探讨信托财产权的本质。因此,从根本上说,信托财产权的本质问题的探讨是没有意义的,信托就是信托,它不可能也不应该用大陆法系传统中的任何概念来加以解释。这样受托人对信托财产所享有的权利就可以称为信托财产权,受益人对受托人所享有的权利就是受益权,二者都是大陆法系民事权利体系中的新成员。[①]

四、民事权利的行使

(一)民事权利的行使的概念

民事权利的行使,指民事权利主体以民事权利为内容而实施的,旨在实现其民事利益的行为。从法律上说,民事权利是民事主体依法享有的为实现其利益而为一定行为或不为一定行为的资格,它并不体现为现实的利益,而是实现某种利益的可能性。因而,民事权利的行使是实现民事利益的手段,民事权利只有经过行使才得以成为现实的利益,民事权利行使的过程正是权利主体民事权益实现的过程。例如,在合同之债中,当事人一方享有请求对方支付标的物价款的权利,该合同约定仅为当事人请求权产生之根据。合同生效后,义务人履行义务以前,合同当事人的利益并不体现为现实的利益,而只有当权利人行使权利,义务人履行义务后,该债权设定的民事利益才得以实现。

(二)民事权利行使的方式

民事权利的行使过程是民事利益实现的过程,但由于民事权利的性质、实现方式不同,民事权利的行使方式也有所不同。民事权利行使的方式主要有两种:一是事实行为,即以单纯的作为或者不作为来行使民事权利。例如,所有权是支配权,该权利的实现通常表现为权利主体对所有物的实际支配或管领行为,权利人只要不受到他人的干预,可直接对物进行占有、使用,实现其民事利益。二是法律行为,即以符合法律规定的意思表示来行使民事权利。例如,债权是请求权,该权利的实现通常表现为权利主体请求相对的义务主体实施具体的给付行为。

民事权利由民事主体享有,民事权利的行使也以权利人本人行使为原则,以他人行使为例外。民事权利由权利人以外的他人行使,主要发生在以下情形:(1)权利人行使权利由他人代理。因权利人行为能力的欠缺或基于权利人的授权委托,民事权利可以根据法定代理、指定代理或委托代理而由权利人以

---

① 钟瑞栋、陈向聪:《信托法》,厦门大学出版社 2004 年版,第 14 页。

外的他人代为行使。(2)在法律规定的情形内,权利人的权利由法律规定的其他人行使,但行使权利的结果归于权利人。例如,根据我国《著作权法实施条例》第16条的规定,作者身份不明的佚名或匿名作品的著作权虽仍属于创作作品的作者,但由作品原件的合法持有人行使除署名权以外的著作权。作者身份确定后,才由作者或者其合法继承人行使著作权。

但是,法律规定或民事权利性质决定的不适用代理的民事权利,只能由权利人自己行使,不得为他人代为行使。例如,公民依法可以立遗嘱处分个人财产。立遗嘱须由立遗嘱人亲自进行,不得由他人代理,但可以由他人代书。

(三)民事权利行使的原则和限制

民事主体行使民事权利受法律保障,民事主体可以根据自己的意愿按照民事权利的内容决定是否行使和如何行使其权利。法律一般只提供民事权益实现的强制性保障措施,而不干预民事主体具体行使民事权利的活动。但民事权利主体行使民事权利也不是绝对的自由或无任何的限制,权利人行使权利,必须在法律规定的范围内进行,不得滥用权利。

禁止权利滥用原则,是法律对权利人行使权利所施加的限制,也是民事权利行使应当遵循的一项指导原则,也是民法诚实信用原则的具体体现。各国民法一般都有相应的规定以确立这项法律原则。例如,《俄罗斯联邦民法典》第10条详细地规定了民事权利实现的界限,规定"公民和法人不得实施仅以致人损害为目的的行为,也不得以其他形式滥用权利;不准许为限制竞争的目的而使用民事权利,也不准许滥用在市场上的优势地位",在上述要求未得到遵守的情况下,"法院、仲裁法院或公断庭可以拒绝当事人保护其权利的请求"。我国《宪法》第51条规定:"中华人民共和国公民在行使自由和权利的时候,不得损害国家的、社会的、集体的利益和其他公民的合法的自由和权利。"我国《民法通则》在规定民法的基本原则时,也确立了禁止权利滥用的原则。

我国民法对民事主体行使民事权利有相应的限制性规定,主要体现为一般限制和特别限制。一般限制,指法律规定一般性原则以规范民事权利的行使。民事权利行使的一般限制包括:(1)民事活动必须遵守法律,法律没有规定的,应当遵守国家政策。(2)民事活动应当尊重社会公德,不得损害社会公共利益,扰乱社会经济秩序。(3)民事权利的行使不得损害他人的合法权益。(4)民事权利的行使以诚实信用为原则。民事主体在民事活动中行使权利,应当以诚待人,言而有信,实事求是,不得弄虚作假,不得滥用权利。特别限制,指法律根据社会公共利益的需要或为稳定社会经济关系,促进科技、文化的交流与发展,对于一些关系国计民生或社会发展的民事权利的行使作限制性的规定。民事权利行使的特别限制表现是多方面的，归纳起来主要的立法方式和内容有：(1)法律赋予权利人以外的相关的他人以特定的权利，以限制权利人行使权利。例如，相邻关系中的相邻权的规定，使互相毗邻的不动产的所有人或使用人在行使权利时，彼此应当给予方便或接受限制。(2)法律赋予社会公众以符合法律规定的合理使用情形对抗权利人的专有权。例如，著作权法规定了以合理使用限制著作权人的权利，据此，在法律规定的范围内合理使用他人已经发表的作品，可以不经著作权人的许可，不向其支付报酬。(3)法律责成权利人在行使权利时同时负担相应的某种特定义务，从而限制权利人行使权利。例如，根据我国《土地管理法》第 31 条、第 37 条的规定，耕地使用人在行使耕地使用权时，同时负担不得闲置、荒废耕地或将耕地擅自转为非耕地的义务。

在民法领域内，滥用权利指享有民事权利的民事主体超出法律规定的限度行使权利的行为。权利人违反法律规定而行使其权利，侵害了他人的合法权益的，可以认定构成权利的滥用。民事主体在行使民事权利时，滥用权利的，其民事权利的行使不受法律保护，并且还应依法承担相应的法律责任。

关于构成权利滥用的标准，存在不同的立法和主张。根据《国际比较法百科全书》的概括，各国先后确立了故意损害、缺乏正当利益、选择有害的方式行使权利、损害大于所取得的利益、不顾权利存在的目的、违反侵权法的一般原则等六项标准。[①] 我们认为，从性质上分析，滥用权利属于权利人在行使权利时实施的一种违法行为。这种违法行为是否存在或被禁止，应当结合权利人的主观意思和行为时的客观因素以及行为所造成的实际后果进行分析。一般认为构成滥用权利，应当符合以下几个条件：(1)须有合法民事权利的存在，这是滥用权利的前提。民事主体不享有民事权利，则谈不上滥用权利；若属于以不合法的方式而获得的非法利益，也不发生滥用权利，因为这种利益本来就是不受法律保护的。(2)行为存在违法性，即权利人行使权利违背民事权利行使的原则，或超出法律许可的限度。(3)损害了他人合法权益或社会公共利益。这是认定滥用权利的客观标准，是以权利人行使权利的结果不仅涉及权利人民事权益的实现，还发生他人合法利益或社会公共利益的受损害的结果，甚至是以他人合法利益或社会公共利益的受损害换取权利人利益的实现来判断的。如果权利人行使权利尽管不符合法律的规定，但未损害他人或社会公共利益，则不构成滥用权利。(4)权利人在行使权利时主观上有过错，其所谋求

① 徐国栋：《民法基本原则解释》，中国政法大学出版社 1992 年版，第 95～97 页。

的利益缺乏正当性。这是认定滥用权利的主观标准，是以权利人在行使权利时是否存在损害他人或社会公共利益的故意或过失来判断的。

滥用权利的具体情形多种多样，难以一一列举。实践中，常见的滥用权利的情形有：(1)权利人行使权利超出法律规定的范围。例如，在委托合同关系中，受托人虽有委托人的授权委托，但未按照委托人的指示处理委托事务，构成代理权的滥用。(2)权利人行使权利过当。例如，实施正当防卫时防卫过当，或紧急避险过当。(3)权利人行使权利实现其民事权益的方式违法。例如，以合法权利换取非法目的的行为。(4)权利人行使权利损害他人或社会公共利益。例如，相邻的不动产的一方所有人或使用人在自己权利的范围内人为地堵塞历史形成的他人必经通道而影响他人生产或生活的行为。

五、民事权利的保护

(一)民事权利保护的概念

民事权利保护有广义和狭义之分。广义上的民事权利保护是指为确保民事权利的实现而设置的各种法律措施的总和。它包括两方面的含义：一是确认、保护民事权利不受侵犯的预防措施，例如，为保证债务人履行债务，以实现债权人的债权而设立的担保；二是保证侵害民事权利的行为得到制止或被侵害的民事权利能够得到恢复的救济措施，例如，正当防卫。狭义上的民事权利保护仅指后者而言，即指针对民事权利被侵害而设立的各种强制性的法律救济措施，其保护目的在于恢复被侵害的民事权益的内容。各国民事立法和民法理论中所称的民事权利保护，一般指狭义的含义。

民事权利受到侵害时，当事人可以采取法律规定的各种措施保护自己的合法权益。民事权利从性质上讲属于一种私权，因而民法在保护民事主体的民事权益实现的制度设计上，充分体现了当事人意思自治的原则，当事人有权利依法处分自己的实体权利和诉讼权利，除侵权行为已产生社会危害性外，国家对民事主体个别权益的强制性保护，采取“不告不理”的原则。

(二)民事权利保护的方式

民事权利的保护方式按其救济性质的不同，可以分为私力救济(即自我保护)和公力救济(即国家保护)。

1. 私力救济

私力救济，指民事权利主体在法律许可的范围内，依靠自身的力量，以自己的行为保护民事权利不受侵害或救济自己已被侵害的民事权益。因该救济方式是依靠权利人自身行为而实现的，因而也被称为自力救济或自我保护。

私力救济是古代人类文明早期盛行的权利保护手段，其最典型的表现是，对人身权的侵害，允许以同态复仇予以救济；在债权的救济上，允许债权人私自关押债务人，甚至将债务人沦为债权人的奴隶。人类进入文明社会后，随着国家职能的加强和法制的健全，许多野蛮的私力救济方式被禁止，公力救济日益取代私力救济成为保护民事权利和解决民事纷争的主要方式，但是私力救济在现代社会中仍在一定的范围内存在。

民事主体以私力救济方式保护其民事权利，必须在法律规定的范围内进行，其所实施的救济行为不得超越法律允许的限度，否则，行为人应当承担救济行为过当部分相应的法律责任。现代各国民法上，允许民事主体实施的私力救济行为主要包括自卫行为和自助行为。

自卫行为，指为了使自己或他人的财产或人身免受侵害或遇有紧急危险时，依法实施的使他人利益受损的行为。它包括正当防卫行为和紧急避险行为。根据我国《民法通则》第 128 条、第 129 条的规定，因正当防卫造成损害的，不承担民事责任。但正当防卫超过必要的限度，构成防卫过当，因此造成不应有的损害的，行为人应当承担适当的民事责任。因紧急避险造成损害的，由引起险情发生的人承担民事责任。如果危险是由自然原因引起的，紧急避险人不承担民事责任或者承担适当的民事责任。因紧急避险采取措施不当或者超过必要的限度，造成不应有的损害的，紧急避险人应当承担适当的民事责任。因此可以认为，法律允许民事主体采用法律规定的自卫行为救济自己的权利，但实施自卫行为必须符合法律规定的条件，并且不得超过法律允许的必要限度。

自助行为，指权利人为了保护自己的财产或人身，以自己的力量对义务人的财产予以扣押，或对义务人的人身自由加以限制的行为。自助行为是在特定条件下对侵害人所采取的一种保护权利人利益的私力救济方式，因其采取了较为极端的强制措施来保护和实现私权，因而被认为应当严格限制使用。我国现行民法未规定自助行为，但在《德国民法典》、《瑞士债务法》、《泰国民法典》则对自助行为有专门的规定。例如，《德国民法典》在总则中专章规定了“权利的行使、自卫和自助”，将自助行为与正当防卫、紧急避险并列为民事权利保护的私力救济方式，(第 229 条)明确规定：“为自助目的而取走、灭失或毁损物的人，或为自助目的而扣留有逃跑嫌疑的义务人，或制止义务人对其有义务容忍的行为进行抵抗的人，在不能及时取得机关援助，并且不立即处理即存在无法实现或严重妨碍实现请求权的危险时，其行为非为不法。”该法同时对行为人实施自助行为的限度作了较为详细的规定：(1)自助不得超过为免除危险而为必要的限度;(2)在取走物的情形,除实施强制执行外,应申请物的扣押;(3)在扣留义务人的情形,除其又被释放外,应当向其辖区内进行扣留的地方法院申请人身保全扣押,应不迟延地向法院拘请义务人;(4)扣押申请迟延或被拒绝的,应不迟延地返还被取走的物和释放被扣留的人(第 230 条)。但是,若行为人因误认存在阻却不法行为的必要条件而实施了上述自助行为,即使该判断错误是出于过失,行为人仍应就此对另一方负有损害赔偿的义务(第 231 条)。

2.公力救济

公力救济,指民事权利受到侵害时,国家机关根据权利人的请求,依靠国家强制力,对被侵害的民事权利实施救济。因该救济方式是由国家机关依靠国家强制力而采取和实现的,因而也被称为国家保护。

以公力救济保护民事权利,是通过国家的专门机关,并按照规定的程序和规则进行的。这种救济方式体现的是国家的强力干预,但非经权利人请求不得采取。国家机关包括司法机关和行政机关在其职权范围内,采取法律规定的措施责令义务人履行义务,以强制实现或恢复、救济权利人的权利。

公力救济的最直接、最主要的救济方式是民事诉讼。国家以公力救济保护民事权利最为主要和有效的方式是赋予法院审判权,由法院行使审判权解决民事权益纠纷,并强制实现生效的法律文书。因而,民事主体在民事权利受到侵害,或因民事权益而与他人发生纠纷时,可以依照民事诉讼程序,向法院提起民事诉讼,提出请求法院予以保护的具体诉讼请求;并在民事诉讼审结后相关法律文书生效后,依照执行程序,向法院申请强制执行。

根据民事权利受到侵害的不同情况,权利人可以通过以下几种不同民事诉讼获得救济:(1)停止侵害之诉。这是当民事权利仍处于被侵害状态,或者存在受侵害的危险,或者权利人行使权利受到妨碍时使用的一种诉讼保护方法。权利人因此提出的诉讼请求往往包括停止侵害、排除妨碍、消除危险。(2)确认之诉。这是当对民事权利是否存在,或对民事权利的归属发生争议时使用的一种诉讼保护方法。以诉讼确认民事权利是否存在以及民事权利的归属,有利于保障权利主体行使权利。因请求确认的民事权利或民事法律关系种类繁多,权利人提出的具体确认请求也有所不同,包括但不限于确认所有权、确认继承权、确认合同效力等。(3)给付之诉。这是当义务主体不履行法律规定或合同约定的义务而使权利主体的民事权益受到侵害时使用的一种诉讼保护方法。其目的在于强制义务人履行义务,以实现或恢复权利主体的民事权利,或补偿权利人因此受到的财产或人身损害。权利人提出给付之诉讼,请求给付的内容包括金钱、财物、劳务、知识产权等。义务人的给付方式包括实际履行合同义务、返还财产、恢复原状、修理、重作、更换、赔偿损失、支付违约金、消除影响、恢复名誉、赔礼道歉等。(4)形成之诉。这是在当事人之间的权利义务关系发生或得以继续存在的情况发生变化时为保护民事权利而采取的一种诉讼保护方法。其目的在于,请求法院通过裁判,使现存的民事权利义务关系发生变更、消灭,或在当事人之间形成新的民事权利义务关系。例如,请求变更或解除合同,请求分割共有财产,请求解除收养关系,申请宣告公民失踪或死亡等。

第五节 民事义务

一、民事义务的概念

民事义务,指民事主体依照民法而负有的为保障其他民事主体实现民事利益而为一定行为或不为一定行为的约束。民事义务是与民事权利相对应的法律概念,它包含着以下的含义:(1)民事义务是由民法确认的,但民事义务产生的直接依据可以是法律规定,也可以是合同约定。(2)民事义务的核心内容在于满足权利主体实现其民事利益的要求而为一定行为或不为一定行为。(3)民事义务是对民事主体的一种约束。如果说民事权利是民事主体为实现自己的利益而为一定行为或不为一定行为的可能性,那么,民事义务则是民事主体为满足对方的利益而为一定行为或不为一定行为的必要性。义务主体受该约束有一定的限度,该限度恰恰与权利主体利益范围对应一致。当义务人未履行其法定或约定的义务,或履行义务不符合相应的规定或要求时,义务人应当承担相应的法律责任。

二、民事义务的本质

义务对应于权利,权利体现为利益,因而义务就体现为不利益,此其一。其二,权利是法律赋予的意思支配力,义务就是对应于这种支配力的拘束力。但这种拘束不是对义务人人格的拘束。其三,义务的拘束力以法律的强制力作为后盾。换言之,如果义务人故意或者过失不履行应尽的义务,就应当依法承担相应的法律责任。因此,民事义务的本质是以不利益为内容的法律拘束力。

三、民事义务的分类

(一)法定义务和约定义务

以义务产生的根据为标准,可将民事义务分为法定义务和约定义务。根据法律的直接规定而产生的义务为法定义务,如扶养义务和赡养义务。根据当事人的约定而产生的义务为约定义务,如合同义务。

(二)积极义务和消极义务

以义务的履行方式为标准,可将民事义务分为积极义务和消极义务。以实施积极行为为履行方式的义务,是积极义务,如交付货物、支付金钱、完成工作成果等。以实施消极行为即不作为为履行方式的义务,是消极义务。消极义务有可分为两类:一是对应于一般权利的尊重义务,即不实施妨碍或者侵犯行为的义务;二是对应于请求权而不实施特定行为的义务,如依约在一定时间不喧哗、不弹琴唱歌,或者不经营某种事业,等等。[①]

(三)主义务、从义务和附随义务

这是对合同义务的一种分类。在合同关系中,以义务产生的根据和效力为标准,可将合同义务分为主义务、从义务和附随义务。主义务又称主给付义务,是指债之关系所固有、必备,并能决定债之关系(尤其是契约)类型的基本义务。例如买卖合同,出卖人应交付标的物并转移其所有权,买受人应支付价金。在双务合同中,主给付义务原则上构成对待给付义务,换言之,他方未为对待给付前,一方可以拒绝他方的履行请求(拒绝给付)。[②] 从义务又称从给付义务,是指主给付义务以外,债权人可独立诉请履行,以完全满足给付上利益的义务。从给付义务的发生基础有三:(1)基于法律上的明文规定,例如债权让与人应将证明债权的文件交付给受让人,并告知关于主张该债权所必要的一切情形。(2)基于当事人的约定,例如甲出卖其经营的企业给乙,约定甲应提供全省经销商的名单。(3)基于诚实信用原则及补充之契约解释,以维护当事人之利益,例如名犬的出卖人应交付其血统证明书。[③] 附随义务是指在当事人的约定之外,基于诚实信用原则的要求,为辅助债权人实现其利益,随合同关系的发生而产生的义务,主要包括注意义务、告知义务、照顾义务、保密义务等。合同关系的当事人从缔约阶段、履行阶段到终止之后,均相互向对方

---

① 张俊浩主编:《民法学原理》,中国政法大学出版社 1997 年版,第 83 页。

② 王泽鉴:《民法学说与判例研究》,中国政法大学出版社 1998 年版,第 97 页。

③ 王泽鉴:《民法学说与判例研究》,中国政法大学出版社 1998 年版,第 98 页。

负担附随义务。在不同阶段，当事人所负担的附随义务并不完全相同。附随义务不仅是债务人应负的义务，也是债权人应负的义务。而从义务则是债务人所负的义务，这是从义务和附随义务的最重要的区别。

四、民事权利与民事义务的关系

民事权利和民事义务是相互对立、相互依存和相互联系的。在任何一个民事法律关系中，都不可能只有权利没有义务，或只有义务没有权利。民事主体一方的权利往往是另一方的义务，权利与义务相对应；同时，民事权利的内容是通过相应的民事义务来体现的，并以民事义务的履行来实现，民事义务的内容也由民事权利的内容决定和限定，民事权利和民事义务又是相统一的。

在民法中，法律确认民事主体的独立人格和正当利益，并使之权利化、法律化以及提供强制性实现的保障。法律认可权利主体在不违背禁止权利滥用原则的前提下可依法主动地行使权利，并对其合法的抛弃权利不予干预；而对义务主体被动地履行义务则予以强制要求，除权利人免除义务人的义务外，民事义务只能履行，不得抛弃。换言之，民事法律以确认和保障民事权利的实现为核心任务，即“以权利为本位”，但民事权利的实现离不开民事义务的正确界定和履行。因而，民事权利与民事义务是民法中相互依存和联系的两个法律概念。

第3章 自然人

第一节 自然人的法律地位

一、自然人的概念

自然人，是指基于自然规律出生而具有独立法律人格的人。自然人是最为重要的民事主体，在社会生活中，最广泛地参与民事活动，享有权利和承担义务的是自然人。自然人具有两个基本的属性：[①]一是自然属性，自然人基于自然规律而出生，并因此具有独立人格，在其生命存续的全过程，自然人都具有独立人格，可以享有权利和承担义务。生命是自然人得以成为民事主体的自然要素，只有具备生命属性的人，才能称为自然人，才能参与民事活动，享有权利和承担义务。已经死亡的人不再是自然人，不享有权利也不承担义务。在法律上，死亡人生前享有的权利和义务因其死亡而归于消灭，其中财产权则由其继承人依法继承，死亡人的躯体即“尸体”属于“物”的范畴，是民法上特殊的物。二是法律属性，自然人是一个法律概念，而非生物学概念。自然人具有法律上人格源于法律的确认和规定。自然人作为民事主体，享有哪些权利又承担哪些义务，亦依法律的规定。在民法学上，自然人是被作为一项法律制度加以研究的，自然人的民事能力、出生与死亡的法律效力、监护、宣告失踪和宣告死亡、户籍和住所，都是这项法律制度的内容。

自然人依其国籍不同分为本国人、外国人和无国籍人。具有本国国籍的

---

① 佟柔主编：《中国民法学·民法总则》(陶希晋总编)，中国公安大学出版社 1990 年版，第 87 页。

自然人是本国人，不具有本国国籍而具有其他国家国籍的是外国人，不拥有任何国家国籍的是无国籍人。在现代民法中，不论本国人还是外国人、无国籍人，都具有民事主体资格，均可享有民事权利并承担民事义务。

二、自然人与公民

大陆法系国家的民法典均使用自然人的概念，我国《民法通则》未直接使用自然人的概念，而是使用“公民”一语，并将自然人与公民并列。这体现在《民法通则》第二章的标题上，该章的标题是“公民（自然人）”。在民法上使用“公民”作为一类民事主体的概念，源于1964年的《苏俄民法典》，我国民事立法恢复初期的民法学理论深受其影响，习惯上亦使用公民这一概念。从法律上看，公民与自然人不是等同的概念，作为一类民事主体的概念，在民法中使用“公民”一语至少是不够严谨的。民法学界对于《民法通则》的这种做法早有批评意见。[①]

公民是国籍法上的概念。所谓公民，是指具有一国国籍，并根据该国法律的规定享有权利和承担义务的人。我国《宪法》第33条规定：“凡具有中华人民共和国国籍的人都是中华人民共和国公民。”（第1款）“任何公民享有宪法和法律规定的权利，同时必须履行宪法和法律规定的义务。”（第3款）公民身份的界定以国籍为标准，具有本国国籍的人可以称为本国公民或本国人，不具有本国国籍的人相对于本国公民来说则属于外国人或无国籍人。在民法上，作为民事主体的人不限于本国人，也包括外国人和无国籍人，本国人、外国人和无国籍人均可依据法律的规定享有民事权利并承担民事义务。此为各国民法之通例。我国《民法通则》第8条第2款规定：“本法关于公民的规定，适用于在中华人民共和国领域内的外国人、无国籍人，法律另有规定的除外。”可见，我国法律也确认外国人和无国籍人具有民事主体的法律地位。因此，作为一类民事主体，公民这一概念就显得狭窄，它不能涵盖不属于本国公民的外国人，更不能涵盖不属于任何国家公民的无国籍人，尽管他们在一国境内也可以享有民事权利和承担民事义务。次之，公民是公民权利义务的主体，公民不仅享有民事权利并承担相应的民事义务，而且还享有和承担宪法以及其他法律规定的权利和义务。例如，我国《宪法》第二章“公民的基本权利和义务”规定的公民选举权和被选举权，言论、出版、集会、结社、游行、示威的自由，宗教信

① 有学者指出：“公民作为民法的概念，反映了民事生活的某种封闭性和‘非私法’性。”张俊浩主编：《民法学原理》，中国政法大学出版社1991年版，第101～102页。

仰自由,对国家机关及其工作人员的批评建议权等,就不属于民事权利。从这个角度看,公民这一概念又显得过宽,它既包括作为民事权利享有者的民事主体,又包括作为其他公民权利享有者的权利主体。

三、自然人的法律地位

普遍地赋予自然人以独立的民事主体资格,是近现代民法的特征,所体现的是民法的平等原则和近代法律的个人本位理念。但在历史上,并非所有基于自然规律出生并具有生命的人都具有民事主体资格。在奴隶制社会,奴隶虽然也是生命体,但不具有民事主体资格,他们属于民事法律关系客体——"物"的范畴,而不属于民事主体——"人"的范畴,奴隶只是奴隶主的财产,而不享有任何权利。例如,在古代罗马社会,市民法上的"人"仅指"市民",非市民、异邦人依罗马市民法是不能享有权利的,只是由于万民法的发展才使这种情况得以缓解。而且,在罗马历史中,家庭是社会的法定单位,只有"家父"才是"唯一为法律所承认的完人",家父的子女即家子则受制于家父的支配,"家子不能拥有任何物品,他所取得的任何物品均自动地归家父所有"。至于奴隶,他本身没有任何权利,"他只是权利的标的,就像牲畜一样"。[①] 在欧洲中世纪的封建社会,封建等级制规定了人与人存在不平等的法律地位,庄园主与农民之间形成人身依附关系,他们"在主人领地上劳动,还要耕种自己的一小块地,一家的必需品均取自于领主",他们"不能卖掉土地,也不能出售大多数可动产,连传给后代都不许可","他们不能自行婚嫁",非经领主同意"不能做买卖"。[②] 只是到了资本主义社会,法律才普遍地承认所有人都有独立的权利主体资格。1789 年法国的《人权宣言》提出"人生而自由平等"。1804 年的《法国民法典》规定"所有法国人都享有民事权利"(第 8 条),并且明确"民事权利的行使不以按照宪法取得并保持的公民资格为条件"(第 7 条),外国人在法国亦可享有民事权利(第 11 条)。1900 年的《德国民法典》第 1 条规定:"人的权利能力自出生完成之时开始。"确认了所有自然人的权利主体地位。普遍地赋予自然人以民事主体资格,成为现代各国民法的共同特征。我国《民法通则》也确认所有人的民事主体资格,《民法通则》第 10 条规定:"公民的民事权利能

---

① [英]巴里·尼古拉斯:《罗马法概论》,黄风译,法律出版社 2000 年版,第 54、67、69 页。

② [美]泰格、利维:《法律与资本主义的兴起》,纪琨译、刘锋校,学林出版社 1996 年版,第 26 页。

力一律平等。”第 8 条第 2 款规定:“本法关于公民的规定适用于在中华人民共和国领域内的外国人、无国籍人,法律另有规定的除外。”

在普遍地赋予所有的人以独立主体资格的原则基础上,各国民法关于本国人与外国人、无国籍人的法律地位的规定也存在一定的区别。一般说来,各国并不赋予外国人、无国籍人以完全等同于本国公民的主体资格,而是对其法律地位作出一定的限制。例如《法国民法典》第 11 条规定:“外国人,如其本国和法国订有条约允许法国人在其国内享有某些民事权利者,在法国亦得享有同样的民事权利。”以互惠为条件,承认外国人与法国人相同的主体资格,即实行有条件的国民待遇制度。《日本民法典》第 2 条则规定:“除法令或条约所禁止的情形外,外国人享有私权。”我国《民法通则》第 8 条第 2 款也规定,除了法律另有规定外,外国人、无国籍人享有与我国公民相同的法律地位。

第二节　自然人的民事能力

一、民事能力概述

法律上所谓能力,是指作为法律关系的主体所具备的地位或资格。这种资格来自法律的确认和赋予。自然人作为民事主体,必须具有民事能力。这种民事能力是自然人所处的法律地位的具体体现,自然人民事主体地位的不同也体现在其民事能力的区别上。民事能力分为民事权利能力、民事行为能力和民事责任能力。

我国《民法通则》规定了民事权利能力和民事行为能力,未规定民事责任能力。一般认为,民事责任能力包含在民事行为能力之中,具有民事行为能力人亦应对自己的违法行为后果承担责任。但是,民事行为能力与民事责任能力是有区别的,在自然人的民事能力问题上,民事行为能力与民事责任能力并没有达到完全的统一。依据《民法通则》第 133 条第 1 款规定,被监护人致人损害的由监护人负责,被监护人一般情况下不具有民事责任能力,即使被监护人为限制民事行为能力人,行为人有一定的行为能力,也不承担责任。然而,根据该条第 2 款规定,被监护人“有财产”的,从其财产中支付赔偿费用,监护人只有在被监护人的财产不足赔偿时承担“适当赔偿”的责任。因此,有财产的无民事行为能力人又有民事责任能力。由此可见,民事行为能力并不能包容民事责任能力,理论上区分二者仍然是必要的。

(一)民事权利能力

民事权利能力(亦称权利能力),是指民事主体享有民事权利和承担民事义务的资格。民事权利能力是民事主体享有民事权利的前提,具备民事权利能力者方可享有民事权利,否则不得享有民事权利。例如,在古代罗马社会,奴隶只是“会说话的工具”,不具有权利能力,不得享有权利;“家子在财产上无权能”,即无财产上的权利能力,不能拥有任何财产。[①] 因此,民事权利能力是民事主体最为重要的资格,以至于有的学者将民事权利能力等同于作为民事主体资格的“人格”。[②] 但正如有的学者所指出的一样,民事权利能力和人格不是同一个概念。人格是指可以成为民事权利主体的资格,权利能力则是指可以享有权利并承担义务的资格。前者是主体的资格,后者是享受权利的资格。前者指条件,即具备什么条件才能成为主体,后者指范围,即民事主体可以享受权利的范围。前者指前提,权利能力是主体可以享受权利的前提,后者指内涵,是主体可以享受权利的内涵。[③] 不论是自然人还是法人,都具有独立的“人格”,二者的法律地位是平等的。但是,法人与自然人的民事权利能力是有区别的,自然人享有的生命权、健康权、肖像权等人格权,法人就不能享有。即使同是自然人,也存在权利能力的不同,例如结婚的权利能力,依各国法律规定,只有达到法定婚龄的人才有结婚的资格,因此并非人人都具备结婚的能力。

民事权利能力与民事权利不同。第一,民事权利能力是法律赋予民事主体享有民事权利的一种资格,只表明主体享有民事权利的可能性,而不表明民事主体现实地享有民事权利。不论民事主体是否实际参加民事法律关系,都具有这种资格。但民事主体只有参加到具体的民事法律关系中,才能实际享有民事权利。第二,民事权利能力既包括民事主体享有民事权利的资格,也包括承担民事义务的资格。它是民事主体享有民事权利和承担民事义务的资格的统一,因而学界也有人主张应将其改称为“权义能力”。[④] 民事权利则是民事主体在具体的民事法律关系中享有的权利,其对应的是相对方所负的民事

---

① [英]巴里·尼古拉斯:《罗马法概论》,黄风译,法律出版社 2000 年版,第 67、70 页。

② 王伯琦:《民法总则》,正中书局 1979 年版,第 42 页;梁慧星:《民法总论》,法律出版社 1996 年版,第 56 页。

③ 江平主编:《法人制度论》,中国政法大学出版社 1994 年版,第 3 页。

④ 胡长清:《中国民法总论》,中国政法大学出版社 1997 年版,第 57 页。

义务。从权利人一方而言，其享有的具体民事权利并不直接包含民事义务的内容。第三，民事权利能力之得丧依据法律的规定，其内容和范围亦依法律之规定，非依法律规定不得加以限制或剥夺。民事权利能力问题上，所体现的是法律的强制性。民事权利的取得、变更和丧失，更多地体现出当事人的意志。当事人可以通过参与民事活动，从而取得民事权利，也可依据自己的意志放弃民事权利。在民事活动中，贯彻的是当事人意思自治原则。第四，民事权利能力与民事主体不可分离，自然人的民事权利能力终其一生，法人的民事权利能力也与其起止相始终。无论是自然人还是法人，既不能任由其转让或放弃民事权利能力，亦不得由他人对其民事权利能力加以限制或剥夺。民事权利则不同，除了自然人的人格权等某些不得转让的民事权利以外，其他民事权利可以转让，可以继承，可以加以限制甚至剥夺。例如，依我国《继承法》第 7 条规定，继承人有故意杀害被继承人等行为的，其继承权归于消灭。

(二)民事行为能力

民事行为能力(亦称行为能力)的概念有广义与狭义之分。广义的民事行为能力概念，既包括进行合法行为的资格，也包括进行违法行为的资格，即民事责任能力。狭义的民事行为能力仅指进行合法行为的资格，不包含民事责任能力。狭义的民事行为能力，是指民事主体能够通过自己的行为从事民事活动，现实地取得民事权利和承担民事义务的资格。在我国学界，有的学者主张采用广义的民事行为能力概念，认为民事行为能力中包含民事责任能力；[①]但越来越多的学者主张采用狭义的民事行为能力概念，以便与民事责任能力区别开来。

民事行为能力与民事权利能力是民事主体最重要的两种资格。民事权利能力解决了民事主体享有民事权利和承担民事义务的法律资格问题，民事行为能力则解决了民事主体参加民事活动，实施民事行为的法律资格问题。民事权利能力只是表明民事主体可以享有民事权利和承担民事义务，而不表明民事主体现实地取得民事权利和承担民事义务，民事主体如何现实地取得民事权利和承担民事义务，则需要通过参加民事活动，实施一定的民事行为(如对外订立合同)。民事主体实施的民事行为能产生取得民事权利和承担民事义务的法律后果，则须以其具有相应的民事行为能力为要件(《民法通则》第 55 条)，无民事行为能力人实施的行为原则上不能发生权利取得和义务承担的法律效果。因此，民事主体只有同时具备民事权利能力和民事行为能力两

---

① 刘心稳主编:《中国民法学研究述评》，中国政法大学出版社 1996 年版，第 95 页。

种资格，才能完整地实现其作为社会经济生活主体的功能作用。只有民事权利能力，而无完全的民事行为能力的人（如未成年人、精神病人），虽可享有民事权利和承担民事义务，但由于不能实施有效的民事行为，其参加社会经济活动就会受到影响。

民事行为能力和民事权利能力属于两种不同的法律资格，但二者又有联系。首先，民事权利能力是民事主体具有民事行为能力的前提，民事主体只有在具备民事权利能力的前提下，才可能实施受法律承认和保护的民事行为。其次，民事行为能力是实现民事权利能力的条件，民事主体只有具备相应的民事行为能力，才能现实地参加民事活动，为自己设定民事权利义务关系，从而取得具体的民事权利或承担具体的民事义务。

（三）民事责任能力

民事责任能力（亦称责任能力或不法行为能力），是指民事主体对自己的不法行为后果承担民事责任的资格。具备民事责任能力的人应对自己的不法行为给他人造成的损害后果承担民事责任，无民事责任能力的人造成他人损害的，行为人不承担责任，应依法律的规定由其他人承担替代责任。[①] 如依《民法通则》第 133 条第 1 款的规定，被监护人致人损害的由监护人承担责任，被监护人为无民事责任能力人，监护人对被监护人造成的损害承担替代责任。

民事责任能力与民事权利能力有着明显的区别。后者解决的是民事主体享有民事权利和承担民事义务的资格问题，前者解决的是不法行为后果的责任承担资格问题。民事主体都具有民事权利能力，但不一定具有民事责任能力，未成年人和精神病人原则上属于无民事责任能力人。

在一般情况下，民事责任能力与民事行为能力属于共生关系，具有完全民事行为能力的人具备民事责任能力，未满 10 周岁的未成年人和不能辨认自己行为后果的精神病人，既无民事行为能力，也无民事责任能力。但是，依据《民法通则》第 133 条第 1 款规定，在下列两种情况下，民事责任能力与民事行为能力不存在共生关系。第一，一般情况下，被监护人致人损害的由监护人负责，被监护人无民事责任能力，但被监护人为限制民事行为能力人时则有一定的民事行为能力。第二，被监护人“有财产”的，赔偿责任由被监护人承担，监护人只有在被监护人的财产不足赔偿时承担“适当赔偿”的责任，因此有财产的无民事行为能力人又有民事责任能力。

---

① 关于替代责任，可参见王利明、杨立新：《侵权行为法》，法律出版社 1996 年版，第 232～233 页。

二、自然人的民事权利能力

(一)自然人的民事权利能力

近代以来的民事立法普遍地确认自然人具有民事主体资格,因而自然人均具有民事权利能力,可以享有民事权利和承担民事义务。依《民法通则》第9条规定,自然人的民事权利能力始于出生、终于死亡,因此自然人在其生命存续的整个过程中,都具有民事权利能力。凡自然人都具有民事权利能力,意味着自然人的民事权利能力具有平等性,《民法通则》第10条规定"公民的民事权利能力一律平等"。平等地赋予自然人以民事权利能力,不因性别、年龄、种族、民族、宗教信仰、社会地位、文化程度以及财产状况不同而有区别,这是自然人民事权利能力的本质特征,体现了法律上人人平等的近现代法制原则。

自然人的民事权利能力依法律规定,除了法律特别加以限制外,任何组织或个人不得限制或剥夺自然人的民事权利能力。法律上对自然人的民事权利能力加以限制主要表现在:(1)对于外国人、无国籍人的民事权利能力,各国法律主要采取以互惠为条件的国民待遇原则。如《法国民法典》第11条规定:"外国人,如其本国和法国订有条约允许法国人在其国内享有某些民事权利者,在法国亦得享有同样的民事权利。"除了法律有特别限制外,承认外国人、无国籍人具有民事权利能力。《日本民法典》第2条则规定:"除法令或条约所禁止的情形外,外国人享有私权。"我国《民法通则》第8条第2款也规定,除了法律另有规定外,有关我国公民的规定(包括民事权利能力)适用于外国人和无国籍人。(2)对于某些特殊的民事权利能力,法律规定只有达到一定年龄的人才拥有。例如,关于劳动的权利能力,依据我国《劳动法》的规定,只有年满16周岁的自然人才能拥有;结婚的权利能力,依据我国《婚姻法》第6条的规定,须达到法定婚龄,即男22周岁、女20周岁。(3)对于某些特定的自然人,法律对其某些方面的民事权利能力加以限制。例如,《婚姻法》第7条规定,禁止"患有医学上认为不应当结婚的疾病"的人结婚。

(二)自然人民事权利能力的开始

自然人的民事权利能力始于出生,是各国民法的通例。《德国民法典》第1条规定:"人的权利能力自出生完成时开始。"《日本民法》第1条之三规定:"私权的享有,始自出生。"我国民国时期民法(即现行台湾地区的民法)第6条规定:"人之权利能力,始于出生……"我国《民法通则》第9条也采取这一通例,规定公民的民事权利能力"从出生时"开始。

出生作为一种法律事实,不仅具有自然人民事权利能力开始的法律效果,而且还具有其他法律意义。首先，自然人的年龄计算以出生为基础，自然人的成年以及相应的民事行为能力的取得，入学年龄，均依出生的时间计算；其次，出生标志着自然人的基本人格权的取得，例如，生命权、健康权、身体权，婴儿出生后即可享有；再次，出生同时意味着新生婴儿与其他人的身份关系的发生，如父母子女关系、兄弟姐妹关系；最后，自然人的出生地依据出生时的场所而定，出生地对涉及自然人的国籍以及其他利益具有法律意义。

所谓出生，包含两个基本要素：一是"出"，即胎儿娩出，脱离母体。胎儿只有完全脱离母体，才能成为以独立的个体存在，尚未与母体分离，胎儿仍属于母体之部分，作为母体之部分的胎儿依赖于母体，不具有独立性。作为民事主体的自然人，以其独立存在为必要。二是"生"，即活着，具有生命的特征。自然人是具有生命的个体，生命是人之所以为"人"的必要内涵，无生命的人不属于"人"，而是尸体。胎儿娩出时，如为死产，不得认定为出生。但胎儿娩出时只要存在生命现象，即使存活时间不长，在其短暂的生命存续期间，仍得视为自然人，具有民事主体的法律地位。

对于出生的判定标准，传统民法理论中有各种不同的主张，如一部露出说、全部露出说、断脐带说、初啼说、独立呼吸说等。一部露出说以胎儿的身体一部分露出母体为出生的标志；全部露出说则认为应以胎儿的身体全部脱离母体为出生的标志；断脐带说则主张脐带断开为出生的标志；初啼说以婴儿发出第一声啼哭为出生的标志；独立呼吸说以婴儿能够独立呼吸为出生的标志。上述诸说均有一定的合理性，但多只强调"出"或"生"的某一个方面，有的欠缺"出"的要素，有的则欠缺"生"的要素。我们认为，合理的出生时间应以脐带断开并能独立呼吸为准。脐带断开表明胎儿完全脱离母体，意味着"出"，独立呼吸表明具有生命的迹象，意味着"生"。

上述关于出生的学说，是确定出生的理论依据，但在司法实践中，出生作为一种法律事实，如何具体确定，则是一个实务性问题。对此，最高人民法院1988年1月26日通过的《关于贯彻〈中华人民共和国民法通则〉若干问题的意见（试行）》第1条指出："出生的时间以户籍证明为准；没有户籍证明的，以医院出具的出生证明为准。没有医院证明的，参照其他有关证明认定。"这一规定的特点之一是将户籍证明作为判定自然人出生的第一根据。这种处理办法对于解决审判实践中所遇到的自然人出生时间的具体认定问题具有实际意义，但是将户籍证明作为判定自然人出生时间的第一根据则有欠科学。因为，户籍上关于自然人的姓名、出生等事项的记载，是事后记载。通常情况下，自然人出生后并非即刻办理户籍登记，而是经过一段时间后，才由其父母到户籍登记机关登记。由于办理户籍登记与自然人实际出生之间相距一段时间,容易引起所记载的自然人出生时间与实际出生时间的不一致。出生是一种自然事件,出生时间的认定是一个事实认定。关于自然人出生时间的确定,在医院出生的应以医院出具的出生证明为准;不在医院出生的,出生时间应以接生人员的证明为准。[①]

(三)胎儿的民事权利能力

胎儿,是指已经受孕但尚未出生的生命体。按照自然人的民事权利能力始于出生的法律规则,胎儿自然不具备民事权利能力,不能享有民事权利亦不承担民事义务。然而,从生命的发生与延续来看,自然人的生命源于受孕,是胎儿阶段的延续。按照自然规律,如非人工或自然终止妊娠或出现死胎,胎儿将来必定出生而取得自然人的法律地位。因此,胎儿的利益事关自然人的利益,保护胎儿的利益,对于自然人权益的保护,是必不可少的内容。

关于胎儿利益保护的立法例可分为三种:第一种是概括保护主义立法例,法律概括地规定胎儿以将来出生为条件具有权利能力。《瑞士民法典》第 31 条第 2 款规定:"子女,只要其出生时尚生存,出生前即具有权利能力。"我国台湾地区民法第 7 条规定:"胎儿以将来非死产者为限,关于其个人利益之保护,视为既已出生。"第二种是个别保护主义立法例,法律规定原则上胎儿不具有权利能力,但就胎儿权益保护的若干领域,如抚养请求权、受赠权、损害赔偿请求权等,胎儿以将来出生为条件,具有相应的权利能力。例如,《德国民法典》第 844 条第 2 款规定了胎儿的损害赔偿请求权,第 1923 条第 2 款规定了胎儿的继承权;《日本民法》第 721 条规定了胎儿的损害赔偿请求权,第 886 条规定了胎儿的继承权,第 965 条规定了胎儿的受遗赠权。第三种是绝对主义立法例,法律严格贯彻自然人的民事权利能力始于出生的规则,不承认胎儿具有民事权利能力,但为了保护胎儿将来的利益,法律对胎儿设有特别保护。我国《中华人民共和国继承法》第 28 条关于胎儿继承份额保留的规定,属于第三种立法例。该条规定:"遗产分割时,应当保留胎儿的继承份额。胎儿出生时是死体的,保留的份额按照法定继承办理。"最高人民法院《关于贯彻执行〈中华人民共和国继承法〉若干问题的意见》第 45 条进而明确规定:"为胎儿保留的遗产份额,如胎儿出生后死亡的,由其继承人继承;如胎儿出生时是死体的,由被继承人的继承人继承。"学界一般认为,《继承法》的这一规定并非确认胎儿

---

① 佟柔主编:《中国民法学·民法总则》(陶希晋总编),中国公安大学出版社 1990 年版,第 95 页。

具有继承的权利能力。[①]

在胎儿利益的保护问题上，概括主义立法例最为有力，个别保护主义次之，绝对主义最为不力。社会生活中，交通肇事、医疗输血造成感染等导致胎儿权益受害而诉无法律依据的事例已有发生，现行法律的不足已经显露出来。[②] 学者指出，我国民法采绝对主义法例，不承认胎儿有权利能力，已“不合时宜”，建议制定民法典时应采概括主义立法例，以强化对胎儿的保护，顺乎人情及民法进步之潮流。[③]

胎儿权利能力的取得以其将来出生为必要条件，如娩出时为死体的，不得具有权利能力。此为各国通例。胎儿将来出生的，则溯及受孕时起即具有民事权利能力。关于胎儿受孕的时间，法律上采取推定的方式予以确定，例如我国台湾地区民法第 1062 条规定：“从子女出生回溯第 181 日起至第 302 日止为受胎期间。”“能证明受胎回溯在前项第 302 日以前者，以其期间为受胎期间。”胎儿有权利能力但无行为能力，其行为能力应以其父母为法定代理人代为实现。

(四)自然人民事权利能力的终止

自然人的民事权利能力终于死亡。法律意义的死亡包括自然死亡和宣告死亡(关于死亡宣告，详见本章第四节)。

自然死亡，又称生理死亡，指自然人生命的终结。自然人之所以为民事主体，在于其具有生命。丧失生命的死亡者在法律上属于法律关系客体“物”的范畴，而不属于主体的范畴。因此，当自然人死亡时，由于其生命归于终结，其民事主体地位也就归于消灭，因而也就不再具有民事权利能力，不得再享有民事权利，也不承担民事义务。人不能死而复生，因此自然死亡意味着民事主体地位的绝对消灭，且事关自然人权利的消灭、亲属关系的终止、继承开始等法律问题，具有重要的法律意义。

自然死亡包括任何导致人的生命终结的情形，老死、病死、自杀、被杀、意

---

① 魏振瀛主编：《民法》，北京大学出版社、高等教育出版社 2000 年版，第 52 页。

② 据《中国青年报》报道，1996 年，厦门市曾发生一起重大交通事故，一辆中巴车与一辆小汽车在厦门大桥上相撞，中巴车掉入海中，死亡十多人，幸存二人。其一叫“黄美容”，是一位农村妇女，在事故中造成高位截瘫，在医院治疗过程中产下一男孩，取名“恩保”。小恩保的父亲，也在该事故中丧生。小恩保出生后面临的遭遇引起人们的同情。引致小恩保受损害的交通事故发生在其出生之前，但由于我国现行法律不承认胎儿具有权利能力，小恩保出生后并不能独立享有请求交通事故的肇事者赔偿的权利。

③ 梁慧星：《民法总论》，法律出版社 1996 年版，第 91 页。

外事故中死亡，均属于自然死亡，均发生自然人民事权利能力丧失的法律效果。关于自然人自然死亡的判定标准，主要有两种主张：一是心脏死亡标准，即以心脏停止跳动作为死亡的判定标准；二是脑死亡标准，即以人的大脑停止活动作为死亡的判定标准。以往医学相对落后的时候，多采取心脏死亡标准。由于器官移植等现代医学技术的发展，关于死亡判定标准呈现出采取脑死亡标准的趋势。例如，在葡萄牙，法律原采取的是心脏死亡标准，1964 年转而采取"大脑、神经和感觉等活动停止"为死亡标准。[①] 在我国台湾地区，原则上仍以心脏停止跳动为死亡的判定标准，"唯自尸体摘取器官施行移植手术，其死亡得依脑死判定之"。[②] 我们认为，人的死亡是生命的一种自然现象，死亡的确定应尊重科学的态度，以医学科学上认同的标准判定，心脏死亡、脑死亡，都可以成为死亡判定的依据。在具体问题处理中，应以医院或其他机关出具的死亡证明书载明的死亡时间为准，但死亡证明书记载的时间应与自然人死亡的实际时间相一致，否则就不具有法律效力。[③]

具有相互继承关系的数人在同一事件中死亡且不能确定死亡先后时间的，为了解决他们彼此之间的法律关系，各国均采取推定的方式确定其各自的死亡时间，但规定又有区别。《法国民法典》第 720 条至第 722 条规定，有相互继承权的数人在同一事故中死亡，无法辨明死亡先后的，死亡在后的推定依据事实情况确定，如无此种情况则依据年龄或性别确定。如死亡人均不足 15 岁的，推定年龄最长者为后死之人；死亡人均 60 岁以上的，推定年龄最小者后死；死亡人中部分不足 15 岁部分超过 60 岁的，推定不足 5 岁者后死；死亡人年龄均在 15 岁以上 60 岁以下且年龄相等或相差不超过 1 岁的，推定男性为后死；如死亡人为同一性别，应使继承能按照自然的程序开始，年龄小的推定死于年龄大的之后。这一立法指导思想源于罗马法上的"抵抗力强者后死、弱者先死"。《意大利民法典》第 4 条规定："当某一法律后果的产生取决于某人是否于他人死亡后尚生存的事实时，如果无法确定谁先死亡，则推定 2 人同时死亡。"《瑞士民法典》、《日本民法》以及我国台湾地区的民法，也采取推定同时

---

① 参见 Carlos Alberto da Mota Pinto:《民法总论》(中译本)，法律翻译办公室、澳门大学法学院 1999 年版，第 106 页，注释 146。

② 王泽鉴:《民法总则》，台湾三民书局 2000 年版，第 118 页。

③ 佟柔主编:《中国民法学・民法总则》(陶希晋总编)，中国公安大学出版社 1990 年版，第 97 页。

死亡的立法例。[①] 我国《民法通则》和《继承法》无相应的规定，最高人民法院1985年9月11日通过的《关于贯彻执行〈中华人民共和国继承法〉若干问题的意见》第2条规定："相互有继承关系的几个人在同一事件中死亡，如不能确定死亡先后时间的，推定没有继承人的人先死亡。死亡人各自都有继承人的，如几个死亡人的辈分不同，推定长辈先死亡；几个死亡人辈分相同，推定同时死亡，彼此不发生继承，由他们各自的继承人分别继承。"

（五）死者"权益"保护问题

自然人的民事权利能力终于死亡，自然人死亡后，其生前享有的民事权利归于消灭。这是民法上的一个定论。然而，自然人死亡后，其生前拥有的民事权利是否得以延续，则是法律所必须面临的一个问题。其中，财产权因不具有人身属性，可因自然人死亡而发生继承，依继承法的规定由其继承人承受，因此而得到延续。人身权则不同，人身权具有人身属性，与权利主体不可分，只能随着权利主体的消失归于消灭，而不存在继承问题。例如，生命健康权、身体权因自然人的死亡而当然归于消灭，亲属权等身份关系也因自然人的死亡而当然归于终止，客观上不发生延续问题。然而，自然人的某些人格利益（主要是名誉），客观上并不会因死亡而当然地消失，而是在一定期间内继续产生着影响，有时其影响还是巨大且深远的。所谓死者的"权益"保护问题，就是指自然人的这些人格利益在其死亡后是否应予保护以及依据什么理论给予保护的问题。

当一个人死后，他人冒用其姓名、使用其肖像谋取不当利益或诋毁其名誉，显属不当，其行为无疑具有可谴责性。因此，对死者的某些人格利益给予保护，以谴责这种不当行为，理论上自无疑义，也是法律所应有的态度。我国民法学界和司法实践对此并无异议。然而，在保护死者的这些人格利益问题上，究竟应采取何种理论，无论是司法实践还是理论研究，都有不同的提法或主张。

在司法实践中，最高人民法院1989年和1990年分别作出的两个司法批复均确认死者享有名誉权。1989年4月12日，最高人民法院《关于死亡人的名誉权应依法保护的复函》指出："吉文贞（艺名荷花女）死后，其名誉权应依法保护，其母陈秀琴有权向人民法院提起诉讼。"1990年10月27日，最高人民法院《关于范应莲诉敬永祥等侵害海灯法师名誉权案有关诉讼程序问题的复

---

① 参见《瑞士民法典》第32条第2款；《日本民法》第32条之二；台湾地区民法第11条。

函》指出："海灯法师死亡后，其名誉权应依法保护，作为海灯法师的养子，范应莲有权向人民法院提起诉讼。"然而，1993年8月7日，最高人民法院在《关于审理名誉权案件若干问题的解答》（以下简称《解答》）中，不再提死者的名誉权，而只提死者的名誉。关于死者的名誉受到侵害的保护问题，《解答》指出："死者名誉受到侵害的，其近亲属有权向人民法院起诉。近亲属包括：配偶、父母、子女、兄弟姐妹、祖父母、外祖父母、孙子女、外孙子女。"

理论上，有学者认为，自然人的权利能力终于死亡，也只是一般而言，但存在例外。[①] 有的学者从著作权法的规定得到启发，认为自然人死亡后仍可享有一定的民事权利，正如他们所强调的，"既然著作人身权可以延续到作者死亡之后，名誉权又为何不可呢？"[②]然而，多数学者并不赞成死者仍享有某些人格权的观点，认为自然人死亡后，其民事权利能力终止，不享有民事权利。[③]有的学者进而从法理上加以分析，认为"主体的本质是意志，主体资格就是意志资格"，死者"没有意志"（也不可能"以他人意志为自己意志"），因此"死者不能成为主体，不能享有主体资格即权利能力"，那种"认为死者享有名誉权或权利的观点，不仅违反了民法学的基本原理，也违反了法理学的基本原理。"[④]

不赞成死者具有民事权利能力的学者，对于保护死者某些人格利益问题，主要有两种理论主张：一是近亲属权益保护说，认为保护死者名誉的实质和作用是保护死者的配偶、子女和父母的利益，与其说保护死者的权益，不如说是保护死者近亲属的权益。[⑤] 有的学者更明确地指出，公民死亡后，人身权虽因主体的消灭而消灭，但是基于人们"以死者之荣为荣、以死者之辱为辱"这一普遍的社会价值观念和社会心理状态，人身权所产生和具有的人身利益并不能简单地随权利主体的死亡而消灭，相反却具有社会上的延续性，事实上转移给了与死者有特定身份关系的利害关系人，利害关系人因而获得了以死者生前的人身权为内容的一种人身权利，这种权利的主体是死者的近亲属等利害关系人，客体是死者生前人身权所产生的人身利益，内容是死者生前的人身权利。因此，所谓侵犯"死者人身权"，实际是侵犯死者人身利益承受人的人身

① 参见彭万林主编：《民法学》，中国政法大学出版社1999年修订版，第85页。

② 董炳和：《论死者名誉的法律保护》，载《烟台大学学报》，1998年第2期。

③ 魏振瀛主编：《民法》，北京大学出版社、高等教育出版社2000年版，第54页。

④ 李锡鹤：《论保护死者人身遗存的法理依据》，载《华东政法学院学报》1999年第2期。

⑤ 参见魏振瀛：《侵害名誉权的认定》，载《中外法学》1990年第1期。

权。[①] 二是社会利益保护说，认为死者的名誉体现为一种利益，主要是社会利益，保护死者的名誉正是为了保护其中所体现的社会利益。[②] 持这种观点的学者还指出，民事权利是以利益为内容的，这一利益是个体利益和社会利益的结合，自然人死亡后，其生前享有的权利中，个人利益不再受法律保护，但社会利益仍需要法律保护。[③] 持社会利益保护说观点的人认为，对于不法侵害死者人格的行为，不仅死者的亲属可以请求法律保护，而且在危害社会整体利益的情况下，社会其他人也可请求法律保护。[④]

上述有关保护死者人身利益的各种学说或主张中，认为死者仍有权利能力的观点明显违背民法上权利能力终于死亡的定论，不足为取。死人不是人，这是法律的基本观念。人身权所具有的人身属性，规定了人死后其人身权利只能归于消灭，而不能继续存在。而且，自然人死后，他既没有意志，也没有知觉；既不能主张权利，也不会感受到其人身权受到侵害所产生的精神痛苦。无损害即无救济，也是法律的基本观念。既然死者不会感受到精神痛苦，又谈何死者权利的保护？因此，主张死者仍具有权利能力的观点，也不足以解释为何法律要保护死者名誉等人身利益的问题，更不足以解释为何死者的权利受到侵害不能以死者的名义请求保护而只能由其近亲属请求保护的法律问题。近亲属权益保护说较好地说明了侵害死者名誉只能由其近亲属请求保护的法律问题，使得权利主体与诉讼救济主体理论上得以统一，具有一定的说服力。但是，行为人直接侵害的毕竟不是近亲属的权利，按照侵权责任的构成要件，行为人的行为甚至构不成侵权行为。因此，近亲属权益保护说也存在着明显的理论缺陷。相比之下，社会利益保护说则较为可取。因为，死者生前的名誉、肖像、姓名等人身利益，客观上已经成为社会秩序的一部分，对死者名誉的侵害实质上是对这种社会秩序的破坏。例如，一个德高望重的人去世后，如果有人诋毁其名誉，不仅涉及死者的正确评价，而且势必造成社会大众认识的混乱，影响到已经形成的社会秩序。这种行为完全是有害于社会秩序的不当行为，应当受到法律的谴责。法律赋予死者的近亲属提起诉讼的权利，目的是维护社会对死者的正确评价，维护现有的社会秩序。应当指出的是，法律赋予死

---

① 王利民：《论“死者人身权保护”》，载《河北法学》1998 年第 6 期。

② 王利明、杨立新主编：《人格权与新闻侵权》，中国方正出版社 1995 年版，第 348 页。

③ 魏振赢主编：《民法》，北京大学出版社、高等教育出版社 2000 年版，第 54 页。

④ 魏振赢主编：《民法》，北京大学出版社、高等教育出版社 2000 年版，第 54 页。

者近亲属提起诉讼的权利，主要是由于死者的近亲属与死者之间存在密切的感情联络，他们较之一般人更加关心社会对死者的评价。赋予他们提起诉讼的权利，有利于维护社会对死者的公正评价，有利于维护社会秩序。当然，对于这种社会秩序的维护，不应只限于死者的近亲属，也可以责成有关部门承担这种职责。在无近亲属或有关部门不履行这一职责时，其他组织或个人提起诉讼，法律也应当给予支持。

三、自然人的民事行为能力

（一）意思能力

自然人的民事行为能力是法律赋予自然人通过自己的行为从事民事活动，实际取得民事权利和承担民事义务的资格。具有民事行为能力，自然人才能从事法律所许可的行为，所从事的行为才能有效成立。不具备民事行为能力，则不得从事法律行为，即便从事了某一行为亦不能有效成立。

行为是人们有意识的社会活动。欲使人的行为产生法律后果，必须要求行为人具有从事合法行为的资格，即民事行为能力。行为人要有民事行为能力，则必须具有正确识别或判断自己的行为的能力，即意思能力或称为识别能力。意思能力是指自然人理解和辨认自己的行为并能预见其后果的能力，瑞士民法称为判断能力。① 意思能力被确认为自然人民事行为能力的基础，有意思能力就有民事行为能力，无意思能力则无民事行为能力。

然而，自然人是否具有意思能力，是一个事实判断问题，且必须根据具体个案加以判定，因此最为可靠的办法就是实行个案审查。但是，这种个案审查极为烦琐，不具有操作性，法律上不可能就每一个个案考虑行为人对其行为后果的识别能力，而只能就一般情形下人的意思能力作出认定。通常，人的意思能力总是与他的年龄、智力发育以及精神状况相联系的，因此法律上总是规定那些达到一定年龄且精神正常的自然人具有意思能力，使其具备民事行为能力，而规定那些达不到一定年龄或精神状况不正常的自然人不具有意思能力或确认其意思能力有所欠缺，使其不具备民事权利能力或不具备完全的民事行为能力。我国《民法通则》将自然人的行为能力分为三种情况，也是根据自然人的意思能力的不同，确定自然人的民事行为能力。

自然人的民事行为能力是法律依据其意思能力的不同赋予的，非依法律

① 《瑞士民法典》第 13 条："成年且具有判断能力的人具有行为能力。"第 17 条："无行为能力人，是指无判断能力或未成年或禁治产人。"

规定不得限制或剥夺，自然人自己也不得放弃或转让其民事行为能力。

（二）自然人民事行为能力的划分

各国法律对自然人的民事行为能力的划分，一般有两个标准：一是年龄；二是精神状况。自然人凡达到成年年龄且精神状况正常的，即具有完全民事行为能力，未成年人和患有精神疾病的人不具有完全民事行为能力。但对于未成年人和精神病人的民事行为能力，各国规定又不一致。一是采取单级制，一概地规定为无行为能力或限制行为能力，而不再划分限制行为能力和无行为能力。规定为无行为能力的如瑞士，《瑞士民法典》第 17 条："无行为能力人，是指无判断能力或未成年或禁治产人。"规定为限制行为能力的如日本，《日本民法》第 4 条规定："未成年人实施法律行为，应经其法定代理人同意。但是，可以单纯取得权利或免除义务的行为，不在此限。""违反前款规定的行为，可以撤销。"第 9 条规定："禁治产人的行为，可以撤销。"二是采取分级制，根据未成年人和精神病人的识别能力情况分别规定为限制行为能力和无行为能力。德国、我国大陆和台湾地区采取的是分级制。因此，在我国，自然人的民事行为能力可以划分为完全民事行为能力、限制民事行为能力和无民事行为能力三种类型。

1. 完全民事行为能力

完全民事行为能力，是指能够独立实施法律行为，以取得民事权利和承担民事义务的能力。具有完全民事行为能力的自然人是完全民事行为能力人。关于完全民事行为能力，各国法律一般以成年为标志，规定成年人具有完全行为能力，不同的只是关于成年的年龄的规定不同。《法国民法典》规定 21 岁为成年（第 488 条），《德国民法典》规定 18 岁为成年（第 2 条），《日本民法》规定 20 岁为成年（第 3 条），我国台湾地区民法也规定 20 岁为成年（第 12 条）。我国《民法通则》第 11 条第 1 款规定："十八周岁以上的公民是成年人，具有完全民事行为能力，可以独立进行民事活动，是完全民事行为能力人。"

在某些特殊情况下，对于部分未成年人，法律也赋予其完全民事行为能力。日本等国家的法律规定未成年人因结婚而获得完全行为能力。例如，《日本民法》第 753 条规定："未成年人结婚后，视为因此而达成年。"我国台湾民法第 13 条第 3 款规定："未成年人已结婚者，有行为能力。"法国则规定未成年人因解除亲权而获得行为能力，《法国民法典》第 476 条至第 478 条规定，未成年人结婚，当然解除亲权；未成年人年满 15 岁亦可解除亲权；无父母的未成年人年满 18 岁，亲属会议认为其已具有能力，可以宣布解除亲权。第 487 条规定："解除亲权的未成年人经营商业者，关于商业的行为视为已达成年。"我国《民法通则》规定未成年人具备独立生活能力的获得完全行为能力。《民法通则》第11条第2款规定:"十六周岁以上未满十八周岁的公民,以自己的劳动收入为主要生活来源的,视为完全民事行为能力人。"最高人民法院《关于贯彻执行〈中华人民共和国民法通则〉若干问题的意见》第2条进而指出:"十六周岁以上未满十八周岁的公民,能够以自己的劳动取得收入,并能维持当地群众一般生活水平的,可以认定为以自己的劳动收入为组合要生活来源的完全民事行为能力人。"赋予这部分自然人以完全民事行为能力,是由于他们已经参加了各种形式的社会劳动,可以其收入作为主要生活来源,表明他们已经具备判断自己行为的社会后果,具备了独立处理个人事务的能力,即具备自然人行为能力的基础即意思能力。

2.限制民事行为能力

限制民事行为能力,又称不完全民事行为能力或部分民事行为能力,是指只能独立实施法律限定的法律行为的能力。具有限制民事行为能力的自然人为限制民事行为能力人。限制民事行为能力人在其行为能力范围内可以独立实施法律行为,对于超越其行为能力范围的法律行为,须征得其法定代理人的同意,方可实施。限制行为能力人能独立实施的法律行为,是与其年龄、智力、精神健康状况相适应的法律行为,一般是指某些标的金额较小或与其生活、学习关系密切的法律行为。

限制民事行为能力人包括两种:一是达到一定年龄的未成年人。自然人已达到一定年龄但未成年,他们有一定的意思能力但不够健全,法律上赋予其部分民事行为能力,使其可以从事与其年龄、智力相适应的法律行为。《德国民法典》第106条规定:"已满七周岁的未成年人,其行为能力为限制行为能力。"我国台湾民法第13条第2款也规定7岁以上的未成年人为限制行为能力人。《民法通则》第12条第1款规定:"十周岁以上的未成年人是限制民事行为能力人,可以从事与他的年龄、智力相适应的民事活动;其他民事活动由他的法定代理人代理,或者征得他的法定代理人的同意。"二是因患精神疾病或智力发育不全等而不能完全辨认自己行为后果的成年人。这部分人虽已成年但由于身心健康的原因而不具有健全的意思能力,法律上同样赋予其部分民事行为能力。日本民法将这部分人称为准禁治产人。《日本民法》第11条规定:"对心神耗弱人及浪费人,可以将其作为准禁治产人而设置保护人。"第12条规定,准禁治产人实施借贷、作保、取得不动产、赠与等法律行为,应经其保护人同意。我国民法未设禁治产制度,但对于不能辨认自己行为的精神病人,法律上同样只赋予其部分民事行为能力。《民法通则》第13条第2款规定:"不能完全辨认自己行为的精神病人是限制民事行为能力人,可以从事与他的精神健康状况相适应的民事活动;其他民事活动由他的法定代理人代理,或者征得他的法定代理人的同意。"

法律赋予上述两种人仅部分民事行为能力,目的是保护他们的利益和维护社会经济秩序。因为,虽然他们对社会事物有一定的识别能力或判断能力,但由于年龄或智力发育或身心健康的原因,他们缺乏各种必要的社会知识和经验,不能充分预见其行为的社会后果和法律意义,对许多较为重大的民事行为不能作出理性的判断,法律上赋予他们部分民事行为能力,一方面可以使其从事与其年龄、智力、精神状况相适应的民事活动,确保其一定的行为自由,另一方面限制其从事其他行为,可以避免他们由于缺乏必要的社会知识或经验而遭受不利,有利于保护其权益。同时,对于相对人来说,他们在与限制行为能力人实施法律行为时,可以依据法律的规定,正确地判定哪些行为可以直接与限制行为能力人进行,哪些行为须征得其法定代理人的同意或与其法定代理人进行,从而确保所实施的法律行为得以有效和交易的安全。

限制民事行为能力人可以独立实施与其行为能力相适应的法律行为,对于超出其行为能力范围的法律行为,须事先征得其法定代理人的同意才能实施。如事先未征得法定代理人的同意,限制行为能力人实施的法律行为原则上应认定无效。但为了保护限制行为能力人的利益和维护社会秩序,法律并未简单地将这种行为归入无效行为,而是归入效力待定的行为。对于效力待定的行为,如具备法律规定的条件,则仍可有效。依据《合同法》第 47 条的规定,限制行为能力人超越其行为能力而订立且未征得法定代理人事先同意的合同,符合以下条件之一即可有效:一是限制行为能力人订立的合同,如属纯获利益的,有效。所谓纯获利益,如接受赠与、获得劳动报酬、获得奖励等。二是经法定代理人的追认。对于限制行为能力人超越其行为能力范围而订立的合同,法定代理人有追认权。法定代理人追认的,该合同有效。但为了尽早明确合同的效力,避免由于合同的效力被动地等待法定代理人的追认而处于不确定状态,法律赋予相对人催告权和撤销权。相对人可以催告法定代理人在一个月内予以追认,法定代理人未作表示的,则视为拒绝追认;合同被追认之前,善意相对人有撤销合同的权利,撤销应当以通知的方式作出。

3. 无民事行为能力

无民事行为能力,是指完全不具备以自己的行为从事民事活动,以取得民事权利和承担民事义务的能力。无民事行为能力的自然人称为无民事行为能力人。

无民事行为能力人包括两种：一是未满一定年龄的未成年人。《德国民法典》第104条第1项规定，未满7岁的自然人无行为能力；我国台湾民法第13条第1款也规定，未满7岁的自然人无行为能力；我国《民法通则》第12条第2款规定："不满十周岁的未成年人是无民事行为能力人，由他的法定代理人代理民事活动。"二是因患精神疾病而不能判断自己行为的自然人。《德国民法典》第104条第2项规定，"因精神错乱不能自由决定其意志者"无行为能力。我国台湾民法第14条规定："对于心神丧失或精神耗弱致不能处理自己事务者，法院得因本人、配偶、最近亲属二人或检察官之声请，宣告禁治产。"第15条规定："禁治产人，无行为能力。"《民法通则》第13条第1款规定："不能辨认自己行为的精神病人是无民事行为能力人，由他的法定代理人代理民事活动。"法律规定上述两种人为无行为能力，目的也是保护他们的利益和维护社会秩序，使他们避免因年龄或精神疾病而欠缺判断能力而在民事活动中遭受不利。

从法律上看，无民事行为能力人不具有任何行为资格，不得实施任何法律行为；否则，所实施的行为无效。但是，社会实践中，无行为能力人购买某些小额的学习生活用品，无论对无行为能力人还是商家还是社会，均无害处，法律上似无一概确定为无效行为的必要。尤其是未满十周岁的小学低年级学生，购买书本、文具，乘坐公共汽车，看电影，帮助家长购买一些生活用品，对于其成长和认识社会，亦为必要的社会课程，更无强制使其归于无效之必要。因此，应肯定无行为能力人从事定型化合同的行为能力。[①] 此外，对于无行为能力人纯获利益的行为，法律上也确认不因其无行为能力而无效。最高人民法院《关于贯彻执行〈中华人民共和国民法通则〉若干问题的意见》第6条规定，无行为能力人接受奖励、赠与、报酬，他人不得以行为人无民事行为能力，主张行为无效。

(三)自然人民事行为能力的宣告

自然人的民事行为能力取决于年龄、智力及精神健康状况，因人而异。依年龄标准，自然人达到成年年龄，即取得完全民事行为能力，无需特别法律程序。[②] 但是，依精神状况标准，自然人的民事行为能力之取得与丧失，则需要以一定的法律程序进行宣告，否则无以判定其民事行为能力状态。此即自然

① 张俊浩主编：《民法学原理》，中国政法大学出版社1991年版，第118页。

② 有些地方举行的青少年成年活动，仅具有象征意义，而非取得完全民事行为能力的法律程序。

人民事行为能力宣告制度。

自然人民事行为能力宣告制度的立法例主要有两种：一是法国、日本以及我国台湾地区采取的“禁治产宣告制度”；二是前苏联以及我国大陆采取的“民事行为能力宣告制度”。德国民法原设有禁治产宣告制度，1992 年 1 月 1 日起，民法典关于禁治产的规定被废除，禁治产宣告制度已不复存在。[①]

禁治产宣告制度，是指依照一定程序，对精神上有异常状况的自然人宣告其为“禁治产人”，使其处于无行为能力或限制行为能力状态的制度。《法国民法典》第 489 条规定了宣告禁治产的条件，成年人经常处于“愚痴、心神丧失或疯癫”状态的，应宣告其禁治产；第 490 条至第 501 条规定了宣告禁治产的法定程序。《日本民法》规定，对心神丧失常态的人可以依法宣告其禁治产（第 7 条），对心神耗弱人或浪费人则可依法宣告其为准禁治产（第 11 条）。我国台湾民法仅规定禁治产制度，该法第 14 条第 1 款规定：“对于心神丧失或精神耗弱致不能处理自己事务者，法院得因本人、配偶、最近亲属二人或检察官之申请，宣告禁治产。”依《日本民法》第 8 条和第 12 条的规定，受禁治产宣告的自然人无行为能力，受准禁治产宣告的自然人为限制行为能力人。我国台湾民法第 15 条则规定，禁治产人无行为能力。造成禁治产人行为能力欠缺的客观障碍在于其因精神疾病而导致意思能力的欠缺，如这种客观障碍消失，应恢复其行为能力。《法国民法典》第 512 条规定：“禁治产宣告，因其原因终了而终止；但禁治产宣告的取消应遵守关于禁治产宣告所规定的方式；且仅于判决取消禁治产宣告后，禁治产人始得行使其权利。”《日本民法》也规定禁治产宣告、准禁治产宣告的撤销准用禁治产宣告的程序（第 10 条、第 13 条）。我国台湾民法仅规定：“禁治产之原因消灭时，应撤销其宣告。”（第 14 条第 2 款）关于禁治产宣告及撤销的程序依其民事诉讼法的规定。[②]

民事行为能力宣告制度，是指依一定程序，直接宣告精神病患者为无行为能力人或限制行为能力人的制度。我国《民法通则》第 19 条第 1 款规定：“精神病人的利害关系人，可以向人民法院申请宣告精神病人为无民事行为能力人或者限制民事行为能力人。”关于精神病人行为能力的认定，最高人民法院《关于贯彻执行〈中华人民共和国民法通则〉若干问题的意见》第 5 条、第 7 条进而指出：(1)精神病人（包括痴呆症人）如果没有判断能力和自我保护能力，

---

① [德]迪特尔·梅迪库斯：《德国民法总论》，邵建东译，法律出版社 2000 年版，第 411 页。

② 台湾地区《民事诉讼法》第 597 条至第 624 条。

不知其行为后果的,可以认定为不能辨认自己行为的人;对于比较复杂的事物或者比较重大的行为缺乏判断能力和自我保护能力,并且不能预见其行为后果的,可以认定为不能完全辨认自己行为的人。前者属于无民事行为能力,后者属于限制民事行为能力。(2)当事人是否患有精神病,人民法院应当根据司法精神病学鉴定或者参照医院的诊断、鉴定认定,在不具备诊断、鉴定条件的情况下,也可参照群众公认的精神状态认定,但应以利害关系人没有异议为限。《民事诉讼法》第十五章"特别程序"第四节进而对认定公民无民事行为能力或限制民事行为能力的程序作了规定,宣告自然人为无行为能力或限制行为能力,应按照该特别程序进行。《民法通则》第 19 条第 2 款规定:"被人民法院宣告为无民事行为能力人或者限制民事行为能力人的,根据他健康恢复的状况,经本人或者利害关系人申请,人民法院可以宣告他为限制民事行为能力人或者完全民事行为能力人。"

第三节 监护制度

一、监护概述

(一)监护的概念

监护,即监督和保护,指法律为无民事行为能力人和限制民事行为能力人而设立的监督和保护其合法权益的制度。在监护关系中,担任监督和保护的人为监护人,受到监督和保护的无行为能力人和限制行为能力人为被监护人,监护人对被监护人既享有监护的权利,又负有监护的义务。

监护有广、狭义之分。狭义的监护,仅指不在亲权之下的未成年人和精神病人的监督和保护。在亲权关系中,父母对未成年子女享有亲权,未成年子女应服从父母的亲权,虽然父母对未成年子女亦有监督和保护的权利和义务,但此种监督和保护不被纳入监护制度,而属于亲权制度。在采取狭义监护的国家,监护和亲权是明确区分开的。例如,在日本民法中,亲权和监护分开,分别为亲属法中的第四章和第五章。根据《日本民法》第 838 条的规定,只有在"对未成年人无行使亲权者或行使亲权人无管理权"和"有禁治产宣告"时,才发生监护。我国台湾地区民法亦采狭义的监护概念。该法第 1091 条规定:"未成年人无父母,或父母均不能行使、负担对于未成年子女之权利义务时,应置监护人。"广义的监护,指对未成年人和精神病人的监督和保护,包括父母对未成年子女的监督和保护。我国大陆地区采取的是广义的监护概念。《民法通则》第二章第二节“监护”，既包括对未成年人的监护，也包括对精神病人的监护；在未成年人的监护中，既包括父母担任监护人的监护，也包括其他自然人或组织担任监护人的监护。

（二）监护与亲权

亲权，是指父母对未成年子女的抚育、管教、保护的一项民事制度。这一制度是父母对未成年子女，以教育、保护为目的，在人身和财产上的权利义务的统一。人身方面的亲权包括保护权、教育权和惩戒权，财产方面的亲权包括管理权、使用收益权、处分权和财产上的代理权、同意权。[①]

不论是采取狭义的监护概念还是采取广义的监护概念，亲权与监护制度既有联系又有区别。采取狭义的监护概念时，监护与亲权属于两种不同的制度，监护仅在未成年人无父母，或父母均不能行使对于未成年子女之亲权时适用；如未成年人有父母且其父母能够行使权利，则适用亲权的规定，而不适用监护的规定。但亲权中亦包含着父母对未成年子女的人身、财产权益的监督和保护，具有监护的实质内容。采取广义监护概念时，监护包括父母对未成年子女的监督和保护，但父母对未成年子女的权利和义务并非仅限于对其人身财产的监督和保护，还应包括其他亲权内容，如抚养权、财产的用益权等。

一般说来，监护与亲权的区别主要体现在以下几个方面：(1)法律关系的基础不同。亲权的基础是建立在血缘纽带之上的亲子关系，亲权只发生在父母对未成年子女之间，成年子女对父母以及其他亲属之间不发生亲权关系。监护则不要求亲子关系，成年子女对父母、其他亲属之间以及不具有亲属关系的自然人之间，也可设立监护。(2)主体范围不同。亲权关系的主体仅为父母和未成年子女。监护关系中，监护人可以是父母、成年子女、祖父母（外祖父母）、成年的孙子女（外孙子女）、兄弟姐妹，还可以非亲属的自然人或组织，被监护人可以是未成年人，也可以是患精神疾病的成年人。(3)权利义务内容不同。亲权的内容主要是父母对未成年子女的抚养、教育、保护的权利义务，其范围大于监护。依据《日本民法》的规定，亲权的效力包括监护、教育权、居所指定权、惩戒权、职业许可权、财产管理权与代表权等。在监护中，除父母外的监护人对被监护人的权利义务主要是监督和保护被监护人的人身、财产权益，一般不包括抚养、惩戒、职业许可等内容。同时，在监护关系中，家庭法院可以根据监护人和被监护人的经济状况，从被监护人的财产中给予监护人相应的

---

① 史尚宽：《亲属法论》，台湾荣泰印书馆股份有限公司1980年版，第622页。

报酬;亲权关系中,亲权人则无获得报酬的权利。

我国民法未规定亲权制度。这一做法已受到学者的批评。有的学者认为,监护只能作为亲权的一种补充制度而存在,民法通则混淆了监护和亲权的界限,没有将监护和亲权区别开来,不利于明晰法律关系。[①]

(三)监护的性质

关于监护的性质,我国学界有三种学说:权利说、义务说和职责说。权利说认为,监护是一种身份权,是基于监护人的特定身份而产生的监护权。[②] 义务说认为,监护制度并没有赋予监护人任何利益,而只是课以负担,监护实际上是法律课以监护人的片面义务。[③] 职责说认为,监护制度纯粹是为保护被监护人的利益而创设,这是一种具有"社会公益性质的职务",监护制度已非以维护私益为目的的民事权利或民事义务所能解释,监护的本质是一种职责。[④]

我国《民法通则》采取监护职责说。《民法通则》第 18 条规定,监护人应当履行监护职责,保护被监护人的人身、财产及其他合法权益,监护人履行职责受法律保护。我国民法未区分监护和亲权,监护职责说较之权利说或义务说,更能反映我国监护制度的本质。首先,职责是权利(权力)和义务的统一。对第三人而言,监护既意味着监护人对被监护人有监护的权利,此项权利不受侵害;同时又意味着监护人也应履行监护义务,以避免被监护人对第三人构成侵害。对于被监护人而言,监护人对被监护人的人身财产有采取保护措施的权利,在大多数情况下,监护人还有管教被监护人的权利(权力),同时监护人负有保护被监护人的人身财产权益的义务。其次,权利意味着自由,权利可以放弃;义务则意味着约束,除非相对人放弃其权利,义务应当履行。在监护关系中,监护人的权利(权力)和义务,既不能放弃,也不存在因为相对人的放弃而可以不履行。再次,监护制度的设立,既是保护被监护人的人身财产权益的需要,也是保障社会秩序的需要,不仅具有私益性质,而且还具有公益性质。监护既不是单纯的权利,也不是片面的义务,而是权利义务的统一,应属于职责。

(四)监护制度的意义

首先,监护制度具有弥补被监护人的行为能力欠缺的作用。法律之所以设置监护制度,是因为被监护人的行为能力欠缺。未成年人或精神病人由于

---

① 夏利民:《民法基本问题研究》,中国人民公安大学出版社 2001 年版,第 66 页。

② 杨立新:《人身权论》,中国检察出版社 1996 年版,第 870 页。

③ 彭万林主编:《民法学》,中国政法大学出版社 1999 年修订版,第 88 页。

④ 王利明主编:《民法》,中国人民大学出版社 2000 年版,第 58 页。

行为能力的欠缺，不能参加或不能独立参加民事活动，既不能通过自己的行为取得权利，当其合法权益受到侵害时也无法自己去寻求法律救济。为未成年人和精神病人设立监护人，可以弥补他们的行为能力欠缺，监护人作为被监护人的法定代理人，可以代理行为能力欠缺的自然人参加民事活动以及诉讼活动。这不仅有利于行为能力欠缺者权利的取得，还有利于在其权利受到侵害时获得法律的保护。

其次，监护制度有利于未成年人的健康成长，有利于精神病人恢复健康。未成年人处于心智的成长阶段，法律为未成年人设立监护人，赋予监护人抚养、教育、监督、管束的职责，有利于未成年人心智的养成，成为将来社会的栋梁之才。精神病人患有精神疾病，更需要人们的照顾和保护，设立监护制度，通过监护人的关心和照顾，有利于精神病人早日恢复健康，成为对社会有用的人。

再次，监护有利于稳定社会经济秩序。未成年人或精神病人，由于其意思能力的欠缺，对自己行为的法律后果往往缺少正确的认知，可能实施一些对自己、对他人甚至对社会不利的行为，给自己或给他人或给社会造成损害，从而影响正常的社会经济秩序。为未成年人和精神病人设立监护人，通过监护人监护职责的履行，对被监护人进行必要的教育、管束和监督，防止他们实施不利于自己和他人或社会的行为，这就有利于社会经济秩序的稳定。

二、监护的设立

（一）监护的设立方式

各国民法规定的监护的设立方式有三种：遗嘱监护、法定监护和指定监护。

遗嘱监护，是指由未成年人的父母通过遗嘱的方式指定监护人。例如，《日本民法》第 839 条规定："对未成年人最后行使亲权的人，可以以遗嘱指定监护人。"我国台湾民法第 1093 条规定："后死之父或母得以遗嘱指定监护人。"此为依遗嘱方式设立监护。我国《民法通则》未规定遗嘱监护方式。

法定监护，是指法律直接规定未成年人或精神病人的监护人。例如，《日本民法》第 840 条规定："夫妻一方受禁治产宣告时，他方为其监护人。"我国台湾地区民法第 1094 条规定，父母不能行使对未成年子女的权利义务或父母死亡而无遗嘱指定监护人时，由与未成年人同居之祖父母、兄姐、不与未成年人同居之祖父母，依顺序担任监护人。我国《民法通则》第 16 条规定："未成年人的父母是未成年人的监护人。"均为依法定方式设立的监护。在采取狭义监护概念的国家和地区，只在未成年人无遗嘱监护人时才适用依据法律的直接规定确定监护人。

指定监护，是指由法院或有关机关为未成年人或精神病人指定监护人。在规定法定监护和遗嘱监护的国家或地区，指定监护适用于无遗嘱监护人和无法定监护人的情形。例如，根据《日本民法》第 841 条的规定，未成年人无遗嘱指定监护人或禁治产人无法定监护人时，“家庭法院因被监护人的亲属或其他利害关系人的请求，选任监护人”。我国台湾民法第 1094 条规定，在无法定监护人时，“法院得依未成年子女、检察官、当地社会福利主管机关或其他利害关系人之声请，就其三亲等内旁系血亲尊亲属、社会福利主管机关、社会福利机构或其他适当之人选定或改定为监护人”。我国《民法通则》未规定遗嘱监护，因此指定监护仅适用于无法定监护人的场合。而且，根据《民法通则》第 16 条第 3 款和第 17 条第 3 款的规定，指定监护还适用于当事人对担任监护人有争议的场合。

(二)未成年人监护的设立

《民法通则》第 16 条规定了未成年人监护的设立方式，包括法定监护和指定监护两种方式。

1.法定监护

未成年人的法定监护人范围和顺序如下：(1)父母是未成年人当然的监护人，未成年人有父母且父母具有监护能力时，父母是未成年人的法定监护人。(2)未成年人的父母已经死亡或没有监护能力时，由有监护能力的祖父母、外祖父母、兄姐担任监护人。关系密切的其他亲属、朋友愿意承担监护责任，经未成年人的父、母的所在单位或未成年人住所地的居民委员会、村民委员会同意的，也可以担任监护人。(3)没有上述监护人的，由未成年人的父、母所在单位或未成年人住所地的居民委员会、村民委员会或民政部门担任监护人。由此可见，在我国，法定监护人可以是自然人，也可以是组织，单位、居民委员会、村民委员会和民政部门，均可担任监护人。这一点与我国台湾民法相同，而与日本法不同，日本民法规定的监护人仅为自然人，组织不得担任监护人。同时，依最高人民法院《关于贯彻执行〈中华人民共和国民法通则〉若干问题的意见》第 14 条的规定，监护人可以是一人，也可以是同一顺序中的数人。《日本民法》第 843 条则规定，监护人只能为一人。

2.指定监护

未成年人无法定监护人或近亲属担任监护人有争议时，由人民法院或有关机关指定监护人。有权为未成年人指定监护人的组织有三种：(1)未成年人的父亲或母亲所在的单位；(2)未成年人所在地的居民委员会或村民委员会；(3)人民法院。其间的顺序是：未成年人的父、母所在单位首先行使指定权；如果未成年人的父母没有单位，或者该单位拒绝指定或不适合由其指定，由未成年人所在地的居民委员会或村民委员会指定；当未成年人的近亲属对有关组织的指定不服而提起诉讼时，由人民法院以判决指定。[①] 最高人民法院《关于贯彻执行〈中华人民共和国民法通则〉若干问题的意见》第14条至第19条指出：人民法院指定监护人时，可以将《民法通则》第16条第2款规定视为指定监护人的顺序。前一顺序有监护资格的人无监护能力或者对被监护人明显不利的，人民法院可以根据对被监护人有利的原则，从后一顺序有监护资格的人中择优确定。被监护人有识别能力的，应视情况征求被监护人的意见。有监护资格的人之间协议确定监护人的，应当由协议确定的监护人对被监护人承担监护责任。对于担任监护人有争议的，应当先由有关组织予以指定，未经指定而向人民法院起诉的，人民法院不予受理。有关组织依照民法通则规定指定监护人，以书面或者口头通知了被指定人的，应当认定指定成立。被指定人不服的，应当在接到通知的次日起三十日内向人民法院起诉。逾期起诉的，按变更监护关系处理。监护人被指定后，不得自行变更。擅自变更的，由原被指定的监护人和变更后的监护人承担监护责任。被指定人对指定不服提起诉讼的，人民法院应当作出维持或者撤销指定监护人的判决。如果判决是撤销原指定的，可以同时另行指定监护人。此类案件，比照民事诉讼法(试行)规定的特别程序进行审理。在人民法院作出判决前的监护责任，一般应当按照指定监护人的顺序，由有监护资格的人承担。

(三)精神病人监护的设立

《民法通则》第17条规定了精神病人监护的设立方式，包括法定监护和指定监护两种方式。

1. 法定监护

精神病人的法定监护人范围和顺序如下：(1)亲属。亲属包括精神病人的配偶、父母、成年子女、其他近亲属，关系密切的其他亲属、朋友愿意承担监护责任，经精神病人的所在单位或住所地的居民委员会、村民委员会同意的，也可以担任监护人。(2)没有上述监护人的，由精神病人的所在单位或住所地的居民委员会、村民委员会或民政部门担任监护人。监护人可以是一人，也可以

---

① 佟柔主编：《中国民法学·民法总则》(陶希晋总编)，中国公安大学出版社1990年版，第120页。

是同一顺序中的数人。

2. 指定监护

亲属对担任监护人有争议的，由精神病人的所在单位或住所地的居民委员会或村民委员会在近亲属中指定；对指定不服提起诉讼的，由人民法院裁决。最高人民法院《关于贯彻执行〈中华人民共和国民法通则〉若干问题的意见》第 14 条进而指出：人民法院指定监护人时，可以将《民法通则》第 17 条第 2 款规定视为指定监护人的顺序（配偶、父母、成年子女、其他近亲属、经有关组织同意的其他亲属或朋友）。前一顺序有监护资格的人无监护能力或者对被监护人明显不利的，人民法院可以根据对被监护人有利的原则，从后一顺序有监护资格的人中择优确定。

三、监护资格和监护能力

《民法通则》第 16 条关于未成年人的监护设立，使用了“监护能力”的概念，未成年人的父母没有监护能力的，由具有监护能力的祖父母、外祖父母等担任监护人；第 18 条则使用了“监护人的资格”概念，监护人不履行监护职责或侵害被监护人权益的，人民法院可依法撤销监护人的资格。可见，在我国民法上，监护资格与监护能力是不同的。监护资格来自法律的直接规定，只有法律规定能担任监护人的人才具有监护资格。例如，未成年人的父母、祖父母、外祖父母、兄姐、关系密切的其他亲属、朋友，精神病人的配偶、父母、成年子女、其他近亲属、关系密切的其他亲属、朋友，依法具有监护资格。监护能力则是具体担负监护职责的能力，监护能力根据监护人的健康、经济能力等情况确定，并非由法律规定。最高人民法院《关于贯彻执行〈中华人民共和国民法通则〉若干问题的意见》第 11 条指出：“认定监护人的监护能力，应当根据监护人的身体健康状况、经济条件，以及与被监护人在生活上的联系状况等因素确定。”因此，有监护资格的人未必具有监护能力，如未成年人的父母具有监护资格，然而如为精神病患者，应认定无监护能力。但是，监护能力的判定，应综合监护人的具体情况，不能简单地根据某一因素就判定监护人有或无监护能力。例如，父母担任监护人的，只有在父母无行为能力时才能认定其无监护能力，而不得以其无经济抚养能力而判定无监护能力。

关于监护人的资格，各国民法除规定可担任监护人的以外，同时规定监护人的消极资格。例如，《日本民法》第 846 条规定，未成年人、禁治产人或准禁治产人、被家庭法院免职的法定代理人或保护人、破产人、对被监护人提起诉讼或曾提起诉讼的人及其配偶和直系血亲、去向不明的人，不得为监护人。

《意大利民法典》第350条规定，对自己的财产不享有完全管理权的人、被最后行使亲权的父或母规定不得担任监护职务的人、诉讼结果可能损害未成年人利益的或与未成年人进行诉讼或将要诉讼的人、其亲属与未成年人进行诉讼或将要诉讼的人、可能受到丧失亲权处罚或已经丧失亲权的人、曾被撤销监护权的人、尚未被破产登记注销的破产人，不得任命为监护人。对监护人资格的限制，目的是为了保护被监护人的利益免遭损害。

监护设立的目的是保护被监护人权益，如果监护人因其行为违背监护目的或不适于担任监护任务时，可以依法撤销监护人的资格。《日本民法》第845条规定："监护人有不当行为、显著劣迹或其他不适于担任监护的事由时，家庭法院可以因监护监督人、被监护人的亲属或检察官的请求或依职权，将其解任。"《意大利民法典》第384条规定，在监护人疏虞职守、滥用职权等不适于担任监护职务时，负责监护事务的法官可以依职权撤销监护人的监护权。我国《民法通则》第18条第3款也规定，监护人不履行监护职责或者侵害被监护人的合法权益的，人民法院可依有关人员或单位的申请，撤销监护人的资格。

四、监护人的职责

根据《民法通则》第18条的规定以及最高人民法院《关于贯彻执行〈中华人民共和国民法通则〉若干问题的意见》第10条的解释，监护人的职责如下：

1.保护被监护人的身体健康

未成年人和精神病人对自己的身体健康缺乏完全行为能力人那样的自我保护能力，需要由监护人来保护其身体健康和人身安全，以防止受到不法侵害。

2.照顾被监护人的生活

未成年人和精神病人均属于不能很好照顾自己日常生活的群体，监护人必须给予必要的关心、照料和安排，满足被监护人的日常生活需求。

3.管束和教育被监护人

未成年人处于心智发展的阶段，需要监护人进行德、智、体、美等方面的教育，履行法定的义务教育职责。未成年人和精神病人由于意思能力的欠缺，不能正确判断其行为后果，可能实施对自己、对他人以及对社会有害的行为，监护人应加以必要的教育和管束，以防止其实施不法行为。

4.管理和保护被监护人的财产

未成年人和精神病人由于其行为能力的欠缺，对自己的财产缺乏必要的管理能力，需要监护人代为管理和保护。除非是为了保护被监护人的利益，监护人不得利用其管理人的地位处分被监护人的财产。

5.代理被监护人进行民事活动

《民法通则》第14条规定:“无民事行为能力人、限制民事行为能力人的监护人是他的法定代理人。”被监护人由于行为能力的欠缺,除法律另有规定外,不能实施或不能独立实施法律行为,其法律事务的处理须由监护人代理。无民事行为能力人的法律事务只能由监护人代理,限制民事行为能力人超越其行为能力的法律事务,可以由监护人代理,也可以在征得监护人的同意后由限制民事行为能力人自己实施。监护人代理被监护人处理法律事务,应以被监护人的名义进行,代理所取得的权利或利益归被监护人。

6.代理被监护人进行民事诉讼活动

无民事行为能力人和限制民事行为能力人由于其行为能力的欠缺,在诉讼法上属于无诉讼行为能力人,他们的诉讼行为必须由他们的法定代理人行使。① 当被监护人的合法权益受到侵害或者涉及他人提起的诉讼时,监护人可以自己代理进行诉讼也可转委托他人(如律师)进行诉讼活动,以维护被监护人的权益。

监护人的职责既意味着义务,又意味着权利。监护人对被监护人有监护的义务,也有进行监护的权利,监护人的资格非依法律的规定不得剥夺或加以限制,监护人依法行使监护权,任何人或组织不得干涉。《民法通则》第18条第2款明确规定:“监护人依法履行监护的权利,受法律保护。”如果监护人的监护资格受到非法的限制或剥夺,或其行使监护权受到干涉或侵害,监护人有权向人民法院提起诉讼,请求法律保护。

五、监护的终止

监护设立的原因是被监护人行为能力的欠缺,监护的目的是保护被监护人的权益。如果监护设立的原因消失,或者监护目的不能实现,监护关系应当终止。基于监护原因的消失而终止监护的,为绝对终止;基于监护目的不能实现而终止监护的,为相对终止。构成监护绝对终止的原因有:未成年人因成年而具有完全行为能力,精神病人恢复健康,被监护人死亡或被宣告死亡;构成监护相对终止的原因有:监护人死亡或被宣告死亡,监护人被宣告为无行为能力或限制行为能力,监护人因正当理由辞去监护,监护人被依法撤销监护资格。发生相对终止的,应另行为被监护人确定监护人。因此,监护的相对终止

---

① 齐树洁主编:《民事程序法》,厦门大学出版社1998年版,第91页。

也就是监护的变更。我国《民法通则》第 18 条第 3 款规定:“监护人不履行监护职责或者侵害被监护人的合法权益的,应当承担民事责任;给被监护人造成财产损失的,应当赔偿损失。人民法院可以根据有关人员或者有关单位的申请,撤销监护人的资格。”根据最高人民法院《关于贯彻执行〈中华人民共和国民法通则〉若干问题的意见》第 20 条的解释,有权申请法院撤销监护人资格的人或单位是指《民法通则》第 16 条、第 17 条规定的具有监护资格的人或单位;请求变更(撤销)监护关系的,人民法院按照民事诉讼的普通程序审理。

第四节 宣告失踪与宣告死亡

一、宣告失踪

(一)宣告失踪的概念

宣告失踪,是指自然人下落不明达到法定的期间,经利害关系人申请,法院依法定程序宣告其为失踪人的一项法律制度。

在现实生活中,自然人失踪的情况时有发生。自然人失踪时,势必导致与其相关的民事权利义务处于不确定的状态。这种权利义务的不确定状态,不仅使该自然人的民事权益易受损害,而且会影响到利害关系人的民事权益的实现,进而影响到社会秩序的稳定。为此,法律设立了宣告失踪制度,通过对自然人失踪状态的确认,结束由于自然人失踪而导致的财产权利义务不确定的状态,以保护失踪人和利害关系人的利益。

然而,各国民法对宣告失踪的态度并不相同。有的国家仅规定宣告死亡制度,而未规定宣告失踪制度,如德国;有的国家虽采用宣告失踪的概念,但其宣告失踪实际上是宣告死亡,如瑞士、日本;有的国家既规定了宣告失踪又规定了宣告死亡,如法国。《法国民法典》第 112 条规定:“如本人停止在其住所或临时住所出现,而又无音讯的,监护法官得应利害关系人或检察官的请求,确认为推定失踪。”其所谓推定失踪即是宣告失踪。我国台湾地区民法未规定宣告失踪制度,但《非讼事件法》规定了失踪人财产管理制度。我国大陆民法分别规定宣告死亡和宣告失踪制度,《民法通则》第 20 条第 1 款规定:“公民下落不明满 2 年的,利害关系人可以向人民法院申请宣告他为失踪人。”

(二)宣告失踪的条件和程序

根据《民法通则》第 20 条以及《民事诉讼法》关于宣告失踪特别程序的规

定，宣告失踪的构成条件和程序如下：

1.自然人须下落不明满2年

所谓下落不明，是指自然人离开最后居所或住所后没有音讯的状况，这种状况须是持续、不间断的存在着。下落不明期限的起算时间，在通常情况下，应当从自然人音讯消失之次日起计算，如果因意外事故下落不明的，应当从事故发生之日起计算，战争期间下落不明的，从战争结束之日起计算。

2.经利害关系人申请

所谓利害关系人，是指与失踪人之间存在民事权利义务关系的人。根据最高人民法院《关于贯彻执行〈中华人民共和国民法通则〉若干问题的意见》第24条的解释，利害关系人包括失踪人的配偶、父母、子女、兄弟姐妹、祖父母、外祖父母、孙子女、外孙子女，以及其他与被申请宣告失踪人有民事权利和民事义务关系的人。其他利害关系人包括债权人、债务人、失踪人所在的单位等。利害关系人申请宣告失踪，可以是一人单独申请，也可以是数人同时申请，且无先后顺序的限制。

3.须经法院宣告

对自然人的失踪宣告，必须由法院作出，任何组织或个人不得宣告自然人失踪。根据《民事诉讼法》第十五章关于宣告失踪特别程序的规定，利害关系人申请宣告失踪的案件由失踪人住所地的人民法院管辖；申请书应当写明失踪的事实、时间和请求，并附有公安机关或其他机关关于该公民下落不明的书面证明；人民法院受理后，应当发出寻找下落不明人的公告，公告期为3个月；公告期满，法院根据被宣告失踪的事实是否得到确认，作出宣告失踪的判决或驳回申请人申请的判决。

(三)宣告失踪的法律后果

宣告失踪的法律后果主要是为宣告失踪人的财产设立代管人。根据《民法通则》第21条规定，失踪人的财产由他的配偶、父母、成年子女或者其他关系密切的亲属、朋友代管；没有上述代管人或代管人无能力代管或当事人对代管有争议的，由人民法院指定的人代管。

代管人的职责是管理失踪人的财产。代管人管理失踪人的财产的行为，不限于对失踪人财产的保管，还可包括维护、收益及必要的处分行为。例如，对失踪人财产作有利于失踪人之利用或改良行为；从失踪人财产中支付失踪人所欠的税款、债务和应付的其他费用等。此所谓其他费用，应当包括赡养费、抚养费、扶养费和因代管财产所需的管理费等必要费用。代管人管理失踪人的财产时，应尽善良管理人之注意义务，如故意或过失致失踪人的财产遭受损害，应当承担赔偿责任。

（四）宣告失踪的撤销

《民法通则》第 22 条规定："被宣告失踪的人重新出现或确知他的下落，经本人或利害关系人申请，人民法院应当判决撤销对其失踪宣告。"依《民事诉讼法》第 169 条的规定，法院应当作出新的判决，以撤销原判决。宣告失踪撤销后，代管人的代管权消灭，代管人应向本人归还代管的财产及其收益，并向他说明代管期间财产管理状况并提交财务账册。

二、宣告死亡

（一）宣告死亡的概念

宣告死亡，是指自然人下落不明达到法定期间，经利害关系人申请，法院依法定程序在法律上推定失踪人死亡的一项法律制度。

自然人被宣告死亡与自然死亡不同。自然死亡是一种客观事实，而宣告死亡是法律根据一定的条件对自然人所作的死亡推定，并不排除被宣告死亡的自然人仍然存活在某处的可能。因此，宣告死亡的目的并非在于绝对消灭被宣告死亡人的民事主体资格、剥夺失踪人的民事权利能力，而是在于结束以失踪人原住所地为中心的民事法律关系，避免由于自然人失踪而导致的民事法律关系不确定的状态，以维护社会秩序的稳定。

各国民法均规定了宣告死亡制度，但又有所区别。瑞士和日本民法采用的是宣告失踪的概念，但其宣告失踪发生死亡宣告的法律效力。例如，《瑞士民法典》第 38 条规定："在规定期限内无任何呈报时，则失踪的人或者无音讯的人被宣告为失踪；并且如同死亡之得到证实一样，可行使因其死亡而发生的权利。"《日本民法》第 31 条规定，依法受失踪宣告的人，视为死亡。我国民法直接规定了宣告死亡制度，《民法通则》第 23 条第 1 款规定："公民有下列情形之一的，利害关系人可以向人民法院申请能够宣告他死亡：(一)下落不明满四年的；(二)因意外事故下落不明，从事故发生之日起满两年的。"

（二）宣告死亡的条件和程序

根据《民法通则》第 23 条以及《民事诉讼法》关于宣告死亡特别程序的规定，宣告死亡的条件和程序如下：

1. 自然人下落不明须达到法定期间

自然人下落不明达到法定期间表明自然人处于失踪的状态。根据《民法通则》第 23 条的规定，该法定期间可分为普通期间和特别期间。普通期间为 4 年，适用于自然人失踪的一般情况，自自然人音讯消失之次日起计算；战争期间下落不明的，则从战争结束之日起计算。特别期间为2年，适用于自然人在意外事故中失踪的情况，自事故发生之日起计算。

2.经利害关系人申请

利害关系人包括失踪人的配偶、父母、子女、兄弟姐妹、祖父母、外祖父母、孙子女、外孙子女，以及其他与被申请宣告死亡人有民事权利和民事义务关系的人，例如债权人、债务人、法定代理人、受遗赠人、人寿保险合同之受益人等。根据最高人民法院《关于贯彻执行〈民法通则〉若干问题的意见》第25条和第29条的解释，上述利害关系人为宣告死亡申请时，有先后顺序之分。该顺序为：(1)配偶；(2)父母、子女；(3)兄弟姐妹、祖父母、外祖父母、孙子女、外孙子女；(4)其他有民事权利义务关系的人。顺序在先的利害关系人对失踪人不申请宣告死亡的，后顺序的利害关系人不得为死亡宣告之申请；同一顺序的利害关系人之间则无优先次序，有的申请宣告死亡，有的不同意宣告死亡，则应宣告死亡。

3.须经人民法院宣告

对自然人的死亡宣告，直接导致失踪人民事主体资格的消灭，必须由人民法院作出，任何组织或个人无权宣告失踪人死亡。根据《民事诉讼法》第十五章关于宣告死亡特别程序的规定，利害关系人申请宣告死亡的案件由失踪人住所地的人民法院管辖；申请书应当写明失踪的事实、时间和请求，并附有公安机关或其他机关关于该公民下落不明的书面证明；人民法院受理后，应当发出寻找失踪人的公告，公告期为1年；因意外事故下落不明，经有关机关证明该自然人不可能生存的，则公告期间为3个月；公告期满，法院根据被宣告死亡的事实是否得到确认，作出宣告死亡的判决或驳回申请人申请的判决。根据最高人民法院《关于贯彻执行〈民法通则〉若干问题的意见》第36条的解释，被宣告死亡的人，判决宣告之日为其死亡的时间。[①]

(三)宣告死亡的效力

宣告死亡与自然死亡发生相同的法律效果。就财产关系而言，自然人被宣告死亡，其财产依法由其继承人继承。被宣告死亡人立有遗嘱的，遗产应按照遗嘱处理。未立遗嘱的，则按照法定继承处理。就人身关系而言，根据最高人民法院《关于贯彻执行〈民法通则〉若干问题的意见》第37条的解释，被宣告死亡的人与配偶的婚姻关系，自死亡宣告之日起消灭，其配偶可以再婚。

---

① 关于被宣告死亡人的死亡时间的确定，《瑞士民法典》第38条第2款规定为最后音讯或危难发生之时，《日本民法》第31条规定为法定期间届满之日，与我国民法不同。

宣告死亡只是法律根据自然人失踪的状态而作出的死亡推定，失踪人有实际存活在某处的可能。同时，宣告死亡制度的目的在于结束被宣告死亡人以原住所地为中心的民事法律关系，并非否定其一切民事法律关系。因此，如果失踪人仍存活于某处，那么失踪人于宣告死亡期间所实施的民事法律行为仍应当认定有效(《民法通则》第 24 条第 2 款)，其所取得的民事权益仍受法律保护。

(四)宣告死亡的撤销

《民法通则》第 24 条第 1 款规定："被宣告死亡人重新出现或确知其下落时，经本人或利害关系人申请，法院应当判决撤销对其死亡宣告。"

宣告死亡撤销后，被撤销死亡宣告的人的法律地位得以恢复，其因被宣告死亡而导致财产关系和人身关系的变动也应尽可能予以恢复。根据《民法通则》第 25 条的规定以及最高人民法院《关于贯彻执行〈民法通则〉若干问题的意见》第 37 条至第 40 条的解释，在财产关系方面，死亡宣告撤销后，被撤销死亡宣告的人有权请求返还财产，依照继承法取得其财产的人或组织，应当返还原物；原物不存在的，应给予适当补偿。如果利害关系人隐瞒事实情况致当事人被宣告死亡从而取得财产的，除返还原物和孳息外，还应对造成的损失予以赔偿。在人身关系方面，宣告死亡撤销后，被撤销死亡宣告的人配偶尚未再婚的，夫妻关系自撤销宣告死亡之日起自行恢复；如果其配偶再婚的，新的婚姻关系不因死亡宣告被撤销而无效；如其配偶再婚后又离婚或再婚后配偶又死亡的，其婚姻关系并不因撤销宣告死亡而自行恢复；在宣告死亡期间，其子女被收养的，合法的收养关系也不因死亡宣告被撤销而无效，被撤销死亡宣告的人不得以未经本人同意主张收养关系无效。

第五节 自然人的户籍和住所

一、户籍

户籍是指居住在某一地点的自然人的户口登记地。根据我国户籍管理的规定，自然人通常只能选择一个地方为其户籍地进行户口登记。自然人的出生、死亡，以及从此地点迁出或迁入居住等事实的发生，都应在户籍地登记或另作户籍登记。户籍登记机关依法发给户口簿，该文件记载自然人的姓名、性别、出生时间、住址等。因此，在我国，户口簿是确定自然人有关法律事实的一个重要法律依据。根据我国《民法通则》第 15 条规定，自然人以其户籍所在地的居住地为其住所。

居民身份证是证明自然人个人身份的法律凭证。根据《居民身份证条例》的规定，该文件由居住在中华人民共和国境内的年满 16 周岁以上的中国公民可申请领取。该文件记载个人的姓名、性别、民族、出生日期、住址 5 项内容。显然，居民身份证与户口簿相同，也是确定自然人有关法律事实的一个法律依据。

二、住所

自然人的住所，是指作为自然人生活和进行民事活动的中心所处的地方。一般认为，构成住所应当具备以下两项条件：一是存在经常居住的事实；二是存在久住的意思。如果仅存在经常居住的事实而无久住的意思，则不能构成住所，但是可构成居所或者经常居住地。

根据《民法通则》第 15 条的规定，自然人以其户籍所在地的居住地为其住所。从学理上看，这种确定住所的方法采用的是形式主义标准。这种确定住所的方法已经与我国自然人当今的现实生活难以相称。当今社会，自然人离开其户籍所在地生活和进行民事活动已经司空见惯。有鉴于此，立法上有必要采用实质主义标准，即根据上述住所构成条件确定住所。由于我国户籍管理制度规定每个自然人只能有一个户籍地，因此在我国，每个自然人实际上只能有一个住所，这将给确定法律关系带来不便。为此，《民法通则》第 15 条进一步规定，自然人经常居住地与住所不一致的，经常居住地视为住所，以此弥补单一住所的不足。[①] 此所谓经常居住地，按照最高人民法院《关于贯彻执行〈中华人民共和国民法通则〉若干问题的意见（试行）》第 9 条的解释，是指自然人离开住所地之后连续居住满 1 年以上的地方，但住院治病的除外。

自然人的住所在民事活动中具有重要意义。主要有：(1)可以作为确定失踪人下落不明的依据。如果自然人离开住所若干年杳无音讯，即可认定为失踪；(2)可以决定债务的履行地点。如根据《合同法》第 62 条规定，当事人就合同履行地点约定不明确时，如果不能达成补充协议或者不能依有关交易习惯确定，给付货币的，在接收货币一方所在地履行，在涉及自然人时，此所谓所在地即住所；(3)可以决定诉讼管辖的地点。如根据《民事诉讼法》第 22 条规定，

① 有的国家民法规定，自然人可以有多个住所。如《德国民法典》第 7 条第 2 款规定，自然人的住所可同时存在于数地。

对自然人提起的民事诉讼，由被告住所地人民法院管辖；(4)可以确定涉外法律关系中准据法之选择。如《民法通则》第146条规定，侵权行为的损害赔偿，适用侵权行为地的法律。当事人双方国籍相同或者在同一国家有住所的，也可适用当事人本国法或者住所地法律；(5)可以确定法院的通知、传唤或判决书等文件的送达地。通常法院通知、传唤或者判决书等文件的送达地点，即为当事人的住所地。根据我国《民事诉讼法》第79条规定，人民法院可以留置送达，其送达地即为当事人的住所等。

第4章

法 人

第一节 法人概述

一、法人的概念

法人是相对于自然人的另一类民事主体。根据《民法通则》第 36 条规定，法人是具有民事权利能力和民事行为能力，依法独立享有民事权利和承担民事义务的组织。在法律上，不仅自然人被赋予独立人格，而且一定的组织也被赋予独立人格，法人即是具有独立人格的组织。

关于组织的人格问题，在罗马法中就已经受到关注，当时的法律已赋予国家、地方政府以及僧侣会、基金会、商业社团、国库、尚未继承的遗产等以人的资格，拥有权利能力。[①] 然而，一般认为，罗马法尚未使用法人的概念，法人概念为中世纪意大利注释法学派学者所创制，“法人”被用来说明团体的法律地位。教会法学者则把人的外延扩大到自然人以外，认为法人也是人，并认为“法人之人格乃法律上之拟制，法人纯属观念上之存在。”（教皇英诺森四世语）后期注释法学派应用教会法的理论成果，认为法人是在团体成员之外独立存在的抽象人格。巴尔多鲁斯说：“自然人为实在的人，而法人则为无肉体、无精神之观念上的存在，不过是法律的拟制的产物而已。”法人被认为是法律上拟制的人或观念上的人。[②] 1794 年，普鲁士邦普通法典首次出现法人的概念，1896 年德国民法典规定了法人制度，“法人”成为制定法上的概念，并为后来

① [意]彼德罗·彭梵得：《罗马法教科书》，黄风译，中国政法大学出版社 1992 年版，第 50～51 页。

② 参见张俊浩主编：《民法学原理》，中国政法大学出版社 1991 年版，第 169 页。

各国的民事立法所接受。

法人与自然人同为民事主体，具有独立人格。但法人是一种组织，不是自然生命体，具有不同于自然人的法律特征：

第一，法人是一种社会组织。现代社会里，组织也是重要的成员，它们具有自己的名称、组织机构和活动场所，以自己的名义参加各种社会活动。为使这些组织具有法律上的地位，法律赋予这些组织以独立的人格，具有民事权利能力和民事行为能力，可以在民事活动中取得权利和承担义务。法人就是这样的组织。法人组织的组成方式并不相同，有的是由多数自然人组合而成的，有的是由一定的财产组合而成的。前者属于社团法人，后者则是财团法人。

第二，法人拥有独立的财产。法人作为民事主体，从事民事活动，参与市场交换，必须具有自己的财产。拥有属于自己的财产是法人人格独立的物质基础，也是法人独立从事民事活动的前提。据此，法人才能独立享有民事权利、独立履行民事义务和独立承担民事责任。法人具有独立的财产，意味着法人的财产独立于其创设人或其成员的财产，当然也独立于其他法人或自然人的财产。

第三，法人能够独立承担民事责任。法人独立承担民事责任，意味着法人是以其自己的财产对外承担民事责任，而非以其创设人、其成员或者其他法人或自然人的财产承担从事民事责任。法人独立承担民事责任，是其具有独立财产的必然结果，也是法人组织具有独立人格的体现。独立承担民事责任是法人组织区别于其他组织的主要特征。

第四，法人以自己的名义从事民事活动。法人具有自己的名称，并且以该名称从事民事活动，享有权利和承担义务。法人作为一个独立的组织体，具有自己的意志形成机关和执行意志的机关，拥有自己的财产，独立承担民事责任，具有独立的法律人格，都是以其名称进行的。法人的名称是表彰一个法人组织以便区别于自然人或其他组织的标志，是法人必须的要素。

二、法人的本质

法人的本质曾经是19世纪的民法学者争论的一个理论问题，今天人们重新审视这一争论时，却认为这一争论是无益之争。[①] 然而，这场讨论中形成的不同学说，对于认识法人制度的本质，仍具有某种理论意义。

---

① [德]迪特尔·梅迪库斯：《德国民法总论》，邵建东译，法律出版社2000年版，第823页。

(一)法人拟制说

法人拟制说最初为注释法学派和教会法学者所提倡,后为德国学者萨维尼所发展和完善。此说认为,民事主体享有权利必须具备意思能力,没有意思能力就不能享有权利,只有自然人才有意思能力,法人并无意思能力,因此民事主体应以自然人为限。法人之所以为民事主体,乃是法律拟制的产物,法人不过是法律上拟制的人或观念上的人。

拟制说的合理之处在于,承认法人具有独立人格,法人的人格是法律拟制的产物,因此法人须依法律的规定而设立,非依法律规定不得成立法人。也只有法律才能令其产生和规定其活动规范。这对于理解法人必须依法设立,具有理论意义。法人制度为法律所规定,法人的类型和设立应以法律规定为准。因此,法人具有法定性,而非自然性。拟制说的不足在于,把法人看成是单纯的法律拟制,而否定法人组织的客观存在。实际上,不论法人还是自然人,其作为民事主体,既是客观存在的体现,同时也是法律规定的结果。自然人与法人之间不存在谁拟制谁的问题,既然自然人不是法律的拟制,法人也不应是法律的拟制。

(二)法人否认说

法人否认说只承认自然人的存在,而否认法人的存在,认为法人只是假设的人。任何团体都是自然人的集合,团体的事务实际上是全体个人的事务,执行团体事务的全体个人的代表,而不是法人。在否认说中,又有三种不同的见解:

一是目的财产说。此说为德国学者布林兹所提倡,认为法人仅仅是个人为一定的目的而组成的目的财产,法人本身并不享有财产,法人财产从根本上说是其成员的共同财产。

二是受益人主体说。此说为德国学者耶林所提倡,认为法人制度最终只为了自然人的利益,法人财产实际上是自然人的财产,所以只有受益的自然人才是事实上的权利主体,法人制度不过是使多数主体的法律关系简单化而进行的一种技术设计。

三是管理人主体说。此说为德国学者霍德尔等人所提倡,认为财产权利主体是对财产可以实际占有、使用和处分的人,法人财产的实际占有、使用和处分的人不外乎是管理法人财产的自然人,只有实际管理法人财产的人才是法人的本体,法人仅仅是财产管理人和受益人之间的法律联系。

法人否认说较之法人拟制说,触及法人制度背后的利益归属这一本质问题,对于认识法人与成员之间的利益关系,具有实际意义。例如,当今风靡全球的法人治理(也称公司治理)问题上,法人治理的最基本的目标是保障投资者的利益,是否有利于保障投资者的利益是判断法人治理是否完善的最重要的标准。法人否定说揭示法人组织的财产利益的最终归属问题,对于理解法人治理,就有理论的参考价值。但是,法人否认说在寻求法人的本质时,未能区分法人财产与共有财产的本质不同,以致否认法人的存在,未能最终揭示法人的本质。

(三)法人实在说

法人实在说承认法人是能独立存在的实体,法人既不是法律拟制的,更不是虚无的,而是一种社会存在,它可以和自然人一样有自己独立的意思,有表达其意思的机关,可以独立享有权利和承担义务。在法人实在说中,又有两种不同的见解:

一是有机体说。此说为德国日耳曼法学家基尔克所提倡,认为在社会生活中存在两种有机体,一种是“自然的有机体”,即自然人,有“个人意思”,另一种是“社会的有机体”,即团体,有“团体的意思”。法律赋予团体以法律人格,使其成为权利义务主体,即所谓法人。

二是组织体说。此说为法国学者米休、撒莱等人所提倡,认为法人只具有权利主体资格的社会组织,与自然人一样由法律赋予其人格,是法律秩序的产物。该学说不同于有机体说,它基于社会法学的观念来探讨法人的本质,认为法人并非社会的有机体,而是适于为权利义务主体的法律上的组织体,是实际存在的能保护和实现一定利益的意思团体。

今天的社会,组织的存在完全是一种客观事实,组织已经成为社会经济活动最为重要的主体之一,尤其是在经济活动中,公司扮演着越来越重要的角色。法人实在说承认法人是一种实际存在的社会实体,法律只是赋予其法律人格,并非法律的拟制,较之法人拟制说和否认说,具有合理性,无疑是对法人本质认识的进步。然而,有机体说从有机体立论阐述法人的主体性,把自然人看作自然的有机体,把法人看作社会的有机体,显得勉强。组织体说依团体的社会活动力和社会作用去判断法律有赋予法人法律人格的必要,阐述法人具有成为法律人格的主体性,更具有说服力。组织体说为现今学界关于法人本质之通说。

三、法人制度的作用

法人制度是社会经济发展的产物,并随着社会经济的发展,发挥着越来越重要的作用。

首先，法人具有集合人、财、物的作用，有利于从事单个人由于财产或能力的局限而不能从事的社会活动，促进社会经济的发展。其典型是公司法人，公司尤其是股份公司，可以集中大量的社会资金，兴办诸如铁路、航运、大型制造业、采矿业等个人难以企及的事业。正如马克思所论述的那样："假如必须等待积累使某些单个资本积累到能够修建铁路的程度，那么恐怕直到今天世界上还没有铁路。但是通过股份公司转瞬之间就把这件事完成了。"①

其次，法人具有分散风险的作用，有利于鼓励投资者的投资。法人不同于其他不具备法人资格的组织的一个重要特征是其独立责任，法人独立责任的另一面就是其成员的有限责任。通过有限责任这一屏障，将投资者的个人财产与投入公司的财产以及责任阻隔开来，投资者不致因为某一投资项目的失利而影响其他的投资，大大降低了投资者的投资风险。

再次，法人具有永续性，可以突破自然人生命的限制，有利于所经营的事业持久地延续下去。单个的自然人从事的事业总是由于他的死亡而受到影响，难以保持其事业的持续性。法人虽由自然人设立，但法人具有不同于其成员的独立人格，法人的人格不因为其个别成员的死亡或更迭而消灭，理论上法人可以永久地存续下去，保持其事业持续地发展。

在我国，法人制度除了具有上述一般的作用外，还担负着重塑国有企业、建立现代企业制度的历史使命。我国经济体制改革之前，在计划体制下，政府通过下达指令性计划，控制着企业，企业成为政府的附庸，没有自主权，谈不上独立人格。国有企业改革的目标，是建立现代企业制度，使企业真正成为市场的主体，成为独立的商品生产经营者。国有企业改革的主要内容是政企分开、政资分开，目的是使企业摆脱对政府的隶属地位。从法律上看，改革国有企业就是要使企业成为法人，具有独立的人格、独立的财产，对外独立承担责任。因此，法人制度是国有企业改革的法律形式。1986 年，《民法通则》规定了法人的设立条件，规定了企业法人的地位、经营原则、法定代表人以及企业法人的变更、终止和责任承担，为国有企业改革提供了基本的法律规范。1993 年的《公司法》规定了公司的类型、公司设立的条件、公司的章程、公司的组织机构、公司的财产(法人财产)以及公司与投资者的关系，为规范公司企业法人提供了规范。法人制度的确立，尤其是公司法的颁布，对于国有企业改革，对于建立现代企业制度，促进市场主体的规范化发展，具有重要的意义。

① 《马克思恩格斯全集》第 23 卷，人民出版社 1972 年版，第 688 页。

第二节 法人的分类

一、公法人和私法人

公法人和私法人是传统民法学关于法人的基本分类。通常认为,公法人是指以社会公共利益为目的,依据公法而设立的行使国家管理职能的法人;私法人是指以私人利益为目的,依据私法而设立的法人。前者如国家机关,后者如各种公司。我国民法未划分公法人和私法人,民法通则规定的企业法人、机关法人、事业单位法人等均属于民法上的法人。有的学者认为,实务中划分公法人和私法人的意义不大。[①]

我们认为,采取公法人和私法人的分类法仍有必要,区分公法人和私法人在理论上和实践中仍具有意义。(1)设立依据和运行机制不同。公法人依据公法而设立,私法人依据私法而设立。公法以规范国家公权力的行使为宗旨,私法以保障私权的实现为宗旨,公法与私法有着质的区别。公法人依据公法而设立,其运行也应依据公法,依法行使国家权力,履行国家管理职能。私法人依据私法而设立,其运行则体现私法的原则,实行意思自治。(2)享有的权利范围和法律保障机制不同。私法人可以依法享有的民事权利范围广,私法人可以享有财产所有权、债权、知识产权等财产权,也可享有名称权(商号权)、名誉权等人身权。公法人则不同,其享有的权利范围狭小,例如国家机关不能享有名誉权。私法人享有的民事权利受到侵害,可以依民事救济方式获得保障。国家机关拥有的名称受到侵害,通常不纳入民法救济的范畴。例如,他人盗用国家机关的名称,虽然应受到法律的制裁,但国家机关不得以名称权受到侵害要求盗用者赔偿损失。(3)侵权损害赔偿的法律适用不同。私法人侵害他人民事权益的,适用民法关于侵权损害赔偿的一般规定。国家机关及其工作人员侵害公民、法人民事权益造成损害的,适用国家赔偿法的规定。

二、社团法人和财团法人

社团法人与财团法人是传统民法关于私法人的基本分类。划分的依据是法人的成立是以成员为基础还是以捐赠财产为基础。社团法人是以一定数量

---

① 参见张俊浩主编:《民法学原理》,中国政法大学出版社 1991 年版,第 174 页。

的成员为基础而设立的法人，是人的集合。公司须有股东，学会、协会、工会、商会要有会员，合作社则应有社员，都属于社团法人。财团法人是以捐赠的财产为基础而设立的法人，是财产的集合。基金会、慈善团体、寺院等属于财团法人。我国民法未采取这种分类法，民法通则规定的社会团体法人不同于社团法人，它既包括社团法人（如学会、协会），又包括财团法人（如基金会、慈善团体），而传统民法中属于社团法人的公司，在我国民法上则属于企业法人，而不属于社会团体法人。

尽管现行法律上未采取这一分类，但学界多认为区分社团法人和财团法人具有理论和实际的意义。(1)成立的基础不同。社团法人以成员为基础，一定数量的成员是社团法人成立必要的条件。[①] 财团法人以财产为基础而设立，财团法人无成员之说。(2)设立人的地位不同。社团法人的设立人在法人成立时成为法人的成员，享有社员权，如投资者设立公司后成为股东，享有股东权。财团法人的设立人给予其捐赠行为设立法人后，与法人脱离，不具有法人成员的地位，也不享有法人成员的权利。(3)设立行为不同，设立社团法人的行为属于共同法律行为，且为生前行为。如公司章程是股东为了共同的营业目的而达成的合意，属于共同行为。设立财团法人的捐赠行为属于单方法律行为，而且财团法人的设立既可以依据捐赠人的生前行为，也可以依据捐赠人的遗嘱，后者属于死后法律行为。(4)有无意思机关不同。社团法人的社员大会（如公司的股东会）是其意思机关，决定法人的重大事务。财团法人没有自己的意思机关，财团法人的事务须依据设立人的意愿由管理机关实现。因此，社团法人又称为自律法人，财团法人又称为他律法人。(5)设立的目的不同。社团法人以实现成员的共同利益为目的，可以是营利，也可以是公益。财团法人的设立目的只能是公益。(6)设立的原则不同。对于营利性的社团法人，法律主要采取准则主义，只要具备法律规定的条件，即允许成立。对于财团法人，法律则采取许可主义，未经批准不得设立。

三、营利法人、公益法人和中间法人

这是根据法人成立的目的不同所作的法人分类。营利法人是以营利并将

① 需指出的是，社团法人并非不要求财产条件，例如公司须有资本，其注册资本须达到法定的要求，但在社团法人的成立条件中，成员的条件相对于财产的条件而言，更处于基础的地位。而且，从区分社团法人和财团法人的意义上看，社团法人强调其成员基础，财团法人强调其财产基础，具有明显的不同点。

所得利益分配给其成员为目的而设立的法人,如公司。公益法人是以公益为目的而设立的法人,如基金会、慈善组织、医院、学校等。中间法人设立的目的既非营利亦非公益,如协会、合作社、工会、商会等。我国民法也未采取这种分类法,营利法人被纳入企业法人,公益法人和中间法人则归入社会团体法人。

采取这种分类的法律意义在于:(1)设立目的不同。(2)设立原则不同。营利法人原则上采取准则主义,公益法人和中间法人则采取许可主义。(3)组织形式不同。营利法人应采取公司(社团法人)形式,中间法人采取社团法人形式,公益法人既可采取社团法人形式又可采取财团法人形式。(4)民事能力不同。营利法人可以从事营业活动,公益法人和中间法人则不得从事营业活动,而只能从事批准的事业。

四、本国法人与外国法人

这是根据法人的国籍所作的分类。具有本国国籍的法人是本国法人,不具有本国国籍的法人是外国法人。

关于法人国籍的标志,各国法律规定不尽相同。有以法人的成立地为标志的,有以法人设立所依据的法律为标志的,也有以法人的住所地为标志的,还有以法人成员自然人的国家为标志的,或以法人的资本由哪一国家控制为标志的。[①] 我国《民法通则》第 41 条第 2 款规定:“在中华人民共和国领域内设立的中外合资经营企业,中外合作经营企业和外资企业,具备法人条件的,依法经工商行政管理机关核准登记,取得中国法人资格。”《公司法》第 199 条规定:“本法所称外国公司是指依照外国法律在中国境外登记设立的公司。”由此可见,我国对法人的国籍,采取的是成立地(登记地)和依据的法律为标志,依照我国法律在我国境内设立的法人是中国法人,依照外国法律在我国境外设立的法人是外国法人。

区分本国法人和外国法人的主要法律意义在于,外国法人在内国从事业务活动须经内国的承认,否则外国法人不得在内国从事任何活动。对外国法人的民事能力实行必要的限制,是一国国家主权的体现,为各国之通例。在我国,根据国务院 1980 年颁发的《关于管理外国企业常驻代表机构的暂行规定》,外国企业在我国设立常驻代表或常驻代表机构,必须提出申请,按其业务性质报请我国政府的主管部门批准,由有关的省市自治区工商行政管理机关办理登记,未经批准登记的不得开展常驻业务。《公司法》第九章也规定了外

① 章尚锦主编:《国际私法》,中国人民大学出版社 2000 年版,第 49～50 页。

国公司在我国设立分支机构的有关规范，外国公司须依法设立分支机构，方可在我国从事生产经营活动。

五、企业法人和非企业法人

这是我国民法通则所采取的法人分类。企业法人，是指以营利为目的，并直接从事经营活动的法人。所谓企业，是指从事营利性活动的经济组织。一般说来，企业依其主体的性质可分为公司、合伙企业和个人独资企业。公司具有法人资格，属于企业法人。合伙企业、个人独资企业均不具备法人资格，不属于企业法人。但在我国，《公司法》颁行之前依据原来的法律、行政法规成立的国有企业或集体企业，虽非依据公司法而设立，民法通则亦规定其具有企业法人资格。[①] 外商投资企业中，中外合资经营企业的法定形式为有限责任公司，[②]具有企业法人资格；中外合作经营企业和外资企业采取有限责任公司组织形式的，也具备企业法人资格。[③]

非企业法人是指不以营利为目的，不从事经营活动的法人。按照我国民法通则的划分，企业法人以外的法人组织均属于非企业法人，具体包括机关法人、事业单位法人和社会团体法人。机关法人是指从事国家管理或行使国家权力且独立活动经费来自于国家财政预算的中央和地方各级国家机关，如国家各级权力机关、行政管理机关、司法机关和法律监督机关等。机关的身份具有双重性，一方面它们是国家机关，而非一般民事主体，它们行使国家权力时与相对人之间形成的不是民事法律关系，而是国家管理的法律关系；另一方面它们也参加一定的民事活动，在民事活动中，它们是以民事主体的身份而不是以国家机关的身份享有民事权利或承担民事义务。因此，机关法人仅指国家机关在参加民事活动时的身份。事业单位法人是指为了谋求社会公益而从事

---

① 《民法通则》第 41 条第 1 款规定："全民所有制企业、集体所有制企业有符合国家规定的资金数额，有组织章程、组织机构和场所，能够独立承担民事责任，经主管机关核准登记，取得法人资格。"

② 《中外合资经营企业法》第 4 条第 1 款："合营企业的形式为有限责任公司。"

③ 《中外合作经营企业法》和《外资企业法》对中外合作企业和外资企业的组织形式未作规定，可以采取公司形式，也可以采取其他形式。依据《中外合作经营企业法》第 2 条第 2 款和《外资企业法》第 8 条的规定，中外合作企业和外资企业符合我国法律规定的法人条件的，依法取得法人资格。所谓符合我国法律规定的法人条件，应指符合《民法通则》第 37 条规定的法人成立条件。实践中，中外合作企业和外资企业大多采取有限责任公司形式，具有法人资格。

社会各项非营利性的事业活动，拥有独立经费和财产的各类法人，如从事文化、教育、卫生、新闻、体育、出版、广播、电视等社会公益事业的各类法人。事业单位包括国有事业单位和民办事业单位，国务院1998年颁行的《事业单位登记管理暂行条例》规定的事业单位仅指国有事业单位，《民办非企业单位登记管理暂行条例》规定的民办非企业单位则包括民办事业单位，即非国有事业单位。社会团体法人是指具有法人资格的社会团体。关于社会团体的界定，国务院先后颁布的《社会团体登记管理条例》的规定有所不同。按照国务院1989年颁布现已废止的《社会团体登记管理条例》第2条规定，不仅协会、学会、联合会、研究会、联谊会、促进会、商会等以成员为基础的组织属于社会团体，不以成员为基础的基金会也属于社会团体。国务院1988年颁行的《基金会管理办法》第2条也明确规定，基金会是社会团体法人。然而，国务院1998年颁布的《社会团体登记管理条例》第2条规定，社会团体"是指中国公民自愿组成，为实现会员共同意愿，按照其章程开展活动的非营利性社会组织"，强调社会团体的成员基础，以财产捐献为基础的基金会等不再属于该条例规定的社会团体范畴。这可以看作是区分社团法人和财团法人的一种迹象。但是，从总体上看，我国现行法律仍然是将基金会这样的组织纳入社会团体的范畴。

区分企业法人和非企业法人的意义主要在于：(1)设立的法律依据不同，企业法人依据公司法或外商投资企业法而设立；而非企业法人或直接依据法律或依据行政命令而设立（机关法人），或依据《事业单位登记管理条例》、《社会团体登记管理条例》而设立（事业单位法人、社会团体法人）。(2)从事的事业不同，企业法人从事营利性经营活动，非企业法人则不得从事营利性经营活动，只能从事其设立时确定的事业。

第三节 法人的条件

法人的条件，是社会组织取得法人资格必备的条件。社会组织欲取得法人资格，须具备法人的条件。不具备法人的条件，不能取得法人资格。因此，社会生活中，并非任何组织都可以成为法人，只有那些具备法人条件的组织才能成为法人。

法人制度是法律的一种制度设计，法人的条件由法律加以规定。因此，法人的条件也就是指法律规定的获得法人资格的条件。判断一个组织是否具备法人的条件，应以法律的规定为依据。通常，民法典仅对法人的条件作一般性或原则性的规定,至于某一类型法人的条件则由特别法或专门法予以规定。例如,在我国,公司法人应具备的条件由《公司法》规定,基金会法人应具备的条件由国务院《基金会管理办法》具体规定。根据《民法通则》第37条的规定,法人应具备的一般条件是:依法成立;有必要的财产或者经费;有自己的名称、组织机构和场所;能够独立承担民事责任。

(一)依法成立

法人作为是一种法律制度,必须依法成立。只有依法成立才能获得法人资格,不是依法成立的组织不仅不能获得法人资格,而且还可能属于非法组织。对于非法成立的组织,法律应予取缔。法人依法成立包括以下两层含义:一是法人成立须有法律依据,也就是说它是法律所允许设立的,或者是法律所不禁止设立的。法人的主体资格来自于法律的赋予,因此无论何种类型的法人,其成立均须有以法律为依据,为法律所允许。只有为法律所允许,法人才能具有合法性。如果是法律所禁止的,任何人既不得自己从事法律禁止的事务,亦不得设立法人组织从事该事务。例如,在我国,从事商品或服务的经营,为法律所允许,投资者可以按照公司法的规定设立公司法人,从事商品或服务的经营活动;赌博为现行法律所禁止,任何人不得自己从事或设立公司从事该营业。

二是指法人须依照法定程序设立。法人的成立均须依一定的程序,但是不同类型法人的设立程序不同。在我国,公司法人的设立须依据国务院1994年发布的《公司登记管理条例》规定的程序,经公司登记机关核准登记,方可取得法人资格。社会团体法人须依据《社会团体登记管理条例》规定的程序,在获得业务主管部门批准后,经登记机关核准登记,方可取得法人资格。事业单位法人须依据《事业单位登记管理暂行条例》、《民办非企业单位登记管理暂行条例》的规定,经县级以上各级人民政府及其有关主管部门批准成立后,经登记机关登记,取得法人资格。

(二)有必要的财产或经费

法人有必要的财产或者经费,是法人能够独立地享有民事权利和承担民事义务的物质条件,也是法人独立承担民事责任的财产基础。

所谓“有必要的财产或经费”,就企业法人而言,是指属于企业法人独立的财产。企业法人以营利为宗旨,有独立的财产是其从事经营活动必要的物质基础。企业法人的独立财产,首先来自投资者的投资。根据《公司法》第25条和第82条的规定,股东认缴出资,应将出资的财产权利移转到公司名下。只有这样,公司财产和股东个人的财产才能从法律上划分开来,公司财产才能成为独立的财产。其次，企业法人的独立财产还来自其在经营活动中取得的财产。企业法人在经营过程中所取得的财产，在分红给股东之前，也属于法人的独立财产。企业法人的独立财产，要求法人应当具备与其业务活动规模相适应的财产。例如，《公司法》第 23 条规定，有限责任公司的注册资本不得少于以下最低限额：以生产经营或商品批发为主的公司为人民币 50 万元；以商业零售为主的公司为人民币 30 万元；科技开发、咨询、服务性公司为人民币 10 万元。就机关法人、事业单位法人和社会团体法人而言，法人的“必要的财产或者经费”主要是指国家或设立人拨付的与其业务活动相适应的经费。这些经费由法人独立支配，属于法人的独立财产。依据《社会团体登记管理条例》第 10 条规定，全国性的社会团体有 10 万元以上活动资金，地方性的社会团体和跨行政区域的社会团体有 3 万元以上活动资金。

（三）有自己的名称、组织机构和场所

1. 法人的名称

法人的名称，是法人区别于其他民事主体的标志。名称是法人作为民事主体不可缺少的人格要素之一，法人应当具有自己的名称。有了名称，法人方可以其名称参与民事活动，取得权利和承担义务。法人可选择自己的名称，但必须遵守相关的名称管理规定，不得违反法律的禁止性规定。

根据《企业名称登记管理规定》，企业法人的名称应符合下列要求：(1)企业原则上只准使用一个名称，因特殊需要经省级以上登记机关核准，企业可以在规定范围内使用一个从属名称。(2)在登记机关管辖的区域内，不得使用与已登记注册的同行业企业名称相同或相似；如两个以上企业向同一登记机关申请相同的企业名称，登记机关按照申请在先的原则核定；如向不同登记机关申请相同的企业名称，登记机关按照受理在先的原则核定；同一天申请或受理的，应由企业协商解决；协商不成的由登记机关（向不同登记机关申请的报由共同的上级登记机关）裁决。(3)企业名称应当使用汉字，民族自治地方的企业名称可以同时使用本民族地方通用的民族文字，企业使用外文名称的，其外文名称与中文名称应当一致。(4)企业名称不得含有下列内容或文字：有损于国家、社会公共利益的，可能对公众造成欺骗或误解的，外国国家（地区）名称，国际组织名称，政党名称，党政机关名称，群众组织名称，社会团体名称，部队番号，汉语拼音字母，数字。(5)除全国性公司、国务院或其授权机关批准的大型进出口企业或企业集团可以使用“中国”、“中华”、“国际”字样外，其他企业名称不得使用上述字样。依据《社会团体登记管理条例》第 10 条规定，社会团体的名称应当与其业务范围、成员分布、活动地域相一致，准确反映其特征；全国性的社会团体的名称冠以“中国”、“全国”、“中华”等字样的，应当按照国家有关规定经过批准，地方性的社会团体的名称不得冠以“中国”、“全国”、“中华”等字样。

2.法人的组织机构

法人的组织机构，是根据法律或章程的规定，法人实现其民事权利能力和民事行为能力的组织系统。法人不同于自然人，法人权利能力和行为能力的实现必须通过其组织系统。如无组织系统，法人就无法实现其权利能力和行为能力。因此，法人的组织机构是法人必备的条件之一。

法人的组织机构与法人机关不是等同的概念。法人的机关是指根据法律或者章程设立的，对内管理法人事务，对外代表法人的组织机构。通常，法人机关主要包括意思机关、执行机关、代表机关及监督机关。法人机关是法人组织机构的重要组成部分，但法人的组织机构除了法人机关外，还应包括法人内部的职能机构、业务实施机构和必要的从业人员。[①] 法人设立分支机构的，分支机构也属于法人的组织机构。[②] 因此。法人的组织机构的范围比法人机关的要大些。

不同类型的法人，其组织机构的设置亦有区别。例如，根据《公司法》的规定，公司法人的组织机构应包括股东会、董事会（或执行董事）、经理、监事会（监事）、由董事会决议设置的公司内部管理机构以及从业人员。设立分公司的，公司的组织机构还包括分公司。事业单位法人的组织机构则简单得多，一般只设负责人、业务实施机构和内部事务管理机构。即使是同一类法人，法人的组织机构也会因业务不同、规模不同等而有区别。例如，按照《公司法》规定，股东人数少、规模小的有限责任公司可以不设董事会和监事会，只设一名执行董事和一或二名监事。规模小的公司较之规模大的公司，其业务机构和管理机构也会相对简单一些。

3.法人的场所

法人的场所，指法人从事其业务活动的场所，包括主要办事机构场所及其他业务活动场所。法人须有场所。这不仅是法人从事业务活动的需要，也是国家对法人进行管理和监督的需要。例如，工厂须有厂房，公司须有营业场所，学校须有校舍。法人可以有多个活动场所，并可处于不同的区域。例如，

---

① 江平主编：《法人制度论》，中国政法大学出版社 1994 年版，第 289 页。

② 佟柔主编：《中国民法学·民法总则》（陶希晋总编），中国人民公安大学出版社 1992 年版，第 149 页。

法人设立分支机构，其分支机构开展业务活动的场所也属于法人的场所。

法人的场所与住所既有联系又有区别。法人的住所是法人进行民事活动的中心场所。因此，法人的住所也属于法人的场所。但是，法人只能有一个住所，而不能拥有多个住所。这是由法人的住所在法律上所具有确定法人的债务履行地、确定管辖权、确定法律文书的送达目的地等法律意义所决定。法人可以有多个场所，场所并不具有住所的上述法律意义。依照《民法通则》第39条规定，法人以它的主要办事机构所在地为住所。当法人只有一个办事机构时，该办事机构所在地即为法人的住所，也就是该法人的场所。当某一法人有多个办事机构时，多个机构所在的处所都是该法人的场所，但只有其主要办事机构所在地才是住所。

（四）能够独立承担民事责任

独立承担民事责任是法人之所以为法人的标志，也是区分法人组织与非法人组织的基本标准。

法人的独立责任有两层意义：一是法人以其全部资产对外承担责任，法人不对其设立者或成员或其他法人或自然人的债务负责，其设立者、成员或者其他法人或自然人也不对该法人的债务负责。当法人的财产不足以承担责任时，法人或其债权人可依法申请法人破产。二是法人对它的法定代表人及工作人员以法人名义从事的民事活动承担责任。我国《民法通则》第43条规定："法人对它的法定代表人和其他工作人员的经营活动，承担民事责任。"前一种意义上法人责任称为法人的外部责任，后一种意义上的法人责任称为法人的内部责任。[①]

法人的独立责任以独立财产为基础，是法人独立财产的最终体现。在法人的条件中，独立财产和独立责任被认为是法人独立人格的两根支柱。[②]

第四节 法人的民事能力

一、法人的民事权利能力

法人的民事权利能力，是指法人依法享有民事权利、承担民事义务的资

① 江平主编：《法人制度论》，中国政法大学出版社1994年版，第33页。

② 江平主编：《法人制度论》，中国政法大学出版社1994年版，第32页。

格。法人依法成立后，具有独立的民事主体资格，可以享有民事权利和承担民事义务。

法人与自然人同为民事主体，其民事权利能力亦由法律赋予。且作为民事主体，法人也可以具有一般民事主体的民事权利能力，如法人可以享有财产所有权、债权等财产权，可以享有名称权、荣誉权等一般人格权。然而，法人是一种组织，而非生命体，法人和自然人存在着性质的不同，两者的民事权利能力也存在差别。这主要表现在：

第一，自然人的民事权利能力始于出生、终于死亡，而法人的民事权利能力是始于法人成立、终于法人解散。具体说来，企业法人的民事权利能力于从核准登记手续、颁发营业执照时取得，于办理注销登记后消灭；机关法人的民事权利能力于机关设立时取得，于被撤销时消灭；事业单位法人的民事权利能力于核准登记手续、颁发《事业单位法人证书》时取得，于办理注销登记后消灭；社会团体法人的民事权利能力于核准登记、颁发《社会团体法人登记证书》时取得，于办理注销登记后消灭。

第二，自然人的民事权利能力由法律统一规定，具有普遍性和平等性，非依法律的规定不得限制或剥夺；而法人的民事权利能力通常依据其设立的宗旨而定。具体说来，企业法人、社会团体法人的民事权利能力依其章程而定，事业单位法人的民事权利能力依据其设立宗旨而定，机关法人的民事权利能力只能限定在与其履行国家管理职责有关的事业范围内。由于各个法人设立的宗旨不同，因此不同法人之间的民事权利能力存在着明显的差别，不同的法人具有不同的民事权利能力。例如，企业法人可以从事核准的营业活动，非企业法人则不得从事营业活动。[①] 又如，从事药品生产经营的法人可以经营药品，享有相应的民事权利，而从事房地产经营的法人则不得经营药品，不得享有相应的民事权利。

第三，由于法人和自然人性质上的差异，法人不可能享有自然人基于其特有的人身关系为前提而享有的那些民事权利。例如，法人不可能享有生命权、健康权、身体权、贞操权、肖像权、继承权、婚姻自由权、抚养赡养请求权、优抚对象的特定民事权利等。值得注意的是，企业法人、社会团体法人、事业单位法人一般均可享有名誉权，但国家机关法人由于其身份的特殊性，不应享有名誉权，他人诋毁国家机关的声誉，也不能按照侵害名誉权的民事救济途径给予

① 例如，《社会团体登记管理条例》第 4 条和《民办非企业单位登记管理暂行条例》第 3 条规定，社会团体、民办非企业单位应当依照章程开展活动，不得从事营利性经营活动。

救济。

二、法人的民事行为能力

法人的民事行为能力，是指法人独立进行民事活动，取得民事权利和承担民事义务的资格。法人作为民事主体，需实际参加民事活动，取得权利和承担义务，均应具有相应的民事行为能力。法律在赋予法人以民事权利能力的同时，也赋予法人以民事行为能力。

与自然人的民事行为能力相比，法人的民事行为能力具有如下特点：

第一，法人的民事行为能力和民事权利能力同时产生，同时消灭。《民法通则》第36条规定，法人的民事权利能力和民事行为能力，从法人成立时产生，到法人终止时消灭。自然人的民事行为能力受其年龄和精神健康状况的制约，并非与其民事权利能力同时产生，也不一定是与其民事权利能力同时消灭，两者在时间上并非始终处于并存的状态。

第二，法人的民事行为能力和民事权利能力的内容和范围相同。法人的民事行为能力和民事权利能力范围完全一致，而自然人民事行为能力的范围则可能与其民事权利能力的范围相同，也可能小于其民事权利能力的范围。此外，每个法人的民事行为能力的内容也存在差别。这是因为法人只有在其民事权利能力范围内所从事的民事活动，才能受到法律的承认和保护。因此，法人的民事权利能力的内容和范围大小决定了法人的民事行为能力的内容和范围大小。

三、法人的民事责任能力

（一）法人民事责任能力的概念

法人的民事责任能力，是指法人因其违法行为而独立承担民事责任的资格。在民法理论上，关于法人本质，存在不同的学说，因此对法人是否具有民事责任能力，在理论上也存在不同的认识。持法人拟制说的学者认为法人无意思能力，进而主张法人无民事责任能力。相反，持法人实在说的学者认为法人具有意思能力，可以预见其违法行为的法律后果，因此主张法人具有民事责任能力。

尽管在理论上存在上述不同的认识，但是大多数国家的民法皆规定法人的损害赔偿责任，肯定法人具有民事责任能力，特别是法人的侵权行为能力。例如，《德国民法典》第31条规定，社团对于董事会、董事或依章程任命的其他代理人执行属于其权限以内的事务，发生应负损害赔偿责任的行为，致使他人受到损害时，应负赔偿责任。《日本民法》第 44 条也规定，法人对于其理事会或其他代理人在执行职务时加于他人的损害，负赔偿责任。

我国《民法通则》第 37 条规定，能够独立承担民事责任为法人应当具备的条件之一；第 43 条则特别规定，企业法人对于它的法定代表人和其他工作人员的经营活动，承担民事责任。此外，关于法人侵权行为的民事责任，依第 106 条规定，法人由于过错侵害国家的、集体的财产，侵害他人财产、人身的，应当承担民事责任，如果没有过错，但是法律规定应当承担民事责任的，也应当承担民事责任。毋庸置疑，根据上述《民法通则》的规定解释，我国民法也肯定了法人的民事责任能力。

(二)法人承担侵权民事责任的要件

根据《民法通则》的规定，法人承担侵权民事责任必须具备以下三项条件：

第一，必须是法人代表机关或其他有权代表法人的人所为的行为。法人的对外行为由其代表机关实施，因此法人代表机关的行为就是法人本身的行为，应当由法人承担相应的民事责任。在我国，法人的对外行为由法人的法定代表人实现，因此法定代表人在代表权范围内进行的行为，法人应当对之承担民事责任。此外，法人的对外行为还可由其他有代表权的人(诸如公司的董事、监事、经理、清算人、重整人等)实现，因此法人对他们的行为也应当承担民事责任。

第二，必须是执行职务的行为。法人的代表机关或其他有权代表法人的人，只有在其职务范围内所为的行为，才能成为法人自身的行为，由法人承担民事责任。法人的代表机关或其他有权代表法人的人在其职务范围之外所为的行为，属于该行为人基于其自身的资格所为的行为，与法人无关，应当由行为人自己承担民事责任，而不应当由法人承担民事责任。至于何谓“执行职务的行为”，《民法通则》未作规定。通说认为有如下两个判断标准：一是外观标准，即某行为在外观上可足以被认为属于执行职务的行为，如运输公司的机关签发提单。二是关联标准，即根据社会上的一般认识，某行为与执行职务有相当的关联关系，如公司的董事长代表公司交易时实施的欺诈行为或贿赂行为。[①] 有的学者还进一步认为，所谓执行职务，应当限于积极行为，而不包括消极行为，原因在于消极行为仅发生应办事务不完成的后果，不可能加害于他

① 史尚宽：《民法总论》，中国政法大学出版社 2000 年版，第 161 页；另见李宜琛：《民法总则》，台湾正中书局 1977 年版，第 119 页。

人。[①]

第三,必须符合侵权行为的构成要件。侵权行为可分为一般侵权行为和特殊的侵权行为。一般的侵权行为的构成要件为:(1)须有侵权损害的事实;(2)行为本身的违法性;(3)违法行为与损害结果之间有因果关系;(4)行为人有民事责任能力;(5)行为人主观上有过错。特殊的侵权行为则是指虽不同时具备上述的构成要件,但法律规定必须由行为人承担民事责任的侵权行为。《民法通则》第106条第2款规定,公民、法人由于过错侵害国家的、集体的财产,侵害他人财产、人身的,应当承担民事责任。此款就是关于一般侵权行为的民事责任的规定。该条第3款规定,没有过错,但法律规定应当承担民事责任的,应当承担民事责任。此款规定就是关于特殊侵权行为的规定。依此款规定,某项侵权行为即使欠缺了行为人主观过错这一构成要件,也可以依照法律规定要求行为人承担民事责任。

第五节 法人的机关

一、法人机关概述

(一)法人机关的概念

法人的机关,是指根据法律或者法人章程在法人内部设立的,对内管理法人事务,对外代表法人从事民事活动的组织机构。法人作为民事主体,具有民事权利能力和民事行为能力,可以通过其自身的行为取得权利和承担义务。然而,法人是一种社会组织,必须具备自己的机关,以形成自己的意志,完成自己的各种对外对内活动。由此可见,法人依其机关而存在,因其机关的各种有系统的活动而有自己的活动。可以说,法人的机关是法人据以存在并维持其法律人格的必不可少的要件,因而也是法人设立的必要条件。《民法通则》第37条规定了法人应当具备的条件,其一即法人要有自己的"组织机构"。虽然法人的"组织机构"不能完全等同于法人机关,但是法人机关却是法人最为重要的组织机构。

在法律上,法人机关和法人机关的担当人不同。法人机关是法人组织体的组成部分,存在于法人的内部,尽管其由具有独立人格的自然人担当,但其

① 梁慧星:《民法总论》,法律出版社1996年版,第135页。

本身并不具有独立的法律人格。担当法人机关的自然人，在法律上有独立的法律人格，可以独立享有权利和承担义务。例如，作为公司机关的董事会与担任董事的某人，两者截然不同。作为公司的机关，董事会是公司必备的组织机构，存在于公司内部，不能独立于公司而存在，也不因担任董事的具体人员的变更而发生变更。担任公司董事的具体人员，因为其担任公司的董事而享有报酬请求权，在其执行职务过程中负有保守公司秘密、竞业禁止等各种义务。

此外，法人机关也不同于代理。如前所述，法人机关是法人组织体的一个组成部分，因此法人机关与法人属于同一人格。换言之，只有法人具有独立的人格，法人机关只是法人的组织机构，不具备独立的人格。法人机关的意思就是法人的意思，法人机关所为的行为也就是法人的行为，行为的法律后果当然地归属于法人。代理关系则不同，在代理关系中，代理人与被代理人具有不同的人格，代理关系是两个具有独立人格的当事人之间的法律关系，存在着代理人与被代理人各自不同的意思，代理人在代理活动中有独立的意思表示，只是该意思表示的法律后果依照代理制度而归属于被代理人承担。

（二）法人机关的种类

1. 意思机关、执行机关、代表机关和监督机关

法人机关依据其的在法人活动中所发挥的作用不同，可分为意思机关、执行机关、代表机关和监督机关。意思机关，是法人形成其意思的机关，又称权力机关、决策机关，如公司的股东会。执行机关是执行意思机关所形成的意思、法人章程或设立命令所规定的事项的机关，如公司的董事会。代表机关是法人的意思表示机关，即代表法人对外进行各种民事活动的机关，如公司的董事长。监督机关是监督执行机关行为的机关，如公司的监事会。

虽然法人机关是法人必备的机构，但是并非所有的法人都须设上述四种机关，不同的法人对法人机关的设置存在着区别。例如，对于公司法人，公司法要求公司原则上应设有股东会（意思机关）、董事会（执行机关，董事长为代表机关）和监事会（监督机关）；但对于基金会及其他慈善组织，其意思依据捐赠者的意愿由章程规定，法律并不要求其设意思机关，而只要求设管理机构作为执行机关和代表机关；[①]对于国家机关法人和事业单位法人，其意思由法律或行政命令规定，无需设意思机关，其事务管理实行首长负责制，其首长即为执行机关和代表机关。

2. 单一机关和集体机关

---

① 《基金会管理办法》（国务院1988年发布）第3条。

法人机关依据其担当人数量不同，则可以划分为单一机关和集体机关。由一个自然人担当的法人机关为单一机关，如学校之校长，不设董事会的有限公司之执行董事。由多数自然人担当的法人机关为集体机关，如公司的股东会、董事会和监事会。设集体机关的法人，法人机关就法人事务做出的决定原则上应采取民主集中制，按照少数服从多数的原则进行表决。例如，《公司法》第 106 条规定：(股份有限公司)"股东大会作出决议，必须经出席会议的股东所持表决权的半数以上通过。股东大会对公司合并、分立或者解散公司作出决议，必须经出席会议的股东所持表决权三分之二以上通过。"

法人机关采取单一制还是集体制，亦因法人而异。依据《公司法》的规定，公司法人的机关原则上应采取集体制，即应设股东会、董事会和监事会；但对于股东人数少和规模小的有限责任公司，可以不设董事会和监事会，而设一名执行董事和一、二名监事。[①] 实行首长负责制的国家机关法人和事业单位法人，其法人机关通常采取单一制。

二、社团法人的机关

社团法人的机关一般应包括意思机关、执行机关、代表机关和监督机关，是法人机关最为完备的法人。社团法人又以公司为典型，社团法人的机关亦以公司为完备。

1. 社员大会

社团法人以一定数量的成员为成立基础，社团法人的意思形成首先来自全体成员。因此，社团法人的意思机关应为全体成员组成的社员大会，[②]如公司的股东会或股东大会。社员大会有定期会议和临时会议两种形式。定期会议按照章程规定，一般一年一次或两次。如有需要，可以提请召开临时会议。我国《公司法》第 43 条规定，有限责任公司的股东会议分为定期会议和临时会议，定期会议应当按照公司章程规定按时召开；代表四分之一以上表决权的股东、三分之一以上董事或者监事可以提议召开临时股东会。

社员大会是社团法人的最高权力机关，其权限范围广泛，可以决定法人的任何事务。例如，《日本民法》第 63 条规定："社团法人的事务，除依章程所定委任于理事或者其他职员外，均由全会决议执行。"但是，由于社员大会并非经

---

① 《公司法》第 51 条、第 52 条第 3 款。

② 日本法称之为"全会"，《日本民法》第 60 条。我国台湾地区法律称之为"总会"，台湾民法第 50 条。

常举行，尤其是法人的成员数量众多时，召开社员大会也有实际操作的困难；因此实际上并非任何法人事务均由社员大会议决，须由社员大会决议的事项多为法人的重大事务。如我国《公司法》第38条规定，有限责任公司的股东会的职权主要是：决定公司的经营方针和投资计划；选举和更换公司董事、监事并决定其报酬；审议批准董事会、监事会的报告；审议批准公司的财务预决算方案和利润分配方案以及弥补亏损方案；对公司分立、合并、增加、减少注册资本和发行债券作出决议；修改公司章程等。

社员大会由全体成员组成，每一个成员都有参加社员大会并就议决事项进行表决的权利，法人召开社员大会应按照章程或法律的规定提前通知全体成员。如我国《公司法》第44条规定，召开股东会应提前15天通知全体股东。社员大会的议事方式和表决程序可由章程规定，但法律有特别规定的应依法律的规定。例如，我国《公司法》第39条第2款规定，股东会对公司增加或减少注册资本、分立、合并、解散或变更公司形式，必须经代表三分之二以上表决权的股东通过。

2. 董事或董事会

董事，[①]是法人对内执行法人事务、对外代表法人的常设机关。对内而言，董事是法人的执行机关，其负责执行社员大会通过的决议，并对社员大会负责。对外而言，董事代表法人，是法人的代表机关。社团法人的董事原则上由社员大会选任。例如，我国《公司法》第38条规定的股东会职权之一就是“选举和更换董事”。但是在德国公司法中，董事则是由公司监事会任命。[②]在英美公司法中，公司董事出现空缺时，董事会可以任命董事以填补空缺，公司股东、董事以外的第三人依然可以任命公司董事。[③]

社团法人只设董事一人时，该董事既是法人的执行机关又是代表机关。依我国《公司法》第51条规定，股东人数少和规模小的有限责任公司可以只设一名执行董事，管理公司事务，对外代表公司。董事为多数时，由全体董事组成董事会，董事会成为法人执行机关和代表机关的基本组织形式，董事只能通过董事会履行职务。根据我国《公司法》的规定，设公司设董事会的，公司的执行机关和代表机关发生分离。公司的执行机关是董事会，其职权包括：负责召

① 日本法称为理事。参见《日本民法》第52条。

② [德]罗伯特·霍恩、海因·科茨、汉斯·G·莱塞：《德国民商法导论》，中国大百科全书出版社1996年版，第286页。

③ 张民安：《现代英美董事法律地位研究》，法律出版社2000年版，第9～12页。

集股东会，并向股东会报告工作；执行股东会的决议；决定公司的经营计划和投资方案；制订公司的财务预决算方案、利润分配方案和弥补亏损方案；制订公司增加、减少注册资本的方案；拟订公司分立、合并、变更公司形式、解散的方案；决定公司内部组织机构的设置；任免公司经理；制定公司基本规章制度。公司的代表机关则是董事长。而且，只有董事长才有对外代表权，其他董事不享有法定的代表权。

董事会是法人的常设机关。按照我国《公司法》的规定，有限责任公司董事会的成员为 3 人至 13 人，股份有限公司董事会的成员为 5 人至 19 人。公司召开董事会会议，应通知全体董事参加。董事会会议由董事长召集和主持，董事长因故不能履行职务时指定副董事长或其他董事召集和主持。董事会的议事方式和表决程序依据法律和法人章程的规定。董事会对所议事项的决定应当作成会议记录，出席会议的董事应当在会议记录上签名。

3. 监事或监事会

监事是法人的监督机关，负责监督法人董事、经理的行为，以确保法人的业务执行活动符合法人的目的。监事为多数时，组成监事会，行使监督权力。

社团法人的监事由社员大会选任。根据我国《公司法》的规定，有限责任公司、股份有限公司均应设置监事会，监事会成员不得少于三人。股东人数少和规模小的有限责任公司可以不设监事会，只设一至二名监事。监事会的职权主要有：检查公司财务；对董事、经理执行公司职务时违反法律、法规或者章程的行为进行监督；当董事、经理的行为损害公司的利益时，要求董事和经理予以纠正；提议召开临时股东会；公司章程规定的其他职权。监事列席董事会会议。监事会的议事方式和表决程序有公司章程规定。

三、财团法人的机关

财团法人以财产为基础，不以成员为基础。财产捐助人设立财团法人后，并不构成法人的成员。没有成员，也就不存在成员大会这样的意思机关。然而，作为法人必有独立意思，财团法人基于财产捐助行为或遗嘱而设立，其独立意思由捐助人形成并通过章程或以遗嘱加以固定，管理机构必须依据章程或遗嘱管理法人事务，而不得违背章程或遗嘱为独立意思，因此财团法人也不得设立意思机关。但财团法人应设立执行机关和代表机关以管理法人事务。其执行机关为董事。董事为一人时，该董事既是执行机关又是代表机关，对内管理法人事务对外代表法人。董事为多数时，全体董事组成董事会，董事会为执行机关，管理法人事务；董事长为代表机关，对外代表法人。财团法人亦可设立监事,负责对董事的行为进行监督。

四、法定代表人

在我国现行民法理论和民事立法中,有"法定代表人"之说。最早使用这一概念的是1981年颁布的《经济合同法》,该法第31条规定:"经济合同订立后,不得因承办人或法定代表人的变动而变更或解除。"1986年的《民法通则》第38条规定:"依照法律或者法人组织章程规定,代表法人行使职权的负责人,是法人的法定代表人。"从立法上明确了法定代表人的概念。1993年的《公司法》进而确定了法定代表人的担当人,该法第45条、第68条、第113条均明确规定:"董事长是公司的法定代表人。"《民法通则》之后,法定代表人这一概念充斥于我国法律、行政法规、地方法规、行政规章和最高人民法院的司法解释,形成了一个不断增生的"规范群体";[①]并逐渐被法学界所接受,成为民法学的一个重要概念。[②]

法定代表人制是关于法人对外代表权的一种制度安排,属于法人的代表机关。依据我国法律规定,法定代表人有三个显著的特点:一是法定性。依《民法通则》第37条规定,法定代表人的基本含义是代表法人行使职权的负责人。作为法人的负责人,法定代表人是由法律或者法人的章程所规定的,但所谓依法人章程规定而成为法定代表人的,也必须以法律规定为依据。例如,公司章程可以规定董事长,但董事长是法定代表人却是公司法所规定的。因此,法定代表人之"法定"强调的是法律的强制性规定。二是唯一性。一个法人必须有一个法定代表人,而且也只能有一个法定代表人。三是优越性。法定代表人虽然常常是法人机关(执行机关)的成员之一,但是却具有不同于其他法人机关成员的优越地位,他或她是依法律规定而具有特殊法律地位的人,即他或她是当然代表法人的人,拥有法定的代表权。例如,同为董事会的成员,作为法定代表人的董事长与其他一般董事即具有不同的法律地位,只有董事长才有当然代表法人的权力,其他董事则无此权力。其他董事如欲获得代表的权力,则须得到董事长的授权。此时,获得授权之董事,其身份实际上是法人的代理人,而非代表人。

---

① 方流芳:《国企法定代表人的法律地位、权力和利益冲突》,《比较法研究》1999年第3期、第4期。

② 关于这一法律概念的形成过程,请参见柳经纬:《论法定代表人》,《贵州大学学报》2002年第1期。

我国法定代表人制关于法人代表权的安排与传统民法不同。在传统民法中，不存在具有上述特点的法定代表人之说，关于法人代表权的安排，一般授予董(理)事，如董事为多数，原则上全体董事都有代表权。例如，日本民法第52条、第53条规定，法人可以设理事一人或数人，理事就法人的事务均代表法人。因此，当理事为数人时，并非只有一人有代表权，全体理事均有代表权。我国台湾民法第27条第2项也规定："董事就法人之一切事务，对外代表法人。董事有数人者，除章程另有规定外，各董事均得代表法人。"在法人事务的管理中，当然不是全体董事都同时行使代表权。一般说来，代表权如何行使由董事会决定，而不是直接出法律规定。例如，在日本，《商法》第261条规定："(一)公司应通过董事会的决议，确定可代表公司的董事。(二)于前款情形，可以确定数名董事共同代表公司。"日本商法关于公司法人代表权的安排，较之于我国法定代表人制，显然要灵活得多。

我国的法定代表人制体现的是"以人治企"的企业领导思路。由于法定代表人在企业中具有的特殊地位，这一制度对于我国法人治理机制的建立与完善已经构成了冲击。[①] 法人代表权的安排应属于法人自己的事务，应当由法人自己来决定，而不应由立法者来决定。因此，应当废弃关于法人代表人的强制性规定，改由法人的章程来约定，实行当事人意思自治原则。应当废弃现行的单一的法定代表人制，将法人的代表权授予董事会而非董事长个人，使董事会成为名副其实的代表机关。按照董事会代表制，全体董事均有代表权，但在法人的活动中，董事会可以根据具体情况确定最为合适的代表人，可以是单一代表，也可以是共同代表(如有关文件须有两个董事会确定的代表人共同签字才有效)，还可以是就法人的不同事务分别确定代表人。

第六节 法人的设立、变更、终止

一、法人的设立

(一)法人设立的概念

法人的设立，是指创设一个法人组织的一系列行为的总和。不同的民事主体取得法律人格的方式不同，自然人因出生而取得法律人格，法人则是通过

① 详细的分析，请参见柳经纬：《论法定代表人》，《贵州大学学报》2002年第1期。

创设行为而取得法律人格。

法人的设立与法人的成立是两个既有联系又有区别的概念。法人的成立,是指法人取得法律人格的事实状态。《民法通则》第36条第2款规定:“法人的民事权利能力和民事行为能力,从法人成立时产生……”因此,法人的成立是一种事实状态,而法人的设立是一个行为的过程,法人的设立不能等于法人的成立。然而,法人须经设立的过程才能获得法律人格,未经设立不能获得资格。因此,法人的设立又是法人成立的前提,而法人成立则是法人设立的结果。

关于法人的设立与成立在时间上的联系,因不同的法人而有别。依据《民法通则》第41条、《公司登记管理条例》第3条的规定,企业法人须经登记机关核准登记、领取营业执照方取得法人资格。依据《民法通则》第50条的规定,机关法人、依法无需办理登记的事业单位法人和社会团体法人,于设立时即取得法人资格;依法需办理登记的事业单位法人和社会团体法人,须经登记机关核准登记才取得法人资格。

(二)法人设立的原则

法人设立的原则,又称设立主义,指国家对法人设立所奉行的原则。[①] 不同历史时期、不同的国家,奉行的设立原则存在区别;即使是同一时期、同一国家,对于不同类型的法人,所奉行的设立原则也有不同。概括而言,法人的设立原则有以下几种:

1. 自由主义。又称放任主义,即国家对于法人的设立不加以任何的干预和限制,法人完全由当事人自由设立。法人的设立不需要任何的形式要件,只要具备法人的实质要件即可取得法人资格。自由设立主义于欧洲中世纪曾一度盛行。此种主义易生滥设法人的弊端,且不利于对法人的管理,因此除瑞士对于政治、宗教、学术、艺术、慈善等非营利性法人的设立采取自由设立[②]外,现代各国民法已经很少采取自由设立主义。

2. 特许主义。即法人的设立须经专门的法律或国家的特别许可。早期,法人的设立须经封建领主或君主的特许,现代则一般由议会制定专门的法律或由行政机关特准设立法人,前者称之为立法特许主义,后者称之为行政特许主义。由于特许主义对于法人的设立限制、干预过于严格,因此当前除对于公

---

① 张俊浩主编:《民法学原理》,中国政法大学出版社1991年版,第198页。

② 《瑞士民法典》第60条规定,以政治、宗教、学术、艺术、慈善、社交为目的的以及其他不以经济为目的的社团,自表示成立意思的章程作成时,即取得法人资格。

法人或者某些特别法人的设立采用此种主义外，只有极少数国家（例如法国）对于私法人的设立采用此种主义。在我国，只有国家机关法人的设立采取特许主义。

3.许可主义。又称批准主义，即法人的设立，除了具备法律所规定的条件外，还须经行政主管机关的审核批准。行政主管机关按照规定进行审查，作出批准或不予批准的决定。如果法人的设立未经行政主管机关的批准，其设立行为不受法律承认和保护。许可主义虽然较特许主义前进一步，但仍然存在较为严格的审批程序。目前，各国对于财团法人的设立多采取此种主义，以便于对此类法人的管理。[①] 在我国，根据现行法律、法规规定，事业单位法人、社会团体法人、基金会法人，以及非公司企业法人，均须取得有关行政主管机关的审查同意或者批准，显属许可主义。[②] 股份有限公司和法律、法规规定须经有关部门审批方可设立的有限责任公司，其设立也属于许可主义。[③]

4.准则主义。又称登记主义，即对于法人的设立，法律规定一定的条件，设立人在设立法人时，只要具备了此项条件，即可向登记机关登记成立法人，而无须经过行政主管机关的审核批准。与上述几种法人设立主义相比，登记主义便于法人的设立，尤其是公司的设立，从而符合现代市场经济发展的客观要求。但是，单纯的准则主义与自由设立主义同样会导致滥设法人的弊端，因此现代各国民法广泛采用此种主义的同时，对于法人的设立条件规定得较为严格，除了具备法律规定的要件外，还在法律中规定严格的限制性条款，并强化设立人的责任和法院及行政机关对法人的监督。此种设立原则，与单纯的准则主义不同，称之为严格准则主义。现代各国公司法对于公司的设立，大多采取严格准则主义。在我国，根据《公司法》第 27 条的规定，只有那些无需经有关部门审批设立的有限责任公司，方可直接向登记机关申请设立登记。对于此类公司的设立，法律奉行的是严格准则主义。

5.强制主义。即国家为了实行对社会生活某一领域的干预，对于某些特

① 例如，《德国民法典》第 80 条规定，设立具有权利能力的基金会，除捐助行为外，需得到基金会住所所在地的邦的许可。

② 参见《事业单位登记管理暂行条例》第 3 条；《民办非企业单位登记管理暂行条例》第 3 条；《社会团体登记管理条例》第 3 条；《基金会管理办法》第 11 条；《企业法人登记管理条例》第 15 条。

③ 《公司法》第 77 条规定："股份有限公司的设立，必须经过国务院授权的部门或者省级人民政府批准。"另依第 27 条第 2 款规定，法律、行政法规规定需要有关部门审批才能设立的有限责任公司，其设立应提交有关部门的批准文件。

殊事业领域活动的主体，法律规定必须设立一定的法人组织，以便于对其实施管理。通常此类法人为一些职业团体，从事此类职业的人员必须加入，无不加入的自由。例如，我国《律师法》第37条规定，律师协会是社会团体法人，全国设立中华全国律师协会，省、自治区、直辖市设立地方律师协会；律师必须加入所在地的地方律师协会，加入地方律师协会的律师，同时是中华全国律师协会的会员。然而，对于营利性行业的活动主体，为了便于加强该行业的管理，法律也要求必须设立一定的法人组织，方可从事该行业的经营活动。

（三）法人的设立登记

在我国，机关法人依据命令而设立，无须登记即可取得法人资格；某些事业单位法人和社会团体法人，也依据命令而设立，无须登记。但是，大多数法人的设立，须依据法律的规定向登记机关申请设立登记，经登记方可取得法人资格。关于法人的设立登记，法规主要有：《企业法人登记管理条例》和《公司登记管理条例》，《社会团体登记管理条例》，《事业单位登记管理暂行条例》和《民办非企业单位登记管理暂行条例》。上述法规所规定的法人设立程序不完全相同。以下分别对公司法人和社会团体法人的设立程序做简要介绍。

1.公司法人的设立登记。按照《公司登记管理条例》第四章关于"设立登记"的规定，公司设立登记的基本程序：(1)名称预先核准。设立公司应当向公司登记机关申请名称预先核准；申请名称预先核准应提交申请书、股东或发起人的身份证明等文件；登记机关自收到申请之日起10日内作出核准或驳回的决定，登记机关决定核准的，发给《企业名称预先核准通知书》。(2)申请设立登记。设立有限责任公司，应由全体股东指定的代表或代理人向登记机关申请设立登记；申请设立登记应提交申请书、公司章程、验资证明、股东身份证明、《企业名称预先核准通知书》等文件。设立股份有限公司，董事会应于创立大会结束后30日内向登记机关申请设立登记；申请设立登记应提交申请书、批准文件、创立大会会议记录、公司章程、发起人的身份证明、《企业名称预先核准通知书》等文件。(3)核准登记。公司登记机关经审核，对于符合公司法规定的条件的，予以登记，并颁发《企业法人营业执照》，公司即告成立。公司的登记事项包括：名称、住所、法定代表人、注册资本、企业类型、经营范围、营业期限、有限责任公司股东或者股份有限公司发起人的姓名或名称。

2.社会团体法人的设立登记。依据《社会团体登记管理条例》的规定，社会团体法人设立登记的基本程序：(1)申请筹备。申请成立社会团体，应当经其业务主管单位审查同意，由发起人向登记管理机关申请筹备；申请筹备成立社会团体，发起人应当向登记管理机关提交筹备申请书、业务主管单位的批准文件、验资报告、场所使用权证明、发起人和拟任负责人的基本情况、身份证明以及章程草案。(2)审查批准。登记管理机关应当自收到申请之日起60日内,作出批准或者不批准筹备的决定;不批准的,应当向发起人说明理由。(3)成立登记。筹备成立的社会团体,应当自登记管理机关批准筹备之日起6个月内召开会员大会或者会员代表大会,通过章程,产生执行机构、负责人和法定代表人,并向登记管理机关申请成立登记。登记管理机关应当自收到完成筹备工作的社会团体的登记申请书及有关文件之日起30日内完成审查工作。对符合要求、章程内容完备的社会团体,准予登记,发给《社会团体法人登记证书》。(4)自批准成立之日起即具有法人资格的社会团体,应当自批准成立之日起60日内向登记管理机关备案;登记管理机关自收到备案文件之日起30日内发给《社会团体法人登记证书》。社会团体法人的登记事项包括:名称、住所、宗旨、业务范围和活动地域、法定代表人、活动资金、业务主管单位。

二、法人的变更

法人的变更,是指法人在其存续期间内发生的合并、分立,或者组织形式、宗旨等其他登记事项的变化。法人的变更,对法人的法律人格产生重要影响,特别是法人的合并和分立,可能会使得参与合并的法人或分立前的法人的法律人格完全消灭。法人的变更,体现了私法自治的法律精神,尤其是企业法人的变更,是企业自治原则的重要内容。企业法人在经营过程中,为了调整自己的经营方向和规模、分散经营风险、优化资源配置,往往变更自身的组织形式、目的范围、注册资金、进行分立或与其他企业法人合并,以适应市场变化、追求自身的利益最大化。

(一)法人的合并

1.法人合并的概念

法人的合并是指两个或两个以上的法人根据法律规定或合同约定合并为一个法人。法人合并的法定方式分为新设合并和吸收合并两种。新设合并,又称创设合并,是指两个或两个以上的法人合并后,参与合并的法人均归于消灭,在此基础上产生一个新的法人的法律行为。例如,甲、乙两个公司合并后,甲公司和乙公司均归于消灭,另外创设一个丙公司,甲公司和乙公司的财产、债权债务归于丙公司。吸收合并,是指两个或两个以上的法人合并后,其中一个法人(吸收方)存续,而其余的法人(被吸收方)均归于消灭的法律行为。例如,甲、乙两个公司合并后,甲公司存续,乙公司均归于消灭,乙公司的财产、债权债务归于甲公司。

2. 法人合并的程序

法人合并通常按照以下程序进行：首先，由法人的意思机关作出与其他法人合并的决定，或者有关国家机关作出法人合并的法律规定或命令。例如，《公司法》第 182 条规定，公司的合并应由股东会作出决议。其次，与其他法人订立合并合同。《公司法》第 184 条规定，公司合并不论新设还是吸收合并，合并各方应签订合并协议。第三，通知债权人或发出公告通知。《公司法》第 184 条规定，公司合并，公司应当自作出合并决议之日起 10 日内通知债权人，并在报纸上至少公告 3 次；债权人自接到通知书之日起 30 日内，未接到通知书的自第一次公告之日起 90 日内，有权要求公司清偿债务或者提供相应的担保，不清偿债务或者不提供相应的担保的，公司不得合并。第四，某些在社会生活中具有重要地位的法人的合并，必须报有关主管机关的审批。例如，《公司法》第 183 条规定，股份有限责任公司的合并须经国务院授权的部门或者省级人民政府的批准。最后，办理相关的合并手续，例如制定章程、转移财产、产生新的法人机关、办理相关的法人登记等。

3. 法人合并的效力

法人合并将产生以下的效力：第一，使得一些法人人格消灭。例如在新设合并方式下，参与合并的公司均归于消灭；在吸收合并方式下，被吸收的公司消灭。第二，使得新的法人产生。例如在新设合并方式下，参与合并的公司消灭后产生了一个新的公司。第三，使得存续的法人发生变更。例如在吸收合并方式下，存续公司的财产、机关、章程、股东都将发生变化。第四，权利义务的概括承受。依《民法通则》第 44 条和《公司法》第 184 条第 4 款均规定，法人合并时，合并各方的债权、债务由合并后的法人享有和承担。

（二）法人的分立

1. 法人分立的概念

法人分立，是指一个法人分立为两个或两个以上的法人。法人分立的法定方式有新设分立和派生分立两种。新设分立，又称创设分立，是指原法人解散，分立为两个或两个以上的新法人。例如甲公司将其全部资产一分为二，分别设立乙公司和丙公司，同时甲公司消灭。派生分立，又称存续分立，是指原法人存续，将原法人的一部分或若干部分从原法人分出，另行设立一个或一个以上的新法人。例如甲公司将其原有的一个分支机构分出，另行设立为乙公司。

2. 法人分立的程序

法人分立的程序与法人合并的程序基本相同，即首先由法人的意思机关作出分立决定；其次，向债权人发出通知或公告通知；第三，取得有关主管机关的批准；第四，办理相关的登记手续，例如存续法人的变更登记、法人消灭的注销登记、新法人的设立登记等。

3. 法人分立的效力

法人分立将会产生以下效力：第一，在新设分立方式下，原法人消灭，产生新法人；在派生分立方式下，原法人变更，产生新法人。第二，权利义务的概括承受。例如公司法规定，公司发生分立后，分立前公司的财产作相应的分割，分立前公司的债务按所达成的协议由分立后的公司承担。

（三）法人组织形式的变更

法人组织形式的变更，是指在不消灭法人人格的前提下使得法人由一种组织形式变更为另一种组织形式。法人组织形式的变更，往往引起法人的责任形式发生变化，并影响到社会公共利益。因此，各国法律通常对法人组织形式的变更加以一定的限制。就公司而言，各国公司法通常规定，只有责任形式相近的公司之间才能进行变更。例如，无限公司和两合公司之间可以互相变更；有限责任公司和股份有限责任公司之间可以相互变更。

我国《公司法》仅对有限责任公司变更为股份有限责任公司的条件和程序作出规定。依《公司法》第 98 条至第 100 条规定，有限责任公司变更为股份有限公司，应当符合公司法规定的股份有限公司的条件，并依照公司法有关设立股份有限公司的程序办理；有限责任公司依法经批准变更为股份有限公司时，折合的股份总额应当相等于公司净资产额；为增加资本向社会公开募集股份时，应当依照法律有关向社会公开募集股份的规定办理；有限责任公司依法变更为股份有限公司的，原有限责任公司的债权、债务由变更后的股份有限公司承继。

（四）法人其他登记事项的变更

法人其他登记事项的变更，也是在不消灭法人的法律人格前提下使得法人的某些事项发生变化，例如法人的名称、住所、目的宗旨、法定代表人等发生变化。就企业法人而言，企业法人的名称、住所、法定代表人、经营场所、经营范围、经营期限、注册资金、分支机构等发生变化，对出资人、债权人或交易相对人的利益会产生重大影响，因此各国法律对法人发生这些事项变更的条件和程序都作出相应的规定。依据我国《公司法》第 186 条规定，公司需要减少注册资本时，必须编制资产负债表及财产清单；公司应当自作出减少注册资本决议之日起 10 内通知债权人，并于 30 日内在报纸上至少公告 3 次；债权人自接到通知书之日起 30 日内，未接到通知书的自第一次公告之日起 90 日内，有权要求公司清偿债务或者提供相应的担保;公司减少资本后的注册资本不得低于法定的最低限额。

三、法人的终止

(一)法人终止的概念

法人的终止,又称法人的消灭,是指法人丧失民事主体资格,不再具有民事权利能力和民事行为能力的事实状态。由于法人是一个社会组织体,因此并不发生终止后的继承问题。现代各国民法均规定,法人终止必须经过一定的程序。此程序分为解散和清算两个阶段。

(二)解散

法人解散,是指法人因法律或章程规定的解散事由出现,或者根据法人意思机关决定,而停止其活动并终止其法律人格的程序。从各国民法的规定看,法人的解散可分为自行解散、强制解散和破产解散。[①]

1. 自行解散

法人自行解散的事由主要有以下几种:(1)法人章程中规定的法人存续期间届满或其他解散事由出现。例如,我国《公司法》第 190 条规定,公司章程规定的营业期限届满或公司章程中规定的其他解散事由出现时,公司可以解散。(2)法人机关作出解散决议。例如我国《公司法》第 190 条规定,公司可以因股东会作出解散决议而解散。(3)法人的设立目的已经达到或者已经被证明无法达到。法人存在的意义即在于达到其设立目的,如果法人的设立目的已经达到或者已经被证明无法达到,法人便失去其存在的意义,当然解散。(4)社团法人的成员不足法定人数。例如,我国《公司法》规定,除国有独资公司和外商独资设立的公司外,有限责任公司的股东人数应在 2 人以上 50 人以下。依此规定解释,如果某一有限责任公司的股东人数减至 1 人时,该有限责任公司应当解散。(5)法人的合并和分立。如前所述,法人的合并和分立会导致部分法人解散,其法律人格消灭。我国《公司法》第 190 规定,因公司的合并和分立需要解散的,公司可以解散。

2. 强制解散

法人强制解散,即法人因其目的和行为违反法律、法规、社会公共秩序和善良风俗时,法院或有关法人主管机关可以依法强行解散法人。例如,我国

① 有的学者认为,法人破产也是属于强制解散的一种。见石少侠主编:《公司法教程》,中国政法大学出版社 1997 年版,第 263 页。

《公司法》第206条规定，公司登记时，虚报注册资本、提交虚假证明文件或者采取其他欺诈手段隐瞒重要事实取得公司登记，情节严重的，撤销公司登记。

3.破产解散

法人因被依法宣告破产而解散。现代各国民法均规定，法人破产为法人解散的原因之一。例如，《德国民法典》第42条规定，法人因破产程序开始而解散。《瑞士民法典》第77条规定，如社团无支付能力时，法律上当然解散。我国《民法通则》第45条也规定，企业法人因被依法宣告破产而解散。

（三）清算

1.清算的意义

法人的清算，是指法人解散时，为了清理其财产、结束其已经存在的法律关系，从而使被解散法人归于消灭的程序。我国《民法通则》第40条规定，法人终止，应当依法进行清算，停止清算范围以外的活动。第47条进一步规定，企业法人自行解散，应当成立清算组织，进行清算。企业法人被撤销、被宣告破产的，应当由主管机关或人民法院组织有关机关和有关人员成立清算组织，进行清算。由此可见，在我国，法人的清算是法人消灭的必经程序，而且在法人清算阶段，除了可以进行与清算有关的活动外，其他一切活动均不得进行。

法人自解散后至清算终结前这一时期，其法律地位如何，理论上存在不同的认识。主要有以下三种学说：一是清算法人说。该说认为清算期间原法人的人格已消灭，而清算时的法人是为清算目的而设立的另一新的法人。依该学说，法人的法律人格自法人解散时起即已消灭。二是同一法人说。该说认为清算期间的法人与原法人是同一法人，只是其权利能力受到限制，即只能在清算范围内活动。依该学说，法人解散并不使得法人的法律人格消灭，还须待法人清算的终结。三是拟制存续说。该说认为法人于解散后即丧失民事主体资格，但为了清算的目的，法律拟制其在清算期间享有民事权利能力。依该学说，法人的人格也于法人解散时消灭。以上学说中，同一法人说为现今之通说。有的学者认为，根据我国《民法通则》第40条的规定解释，我国民法也是采同一法人说。[①]

2.清算人

法人解散后，法人不能自己实施清算，各国民法均对清算期间的法人设立清算机关或者清算组织，依法进行法人清算事务。

法人解散原因的不同，清算人的任命方式也有差异。例如，依照《公司法》

---

① 江平主编：《法人制度论》，中国政法大学出版社1994年版，第159页。

第189条、第191条、第192条的规定,公司依法被宣告破产的,由人民法院依照有关法律的规定,组织股东、有关机关及有关专业人员成立清算组;公司违反法律、行政法规被依法责令关闭而解散的,由有关主管机关组织股东、有关机关及有关专业人员成立清算组;如果公司因公司章程所规定的营业期限届满或其他解散事由的出现而解散,或者由公司的股东会决议解散的,有限责任公司由股东组成清算组,股份有限公司由股东大会确定清算组的人选。

清算人在清算期间,依照法人清算的目的,处理有关的清算事务。主要有:公告和通知债权人、了结尚未了结的事务、收取债权、清偿债务、移交剩余财产、注销登记等。为了妥善处理有关清算事务,有权在清算目的范围内对外代表被解散的法人,有权处理有关的清算事务。清算人应当依法处理清算事务,忠于职守,如果清算人故意或者过失给法人或者债权人造成损失,应当承担赔偿责任。

3.清算程序

法人清算通常应遵循以下程序:(1)依法任命清算人。法律应当规定清算人的资格、任命方式、程序及期限;(2)公告和通知债权人,催报债权,以维护债权人的利益。法律通常对公告和通知的方式、期限及效力作出相应的规定;(3)清理法人财产,并编制资产负债表和财产清单,并在此基础上编制清算方案;(4)收取债权,清偿债务。通常清偿债务按照以下顺序:支付清算费用、支付职工工资和劳动保险费用、缴纳所欠的税款、清偿法人的其他债务;(5)分配剩余财产。法人的财产在清偿其债务后如果有剩余,则为剩余财产,应当返还给法人的设立人或者成员,如果设立人或者成员为数人时,按照其出资的比例或者持股比例分配;(6)办理注销登记。清算人完成有关清算事务后,应当向登记机关办理注销登记并作出公告,终结清算。法人于注销登记公告完成时,人格消灭。

第七节 非法人组织

一、非法人组织概述

(一)非法人组织的概念

非法人组织,指依法设立的能以自己的名义从事民事活动但不具备法人资格的组织。在现代社会生活中,各种未取得法人资格的组织广泛存在于社会生活的各个领域，它们可以自己的名义从事各种民事活动。对于这种具有某种主体性的组织，各国法律均予以承认。例如，德国法承认无权利能力社团的存在，日本法承认存在非法人社团或非法人财团，我国台湾地区的法律承认存在非法人团体。

在我国大陆学界，学者们对这种具有某种主体性的组织体的称谓存在分歧，有的称之为非法人团体，[①]有的称之为非法人组织。[②] 按照"团体"的通常语义，是指为一个共同的目的、利益或娱乐而联合或正式组织起来的一群人。也就是说，团体是指人的集合，并不包括物或财产的集合，也不包括由单个人所建立的组织体，例如个人独资企业等。因此，团体这一用语并不能包括社会生活中广泛存在的各种组织体。有鉴于此，我们认为，将虽不具有法人资格但可以自己的名义从事民事活动的组织称为非法人组织，较之非法人团体，更具有合理性。

(二)非法人组织的特征

一般而言，非法人组织具有如下一些主要特征：

1.具有稳定性。通常，该组织体均设有代表人或管理人，有自己的名称、组织机构、组织活动规则，并且有自己的业务活动场所。也就是说，该组织体并非是一种松散、临时的组合，例如运动会、旅行团等，而是为实现一定的目的，按照一定的组织规则建立起来的具有稳定性的组织体。

2.具有自己特定的目的。与法人一样，非法人组织具有自己特定的目的，也是为了实现一定的目的和宗旨而存在。非法人组织的意志是不同于其个别成员意志的整体意志。有的非法人组织是为了经济性的目的而存在，例如以营利为目的；有的非法人组织是为了非经济性的目的而存在，例如发展科学、教育、文化、卫生事业，或者宗教、慈善事业等。

3.具有财产或经费。如上所述，非法人组织具有自己的目的，为实现这一目的，该组织通常具有供其支配的财产或经费，以便以自己的名义从事各种经济性的或非经济性的活动。值得注意的是，与法人的财产或经费不同，非法人组织所具有的财产或经费，通常该组织体只是可以独立支配，并不一定与该组织体的成员或创办人截然分开而由该组织体享有所有权。

4.设有代表人或管理人。非法人组织设有代表人或管理人，对外代表该组织体进行民事活动。但法律对于该代表人或管理人，不规定特定的组织形

① 梁慧星：《民法总论》，法律出版社 1996 年版，第 135 页。

② 江平主编：《民法学》，中国政法大学出版社 2000 年版，第 151 页。

式。这与法人的代表机关不同，对于法人的机关，法律通常要求设立理事会或董事会，并规定了严格的组织形式。

5. 以自己的名义从事民事活动。与法人一样，非法人组织也有自己的名称，并且在民事活动中以自己的名义与他人发生各种民事权利义务关系。这是非法人组织与自然人以及契约关系或一般松散组合相区别的重要标志，也是非法人组织主体性的必备要素。如果非法人组织不以其自己名义从事民事活动，也就没有在法律上承认其主体性的必要。

(三)非法人组织的法律地位

与法人一样，非法人组织也是社会生活中存在的组织体，只是法律未赋予该组织体法人资格，因此不承认其具有独立民事主体地位。例如《德国民法典》第 54 条规定，无权利能力社团，适用关于合伙的规定。以此种社团名义与第三人发生的法律行为，由行为人自己负责。行为人有数人时，负连带债务人责任。

然而，这种不承认非法人组织具有民事主体资格的规定，越来越难以适应社会生活实际发展的需要。随着社会生活的发展，越来越多的非法人组织在社会生活的各个方面发挥着重要的作用，它们为实现自己的存在目的和宗旨，实际参与了大量的民事活动，与法人和自然人发生各种民事法律关系。法律赋予它们民事主体的资格，不仅有利于规范其民事活动，维护其合法权益，而且有利于保障其债权人的合法权益。有鉴于此，第二次世界大战后，很多国家的学说和判例均承认非法人组织的主体性，承认非法人组织具有权利能力、行为能力和诉讼能力。例如，我国《民法通则》规定，个人合伙可以起字号，享有名称权，并在核准登记的范围内从事经营活动。

二、非法人组织的种类

(一)非法人企业

目前，在我国未能取得法人资格的企业主要有：个人独资企业、个人合伙企业、不具备法人条件的联营企业、不具备法人条件的中外合作经营企业、不具备法人条件的外商独资企业、不具备法人条件的集体企业。

(二)企业分支机构

企业的分支机构是指法人企业依法设立的办事处、代表处、营销部、经营部、分厂、分店、分公司等。作为企业的分支机构，主体资格上隶属于法人企业，不具备法人资格。

(三)企业集团

根据1998年4月国家工商局发布的《企业集团登记管理暂行规定》第3条的规定,企业集团是指以资本为主要联结纽带的母子公司为主体,以集团章程为共同行为规范的母公司、子公司、参股公司以及其他成员企业或机构共同组成的具有一定规模的企业法人联合体。事业单位法人和社会团体法人也可以成为企业集团的成员。企业集团的成员单位可以具有法人资格,但企业集团本身不具有法人资格。通常,企业集团由核心层、紧密层、半紧密层和松散层等四个层次的成员所组成。为了实现自己的宗旨,企业团体通设有理事会作为其权力机构,代表企业团体行使企业集团章程所规定的各项职权。企业集团成员的加入和退出均须符合企业集团章程的规定。企业集团具有自己的名称,可以在宣传和广告中使用该名称,但是不能以企业集团的名义订立合同,从事经营活动。

(四)非法人机关、事业单位和社会团体

非法人机关主要是一些经费由国库统收统支的国家机关、政党机关和军事机关;非法人事业单位主要是一些附属医院、幼儿园、托儿所、图书馆等组织;非法人社会团体主要是一些不具备法人条件的政治团体、人民群众团体、社会公益团体、学术研究团体和宗教团体等。

(五)设立中的公司

设立中的公司,又称未完成公司,是指从发起人设立公司到公司正式成立这一时期存在的一种社会组织体,其地位相当于合伙。在设立中的公司中,发起人为设立中的公司的执行机关,以设立中的公司的名义从事与设立公司有关的民事活动,其有关公司设立行为的法律后果均归属于设立中的公司。设立中的公司与其后将成立的公司有密不可分的关系,一般是设立中的公司的债权债务在公司成立后由公司承受。

三、非法人组织的民事能力

(一)民事权利能力

非法人组织的民事权利能力,是指非法人组织本身可以依法享有民事权利,承担民事义务的资格。对于非法人组织是否具有民事权利能力,立法和学说存在着不同的认识。

1.否定说。否定说主张,非法人组织只是由多人所组成的结合体,只是多人依契约而形成的一种联合,非法人组织不具有不同于其个别成员意志以外的属于其自己的意志,因此不具有民事权利能力。《德国民法典》第54条的规定是这一主张的典型代表。该条不称非法人组织或非法人团体，而是直接规定为无权利能力社团，对其适用关于合伙的规定，并规定以此种社团名义对第三人所为的法律行为，由行为人自己负责。在行为人有数人时，负连带债务人责任。有的学者认为，德国法如此规定，并非是从社会生活实际出发，而是为了实现一定的政治目的的需要，旨在迫使当时诸如工会、学生团体、宗教团体等具有政治和宗教性质的社团登记为法人，以便于监督和管理，但这一目的未能实现。在司法实践中，德国联邦普通法院通过解释关于适用社团的规定来回避这一规定。①

2. 肯定说。肯定说主张，非法人组织作为不同于其成员的独立存在的组织体，具有自己特定的目的，法律从社会生活实际出发，有必要赋予该组织体民事权利能力。从现今各国的立法看，大多数国家的民事立法都赋予非法人组织具有一定的民事权利能力，我国也不例外，例如我国现行法律规定，不具备法人资格的企业（如个人独资企业、合伙企业等），在具备一定条件后经核准登记，可领取营业执照，并在核准登记的经营范围内从事经营活动，享有权利承担义务。也就是说，这些不具备法人资格的企业在一定的范围内也具有民事权利能力。

不论自然人还是法人，民事权利能力均为法律所赋予。在非法人组织已成为社会经济活动中重要的参与者的今天，法律也应赋予非法人组织的相应的民事权利能力。

（二）民事行为能力

与法人相同，作为由自然人建立的组织体，非法人组织的民事行为能力与其民事权利能力的范围是完全一致的。主张非法人组织具有一定的民事权利能力，也就意味着非法人组织在民事权利能力的范围内享有民事行为能力，可以从事民事活动，对外订立合同，从而取得权利和承担义务。相反，如果主张非法人组织不具有民事权利能力，当然也就不主张非法人组织具有相应的民事行为能力。

（三）民事责任能力

非法人组织不具有独立的民事责任能力，即非法人组织不能独立承担民事责任，当非法人组织不能清偿其债务时，应当由其设立人或成员承担责任。例如，我国《合伙企业法》第 40 条规定，合伙企业对其债务，应当先以其全部财产进行清偿，合伙企业财产不足清偿到期债务的，由各合伙人承担无限连带清

① 梁慧星：《民法总论》，法律出版社 1996 年版，第 135 页、第 140 页。

偿责任。《个人独资企业法》第 31 条也规定，个人独资企业解散时，个人独资企业财产不足以清偿其债务的，由投资人以其个人的其他财产予以清偿。另外，《公司法》规定，分公司的民事责任由总公司承担(第 31 条第 2 款)；股份有限公司不能设立的，发起人对设立行为所发生的债务和费用承担连带责任(第 97 条)。

第5章

人格权

第一节 人格权概述

一、人格权的概念和特征

(一)人格的含义分析

在法学上,通说认为,"人格"理论肇始于罗马法。罗马法上的"人格"是通过对人的概念来界定的。根据学者的研究,罗马法上有三个关于人的概念:"homo"是指生物学意义上的人,不一定是权利义务的主体。例如奴隶虽属于"homo",但他们原则上不能作为权利义务主体,而只能作为自由人的权利客体。"caput"的原意是指头颅或书籍的一章。罗马古时,户籍登记时每一家长在登记册中占有一章,家属则名列其下,当时只有家长才有权利能力,所以"caput"就被转借指权利义务主体,表示法律上的人格。"persona"则表示某种身份,是从演员扮演角色所戴的假面具引申而来。假面具可用以表示剧中的不同角色,"persona"也就用来指权利义务主体的各种身份,如一个人可具有家长、官吏、监护人等不同的身份。①

在罗马法上,一个人必须同时具备自由人、家父和市民三种身份,才能拥有 caput,即在市民名册中拥有一章的资格,才是罗马共同体的正式成员。否则,就是奴隶,或是从属者,或者外邦人。② 由此,caput 被解释为罗马市民社会的主体资格即法律人格。所谓罗马法上的"人法",首先要解决的是自由人

---

① 周枬:《罗马法原论》(上册),商务印书馆 1994 年版,第 106 页。

② 徐国栋:《"人身关系"流变考》,载《中国民法百年回顾与前瞻学术研讨会文集》,法律出版社 2003 年版。

的身份、市民的身份和家父的身份所构成的城邦正式成员的身份问题，亦即人格的拥有问题（公法领域），然后解决“作为一个私的团体”（即家庭）首脑的家父身份即家父权的展开，亦即家庭内部关系问题（私法领域）。而由于此种“人格”实质上是关于社会阶层或者阶级的划分，是作为组织社会身份制度的一种工具，所以，在罗马法上，“人格”具有公法性质。[①] 另一方面，由于“人格”在罗马市民内部具有确定交易主体资格的意义，因而“人格”也具有私法性质。因此，罗马法上的“人格”是一个“公私法兼容、人格与身份并列、财产关系和人身关系合为一体”的概念[②]。

我国学者在探寻“人格”一词的含义时，一般只将其作为一个私法上的概念来加以理解，并且认为“人格”一词在法律上有三种含义：第一种含义是指具有独立法律地位的权利主体，包括自然人和法人；第二种含义是指作为权利主体法律资格的民事权利能力；第三种含义是指一种受法律保护的利益，包括自然人的生命、身体、健康、自由、尊严、名誉等，即人格利益。[③]

我们认为，上述观点是有待商榷的。首先，第一种含义混淆了权利主体与权利主体资格两个不应混淆的概念，并且与第二种含义相矛盾。正如学者所言：“一个是主体本身的东西不可能同时又是主体的某种属性。”[④]人格只是人之所以为人的主体性要素的整体性结构，而不是人本身。要素及其整体结构只是人作为人的事实根据，人格与人不是同一概念。[⑤] 第二种含义混淆了“人格”与“法律人格”两个不相同的概念。我们认为，“人格”与“法律人格”并非同一概念，正如有的学者所指出的：“人格是指人之所以为人的事实资格。在法律语言中，人们也使用‘法律人格’这一术语。法律人格与权利能力等值，而人格却是事实层面上的概念，与法律人格不等值。”[⑥]日本学者星野英一认为：“所谓‘法律人格’者，就是私法上的权利和义务所归属之主体，即权利义务的

① 徐国栋：《“人身关系”流变考》，载《中国民法百年回顾与前瞻学术研讨会文集》，法律出版社 2003 年版。

② 姚辉：《人格权的研究》，载杨与龄主编：《民法总则争议问题研究》，台湾五南图书出版公司 1998 年版。

③ 梁慧星：《民法总论》，法律出版社 1996 年版，第 103～104 页；王利明、杨立新、姚辉编著：《人格权法》，法律出版社 1997 年版，第 2～3 页。

④ 徐国栋：《再论人身关系——兼评民法总则条文建议稿第三条》，《法学》2002 年第 6 期和第 7 期。

⑤ 张俊浩主编：《民法学原理》，中国政法大学出版社 1997 年版，第 133 页。

⑥ 张俊浩主编：《民法学原理》，中国政法大学出版社 1997 年版，第 133 页。

归属点的意思，在西语中被称为Personne，person。”“私法上可以作为权利义务主体的地位，在德国民法典中称为权利能力。”[①]第三种含义将“人格”与“人格中所包含的利益”混为一谈，抹杀了二者之间的明显区别。其理论预设是：人格权的客体是“人格利益”，而不是“人格”。其逻辑错误将在后文中指出，兹不再赘。

综上所述，我们认为，法律上所谓“人格”只能有两种含义：一是指权利主体的法律资格，即民事权利能力；二是指人格权的客体，包括生命、身体、健康、名誉、隐私、贞操等。

（二）人格权的概念和特征

人格权是指与民事主体不可分离，以人格为客体，没有直接的财产内容的民事权利。人格权具有如下法律特征：

1. 人格权的客体是人格

关于人格权的客体问题，目前主要有人格利益说和人格说两种观点。人格利益说认为，人格权的客体是人格利益。梁慧星教授认为，“所谓人格权，指存在于权利人自己人格上的权利，亦即以权利人自己的人格利益为标的之权利。”[②]杨立新教授认为，“人格权是指民事主体专属享有，以人格利益为客体，为维护其独立人格所必备的固有权利。”[③]人格说则认为，人格权的客体是人格。张俊浩教授认为，“人格权的客体是人格，而不是人格利益。就具体人格权而言，其客体是相应的人格要素。例如，身体权的客体是身体，姓名权的客体是姓名，肖像权的客体是肖像。余类推。”[④]

我们认为，界定人格权的客体应当从权利的本质入手。关于权利的本质的界定虽有多种学说，但通说认为，权利是法律赋予当事人享受特定利益的法律上之力。换言之，权利就是由“特定利益”和“法律上之力”两个要素构成。[⑤]在这两个要素中，“特定利益”是权利的内容，“法律上之力”则是权利的外

---

① [日]星野英一：《私法中的人》，王闯译，载梁慧星主编：《民商法论丛》（第8卷），法律出版社1997年版，第155页，第156页。

② 梁慧星：《民法总论》，法律出版社1996年版，第104页。

③ 杨立新：《人身权法论》，人民法院出版社2002年版，第84页。

④ 张俊浩主编：《民法学原理》，中国政法大学出版社1997年版，第134页。

⑤ 梁慧星：《民法总论》，法律出版社1996年版，第63页；张俊浩主编：《民法学原理》，中国政法大学出版社1997年版，第74页。

壳。[①] 人格利益说混淆了权利客体与权利内容之间的差异,在逻辑上自相矛盾。人格利益应当是人格权的内容。此外,利益本属身外之物,也无法成为人格权这种与主体不可分离的权利的客体。[②] 在此,特别需要厘清法律界定权利、保护权利以及对权利进行分类的逻辑:尽管利益是权利的内容,权利为保护利益而设,但法律在界定和保护权利时,不是通过直接划定利益的归属和范围,而是通过划定利益的载体的归属和范围来达到界定和保护权利的目的的。只要划定了利益载体的归属和范围,法律的任务就完成了。至于当事人能通过载体获得多少利益、以何种方式获得该利益等,都属于"私法自治"的范畴。在物权中,利益的载体是物,物权法的任务就是划定物的归属和范围,物权的"法律上之力"表现为物权人对物的支配力,物权人所能支配和控制的对象就是物,因而物就是物权的客体;在债权中,利益的载体是给付(包括交付财物、支付金钱、移转权利、提供劳务、提交成果和不作为等六种具体的给付形态[③]),债权的"法律上之力"表现为请求力,债权人所能请求的对象就是债务人的给付行为,因而给付就是债权的客体;同理,在人格权中,利益的载体是人格,权利的"法律上之力"表现为支配力,即人格权人对人格的自由支配,因而人格就是人格权的客体。不过,由于公序良俗原则的限制,这种支配力主要只能表现在消极方面包括排除力和禁止力,即排除和禁止他人对人格的侵害。[④] 综上所述,我们赞同人格说,即人格权的客体应当是人格本身,而不是人格利益。

2.人格权具有专属性

人格权的客体是人格,而人格是人之所以为人的事实资格,[⑤]因此,人格

---

① 钟瑞栋:《版权穷竭制度研究》,载梁慧星主编:《民商法论丛》(第26卷),金桥文化出版(香港)有限公司2003年版。

② 张俊浩主编:《民法学原理》,中国政法大学出版社1997年版,第134页。

③ 张广兴:《债法总论》,法律出版社1997年版,第116~118页。

④ 对于人格权在性质上是否是一种支配权,学界有不同看法。我国大多数学者在论及人格权的性质时,都提到人格权是一种支配权。参见梁慧星:《民法总论》,法律出版社1996年版,第103页;王利明、杨立新、姚辉编著:《人格权法》,法律出版社1997年版,第8页;杨立新:《人身权法论》,人民法院出版社2002年版,第67页;彭万林主编:《民法学》,中国政法大学出版社1994年版,第141页;张俊浩主编:《民法学原理》,中国政法大学出版社1997年版,第131页。但德国民法学家拉伦茨则认为人格权不是一种支配权。他认为:"人身权根据他的实质是一种受尊重的权利,一种人身不可侵犯的权利。人身权不是一种支配权。"参见[德]卡尔·拉伦茨:《德国民法通论》,王晓晔、邵建东等译,法律出版社2003年版,第379页。

⑤ 张俊浩主编:《民法学原理》,中国政法大学出版社1997年版,第133页。

权是人作为人所具有的最基本的权利，与民事主体具有不可分离的密切关系，因而具有专属性。人格权的专属性主要体现在以下几个方面：

第一，人格权不能转让。人格权不能成为买卖、赠与等交易行为的对象，否则该行为无效。当然，在承认法人的人格权的前提下，人格权则是可以转让的，如根据我国《民法通则》的规定，法人的名称权可以转让或者许可他人使用，这是人格权专属性的一个例外。

第二，人格权不能继承。一般的民事权利的取得一般都有两种方式，即原始取得和继受取得，而人格权只有原始取得一种取得方式。人格权取得所需要的唯一条件是自然人的出生或者法人的设立这一法律事实的发生。同时，人格权也会因自然人的死亡或者法人的终止而消灭。上述事实导致人格权不具有继承的可能性。

第三，人格权不能被非法剥夺。即使民事主体违反法律，也不能任意剥夺或者限制其人格权。这是因为，法律确立人格权的根本目的是为了维护民事主体的自由、价值和尊严，实践"以人为本"的法律理念。这就要求，首先，在制度理念上，应当确立人格权相对于财产权的优势地位，人格权的价值高于财产权。当人格权和财产权相冲突时，应当优先保护人格权。其次，在制度设计上，应当排除权利法定主义在人格权法中的适用，在配置权利时，既规定具体人格权，又确立具有"一般条款"性质的一般人格权（详见后文）。最后，在人格权的救济上，应当限制同质救济原则的适用，确立财产赔偿原则。民事权利的救济有一个基本的原则，那就是同质救济——有损害才有赔偿；损害什么，赔偿什么；损害多少，赔偿多少。[①] 但这一原则只有在财产权中才能彻底贯彻，在人格权中则无法也不应该彻底贯彻，否则就会出现大腿被砍的人就有权主张赔偿大腿的现象。为了防止这种野蛮现象的重演，现代的人格权救济制度打破了同质救济原则，代之以精神抚慰金救济方式。[②] 总之，人格权相对于财产权的优势地位的理念、人格权法定主义之排除的制度设计以及财产赔偿的救济原则，是人格权不可剥夺性的具体体现，是确立民事主体在法律制度中的终极价值的内在要求。

3. 人格权是非财产权

---

① 关于同质救济原则的分析，可参见张俊浩主编：《民法学原理》，中国政法大学出版社 1997 年版，第 30 页。

② 王泽鉴：《民法学说与判例研究》(2)，中国政法大学出版社 1998 年版，第 241 页以下。

民事权利以权利的客体是否具有财产价值为标准，可分为财产权和非财产权。人格权以与民事主体不可分离的人格为客体，而人格不具有财产价值，因而人格权是非财产权。[①] 所谓人格权是非财产权，不仅是指人格权不具有直接的财产内容，更重要的是指人格权是不能以财产价值——金钱来衡量的。人的隐私、肖像、名誉等值多少钱，是无法计算也不能计算出来的。人格权的非财产性所要揭示的仍然是民事主体在法律制度中的至高无上的价值。尽管对人格权的救济应实行财产赔偿原则，但这种赔偿的实质是一种精神上的抚慰，[②]而绝非对人格权实行价值估算的结果。当人格权受到侵害时，无论用多少财产赔偿，都无法使受侵害的人格权恢复到圆满状态。当然，人格权受到侵害后，受害人也可能因此遭受财产上的损失（包括直接损失和间接损失），所以赔偿的数额中，还包括一部分财产赔偿。

4. 人格权为绝对权

民事权利以其效力范围为标准，可分为绝对权和相对权。绝对权又称对世权，是指权利的效力可及于除权利主体之外的不特定的任何人的权利，在法律关系中表现为权利主体特定，义务主体不特定。相对权又称对人权，是指权利的效力仅及于特定的当事人的权利，在法律关系中表现为权利主体和义务主体均特定。人格权的效力可及于除权利主体之外的不特定的任何人，因而属于绝对权。

二、人格权的分类

人格权是一个总的称谓，是一系列权利的总称，它有许多具体形态。根据不同的标准，可以对人格权作出不同的分类。

（一）自然人人格权和法人人格权

根据享有人格权的主体的不同，可以将人格权分为自然人人格权和法人人格权。自然人人格权是以自然人为权利主体的人格权，法人人格权是以法人为权利主体的人格权。区分二者的意义主要表现在：第一，内容不同。自然人人格权包括物质性人格权和精神性人格权两大类，内容完整、丰富；而法人人格权只有精神性人格权一种，法人不享有物质性人格权。第二，取得条件不同。自然人人格权以自然人的出生为取得条件；法人人格权则以法人的设立

① 梁慧星：《民法总论》，法律出版社 1996 年版，第 104 页。

② 王泽鉴：《民法学说与判例研究》(2)，中国政法大学出版社 1998 年版，第 241 页以下。

为取得条件。第三,救济方式不同。自然人人格权受侵害时,权利人既可以通过赔礼道歉、消除影响、恢复名誉等非财产性的方法寻求保护,又可以通过赔偿损失等财产性方法寻求保护;法人人格权受侵害时,权利人主要是通过财产性方法寻求保护。

(二)物质性人格权和精神性人格权

根据人格权的客体的不同,可以将人格权分为物质性人格权和精神性人格权。物质性人格权是以物质性人格要素(包括身体、生命和健康)为客体的人格权,精神性人格权是以精神性人格要素(包括姓名、肖像、名誉、隐私、贞操等)为客体的人格权。区分二者的意义主要表现在:第一,主体不同。物质性人格权的主体只能是自然人,而精神性人格权的主体既可以是自然人,也可以是法人。第二,救济方式不同。根据我国《民法通则》第 119 条和第 120 条的规定,物质性人格权受侵害的,其救济方式主要是财产赔偿;而精神性人格权受侵害的,其救济方式不仅包括财产赔偿,也包括非财产责任。[①] 第三,发展趋势不同。物质性人格权的发展基本保持一种相对静止的态势,其内部体系相对封闭,自古至今物质性人格权始终是由身体权、生命权和健康权三种权利构成。而精神性人格权的发展则非常活跃,其内部体系不断膨胀,随着社会生活的发展,不断有新的成员加入其中,因而呈一种开放的发展趋势。在精神性人格权的体系中,大多数权利类型都是随着科学技术的发展和人类文明的进步而逐渐确立的。以隐私权为例,在人类社会早期,由于传播技术、通讯技术的滞后以及人际交往手段的单一,使得个人的隐私始终处于较为安全的状态,窃取他人的隐私成为一件非常困难的事情。在这种背景下,个人的隐私并无法律加以保护的必要,隐私权的确立甚至隐私权概念的产生都几乎是不可想象的。但随着社会物质文明的日益发达,大众传播、通讯和交际手段的现代化,使人们日益觉得自己的私人生活更有可能被他人严重、深入、广泛和快速地侵犯,因此有必要保留只属于自己的内心世界的安宁以及与纷乱复杂的外界相对隔离的宁居环境。社会的这种普遍的精神需求,经过法学家的理性提

---

① 《民法通则》第 119 条规定:"侵害公民身体造成伤害的,应当赔偿医疗费、因误工减少的收入、残废者生活补助费等费用;造成死亡的,并应当支付丧葬费、死者生前扶养的人必要的生活费等费用。"第 120 条规定:"公民的姓名权、肖像权、名誉权、荣誉权受到侵害的,有权要求停止侵害、恢复名誉、消除影响、赔礼道歉,并可以要求赔偿损失。法人的名称权、名誉权、荣誉权受到侵害的,适用前款规定。"

纯和立法者、法官的认可,即发展成为一种重要的人格权——隐私权。[①]

(三)特别人格权和一般人格权

以权利内容是否特定化和定型化为标准,可将人格权分为特别人格权和一般人格权。特别人格权又称具体人格权,是指法律已将所要保护的人格特定化,权利的内容已定型化的人格权。我国《民法通则》第五章第四节所规定的生命权、健康权、姓名权、肖像权、名誉权等,均属于特别人格权。一般人格权是指法律未将所要保护的人格特定化,权利的内容并未定型化的人格权。一般人格权是一种具有发展性、开放性的权利,随着社会经济的发展和人类文明的进步,其范围不断扩大,内容亦愈丰富。[②]

区分特别人格权与一般人格权的法律意义表现在:第一,一般人格权作为任何人都应当受尊重的权利是所有特别人格权的基础,特别人格权是一般人格权的一部分,因此,从法律逻辑上说,一般人格权优先于特别人格权。第二,在法律适用中,如特别人格权受到侵害,应优先适用特别人格权,不能援引关于一般人格权的规定。如果具体案情中未出现对特别人格权的侵犯,则尚需审查,是否存在对一般人格权的侵犯,对此就须考虑特别的情节和有关人的利益。[③] 第三,与“一般人格权”相比,特别人格权在内容上规定得较为明确,或者还可以规定出来。例如,什么是对身体的伤害,就容易作出判定;是否出现了对身体的伤害,一般也是清楚的。在认定非法侵害特别人格权时,在任何情况下都无须权衡财产利益,但在认定非法侵害一般人格权时,就必须权衡财产利益。[④]

第二节 自然人的人格权

一、自然人的物质性人格权

(一)物质性人格权概述

物质性人格权是以物质性人格要素为客体的人格权。如前所述,物质性

① 张新宝:《隐私权的法律保护》,群众出版社 1997 年版,第 14 页。

② 梁慧星:《民法总论》,法律出版社 1996 年版,第 105 页。

③ [德]卡尔·拉伦茨:《德国民法通论》,王晓晔、邵建东等译,法律出版社 2003 年版,第 174 页。

④ [德]卡尔·拉伦茨:《德国民法通论》,王晓晔、邵建东等译,法律出版社 2003 年版,第 174 页。

人格权的主体只能是自然人,法人并不享有物质性人格权。物质性人格权不仅是自然人享有精神性人格权的前提和基础,也是自然人享有所有其他权利的前提和基础。对物质性人格权的保护也因此成为法律的首要任务。

关于物质性人格权的范围,目前理论界主要有两种观点。大多数学者认为,物质性人格权只包括身体权、生命权和健康权三种。也有学者认为,物质性人格权由生命权、身体权、健康权和劳动能力权构成。所谓劳动能力权是指自然人以其脑体功能利益为内容的物质性人格权,其法律上的根据是《意见》第 146 条和 147 条。[①] 我们认为,劳动能力是身体和健康状况的一种表现,身体权、健康权和生命权的确立就可以涵摄对自然人劳动能力的保护,无需将劳动能力权确立为一种独立的人格权。[②] 因此,我们赞同大多数学者的观点。

自然人的身体权、生命权和健康权的之间的关系非常密切,三者既有联系又有区别。身体、生命和健康都是自然人的最为根本的物质性人格要素。其中身体权是生命权和健康权的基础,因为身体是生命和健康的物质载体,没有身体,就无所谓生命和健康。同样,生命权也是身体权和健康权的前提,如果生命得不到保障,身体权和健康权也就失去了意义。健康则是自然人享有生命权和身体权的重要保障,健康受到侵害,对身体和生命都可能产生危害。然而,自然人的身体权、生命权和健康权又有区别。身体权的客体是自然人的身体,只要自然人的身体受到伤害,无论是否给生命和健康造成了损害,都构成对身体权的侵害。如非法剪去自然人的头发。生命权的客体是自然人的生命,生命权受到侵害的唯一后果就是自然人的死亡。健康权的客体是自然人的身心健康,侵犯健康权的,不一定侵犯身体权,如致人精神紊乱。侵犯健康权的行为,也不一定侵犯生命权。只有对健康权的侵害达到了致命的程度,才构成对生命权的侵害。

(二)身体权

1.身体权的概念

所谓身体权是指自然人依法享有的、以其身体为客体的物质性人格权。在法律上,自然人的身体是指自然人的生理组织的整体,即躯体。人的躯体包括主体部分和附属部分。主体部分包括人的头颅、躯干和四肢,附属部分包括

---

① 张俊浩主编:《民法学原理》,中国政法大学出版社 1997 年版,第 135 页;史尚宽:《债法总论》,中国政法大学出版社 2000 年版,第 148 页。

② 关于劳动能力权不是独立的人格权的详细论述,可参见杨立新:《人身权法论》,人民法院出版社 2002 年版,第 431 页。

毛发、指(趾)甲等附着于人体的其他组织。随着现代医学的发展,移植他人的器官或者其他组织如心脏、肾脏、皮肤、角膜等,以及装配一些人工制作的身体替代部分如假牙、假肢、假眼球等,均成为可能。通常认为,如果移植成功或者装配的身体人工替代部分与身体不可分离,也构成身体的组成部分。应当注意的是,人的身体具有完整性,即人的身体是由上述两部分组成的完整的有机体。因此,如果人的某个器官或者其他某一部分组织与人体分离,该分离的部分不能再成为身体的一部分。此外,人的身体是生命的载体,身体与生命必须同时存在。因此,我们认为,如果自然人死亡,那么死亡后的尸体不能再称之为身体。在法律上,自然人的尸体是一种特殊的物。

2.身体权的内容

身体权主要包括如下三个方面的内容:

(1)对身体完整性的维护权。身体是自然人享有法律人格的物质基础,离开了身体,自然人无任何权利可言。[①] 身体权以身体为客体,最重要的就是保持身体的完整性。任何破坏自然人身体完整性的行为,都构成对身体权的侵害。

(2)对身体各个组织和器官的支配权。传统民法理论否认身体权中包含自然人对自己身体的各个组织和器官的支配权。但是随着科学技术尤其是医学的发展和现代法律伦理的进化,允许自然人将属于自己身体组成部分的血液、器官等转让给他人。这种转让正是自然人对自己身体组成部分的组织和器官的支配权的体现。[②]

(3)对非法侵害身体的排除请求权。当身体权受到他人的侵害或者有受到他人侵害的危险时,权利人有权请求行为人排除对其身体的非法侵害。

(三)生命权

1.生命权的概念

所谓生命权,是指自然人依法享有的、以其性命维持和生命安全为内容的人格权。生命权的客体是自然人的生命,生命是自然人物质性人格的集中体现[③]。生命是每个自然人赖以存在的前提,是自然人享有其他一切权利的基础。因此,生命是每个自然人的最高人格利益,生命权也是自然人最根本的人格权。有鉴于此,民法以充分保护生命权为其重要目的。由此决定了,只要心

---

① 杨立新:《人身权法论》,人民法院出版社 2002 年版,第 398 页。

② 杨立新:《人身权法论》,人民法院出版社 2002 年版,第 399 页。

③ 张俊浩主编:《民法学原理》,中国政法大学出版社 1997 年版,第 135 页。

跳、呼吸没有停止,脑电波不消失,人的生命就还存在。只有当心跳、呼吸与脑电波都不可逆转地停止时,生命才告终结。而暂时的心跳停止或者呼吸停止,并不构成死亡。因此,只要心脏、肺脏和脑三器官中的一种尚在运动,却以人力加以阻遏,即构成杀人行为。①

2. 生命权的内容

(1)性命维持权。生命权的客体是自然人的生命,生命权存在的最基本的前提就是自然人性命的维持,因此生命权的第一项内容是性命维持权。

(2)生命安全维护权。性命维持权固然是生命权的首要内容,但如果自然人的生命始终处于不安全状态,则自然人的生命权仍然是残缺不全的。因此生命安全的维护权就成为生命权不可或缺的一项重要内容。因此,任何对自然人生命的非法剥夺、破坏,以及对生命安全的威胁,权利人均有权予以制止和排除,并有权要求司法机关依法追究侵害人的法律责任。

3. 生命权的救济

生命权受到侵害,就意味着人的生命的丧失。人死不能复生。因此,严格来说,生命权一旦受到侵害,是无法救济的。但我们认为,权利的救济应当包含两层含义:一是使受到侵害的权利恢复到原有状态,二是在使权利"恢复到原有状态"无法实现时,对权利人所遭受的损失的填补,即损害赔偿。很显然,对生命权的救济,只能是指权利救济的第二层含义,即对生命权人(及其近亲属)的损害赔偿问题。然而,对生命权的侵害是以受害人的死亡为结果的。受害人死亡后,该损害赔偿法律关系缘何发生的问题,引起了学者的关注和讨论,形成了以下四种具有代表性的学说。

(1)民事权利能力转化说。此说认为,自然人死亡和民事权利能力的终止是两种不同的法律事实,但这两件事实是同时发生的。民事权利能力由存在到不存在,有一个转化过程,在这个转化过程中,产生损害赔偿请求权。②

(2)加害人赔偿义务说。此说认为,加害人的赔偿义务不因被害人的死亡而消灭,因而被害人受赔偿的地位当然由其继承人继承。③

(3)间隙取得请求权说。此说认为,被害人从受致命伤到其生命丧失之时,理论上总有一个或长或短的间隙,在这个间隙中,被害人是有民事权利能

① 张俊浩主编:《民法学原理》,中国政法大学出版社1997年版,第135页。

② 杨立新:《人身权法论》,人民法院出版社2002年版,第477页。

③ 史尚宽:《债法总论》,中国政法大学出版社2000年版,第146页。

力的，故可取得损害赔偿请求权。[①]

(4)双重受害人说。此说认为，侵害生命权的行为，既造成了生命权人生命的丧失，又造成了生命权人的近亲属的财产损失，因而生命权人及其近亲属均为侵害生命权行为的直接受害者，二者均对加害人享有损害赔偿请求权，而且内容是同一的，生命权人的死亡，并不导致加害人赔偿义务的消灭，只是需向仅存的受害人承担赔偿义务。因此，侵害生命权的损害赔偿请求权实际上并不存在继承的问题。[②]

上述四种学说均有一定的道理。其中，间隙取得请求权说为学界之通说。本书赞同通说之观点。

(四)健康权

1.健康权的概念及保护健康权的意义

所谓健康权，是自然人对其健康依法享有不受损害的权利，其客体是健康。健康权所保护的健康，不是指无疾病状态，而仅指器官及系统乃至身心整体的安全运行，以及功能的正常发挥。健康不限于器质健康，而且包括功能健康；不限于生理健康，还包括心理健康。在当代，心理健康的价值受到越来越广泛的肯定和认可。[③] 对健康权的保护具有重要的意义：一方面，人的生命活动的延续依赖于人的健康状况；另一方面，健康是保持劳动能力的重要保证。劳动能力是人们创造物质财富和精神财富的体力和脑力的总和。人的健康状况下降，其劳动能力必然下降。由此可见，法律必须加强对健康的保护。

2.健康权的内容

(1)健康维护权。健康维护权是指自然人保持和维护其生理机能的正常运作和功能的完善发挥的权利。健康维护权包括两个方面的内容：一是自然人保持自己身心健康的权利，即自然人通过各种手段使自己的健康状况处于完好状态，在生理机能或者心理状况不正常时，有权请求医疗、接受医治，使健康状况恢复到原有状态；二是排除他人对自己的身心健康的不法侵害。

(2)劳动能力保持权。有学者认为，劳动能力保持权是健康权的一项基本内容。[④] 但我们认为，对劳动能力的保持，是健康权处于完满支配状态下的一

---

① 孙亚明主编：《民法通则要论》，法律出版社 1991 年版，第 204 页；胡长清：《中国民法债编总论》商务印书馆 1946 年版，第 129～130 页。

② 杨立新：《人身权法论》，人民法院出版社 2002 年版，第 478～479 页。

③ 张俊浩主编：《民法学原理》，中国政法大学出版社 1997 年版，第 137 页。

④ 王利明、杨立新、姚辉编著：《人格权法》，法律出版社 1997 年版，第 64 页。

个结果和表现，而非健康权的内容。

(3)健康利益支配权。理论界对健康利益支配权有肯定说和否定说两种观点。否定说认为，健康权不具有支配性，自然人不能随意支配其健康，更不能依其支配权而放弃健康。肯定说则认为，自然人的健康利益，应归权利人本人支配。权利的放弃，并不是支配权的唯一内容，健康权的支配权同样如此，除放弃健康外，权利人对健康权的其他各项内容的行使，都体现了健康权的支配权性质。对于放弃健康的行为，不能认为其违法。[①] 我们认为，健康权不是支配权，对健康的维护既是自然人享有的基本权利，也是公序良俗原则的基本要求和社会公共利益的体现。例如，吸毒者、性病患者不能以对自己的健康利益的支配权而拒绝接受强制戒毒和强制治疗。

二、自然人的精神性人格权

(一)精神性人格权概述

精神性人格权是以精神性人格要素为客体的人格权。自然人不仅是肉体的存在，而且是精神的存在。享有健全丰富的精神生活，是人的基本需要、基本利益和基本权利。[②] 所谓精神生活，就是心理活动、心理生活。现代医学和心理学研究证明，心理健全比身体健全更重要。因此，保护人的正当心理利益，使心理不遭受非法侵扰，使人不无端遭受心理痛苦，就成为民法的基本任务之一。完成这一任务的基本方法之一就是肯认人的心理利益权，并且使之明细化和定型化。同时还要建立对于被害人心理的同质救济制度，疗治其心理创伤，祛除其心理痛苦，使之回复完满状态。于是精神性人格权制度应运而生。[③]

如前所述，精神性人格权是发展性和开放性的权利，其内部体系不断膨胀和扩张，随着社会生活和科学技术的发展，不断有新的成员加入其中。因此，精神性人格权的体系也是开放的。民法上已经确立的具体精神性人格权，无非是人的正当心理利益在法律上的定型化。这些类型具有宣示功能，但不是对权利类型的限制。[④]

---

① 王利明、杨立新、姚辉：《人格权法》，法律出版社 1997 年版，第 65 页。

② 张俊浩主编：《民法学原理》，中国政法大学出版社 1997 年版，第 138 页。

③ 张俊浩主编：《民法学原理》，中国政法大学出版社 1997 年版，第 138 页。

④ 张俊浩主编：《民法学原理》，中国政法大学出版社 1997 年版，第 138 页。

(二)姓名权

1.姓名权的概念

自然人参与民事活动,首先需要借助社会符号达到彼此识别,这种社会符号最原初、最方便和最普遍的表现形式就是姓名,[①]其次是在文化生活中经常采用的笔名和艺名。无论是姓名、笔名和艺名,都是自然人在从事民事交往时区别于他人的特定化符号,都必须受到法律的同等保护。

姓名权是指自然人依法所享有的决定、使用和依法改变自己姓名的权利,其客体是自然人的姓名。所谓姓名,是自然人特定化的一种标志,为自然人所必不可少,是自然人用以区别于他人的文字符号。姓名有狭义和广义之分。狭义的姓名,就是自然人的正式姓名,通常在户籍册上加以登记,因此可称之为登记姓名。广义的姓名,则包括正式姓名以及曾用名、别名、笔名、艺名、化名、小名、乳名、字、号等表明自然人人身特征的文字符号。通常,能够作为姓名权客体的是自然人的正式姓名,即狭义的姓名。至于广义的姓名,则应当视具体情况而定。如果广义的姓名能够明确地作为特定自然人的标志,并且能够与他人相区别,则可以成为姓名权的客体。

2.姓名权的内容

《民法通则》第99条规定,公民享有姓名权,有权决定、使用和依照规定改变自己的姓名,禁止他人干涉、盗用和冒用。根据这一规定,我国民法上的姓名权主要包括以下具体内容:

(1)姓名决定权。又称命名权,即自然人有权决定自己的姓名的权利。命名权的行使需以具备民事行为能力为前提,因此在未成年时期,自然人的姓名由其父母或者监护人决定。对于正式姓名,根据我国现行法律规定,应当进行登记。[②]

(2)姓名使用权。即自然人依法使用自己姓名的权利。在民事活动中,人们可以使用自己的正式姓名,也可以在法律许可的范围内使用笔名、艺名等等。从姓名使用的方式看,人们可以积极使用,如作者在属于自己的作品上署自己的正式姓名、笔名等;也可以消极使用,如不署名等。在大多数情况下,人们可以自由使用自己的姓名,但是如果法律要求自然人必须在某种法律文件上使用其正式的姓名时,自然人必须履行该义务。

---

① 张俊浩主编:《民法学原理》,中国政法大学出版社1997年版,第139页。

② 《户口登记条例》第7条规定,婴儿出生后1个月内,由户主、亲属、抚养人或者邻居向婴儿常住地户口登记机关申报出生登记,并将其姓名记入户籍登记簿。

(3)姓名变更权。即自然人依法变更自己姓名的权利。通常,人们可以任意变更自己的笔名、别名、艺名等非正式姓名,法律并不作特别的要求,但是对于正式姓名的变更,需要履行一定的手续,以保护他人和社会的利益。《户口登记条例》第18条的规定,未满18周岁的人需要改变姓名时,由本人、父母或者监护人向户口登记机关申请变更登记,18周岁以上的人需要改变自己的姓名,由其本人向户口登记机关申请变更登记。

需指出的是,法律赋予自然人姓名权,目的在于让自然人能够以姓名明确地与他人相区别,以实现自己的人格和权利。如果自然人故意制造姓名冲突,为重婚、逃税等不正当目的而更改姓名,故意不使用正式姓名或者改变姓名以造成权利义务关系不清,则为法律所禁止。此种行为属于滥用姓名权的行为,有损他人和社会的利益。德国学者梅迪库斯指出,"姓名是法律交易中用于区别人的最重要的手段。一个科学家或艺术家能够以他的姓名著称于世。反之,一个债务人如能成功地变更他的姓名(以及住所),往往就能摆脱其债权人的追讨。姓名的这种意义也适用于公法上的义务(税、兵役)。因此,自然人是否有权任意变更其姓名,是一个属于公法范畴的问题。"①

(三)肖像权

1.肖像权的概念

肖像权是指自然人依法对自己的肖像所享有的专有权。肖像权的客体是自然人的肖像。肖像是指人的照片或图像,②是自然人的直观标志,是人物外在形象的再现,这种再现是通过物质载体、利用造型艺术手段而给人产生一种视觉形象。例如绘画、摄影、雕塑、电影、录像等中所再现的人物形象等。需指出的是,由于肖像是人物形象的再现,是人物形象的直观反映,因此肖像不同于其物质载体,肖像仅是其载体中之人物形象,而物质载体则属于法律上的物,可以成为所有权或者其他权利的客体,但是两者密不可分;其次,肖像仅是一种利用造型艺术手段而产生的视觉形象,不同于对人物形象的文字描写;最后,肖像是人物形象直观的反映,因此肖像要达到能够辨认人物的程度,如果不能辨认人物,则不构成肖像。但虽不能辨认人物,制作者用文字标明人物的姓名,以补充造型的不足,应当构成肖像。例如所摄的虽然是某人的背影,但是在该照片上注明是某人的背影,则该照片中所反映的即是该人的肖像。

2.肖像权的内容及限制

---

① [德]迪特尔·梅迪库斯:《德国民法总论》,法律出版社2000年版,第794页。

② [德]迪特尔·梅迪库斯:《德国民法总论》,法律出版社2000年版,第801页。

(1)肖像权的内容

肖像权属于精神性人格权的一种,是指自然人对肖像的控制权。肖像权的权能包括积极权能和消极权能两个方面。肖像权的积极权能包括肖像制作权和肖像使用权;[①]消极权能则主要包括禁止他人歪曲肖像和侮辱肖像两个方面。肖像权的积极权能主要包括以下内容:一是对自己肖像的制作权。肖像的制作是利用造型艺术手段将人物的形象固定在物质载体上的行为。这种肖像制作行为,可以由肖像权人自己进行,也可以由他人进行。他人在制作肖像时,必须经过肖像权人的同意。肖像制作完成后,肖像由肖像权人所拥有。未经他人的同意不得制作、拥有他人肖像,否则即构成对他人肖像权的侵害。二是对自己肖像的使用权。自然人的肖像可以用作广告、商标、艺术作品等,并可传播、展览、复制。肖像权人可以自己使用其肖像,也可以同意他人使用其肖像,即将肖像使用权授予他人。因此,在使用他人肖像时,必须取得他人同意,否则也将构成对他人肖像权的侵害。

(2)肖像权的限制

法律对自然人的肖像权也有一定的限制。为了国家、社会公共利益的需要,在特定情况下可以不征得肖像权人的同意而制作和使用其肖像。例如新闻报道、执行公务、通缉逃犯、张贴寻人启事,等等。

3.肖像权的救济

《民法通则》第100条规定,公民享有肖像权,未经本人同意,不得以营利为目的使用公民的肖像。根据该条的规定,未经本人同意且以营利为目的而使用他人肖像,构成侵犯他人肖像权的行为。此外,即使不以营利为目的,未经本人同意而使用他人肖像,也可以构成侵犯他人肖像权的行为。例如,故意公开丑化、污损他人肖像,应当构成侵犯他人肖像权的行为。

(四)名誉权

1.名誉权的概念

名誉权是指自然人对其名誉所享有的不受他人侵害的权利。名誉权的客体是自然人的名誉。所谓名誉,有狭义和广义之分。狭义的名誉,是指社会对特定自然人的品质、作风、思想、才能等各方面素质的综合评价。该种评价是一种客观的社会评价,因此又称外部名誉。广义的名誉还包括所谓的“名誉感”,即自然人具有的与其地位相当的自尊心(对于自己价值的感情)。[②] 可以

---

① 张俊浩主编:《民法学原理》,中国政法大学出版社1997年版,第141页。

② 史尚宽:《债法总论》,中国政法大学出版社2000年版,第153页。

成为名誉权客体的仅是狭义上的名誉，名誉感不能成为名誉权的客体，侵犯自然人的名誉感是对自然人人格尊严的侵犯，而非对名誉权的侵害。

2.名誉权的内容

《民法通则》第101条规定，公民享有名誉权，禁止采用侮辱、诽谤等方式损害自然人的名誉。由此可见，在内容上，自然人名誉权的具体内容包括对名誉的保有和维护，保护名誉不受侵害。也就是说，自然人有权采取措施保持自己的名誉不降低或者进一步提高自己的名誉，有权制止他人以任何方式对其名誉的侵害，并且在其名誉权受到侵害后，有权请求司法机关追究侵害人的法律责任。

(五)隐私权

1.隐私权的概念

隐私权，又称私生活秘密权，是指自然人依法所享有的支配其私生活信息的权利。隐私权的真谛是私生活的自由与安宁，是保护个人生活免受好事之徒的窥探与干扰。[①] 隐私权是自然人所特有的人格权，法人和其他组织并不享有隐私权。正如学者所指出的，隐私权作为一个法律问题提出来，有两个方面的原因：一是大众传媒大量登载涉及个人的桃色新闻和庸俗流言；二是公众尤其是受害者感受到侵犯个人隐私带来的极大精神痛苦。[②] 这表明，隐私权自产生之时起，就是保护公民个人的，而不是保护法人或其他组织的，只有公民才可能有精神痛苦、心情舒畅等情感现象。无论如何拟制或实实在在地认可法人的人格，它都不可能有如自然人一样的安宁居住要求和因私人信息被搜集、披露或者不当利用而产生的痛苦心理。"法人也有自己的秘密，但这属于商业秘密的范畴。"[③]而商业秘密是一种典型的财产权。从立法和司法实践来看，法人和其他组织也从未被认可为隐私权的主体。美国侵权行为法要求隐私权具有亲自(个人)特性。在近一个世纪的隐私权司法实践中，从未报导过法人或者其他组织主张隐私权并胜诉的。[④]

隐私权的客体是自然人的私生活信息，包括不欲人知的私人信息、私人生活和私人空间。所谓私生活，通常是指与社会公共利益无关的个人生活。该

---

① 张俊浩主编：《民法学原理》，中国政法大学出版社1997年版，第146～147页。

② 张新宝：《隐私权研究》，《法学研究》1990年第3期。

③ 王利明、杨立新主编：《人格权与新闻侵权》，中国方正出版社1995年版，第415页。

④ 张新宝：《隐私权的法律保护》，群众出版社1997年版，第22～23页。

个人生活的内容,属于私生活信息,私生活信息中不愿他人知悉和公开的部分即隐私。例如,个人的居室状况、信件和日记的内容、财产状况、个人喜好等。对于私生活信息,自然人应当享有支配权,可以自由决定是否公开或者让他人知悉。

2.隐私权的内容

隐私权主要包括以下几个方面的内容:(1)隐私控制权。即对隐私事实加以控制、隐而不宣,并禁止他人公开和知悉其隐私的权利。(2)隐私公开权。即对隐私事实予以公开的决定权和实施权,如利用自己的经历进行文学创作等。

需指出,隐私一旦决定公开或让他人知悉,就不再属于隐私,他人对于经本人同意公开的私生活信息的传播,并不构成对隐私权的侵犯。此外,法律对于隐私权的行使也有一定的限制,主要是隐私的利用不得违背社会公共利益,例如不得利用自己的身体隐私制作淫秽作品等。

在我国,《民法通则》没有规定自然人的隐私权,司法实践中,对于宣扬他人隐私,以致他人名誉受损的,认定为侵害名誉权的行为。显然,这种通过保护名誉权而间接保护隐私权的做法,并不能充分保护隐私权。实践中侵害隐私权的行为不仅仅限于宣扬他人隐私的行为,而且宣扬他人隐私也并不一定导致他人名誉受损。如果宣扬他人隐私没有侵犯他人的名誉权时,按照我国现行司法实践,将难以追究侵害人的法律责任。由此可见,在我国的民事立法中,明确规定隐私权为一种具体的人格权,并且明确规定具体的保护方法,尤为必要。

(六)信用权

1.信用权的概念和性质

信用权是指民事主体就其所具有的经济能力在社会上获得的相应信赖与评价所享有的民事权利。信用权的客体是"信用"。学者对信用的含义的界定,主要有以下六种观点:一是认为信用是指主体在社会上应受经济的评价,即就其给付能力及给付意思在经济上的信誉;[①]二是认为信用是在社会上与其经济能力相应的经济评价;[②]三是认为信用应指一般人对于当事人自我经济评价的信赖性,亦称信誉;[③]四是认为信用乃基于人之财产上地位之社会评

① 史尚宽:《债法总论》,中国政法大学出版社2000年版,第153页。

② 王利明:《民法·侵权行为法》,中国人民大学出版社1993年版,第299页。

③ 张俊浩主编:《民法学原理》,中国政法大学出版社1997年版,第148页。

价，所生经济上之信赖；[1]五是认为信用是指民事主体所具有的经济能力在社会上获得的相应的信赖和评价。[2] 六是认为法律上的信用是指民事主体所具有的偿付债务的能力而在社会上获得的相应的信赖和评价。[3]

学者对信用的以上六种界定，虽各有千秋、各有侧重，但都一致认为，信用在本质上是社会对民事主体的经济能力的一种评价。我们认为，这种能力与民事主体的政治态度和一般道德品质不同，也与民事主体的生产经营能力、服务态度、人事或人际关系等其他经济能力无关。[4] 因此，信用不是一种人格利益，更不可能是人格本身，而应归类于无形财产的范畴，其理由是：信用所体现的是特定民事主体的财产利益，因而具有财产属性。对于民事主体而言，信用作为影响当事人获得一定交易利益的特殊经济能力，其价值在于通过信用交换的形式获得对等的交换价值。例如，在商品市场中使暂时没钱的人可以买东西，暂时没货的可以卖东西（商业信用）；在资金市场中，则可采取票据贴现、抵押贷款、信用贷款等（银行信用）。可见，信用使得民事主体在扩大资金规模方面享有优异之利益，亦可致其收益能力增加。[5] 而“优异利益”之享有以及“收益能力”之增加，均可以用金钱来衡量其价值。信用或是与商誉一起作为特殊价值形态的财产列入企业会计表中的无形资产类别，或是通过专门的评估机构用科学的评估方法加以量化。因此信用本身就是具有经济价值的财产。[6]

总之，信用既是一种对民事主体的经济能力的社会评价，又是一种没有物质形态的无形财产。作为一种无形财产，信用存在于商品交换与商业贸易之中，因此必须通过某种有形形式表现出来，实现从“无形”到“有形”的转化，方能为当事人各方所认识、所接受。只要信用实现了从“无形”到“有形”的转化，就可以脱离主体而成为交易的对象。作为一种对民事主体的经济能力的社会评价，信用曾与名誉有着相同的人格属性。在古代罗马法中，信用是主体人格的重要内容。一个人的名声，包括名誉、信用等，是其在法律上具有完全人格的一个重要方面，污名（不名誉）、无信用都会对民事主体的权利能力带来影

---

① 龙显铭：《私法上人格权之保护》，中华书局1948年版，第71页。

② 杨立新：《人身权法论》，人民法院出版社2002年版，第695页。

③ 吴汉东：《论信用权》，《法学》2001年第1期。

④ 吴汉东：《论信用权》，《法学》2001年第1期。

⑤ 杨众先：《商誉和其他无形资产》，转引自杨时展主编：《中华会计思想宝库》，中国财政经济出版社1992年版，第23页。

⑥ 吴汉东：《论信用权》，《法学》2001年第1期。

响;同时,信用与名誉同属于精神利益的范畴,这种精神性的人格与包括身体、健康、生命在内的物质性人格,是一个完全独立的民事主体必然同时拥有的。但在现代法的框架下,信用的性质已逐渐从人格转化为财产。这是因为,首先,现代信用往往是以财产为基础。对于民事主体而言,其信用状况与他所拥有财产、资本密切相关,资金实力、偿债实力如何成为衡量其信用等级的尺度;其次,现代信用总是以财产信用为主旨。在现代商业实践中,起决定作用的是财产信用而不是人格信用,诸如人的担保(即保证),固然要考虑保证人的人品,但关键要考虑其财产状况。① 正是由于上述原因,信用中的财产因素、财产价值、财产后果等使得原有人格内容退居到次要的地位。不难看出,信用与名誉虽同为有关民事主体的社会评价,信用的优劣与名誉的好坏亦须臾难分,但在市场经济的条件下,现代信用在保留某些人格品性的同时,已日益显现出其重要的财产意义。② 可见,信用不仅可以与民事主体相分离,而且可以用金钱来衡量其价值,在性质上属于无形财产。以信用为客体的信用权就应当属于财产权而不是人格权。

2. 信用权的内容

(1)信用保有权。信用保有权包括两个方面的内容:一是主体保持自己的信用不降低、不丧失;二是通过自己的努力,增强经济影响力和诚信履约能力,使自己的社会经济评价和信赖感不断提高,获得更好的社会经济形象。③

(2)信用利益支配权。即信用权人利用自己良好的信用,扩大经济交往,开展经济活动,以获取更好的社会经济效益,创造更多的社会财富,满足自身的经济、文化需要,同时也满足社会的需要。④

(3)信用资料查阅权。信用权人有权查阅、抄录或者复制征信机构涉及自身的信用资料,有权要求修改与事实不符的信用资料。

---

① 相对于物的担保而信,保证在一定意义上说,是以人身信用为基础的。但实际上,保证的建立与存续,当然不能游离于财产关系而单纯寄托在人身信用方面。质言之,人的担保也是财产性的。参见董开军:《债权担保》,黑龙江人民出版社 1995 年版,第 71 页。

② 吴汉东:《论信用权》,《法学》2001 年第 1 期。

③ 杨立新:《人身权法论》,人民法院出版社 2002 年版,第 699 页。

④ 杨立新:《人身权法论》,人民法院出版社 2002 年版,第 700 页。

第三节 法人的人格权

一、法人的名称权

(一)法人名称权概念

法人名称权,是指法人依法享有的决定、使用、改变自己的名称,并排除他人非法侵害的权利。法人的名称是法人的标志,是指法人在社会生活中用以代表自身,并区别于他人的文字符号和标记。根据我国现行法律规定,企业法人的名称,应当依法登记。企业法人的名称只有经核准登记注册后方可使用,在规定的范围内享有专用权。公司企业的名称的取得,还应当预先进行核准登记。企业法人的名称通常由企业法人所在地的行政区划名称、字号(或商号)、行业或经营特点、组织形式四部分依次组成。在企业法人的名称中不得使用如下的内容和文字:有损于国家、社会公共利益的;可能对公众造成欺骗或误解的;外国国家(地区)名称、国际组织的名称;政党名称、党政军机关名称、群众组织名称、社会团体名称及部队番号;汉语拼音字母、数字;等等。

(二)法人名称权的内容

法人名称权具体包括以下内容:

第一,名称设定权。法人享有依法为自己设定名称的权利。如前所述,在我国,对于企业法人设定自己的名称,法律采限制主义,即企业法人在设定自己的名称时,必须依照法律的规定设定,并且必须登记,未经登记的企业名称,不能取得专用权。

第二,名称使用权。法人对其名称享有专用权,他人不得非法干涉、非法使用。在我国,企业法人名称一经登记,即取得该名称的专用权,在同一登记主管机关的辖区内,登记主管机关不得再对与已经登记注册的同行业企业法人名称相同或相似的名称进行登记。未经权利人的许可,擅自使用已经登记注册的企业法人名称的,即构成对该企业法人名称权的侵犯。

第三,名称变更权。法人可根据自己的需要改变其名称的权利。法人在其存续过程中,为了能顺利开展其自身业务活动,以实现其目的、宗旨,有时会根据情势的需要而改变其名称,对此,他人不得加以干涉。但是,法人在变更其名称时,必须遵守相关的法律,并履行一定的手续。例如,企业法人名称的变更,应当进行变更登记。

第四，名称转让权。企业法人的名称可依法转让。根据现行关于企业名称登记管理的规定，企业法人名称可以随企业或企业的一部分一并转让。企业法人的名称只能转让给一户企业法人。名称的转让方和接受转让方必须签订书面合同，报原登记主管机关核准。名称转让后，转让方不得再继续使用已经转让的名称。

二、法人名誉权

法人的名誉，是指对法人的信用、经营状况、生产能力等方面的社会评价。法人的名誉，是法人在其活动过程中逐渐形成的，反映了社会对其全部活动的总评价。与自然人的名誉相同，法人的名誉也是一种客观的社会评价，此种评价将直接影响到法人参与社会的公平竞争，也直接影响到其权利的享有和义务的承担，尤其在市场经济中，公司名誉的优劣，将直接影响到其参与市场的能力以及其营利能力。因此，保护法人的名誉至关重要。

法人的名誉权，即是法人对其名誉所享有的权利，是法人对其名誉所享有的不受他人侵害的权利。《民法通则》第 101 条规定，法人享有名誉权，禁止采用侮辱、诽谤等方式损害法人的名誉。根据此条规定，法人的名誉权与自然人名誉权的具体内容也相同，包括对名誉的保有和维护，保护名誉不受侵害。

第四节 一般人格权

一、一般人格权概述

一般人格权是德国在 1950 年代由联邦最高法院以司法判例的形式，通过援引德国《基本法》第 1 条、第 2 条而发展起来的一种“框架权利”，其突出特点在于“不确定性”，何种行为侵犯一般人格权、是否以及如何对之提供救济皆由法官根据个案进行判断。[①] 因此，即使法律明确规定了“一般人格权”，也仅仅是搭起了一个“框架”，其具体内容须待生活现实填充，而由法官(不是制定法)

① 相关介绍与具体例证可参见[德]迪特尔·梅迪库斯:《德国民法总论》，法律出版社 2000 年版，第 107、805～811 页；[德]卡尔·拉伦茨:《德国民法通论》，王晓晔、邵建东等译，法律出版社 2003 年版，第 312～320、332、372、381 页。

根据具体个案情况进行自由裁量。[①] 德国学者拉伦茨认为,“一般人格权”是指受尊重的权利、直接言论(如口头和书面言论)不受侵犯的权利以及不容他人干预其私生活和隐私的权利。[②] 一般人格权是一种具有发展性、开放性的权利,随着人类文化及社会经济的发展,其范围不断扩大,内容亦愈丰富。[③]

二、自然人的一般人格权

(一)自然人的一般人格权的确立

民法确立自然人的一般人格权的理论基础是康德所创立的伦理人格主义哲学。康德认为:“没有理性的东西只具有一种相对的价值,只能作为手段,因此叫做物;而有理性的生灵叫做‘人’,因为人以其本质即为目的本身,而不能仅仅作为手段来使用。”在康德看来,道德要求的本质就是理性本身。人类的绝对价值,即人的“尊严”,就是以人所有的这种能力为基础的。[④] 在伦理人格主义哲学看来,人正因为是伦理学意义上的“人”,因此他本身具有一种价值,即人不能作为其他人达到目的的手段,人具有其“尊严”。从这一立论中可以推导出:每一个人都有权要求其他任何人尊重他的人格、不侵害他的生存(生命、身体、健康)和他的私人领域;相应的,每一个人对其他任何人也都必须承担这种尊重他人人格及不侵害他人权利的义务。这一“相互尊重原则”,是一项“正当的法”的基本原则,是“法律上的基础关系”。[⑤]

此外,自然人的一般人格权的确立,还涉及人格权是否应实行法定主义的问题。在民法上,权利有绝对权和相对权之分,相对权的权利主体和义务主体都是特定的,而且只在特定的当事人之间产生效力,因而相对权的种类和内容一般都实行自由设定原则,即当事人可以依照自己的自由意思在相互之间自由设立权利和义务。但绝对权则不同,在绝对权法律关系中,只有权利主体是特定的,而义务主体则是除权利主体之外的不特定的任何人。尽管义务人只

---

① 朱庆育:《权利的非伦理化:客观权利理论及其在中国的命运》,《比较法研究》2001年第3期。

② [德]卡尔·拉伦茨:《德国民法通论》,王晓晔、邵建东等译,法律出版社2003年版,第171页。

③ 梁慧星:《民法总论》,法律出版社1996年版,第105页。

④ [德]卡尔·拉伦茨:《德国民法通论》,王晓晔、邵建东等译,法律出版社2003年版,第46页。

⑤ [德]卡尔·拉伦茨:《德国民法通论》,王晓晔、邵建东等译,法律出版社2003年版,第47页。

需承担消极的不作为义务，但由于权利人与任何人都存在绝对权法律关系，因此绝对权一般都实行权利法定主义，即绝对权的权利种类和内容只能由法律明文规定，而不得由当事人自由创设。换言之，法律没有明文规定为绝对权的种类和内容，不具有绝对权的效力。其立法理由大体上有三点：其一，绝对权具有排他性，是民事权利中效力最强的权利，因而必须是社会公认的权利而不是当事人私自约定的权利；其二，绝对权往往是市场交易的前提和结果，权利的种类和内容必须在一国法律内统一，才能为市场交易行为提供统一的法律基础；[①]其三，绝对权的对世效力使绝对权的得、丧、变更，不仅仅是权利人个人的事，对不特定的任何义务人（即社会公众）亦产生效果。[②] 这就要求法律对绝对权的种类进行界定的同时，必须使绝对权的具体种类具有可识别性。[③] 识别性的内在要求就是权利内容的法定性，而其外在要求则是绝对权的公示原则。

绝对权实行法定主义的上述三点立法理由，从根本上来看，可以概括为一点，即为了维护交易的安全。但人格权是绝对权法定主义的一个例外。这可以从以下三个方面得到求证：第一，人格权的种类不应由法律明确限定。这是因为人格权是人作为人所应享有的最基本的权利，法律无法更不应该限定人格权的种类并使之特定化。在法律与人的关系上，人永远处于法律之上。法律必须以人为本位，以人为目的和归宿，是立法者在制定法律时所必须遵循的最基本的原则，也是法律之所以为法律的题中应有之义。如果在法律上限定人格权的种类，必然限制人自身的发展空间，与人格权立法的目的背道而驰。第二，人格权的内容也不应由法律加以限定。这是因为人格权实质上是一种受尊重的权利，一种人身不可侵犯的权利。人格权不是一种支配权。[④] 在我们看来，人格权始终是一种被动的权利，即只有当人格权受到他人侵害时，权利的内容才能初步显现出其“冰山之一角”。如果人格权的内容实行法定化之原则，必然限制人格权救济的可能空间，也与人格权立法的本来目的背道而驰。第三，人格权不能成为交易的对象，因而不存在与交易安全相冲突的问

---

① 梁彗星主编：《中国物权法草案建议稿——条文、说明、理由与参考立法例》，社会科学文献出版社 2000 年版，第 101 页。

② 张俊浩主编：《民法学原理》，中国政法大学出版社 1997 年版，第 343 页。

③ 曼弗雷德·沃尔夫：《物权法》，法律出版社 2002 年版，第 15 页。

④ ［德］卡尔·拉伦茨：《德国民法通论》，王晓晔、邵建东等译，法律出版社 2003 年版，第 379 页。

题。

总之，人格权并不具备实行法定主义的基础。对于人格权，法律不可以、也不可能作穷尽列举，故决不能如同对于物权采取“法定主义”的立场。[①] 既然法律对人格权的保护不能实行法定主义，在人格权的配置上，法律除了规定具体人格权外，还必须再规定具有‘一般条款’性质的一般人格权。[②] 一般人格权是具体人格权的基础，在法律的逻辑上优先于具体人格权，但在法律适用中，具体人格权的适用优先于一般人格权。[③] 由于一般人格权具有“一般条款”的性质，当具体人格权无法对自然人的人格提供保护时，法官还可以在利益衡量的基础上采用一般人格权来补救。

（二）自然人的一般人格权的内容

关于一般人格权的内容，有学者认为，虽然一般人格权的范围极其广泛，在内容上是不可能穷尽列举的，但如果采用高度概括的方式，也可以穷尽一般人格权的具体内容，将一般人格权极其广泛的内容涵括进去。基于这一认识，

---

① 朱庆育：《权利的非伦理化：客观权利理论及其在中国的命运》，《比较法研究》2001年3期。

② [德]卡尔·拉伦茨：《德国民法通论》，王晓晔、邵建东等译，法律出版社2003年版，第171页。

③ 拉伦茨对一般人格权与特别人格权的关系做了精辟的论述。他认为：“一般人格权与特别人格权的关系可做如下概括：一般人格权作为任何人都应当受尊重的权利是所有特别人格权的基础，特别人格权是一般人格权的一部分，因此，从法律逻辑上说，一般人格权，优先于特别人格权。在法律适用中，如特别人格权受到侵害，但难以划界从而不能援引关于一般人格权的规定，则优先适用特别人格权。与‘一般人格权’相比，特别人格权在内容上规定得较为明确，或者还可以规定出来。例如，什么是对身体的伤害，就容易作出判定；是否出现了对身体的伤害，一般也是清楚的。在认定非法侵害特别人格权时，任何情况下都无须权衡财产利益，但在认定非法侵害一般人格权时，权衡财产利益就是必要的。强调特别人格权并对之做较为准确的划界，有利于适用法律，提高法律的稳定性。但是，人们终究不可能在范围上通过划界将所有人性中值得保护的表现和存在的方面无一遗漏地包括进来。因为人们不可能无遗地认识到可能出现的所有冲突。如果具体案情中未出现对特别人格权的侵犯，则尚需审查，是否存在对一般人格权的侵犯，对此就须考虑特别的情节和有关人的利益。”参见[德]卡尔·拉伦茨：《德国民法通论》，王晓晔、邵建东等译，法律出版社2003年版，第174页。

该学者将一般人格权的内容概括为人格独立、人格自由和人格尊严三个方面。[①] 我们认为,人格独立是自然人享有人格权(包括一般人格权)的前提,将其归结为一般人格权的内容,似有本末倒置之嫌。人格尊严则是法律确立一般人格权的正当性基础,也非一般人格权的内容。而所谓人格自由,也是论者自己创立的一个概念。在传统的法律概念体系中,并没有人格自由这一概念。在我们看来,人格作为人格权的客体,是无所谓自由不自由的。而主张人格自由是一般人格权的内容的学者也未能科学地对这一概念加以界定[②],给人不知所云的感觉。

我们认为,无论是在立法中,还是在理论研究中,一般人格权的具体内容是无法也不应该事先确定的。如果在立法中确定一般人格权的具体内容,将有违法律确立一般人格权的初衷。即使在理论研究中,研究者也只能为一般人格权内容的确定提供方法论上的指导,以为法官在个案中参考。事实上,一般人格权既然是一种开放性的权利,具有一般条款的性质,对于一般人格权的内容的确定,就属于一项补充法律漏洞的作业。台湾学者黄茂荣先生认为,"由开放性概念引起的不圆满状态,亦属法律漏洞。"这种漏洞被称为"法内漏洞"或"授权补充的漏洞"。[③]

所谓法内漏洞,是指须评价地予以补充的法律概念,包括类型式概念及一般条款。法律概念以是否确定为标准,可分为确定的法律概念和不确定的法律概念。根据不确定性的程度的不同,不确定的法律概念又可分为两种:一种是内涵是不确定的,但外延是封闭的,又称为封闭的不确定概念,如危险、物、违法性等;二是内涵是不确定的,而外延是开放的,又称为开放的不确定概念,如重大事由、合理、显失公平等。所谓开放的不确定概念,包括类型式概念和一般条款,是必须经评价地加以补充,才能被适用于具体案件的概念,其特征在于开放性,即其可能的文义不足以确定其外延。[④] 这种法律漏洞存在上的必要,"是因人类在规范的设计上的有力不从心之处。他们尚不能完全知道:哪些是应加规范的,以及对已认为应加规范者,应如何才能清楚地加以规范?

---

① 杨立新:《人身权法论》,人民法院出版社 2002 年版,第 378 页以下。也有学者将一般人格权的内容概括为人身自由和人格尊严两个方面。参见王利明、杨立新、姚辉编著:《人格权法》,法律出版社 1997 年版,第 30 页以下。

② 杨立新:《人身权法论》,人民法院出版社 2002 年版,第 381～382 页。

③ 黄茂荣:《法学方法与现代民法》,中国政法大学出版社 2001 年版,第 301 页。

④ 黄茂荣:《法学方法与现代民法》,中国政法大学出版社 2001 年版,第 299 页;梁慧星:《民法解释学》,中国政法大学出版社 1995 年版,第 251 页。

于是乃乞灵于开放性的概念，期能弹性地、演变地对生活事实加以规范，而不至于挂一漏万。"[①]

如前所述，一般人格权是一种"框架权利"，具有发展性、开放性和不确定性等特点，随着人类文化及社会经济的发展，一般人格权的范围不断扩大，内容亦愈丰富。何种行为侵犯一般人格权、是否以及如何对之提供救济皆由法官根据个案进行判断。即使法律明确规定了"一般人格权"，也仅仅是搭起了一个"框架"，其具体内容须待生活现实填充，而由法官根据具体个案情况进行自由裁量。由此可见，一般人格权的内涵具有不确定性的特点，而其外延又具有开放性。因此，我们认为，一般人格权属于"开放的不确定概念"，而且兼具类型式概念和一般条款的性质，应属于法内漏洞之列。

由于"法内漏洞"属于"授权补充的漏洞"，即立法者已授权法官在个案中依价值判断将类型式概念和一般条款具体化，[②]因此，法内漏洞的补充，被称为价值补充，在性质上属于漏洞补充。[③] 法官在根据个案的具体情况对一般人格权进行漏洞补充时，必须做到如下三点：首先，法官在价值判断时，应依据客观标准，即须依据存在于社会上可以认识的伦理、价值、规范及公平正义观念，切忌依个人主观感情以为判断。[④] 其次，法官在价值判断时，应负充分说理的义务。因为一般人格权属于开放性概念，对开放性概念的价值补充，是针对各具体案件，依照法律精神、立法目的，斟酌社会情事和需要，予以具体化，以求个案的实质公平和妥当性。因此，法官在将一般人格权具体化时，应将理由详细说明，且不得直接引用其他判例作为判断标准。[⑤] 最后，法官在价值判断时，应注意社会一般观念及伦理标准的变迁。开放性概念的主要功能之一，在于能够适应社会经济发展及伦理道德价值观念之变迁而适用法律，以使法律能够与时俱进，实践其规范功能。因此，在社会经济的发展促成社会一般观念及伦理道德观念发生变更之后，不可拘泥于过时的陈旧观念和道德标准。[⑥]

---

① 黄茂荣：《法学方法与现代民法》，中国政法大学出版社 2001 年版，第 301 页。

② 黄茂荣：《法学方法与现代民法》，中国政法大学出版社 2001 年版，第 301 页。

③ 梁慧星：《民法解释学》，中国政法大学出版社 1995 年版，第 297 页。

④ 杨仁寿：《法学方法论》，中国政法大学出版社 1999 年版，第 136 页。

⑤ 200 杨仁寿：《法学方法论》，中国政法大学出版社 1999 年版，第 136 页；黄茂荣：《法学方法与现代民法》，中国政法大学出版社 2001 年版，第 354～359 页。

⑥ 梁慧星：《民法解释学》，中国政法大学出版社 1995 年版，第 298 页。

三、法人的一般人格权

有学者认为，不仅自然人享有一般人格权，法人也享有一般人格权，因为法人和自然人一样，也有独立的人格。[①] 我们认为，这种观点是值得商榷的。如前所述，自然人享有一般人格权的基础是自然人是伦理意义上的人，其本身具有终极价值。因此，要讨论法人是否享有一般人格权的问题，就必须首先回答法人是否是"伦理意义上的人"。

法人有营利法人和非营利法人之分。无论是营利性法人还是非营利性法人，在本质上都只是自然人的手足，是实现自然人特定目的的手段，本身不具有"终极价值"，而只具有一种"相对的价值"。就是为了满足这样一种"相对的价值"，法人也主要是作为一个财产能力范畴的主体而存在。尽管对法人的本质的认识有否认说、拟制说和实在说三种学说。但无论哪一种学说，都认为法人存在的基础是法人具有独立的财产，并能独立承担民事责任。[②] 换言之，法人存在的真正基础就是财产，离开财产，法人便失去了作为民事主体的法律资格，就不能成为"法律上的人"。但自然人则不同。自然人能成为"法律上的人"的真正原因和唯一原因就是自然人本身的存在，自然人成为"法律上的人"的唯一条件就是自然人的出生，是否具有独立的财产，对于自然人成为"法律上的人"，丝毫不发生影响。换言之，即使一个自然人没有任何财产，也仍然是"法律上的人"。其根本原因在于：自然人是伦理意义上的人，具有伦理人的尊严，其存在本身就是目的，因而具有终极价值。而法人则仅仅为财产而存在，为自然人的特定目的而存在，一旦没有相应的财产或者不能满足（设立法人的）自然人的需要，便失去了存在的基础。可见，法人自身没有伦理人的尊严，因而不能成为伦理意义上的主体，从而也没有应受保护的私生活，进而不可能被赋予所谓"私生活的权利"或"隐私权"，更不可能发展出"一般人格权"。[③] 就法人的自由发展权而言，仅指法人可以进入的那些活动领域。法人不能享有自由择业的权利，因为法人本身不可能从事某种职业。法人也不能享有家庭法中的法律地位。因此，"法人的权利能力充其量不过是部分权利能

---

① 杨立新：《人身权法论》，人民法院出版社 2002 年版，第 384 页。

② 刘得宽：《民法诸问题与新展望》，中国政法大学出版社 2002 年版，第 495 页以下。

③ [德]卡尔·拉伦茨：《德国民法通论》，王晓晔、邵建东等译，法律出版社 2003 年版，第 182 页。

力，即具有财产法上的能力，与此相联系也有参与法律交易的能力。”[①]在德国，民法学者梅迪库斯还进一步指出，《基本法》第1条第1款、第2条第2款第1句、第3条第2款、第4条第3款、第6条等所规定的权利，绝对不适用于法人的基本权利。[②] 因此，法人不享有也不应当享有一般人格权。[③]

第五节 人格权的民法保护

一、侵害人格权的民事责任

对人格权的保护，是各个法律部门的共同任务。各个法律部门，根据其不同的性质，从不同的角度对人格权的保护作出相应的规定。例如我国民法、刑法、行政法分别根据自己的性质规定了侵犯人格权的民事责任、刑事责任和行政责任，从而形成一个多层次的保护人格权的法律责任体系。本书主要介绍对人格权的民法保护。对人格权的保护是民法的基本任务。民法对人格权的保护方法，主要是确认侵害人格权的违法行为为侵权行为，并使侵权人承担侵权的民事责任而对受害人予以法律救济。

根据《民法通则》的相关规定，承担侵害人格权的民事责任的方式主要有以下几种：

1. 停止侵害。侵害他人人格权的行为仍然处于持续状态尚未停止的情况下，受害人可依法请求侵害人停止其侵害行为。如要求侵害人停止发行、传播败坏自己名誉的书刊等。这种方法的作用在于制止侵害行为，防止侵害后果的扩大。

2. 排除妨碍。即侵害人实施的侵害行为使受害人无法行使或者不能正常行使其人格权时，受害人可依法请求排除妨碍。如对他人对自己命名、更名的干涉，权利人可依法请求予以排除。排除妨碍方法的适用，目的在于让权利人恢复正常行使权利。

---

① [德]卡尔·拉伦茨：《德国民法通论》，王晓晔、邵建东等译，法律出版社2003年版，第182页。

② [德]卡尔·拉伦茨：《德国民法通论》，王晓晔、邵建东等译，法律出版社2003年版，第182页。

③ [德]迪特尔·梅迪库斯：《德国民法总论》，法律出版社2000年版，第821页。

3.消除危险。即行为人的行为虽然尚未对他人的人格权造成实际损害，但是存在侵害他人人格权的危险，在此情况下，权利人有权要求消除现存的危险。如邻居饲养的动物存在致人伤害的危险时，可依法请求加强管理予以消除等。实践中，对生命权、健康权和身体权的保护，经常使用这种方法。

4.消除影响、恢复名誉。即当人格权受到不法侵害，造成了不良的社会影响时，受害人可依法请求侵害人采取适当措施在影响所及的范围内，消除不良后果，恢复受害人的名誉和人格尊严。消除影响、恢复名誉方法，可用于对姓名权、肖像权、名誉权及隐私权的保护。

5.赔礼道歉。即侵害人就其侵权行为主动向受害人公开认错，表示歉意。此种方法可以弥补受害人心理上所受到的损害，抚平受害人感情上的创伤。赔礼道歉的方式有两种：一是侵害人在法庭上当庭向受害人表示歉意，请求谅解；二是侵害人以书面方式表示歉意并在媒体上公布。

6.赔偿损失。即当权利人的人格权受到侵害并造成损害时，受害人可依法要求侵害人予以财产补偿。赔偿损失属于财产性的保护方法，可用于对人格权遭受侵害时而产生的各种损害的补偿，包括受害人财产上的损害，也包括受害人精神上的损害。

二、人身损害赔偿

(一)概述

人身损害赔偿是指侵权人因对物质性人格权的侵害造成的损失所应承担的赔偿责任，包括人身伤害赔偿和致人死亡赔偿。对物质性人格权侵害的直接后果主要体现在两个方面：一是人身损害(包括死亡)，二是财产损失(如医疗费、误工费等)。对于前者，无法用财产赔偿的方式予以填补，而只能以非财产责任(如赔礼道歉)的方式予以救济。简言之，人身损害的救济应当排除同质救济原则的适用。这是因为，自然人的身体、生命和健康都是无法用金钱来计算其价值，也无法用金钱对受害人的人身损失进行补偿。对于后者，则可以而且必须以财产赔偿的方式予以救济。对于财产损失，同质救济原则就必须彻底地予以贯彻，即有损失就有赔偿；损失多少，就赔偿多少；没有损失，就不用赔偿。

(二)赔偿范围及赔偿数额的确定

关于人身损害赔偿的范围，2003 年 12 月 4 日颁布的《最高人民法院关于审理人身损害赔偿案件适用法律若干问题的解释》(以下简称《人身损害解释》)第 17 条分 3 款对此作出了规定，其第 1 款规定：“受害人遭受人身损害，因就医治疗支出的各项费用以及因误工减少的收入，包括医疗费、误工费、护理费、交通费、住宿费、住院伙食补助费、必要的营养费，赔偿义务人应当予以赔偿。"第2款规定："受害人因伤致残的，其因增加生活上需要所支出的必要费用以及因丧失劳动能力导致的收入损失，包括残疾赔偿金、残疾辅助器具费、被扶养人生活费，以及因康复护理、继续治疗实际发生的必要的康复费、护理费、后续治疗费，赔偿义务人也应当予以赔偿。"第3款规定："受害人死亡的，赔偿义务人除应当根据抢救治疗情况赔偿本条第1款规定的相关费用外，还应当赔偿丧葬费、被扶养人生活费、死亡补偿费以及受害人亲属办理丧葬事宜支出的交通费、住宿费和误工损失等其他合理费用。人身损害赔偿范围主要包括：医疗费、误工费、护理费、交通费、住宿费、住院伙食补助费、必要的营养费。"据此，人身损害赔偿的范围主要包括如下内容：

1. 医疗费

根据《人身损害解释》第19条的规定，医疗费根据医疗机构出具的医药费、住院费等收款凭证，结合病历和诊断证明等相关证据确定。赔偿义务人对治疗的必要性和合理性有异议的，应当承担相应的举证责任。医疗费的赔偿数额，按照一审法庭辩论终结前实际发生的数额确定。器官功能恢复训练所必要的康复费、适当的整容费以及其他后续治疗费，赔偿权利人可以待实际发生后另行起诉。但根据医疗证明或者鉴定结论确定必然发生的费用，可以与已经发生的医疗费一并予以赔偿。

2. 误工费

根据《人身损害解释》第20条的规定，误工费根据受害人的误工时间和收入状况确定。误工时间根据受害人接受治疗的医疗机构出具的证明确定。受害人因伤致残持续误工的，误工时间可以计算至定残日前一天。受害人有固定收入的，误工费按照实际减少的收入计算。受害人无固定收入的，按照其最近三年的平均收入计算；受害人不能举证证明其最近三年的平均收入状况的，可以参照受诉法院所在地相同或者相近行业上一年度职工的平均工资计算。

3. 护理费

根据《人身损害解释》第21条的规定，护理费根据护理人员的收入状况和护理人数、护理期限确定。护理人员有收入的，参照误工费的规定计算；护理人员没有收入或者雇佣护工的，参照当地护工从事同等级别护理的劳务报酬标准计算。护理人员原则上为一人，但医疗机构或者鉴定机构有明确意见的，可以参照确定护理人员人数。护理期限应计算至受害人恢复生活自理能力时止。受害人因残疾不能恢复生活自理能力的，可以根据其年龄、健康状况等因素确定合理的护理期限,但最长不超过 20 年。受害人定残后的护理,应当根据其护理依赖程度并结合配制残疾辅助器具的情况确定护理级别。

4. 交通费

根据《人身损害解释》第 22 条的规定,交通费根据受害人及其必要的陪护人员因就医或者转院治疗实际发生的费用计算。交通费应当以正式票据为凭;有关凭据应当与就医地点、时间、人数、次数相符合。

5. 伙食补助费

根据《人身损害解释》第 23 条的规定,住院伙食补助费可以参照当地国家机关一般工作人员的出差伙食补助标准予以确定。受害人确有必要到外地治疗,因客观原因不能住院,受害人本人及其陪护人员实际发生的住宿费和伙食费,其合理部分应予赔偿。

6. 营养费

根据《人身损害解释》第 24 条的规定,营养费根据受害人伤残情况参照医疗机构的意见确定。

7. 残疾赔偿金

根据《人身损害解释》第 25 条的规定,残疾赔偿金根据受害人丧失劳动能力程度或者伤残等级,按照受诉法院所在地上一年度城镇居民人均可支配收入或者农村居民人均纯收入标准,自定残之日起按 20 年计算。但 60 周岁以上的,年龄每增加一岁减少一年;75 周岁以上的,按 5 年计算。受害人因伤致残但实际收入没有减少,或者伤残等级较轻但造成职业妨害严重影响其劳动就业的,可以对残疾赔偿金作相应调整。

8. 残疾辅助器具费

根据《人身损害解释》第 26 条的规定,残疾辅助器具费按照普通适用器具的合理费用标准计算。伤情有特殊需要的,可以参照辅助器具配制机构的意见确定相应的合理费用标准。辅助器具的更换周期和赔偿期限参照配制机构的意见确定。

9. 丧葬费

根据《人身损害解释》第 27 条的规定,丧葬费按照受诉法院所在地上一年度职工月平均工资标准,以 6 个月总额计算。

10. 被扶养人生活费

根据《人身损害解释》第 28 条的规定,被扶养人生活费根据扶养人丧失劳动能力程度,按照受诉法院所在地上一年度城镇居民人均消费性支出和农村居民人均年生活消费支出标准计算。被扶养人为未成年人的,计算至 18 周岁;被扶养人无劳动能力又无其他生活来源的,计算20年。但60周岁以上的,年龄每增加一岁减少一年;75周岁以上的,按5年计算。被扶养人是指受害人依法应当承担扶养义务的未成年人或者丧失劳动能力又无其他生活来源的成年近亲属。被扶养人还有其他扶养人的,赔偿义务人只赔偿受害人依法应当负担的部分。被扶养人有数人的,年赔偿总额累计不超过上一年度城镇居民人均消费性支出额或者农村居民人均年生活消费支出额。

11.死亡赔偿金

根据《人身损害解释》第29条的规定,死亡赔偿金按照受诉法院所在地上一年度城镇居民人均可支配收入或者农村居民人均纯收入标准,按20年计算。但60周岁以上的,年龄每增加一岁减少一年;75周岁以上的,按5年计算。

此外,《人身损害解释》还规定,赔偿权利人举证证明其住所地或者经常居住地城镇居民人均可支配收入或者农村居民人均纯收入高于受诉法院所在地标准的,残疾赔偿金或者死亡赔偿金可以按照其住所地或者经常居住地的相关标准计算。确定的损害赔偿金,原则上应当一次性给付。超过确定的护理期限、辅助器具费给付年限或者残疾赔偿金给付年限,赔偿权利人向人民法院起诉请求继续给付护理费、辅助器具费或者残疾赔偿金的,人民法院应予受理。赔偿权利人确需继续护理、配制辅助器具,或者没有劳动能力和生活来源的,人民法院应当判令赔偿义务人继续给付相关费用5至10年。赔偿义务人请求以定期金方式给付残疾赔偿金、被扶养人生活费、残疾辅助器具费的,应当提供相应的担保。人民法院可以根据赔偿义务人的给付能力和提供担保的情况,确定以定期金方式给付相关费用。但一审法庭辩论终结前已经发生的费用、死亡赔偿金以及精神损害抚慰金,应当一次性给付。属于《国家赔偿法》赔偿事由的,依照《国家赔偿法》的规定处理。

三、精神损害赔偿

(一)精神损害赔偿的概念和功能

精神损害是指自然人因其人身权受到侵害而遭受的生理上、心理上的损害,包括精神痛苦和精神利益的损失。所谓精神痛苦是指自然人因人格权受到侵害而遭受的生理、心理上的痛苦,导致精神活动出现障碍,或使人产生愤怒、绝望、恐惧、焦虑、不安等不良情绪。所谓精神利益的损失是指自然人的人身利益遭受侵害,如名誉受到毁损、肖像权受到侵害等。[①] 精神损害赔偿是自

① 王利明、杨立新、姚辉编著:《人格权法》,法律出版社1997年版,第223页。

然人因其人格权受到不法侵害，使其遭受精神痛苦或者精神利益遭受损失，要求侵权人通过财产赔偿等方法进行救济和保护的民事法律制度。精神损害赔偿制度具有三个方面的功能：

1. 补偿功能

补偿是对受到侵害的权利和利益以及实际损害后果的一种填补。有权利必有救济，有损失就必须填补，是民法的基本理念之一。填补损害是基于公平正义的理念，其主要目的在使被害人的损害能获得实质、迅速的填补。[①] 补偿功能由此成为精神损害赔偿制度的基本功能。精神损害虽然是一种无形损害，无法用财产的价值加以衡量，但通过财产赔偿的方式对受害人提供救济，至少可以在一定程度上填补受害人的精神损失。

2. 抚慰功能

金钱作为价值和权利的一般尺度，可以成为满足受害人人身及精神需要的物质手段。尽管它无法完整弥补受害人的精神损失，但是它可以使受害人在其他方面得到精神的享受。因此，金钱赔偿在这种情况下是民法唯一可以采用的给受害人以满足的方法。这种需要的满足，恰恰是为了抚平受害人的精神创伤，慰藉其感情的损害，通过改变受害人的外环境而克服其内环境即心理、生理以及精神利益损害所带来的消极影响，恢复身心健康。[②] 精神损害赔偿制度的这种功能，就是抚慰功能。

3. 遏制功能

精神损害赔偿制度的遏制功能可以通过三种机制对行为人产生作用：(1)道德心理机制，例如，通过赔偿责任的课负，可以使行为人自我反省，自觉自律；(2)舆论机制，例如，一项损害赔偿的判决，若获得公众的赞同，将形成对行为人的舆论压力，这种压力不仅可以促使行为人改过，而且可以为其他人提供示范；(3)利益机制，例如，对一个为获利益而试图侵犯他人权益或者试图从事冒险活动的人来说，对未来的赔偿支出的顾虑可能使他不得不改变主意或者采取必要的预防措施。当然，这些机制并非对每一个人都绝对奏效，但是我们毕竟不能以苛求来代替实证。[③]

(二)精神损害赔偿的法理基础

在 19 世纪初期，资产阶级的人本主义思想强调人的价值高于一切，人的

---

① 王泽鉴：《侵权行为法》(第一册)，中国政法大学出版社 2001 年版，第 8 页。

② 杨立新：《人身权法论》，人民法院出版社 2002 年版，第 275 页。

③ 王家福主编：《中国民法学・民法债权》，法律出版社 1991 年版，第 443 页。

人格和名誉是不可以买卖的,因而在其受到损害时也不得以金钱的方式进行赔偿或者抚慰。这样的法律具有浓厚的理想主义色彩,但是在一个人们普遍注重与追求物质利益的社会里,这样的理想却并不利于对公民人格的保护。到了20世纪,立法和司法者纷纷改变了态度,承认人格权受到损害可以以金钱的方式进行赔偿或者抚慰。①

《民法通则》颁布前,我国民法理论也曾长期不承认精神损害的物质赔偿,对于侵害人格权的侵权行为,其赔偿责任仅限于由此产生的财产损失。其理论上的根据主要有如下三点:第一,对精神损失进行赔偿,容易把人格商品化,不利于对公民人格权的保护和社会道德水平的提高;第二,精神损害很难用金钱来计算和衡量,无法计算;第三,我国没有精神损害用金钱来赔偿的民事责任传统,而历来是由加害人以非金钱的方式,如平反、恢复名誉、消除影响和赔礼道歉承担责任。②《民法通则》颁布后,我国民法学界对精神损害进行金钱赔偿基本上都持赞同态度。其理论上的根据主要有如下几点:第一,承认精神损害的金钱赔偿,是消除封建余毒、贯彻人格尊严不可侵犯的宪法原则的要求;③第二,承认精神损害的金钱赔偿是现代侵权行为法的发展趋势,是法律进步的体现,是人类文明发展的要求;④第三,有利于伸张正义,抚平受害人的内心创伤;第四,有利于加强对加害人的惩戒。⑤

我们认为,对精神损害实行金钱赔偿的救济方式,有着非常重要和深远的意义。首先,从受害人的角度看,民事责任的首要功能是对民事权利提供救济。受害人的人格权受到侵害后,对其实行金钱赔偿,尽管不可能使其精神或心理恢复到与受害前完全相同的状况,但却可以得到这个世界上非常重要的一项东西——金钱。尽管金钱不是主宰人们的万能之主,但是在商品社会里,确实起着任何其他物质不可替代的作用。而且,受害人在得到金钱赔偿的同时,并不影响其他方式的法律救济,如赔礼道歉,消除影响、恢复名誉等。此外,受害人可以使用所获得的赔偿金钱,进行一些有利于身心健康的活动,如旅游、休闲、娱乐等,从中得到乐趣,达到减轻或者消除精神痛苦的目的。其

---

① 张新宝:《隐私权的法律保护》,群众出版社1997年版,第282页。

② 刘书:《论我国的侵权损害赔偿》,《安徽大学学报》(哲学社会科学版)1984年第4期。

③ 刘保玉:《精神损害的赔偿问题探讨》,《法学》1987年第6期。

④ 周林彬:《名誉损害赔偿问题刍议》,《法学评论》1995年第1期。

⑤ 法学研究编辑部:《新中国民法学研究综述》,中国社会科学出版社1990年版,第510页。

次，从加害人的角度看，由加害人承担金钱赔偿责任，具有一定的惩戒性。无论是对于加害人本人还是对其他社会成员来说，都具有惩戒作用。绝大多数正常人都不会愿意支付这份赔偿金，而且支付这份赔偿金会或多或少影响到责任承担者的物质生活乃至精神状况。这将从一个方面发挥侵权行为法的社会功能，减少侵害他人人格权的侵权行为的发生。[①]

（三）精神损害赔偿的范围

精神损害赔偿的范围问题，指的是哪些权利受到侵害时，可以请求加害人赔偿精神损失。对此，各国法律规定不一，理论界也存有争议，并形成了多种学说。[②] 根据2001年2月26日颁布的《最高人民法院关于确定民事侵权精神损害赔偿责任若干问题的解释》（以下简称《精神损害解释》），精神损害赔偿只能适用于自然人人格权（包括物质性人格权和精神性人格权）和身份权受侵害的情形，法人没有精神利益，也无所谓精神痛苦，因而无权请求精神损害赔偿。[③] 财产权受侵害，虽然也会给权利人带来精神损害，权利人也无权请求精神损害赔偿。但具有人格象征意义的特定纪念物品，因侵权行为而永久性灭

---

① 张新宝：《隐私权的法律保护》，群众出版社1997年版，第283页。

② 王利明、杨立新、姚辉编著：《人格权法》，法律出版社1997年版，第231页以下。

③ 《精神损害解释》第1条规定："自然人因下列人格权利遭受非法侵害，向人民法院起诉请求赔偿精神损害的，人民法院应当依法予以受理：

（一）生命权、健康权、身体权；

（二）姓名权、肖像权、名誉权、荣誉权；

（三）人格尊严权、人身自由权。

违反社会公共利益、社会公德侵害他人隐私或者其他人格利益，受害人以侵权为由向人民法院起诉请求赔偿精神损害的，人民法院应当依法予以受理。"

第2条规定："非法使被监护人脱离监护，导致亲子关系或者近亲属间的亲属关系遭受严重损害，监护人向人民法院起诉请求赔偿精神损害的，人民法院应当依法予以受理。"

第3条规定："自然人死亡后，其近亲属因下列侵权行为遭受精神痛苦，向人民法院起诉请求赔偿精神损害的，人民法院应当依法予以受理：

（一）以侮辱、诽谤、贬损、丑化或者违反社会公共利益、社会公德的其他方式，侵害死者姓名、肖像、名誉、荣誉；

（二）非法披露、利用死者隐私，或者以违反社会公共利益、社会公德的其他方式侵害死者隐私；

（三）非法利用、损害遗体、遗骨，或者以违反社会公共利益、社会公德的其他方式侵害遗体、遗骨。"

第5条规定："法人或者其他组织以人格权利遭受侵害为由，向人民法院起诉请求赔偿精神损害的，人民法院不予受理。"

失或者毁损，给物品所有人造成精神损害的，物品所有人有权请求赔偿精神损害。此外，自然人因侵权行为致死，或者自然人死亡后其人格或者遗体遭受侵害，给死者的配偶、父母和子女造成赔偿精神损害的，其配偶、父母和子女有权请求精神损害赔偿，没有配偶、父母和子女的，其他近亲属也有权请求精神损害赔偿。

（四）精神损害赔偿数额的确定

根据《精神损害解释》第10条的规定，除法律、行政法规对残疾赔偿金、死亡赔偿金等有明确规定的外，精神损害的赔偿数额根据以下因素确定：

1.侵权人的过错程度，法律另有规定的除外；

2.侵害的手段、场合、行为方式等具体情节；

3.侵权行为所造成的后果；

4.侵权人的获利情况；

5.侵权人承担责任的经济能力；

6.受诉法院所在地平均生活水平。

第6章 物

第一节 物的概念

一、物的概念和构成要件

(一)物的概念

在法律上,物作为一切财产关系中的最基本要素,具有重要的意义。本来,在民法上,物是物权的客体,关于物的法律规范应当安排在物权编中。但在实际上,一切民事法律关系均与物有着直接或者间接的联系。例如债权法律关系的客体虽为给付行为,但是在很多场合,物乃给付行为的标的,称为标的物。在亲属关系中,亲属权固然是主要是身份权,但也包含财产权,物是其财产权部分的重要客体之一。在继承关系中,继承权虽然是以身份关系为基础,但继承权的客体则是财产权,物也是作为继承权客体的财产权的重要客体之一。知识产权法律关系的客体虽然是无形的智力成果,但对于智力成果的保护同样不能离开物。智力成果是信息集合。信息是无形的。要使这种无形的信息集合成为能在法律上加以控制和保护的对象,就必须首先将其固定在某种有形的载体上,实现从“无形”到“有形”的转换,使其成为人类可感知和控制的对象。这里所谓“有形的载体”,就是物。

可见,物是所有法律关系中最为重要、最为普遍的一种客体,将物规定在民法典总则部分,不仅没有违背民法典编纂的逻辑,反而是立法科学化的一种表现。德国、日本、泰国和我国台湾地区均在民法典的总则中对物加以规定。我国尚未制定民法典,在《民法通则》中使用了物的概念,但并没有对物的概念作出界定,也没有对物的相关规范作出全面规定。正在起草的民法典草案,仿效德国和日本做法,在其总则中专设一章对物加以规定。

在学理上，究竟何者为物？存在着诸种观点。[①] 依通说，法律上的物，是指存在于人身之外可以满足人们的社会生活需要并且能够被人们所实际控制或支配的物质实体和自然力。

（二）物的构成要件

1.须为物质实体或自然力

即法律上的物必须具有物理属性。例如固态、液态、气态的物质，或者热、电、声、光、磁力等能源。不具备物理属性的权利、人类智力成果等，不是物，而是物之外的另一类权利客体。

2.须存在于人体之外

现代民法上，自然人均具有独立人格而成为民事权利主体，自然人的人格受法律保护，法律禁止将自然人作为物权客体。因此，自然人虽为物理上所称的物，但与作为民事法律关系客体的物存在区别，物只能存在于自然人人体之外，即应当具备客体性。活人身体的全部或一部分，皆不得为物。在生活习惯上与人体不可分离的假肢、假牙等，也应当视为人体的一部分而不属于物，但是它们一旦与人体分离，则可为物。此外，诸如头发、血液、可移植的器官等，虽然在分离前为人体的组成部分，但是自人体分离之后，则成为外界之物，当然可以成为法律上的物。[②]

至于人的尸体，与人是两个不同的法律概念。虽然人在死亡后其人格也随之消灭，但是关于尸体是否可以为物，却存在着不同的认识，主要有以下四种观点：[③]第一种观点认为，尸体为物，可以作为所有权的客体，由继承人享有所有权，但其所有权的行使应当受到严格的限制，不能作为使用、收益及处分的标的，此观点为日本学说判例的通说；第二种观点认为，尸体为物，但不能成为所有权的客体，也不能成为遗产，只能是特定的埋葬行为的标的，此观点为德国学者的通说；第三种观点认为，尸体为物，但只能构成遗族的人格权或者亲属权的标的，不能作为所有权或其他财产权的客体；第四种观点认为，自然人的人格并不因为死亡而完全消灭，至少在死者的尸体上其人格仍然存续，因

① 关于物的不同定义，可参见刘心稳主编：《中国民法学研究述评》，中国政法大学出版社1996年版，第293～294页。

② 有的学者认为，人体的生理组成部分与人体分离后可以为物，但是在分离时必须以不伤害人体健康且不违背公序良俗为要件。参见施启扬：《民法总则》，台湾三民书局1996年版，第177页。

③ 李宜琛：《民法总则》，台湾正中书局1977年版，第174～175页。

此尸体不能为物。上述四种观点中,我们赞同第一种观点,即尸体为物,可以作为所有权的客体,但其所有权的行使应当受到严格的限制,必须与公序良俗和社会公共利益相一致,如尸体可用于火化、埋葬、供奉、祭祀等目的。

3. 须能满足人们的社会生活需要

人们的社会生活包括物质生活和精神生活两个方面,法律上的物必须能够满足人们的物质生活需要或者精神生活需要,例如粮食、日常生活用品、亲人的照片等。由此可见,法律上的物必须具有使用价值和交换价值。任何没有使用价值和交换价值的物,可以构成物理学上的物,但是不能成为法律上的物。此外,物的价值不仅仅体现在经济方面,而且可以是否能够满足人们的精神生活需要来加以衡量,例如上述的亲人的照片等,虽然不能用金钱衡量其价值,但对于具有亲情关系的人来说则极具价值。

4. 须能为人们所实际控制或支配

法律关系是人们在调整彼此之间的利益过程中所发生的一种社会关系。只有能为人们所实际控制或支配的物,人们才能依此形成彼此之间的利益分配关系,进而以此为客体设定各种权利、义务关系。因此,法律上的物,必须能够为人们所控制或支配。不能为人们所控制或支配的物,例如,日、月、星辰等,仅为物理上的物,而非法律上的物。[①]

5. 须具有稀缺性

有的学者主张,物的效用和稀缺性也能产生价值,法律上的财产关系反映的是人与人之间就稀缺资源的利用发生的关系。[②] 据此,可以认为,只有稀缺的物,才能成为法律上的物,而非一切能满足人们需要的物都可以构成法律上的物。例如阳光、空气等,就一般不能构成法律上的物,原因在于它们能够无限地供给,不具有稀缺性。

二、物的概念之扩张

(一)无形的"自然力"

传统民法理论与立法认为,物仅限于有体物。根据日本学者的解释,所谓"有体",是指物质上占有一定的空间而有形的存在者。因此,固体、气体和液体皆为物,而电、热、声、光等均不是物。由于社会经济和科学技术的发展,对

---

① 有的学者认为,法律概念不应拘泥,凡物理上的物,即使人力尚不能支配,也不妨承认为法律上的物。参见梁慧星:《民法总论》,法律出版社 1996 年版,第 82 页。

② 彭万林主编:《民法学》,中国政法大学出版社 1994 年版,第 2 页、第 50 页。

电热声光等自然力的广泛利用,迫使法律扩张物的概念。在现代民法中,电热声光等自然力,也被称为物,而不局限于有体物。[①]

(二)人力尚不能支配之物

传统民法理论认为,法律上所称的物应以人力所能支配者为限。凡人力不能支配之物,仅为物理上的物,不能成为法律上的物。因此,海洋、大气、日月星辰,均不能成为法律上的物。但在现代,人类征服自然的能力日益强大,人类活动范围也日益扩张,大洋之海底及宇宙空间正逐渐成为人类探索、开发的对象。[②] 因此,所谓人力所能支配,应当是一个动态的概念,物的概念也必须随着科学技术的发展而不断改变。过去由于人力无法支配的而不被认为是物的东西,现在或者将来则可能成为物,例如月亮上的岩石、深海中的矿物等。

(三)活人之器官

传统民法理论认为,人的身体不是物,不能成为权利客体。但随着科学技术的发展,上述观念正面临挑战。如器官移植、器官捐赠等,均以活人之器官为权利客体和合同的标的物。身体的一部分,一旦与人分离,应视为物,人死后的尸体也属于物。

以分离身体的一部分为标的的合同是否有效,应视其是否违背公序良俗原则而定。例如理发、拔牙及切除感染癌细胞的大肠,均不违背公序良俗原则,故为有效。卖血合同,虽有金钱对价,因其目的在于医疗,也应认为不与公序良俗原则相悖而有效。[③] 关键的问题是,这类以分离他人身体器官为标的物的合同何时生效;如果该他人拒绝履行,对方当事人是否可申请法院强制执行。对此,我国台湾学者史尚宽先生认为,为输血的血液买卖等,于不至成为重伤之限度虽有效成立,然不能赋予受移植人以由移植人之活体,将其取去的权利,移植人如愿意供给血液,契约始生效力,在此之前其契约尚未发生效力。[④] 德国学者认为卖血之人得随时撤回其同意。二说立论虽有不同,但均肯定对于人体部分的分离,不能强制执行,以维护人之价值与尊严。[⑤]

(四)空间

传统民法理论认为,法律上的物必须是有形、有体,空间不能成为法律上

---

① 梁慧星:《民法总论》,法律出版社1996年版,第81页。

② 梁慧星:《民法总论》,法律出版社1996年版,第82页。

③ 王泽鉴:《民法总则》,中国政法大学出版社2001年版,第216页。

④ 史尚宽:《民法总论》,中国政法大学出版社2000年版,第260页。

⑤ 王泽鉴:《民法总则》,中国政法大学出版社2001年版,第216页。

的物。但20世纪以来，随着现代工业和科学技术的发展，地上高层建筑物和地下建筑物比比皆是。在这种背景下，空间权和空间法遂应运而生。空间成为权利客体，成为法律上的物。其理论依据是，空间虽不同于一般的有体物，但空间占有位置，如能对位置予以支配，也可以成为物。空间，无论在地上之空中或地中，如果具备独立的经济价值及有排他的支配可能性两项要件，即得为物，得为权利之客体。①

（五）网络虚拟财产

随着互联网技术的不断发展，网络游戏日渐风行②，产生了一个全新的概念——虚拟财产。所谓虚拟财产，又称网财，是指网络游戏中的玩家们的"游戏账号"、通过游戏获胜或者用现金购买所获得的"宝物"、"武器"、"级别"、"段位"等。"虚拟财产"已经成为"网络扒手"的目标。③ 随着我国首例虚拟财产纠纷案的发生，④这些"宝物"、"武器"、"级别"等是否属于玩家的财产、"虚拟财产"是否该受到法律的保护等问题，已经成为广大网民和法学家们关注的焦

① 陈华彬：《现代建筑物区分所有权制度研究》，法律出版社1995年版，第58页。

② 据CNNIC（中国互联网信息中心）2003年7月最近统计显示：网络游戏玩家每周游戏时间达9.9小时；据互联网实验室2003年5月统计，网民中有三分之一是网络游戏玩家，网络游戏已成为现代人休闲娱乐的主要方式之一。http://southcn.com.cn/it/itgdxw/200308260038.htm

③ 2003年3月初，瑞星公司和网游网联合发布了《瑞星网络游戏安全调查报告》。该报告显示，受到安全威胁的游戏玩家中，有61%的玩家经历过装备和虚拟物品被盗，被盗号的占33%，被黑客攻击的占6%。这些遭遇安全威胁的玩家中，有77%认为在网吧遭受攻击的可能性比较大。在网络游戏被盗的案例里，超过73%的玩家正在使用或者将要使用外挂，13%的玩家正在使用盗号工具。参见荆龙：《"虚拟财产"面对现实考量》，http://www.civillaw.com.cn/weizhang/default.asp? id=14234。

④ 本案的基本案情是：游戏玩家李某，在过去的两年时间里，花费了几千个小时的精力和上万元的现金，在一个名叫"红月"的游戏里积累和购买了各种虚拟"生化武器"几十种，这些装备使他一度在虚拟世界里所向披靡，但这些"武器装备"于2003年2月17日被一个叫SHUILIU0011的玩家盗走了。李某找游戏运营商北京北极冰公司交涉，但该公司却拒绝将SHUILIU0011的真实资料交给李某，于是李某以游戏运营商侵犯了他的私人财产为由将北极冰公司告上了法庭。2003年12月18日，这起京城首例"虚拟财产"案宣判。合议庭认为，根据现有证据没有证明被告北极冰公司在安全防护措施方面无懈可击，因此可以认定被告在安全保障方面存在欠缺，应承担由此导致的相应的法律后果。原告在网络中丢失的虚拟设备为无形财产，具有价值含量，被告在游戏中恢复原告丢失的虚拟装备；同时赔偿原告的其他损失。被告北极冰公司不服一审判决，已向北京二中院提出上诉。

点。各种观点见仁见智。

一种观点认为,“网财”只是网上的一种虚拟财产,对另外一些人来说一钱不值,不具有价值和使用价值。法律应搞清现实社会的问题,如果将现实社会的概念应用在网络世界中,不妥当。[①] 另外一种观点认为,获得“网财”需要投入大量的时间和精力,有的“网财”可以直接用人民币进行交易,甚至一些“网币”与人民币已经有了固定的汇率,因此“网财”已经具备了商品的一般属性,应该受到法律保护。还有学者认为,根据我国《民法通则》的规定,公民、法人的财产应受到法律保护,这个财产应当既包括有形的财产,也包括无形的财产。事实上,不仅仅“网财”是财产,就是网络空间、网络本身,也都是财产,都是物权的标的。对此,法律应当规定完善的网络虚拟财产权制度,在物权法制度中,规定网络空间等虚拟财产都是物权的标的,都可以建立所有权等物权,适用一切物权保护方法及侵权损害赔偿的法律保护方法进行保护。只有这样,才算建立了完善的、完整的财产权保护制度。[②]

我们认为,网络游戏中形成的虚拟财产具备许多与现实财产相同的属性。网络虚拟财产主要有两个来源:一是网民用现实货币(金钱)买回来的,二是投入大量的时间和精力、通过编程等劳动赢来的。由此可见,一方面,虚拟财产可以带给玩家参与网络游戏的愉悦感并满足玩家占有和增加财产的成就感,因而具有独特的使用价值[③];另一方面,虚拟财产具有形成价值的客观基础,而且可以用来交换,因而具有交换价值。[④] 从法律的角度看,虚拟财产同样可以被占有、使用、收益和处分,并因此可以成为法律关系的客体。因此,虚拟财

---

① 荆龙:《“虚拟财产”面对现实考量》,http://www.civillaw.com.cn/weizhang/default.asp? id=14234。

② 杨立新:《权利保护的年终盘点——2003 年热点民事案件点评》,http://www.yanglx.com/dispnews.asp? id=226。

③ 虚拟财产不仅是网络游戏玩家的游戏工具、成就感的来源,同时也是网络游戏行业生存的重要基础之一,如果得不到法律保护,将会伤害这一新兴产业的发展,也不利于网络精神文明氛围的营造。网络游戏的积极后果,不仅是玩家的精神愉悦,也是网络“特殊消费者”的权利。虽然,网民对虚拟财产的权利不属于现有消费者权利中的任何一项,但玩家的虚拟武器作为一种存在,是个人用金钱和努力换来的,理应得到尊重和维护。参见姜春康:《虚拟财产失窃案凸显法律盲区》,http://www.jcrb.com/zyw/n65/ca160291.htm。

④ 通常,一个游戏中“装备”的“网币”价值是确定的,所对应的货币价值在玩家中也有一个大体相同的数值。换言之,一个游戏的网币价值与人民币有着基本固定的“汇率”。虚拟财产既然能和货币联系起来,当然应该有价值,也应得到社会的承认。

产应当纳入法律保护的范围。但是，如何把握法律对虚拟财产的评价和救济的适当性，却是一个在理论和实务上更为重要的问题。例如，两个玩家可以在虚拟世界中结婚并把虚拟财产作为家庭财产，如果这两个玩家后来闹离婚，并为如何分配虚拟财产而产生纠纷，现实世界的法院是否会为双方裁决虚拟财产如何分配？网络游戏可以年复一年地玩下去，如果某一拥有亿万虚拟财产的玩家不幸去世，现实世界的法院是否要把这些虚拟财产直接纳入遗产，并在现实世界中通过继承程序予以分配？可见，现实世界的法院并不能对任何虚拟财产纠纷都予以判决，进而言之，现实世界的法律并不能对虚拟财产给予概括性的保护。①

面对虚拟财产的出现给现行财产法带来的冲击，已有学者指出，由于没有直接的法律条文可依，有关部门在受理案件时只能在很有限的方面套用现行法律的原则，所以制定相关法律应该是一种趋势，立法机构应该在现有法律基础上作出具体解释。② 网络游戏商家作为独立的主体，也应该从维护玩家的合法权益入手，建立起行之有效的一种个人虚拟财产管理制度，比如通过银行实名汇款制，保证玩家的真实存在性，从而保障其正常的合法权益。我们认为，除采取上述措施外，扩大物的概念的范围，使法律上的物不仅包括有形物，也包括无形物，从而将虚拟财产也涵摄于物的概念的范围内，似乎已成为现实发展的必然。正如有的学者所指出的，法律概念并非希腊神话中的君主待客之床：高个子客人要被锯掉双足，矮个子客人要被拉长。相反，如果现实生活已经提出了法律概念无法解释的问题，就有必要修正原有的概念或创造新的概念。③

从世界范围看，在立法和司法上承认网络“虚拟财产”已经成为一种趋势。在网络游戏发达的韩国，在立法和司法方面均明确承认“虚拟财产”的价值，规定网络游戏中的虚拟角色和虚拟物品独立于服务商而具有财产价值。服务商只是为游戏玩家的这些私有财产提供一个存放的场所，而无权对其肆意进行修改和删除。可见在法律上，这种“网财”的性质与存在银行账号中的钱财并无本质区别。我国台湾、香港等地区均已制定了相关法律，并且已经出现了侵犯网络“虚拟财产”刑事判决的先例。而就在近期，台湾有关部门作出规定，确

---

① 陈甦：《虚拟财产在何种情形下应受到法律的保护》，《人民法院报》2004 年 2 月 12 日。

② 邢贺：《分析：网络游戏“虚拟财产”是否受法律保护》，http://southcn.com.cn/it/itgdxw/200308260038.htm。

③ 江平主编：《新编公司法教程》，法律出版社 1994 年版，第 77 页。

定网络游戏中的虚拟财物和账户都属存在于服务器的“电磁记录”，在诈骗罪及盗窃罪中均可看作动产，被视为私人财产的一部分。在网络游戏中窃取他人虚拟财物将被视为犯罪，最高可处3年有期徒刑。[①]

三、物与财产

在现代民法上，特别是商法上，“财产”这一法律用语屡见不鲜。究竟何谓财产？存在着各种不同的观点。有的学者认为，民法上的物就是财产。[②] 有的学者认为，罗马法中物的概念与财产的概念基本上是同义的。[③] 因为在罗马法上，物的概念是泛指财物，包括现代民法中的物权、继承权和债权等可以用金钱加以衡量的权利，含义十分广泛。[④]

但是，也有学者认为，财产的概念与物的概念是相互区别的两个概念。依李宜琛先生的观点，所谓财产，是指具有经济价值且依一定的目的而结合的权利义务的总体，其具有以下的特征：第一，财产具有经济价值。所谓财产，是具有经济价值的权利和义务。所谓经济价值，是指能够满足人们经济上的需要且可以用金钱衡量其价值；第二，财产是依一定的目的而结合。也就是说，财产是因为现实一定的目的而结合，一财产与他财产的区别在于它们的目的不同，例如夫妻财产、合伙财产等。一人既可因为有数个目的而拥有数项财产，数人也可以因为有一个共同的目的而共同拥有一项财产。财产依其目的可分为一般财产、联合财产、部分财产、独立财产和集合财产。一般财产是依人的一般生活目的而结合的财产，例如自然人、法人的通常财产；联合财产是两个以上主体依一定目的而结合的财产，例如夫妻财产等；部分财产是于一般目的之外依特定目的而结合的财产，例如各种企业财产、营业财产等；独立财产是指依独立目的而结合，自一般财产独立管理的财产，例如破产财团等；集合财产是指为特定目的而由多数人的部分财产相集合而形成的独立财产，例如合伙财产、共同继承遗产等；第三，财产是权利义务的总体。也就是说，财产是构成财产的各种具有经济价值的权利义务结合而成的总体，包括物权、无体财产权、债权和债务等。其中财产上权利的总体，称为积极财产，而财产上的义务，

---

① 荆龙：《“虚拟财产”面对现实考量》，http://www.civillaw.com.cn/weizhang/default.asp? id=14234。

② 彭万林主编：《民法学》，中国政法大学出版社1994年版，第49页。

③ 张俊浩主编：《民法学原理》，中国政法大学出版社1991年版，第316页。

④ 周枏：《罗马法原论》(上)，商务印书馆1994年版，第277页。

称为消极财产。财产用于广义时包括积极财产和消极财产,例如遗产、失踪人财产等;而用于狭义时仅指积极财产,例如清算中法人的财产等。[①]

由此可见,尽管在学理上关于财产概念的理解存在着差异,但是可以认为,财产概念的含义是十分广泛的,而且与物的概念存在着紧密联系。例如,以物为标的物的债权和以物为客体的物权都是财产的重要组成部分。

值得注意的是,在现代民法的立法方面,对"财产"这一用语也赋予不同的意义。例如,我国《民法通则》第四章第一节使用了"财产所有权"和"与财产所有权有关的财产权"概念,将"财产"作为所有权和其他物权的客体。显然,《民法通则》的制定者将"财产"概念理解为"物"的概念同义。而《法国民法典》第一编则规定,财产中的动产和不动产,既包括有体物,也包括对于有体物的权利,例如用益权、地役权、债权和诉权等。也就是说,在《法国民法典》中,相对于物的概念,财产概念不仅包括了物,而且包括了权利。

第二节 物的分类

一、动产与不动产

何谓不动产?何谓动产?依学理上的一般解释,不动产是指不能移动或移动后会损害其经济效用和使用价值的物,例如土地以及固定在土地上的建筑物等;动产则是指能够移动或移动后并不损害其经济效用和使用价值的物,例如日常生活用品,交通工具等。

各国的民法通常并不对动产和不动产作出定义,而是对不动产作出列举规定,不动产之外的物即属于动产。例如,《日本民法典》第 86 条规定,土地及其定着物,为不动产。我国台湾《民法典》第 66 条也规定,称不动产者,谓土地及其定着物。第 67 条规定,称动产者,为前条所称不动产以外之物。所谓定着物,学理上通常理解为:持续、固定地附着于土地,社会一般观念不认为构成土地的组成部分,且具有独立的使用价值的物。例如房屋、桥梁、纪念碑、电视发射塔等建筑物以及林木等。我国《民法通则》虽然也使用不动产、动产的概念(例如第 83 条、第 144 条、第 149 条),但是没有对动产和不动产作出定义,也没有对不动产作列举规定。有鉴于此,最高人民法院《关于贯彻执行〈民法

① 李宜琛:《民法总则》,台湾正中书局 1977 年版,第 190～193 页。

通则〉若干问题意见(试行)》第186条对不动产作出如下解释:土地、附着于土地的建筑物及其他定着物、建筑物的固定附属设备为不动产。依上述解释,上述列举为不动产之外的物,即为动产。在民事特别立法上,我国自1995年10月1日起开始施行的《担保法》对动产和不动产作出了列举的规定。该法第92条规定,本法所称的不动产是指土地及房屋、林木等地上定着物;本法所称的动产是指不动产以外的物。显然,该法中对不动产的列举与上述解释中对不动产的列举基本一致,但范围相对较小。

须注意,各国立法普遍将土地与其定着物规定为不动产,但是对于两者的关系,则存在着结合主义与分别主义的区别。例如,《德国民法典》采结合主义,认为土地上的定着物,包括建筑物、尚未与土地分离的出产物,均为土地的主要组成部分,但为了临时目的而附着于土地上的建筑物或其他工作物除外。[①] 依此规定,地上定着物属于土地的一部分,与土地共同构成一个物,因此不是一项独立的不动产。而依照分别主义,土地与土地上的定着物属于两个相互独立的物,是两项独立的不动产。法国、日本均采此主义。[②] 分别主义下,地上定着物,可以单独作为一项不动产,与结合主义相比,具有有利于定着物流通的优点。依上述对《民法通则》的司法解释及《担保法》的规定,可以认为,我国现行法律也是采分别主义。

在法律上,区分动产与不动产的法律意义在于:第一,在物权变动方式方面,不动产的物权变动采登记主义,即不动产物权的取得、丧失及变更,必须向有关主管机关进行登记,否则不发生法律效力。显然,登记为不动产物权变动的公示方法。而动产物权的变动采交付主义,即动产物权的取得、丧失及变更,仅以当事人交付动产为生效要件。[③] 交付动产行为本身即为动产物权变动的公示;第二,在诉讼管辖方面,因不动产所引起的纠纷,一律由不动产所在地法院管辖,而围绕着动产所引起的纠纷的诉讼管辖则灵活多样;第三,在涉外民事法律关系的法律适用方面,不动产适用不动产所在地法,而动产适用的法律则根据相关因素加以判断;第四,在设定他物权方面,传统民法中的典权、地上权、永佃权及地役权的标的限于不动产,而质权和留置权的标的为动产。

---

① 《德国民法典》第94条。

② 《法国民法典》第518条;《日本民法典》第86条。

③ 须注意,某些价值大、用途重要的动产物权的变动方式,也有采登记主义的趋势,如船舶、车辆、民用航空器等。

二、代替物与不可代替物

代替物是指不具有独立特征,可以相同的种类、品质及数量相互代替的物,例如农产品、消费工业品等。不可代替物是指具有独立特征,不可以他物代替的物,例如特定艺术品、土地、建筑物等。显然,代替物和不可代替物的划分根据是物本身所存在的区别。不可代替物具有不同于他物的独一无二的特征。区分代替物和不可代替物的法律意义在于,消费借贷的标的物以代替物为限,而不可代替物可为使用借贷和租赁的标的物,但不能为消费借贷的标的物。

三、特定物与不特定物

依当事人主观意思作为区别标准,物可分为特定物和不特定物。特定物是指依当事人意思具体指定的物,例如某辆汽车、某件雕塑作品等。而不特定物是指当事人仅以种类、品质、数量抽象指定的物,例如某种品牌的电视机、某种规格的衬衫等。显然,特定物与不特定物的划分,完全依照当事人的主观标准,并非物本身的区别。因此,当事人也可以将代替物指定为特定物,将不可代替物指定为不特定物。例如某种品牌的饮料为代替物,但当事人可将其指定为特定物;房屋在通常情形下为不可代替物,但当事人可以约定购买某一住宅小区内的任何一栋住宅。区分特定物和不特定物的法律意义在于,特定物为特定之债的标的物;而不特定物为种类之债的标的物。

四、流通物、限制流通物与禁止流通物

流通物是指法律允许在民事主体之间自由转让的物。通常情况下,物多为流通物,可以自由交易。限制流通物是指法律对流通的范围和程度作一定限制的物,例如文物、麻醉药品、武器枪支等,法律通常规定其只能在特定的民事主体之间流通。禁止流通物是指法律明确禁止流通的物,例如土地、矿藏、水流、赃物、淫秽书画等。区分流通物、限制流通物、禁止流通物的法律意义在于,如果违反关于限制流通物、禁止流通物的法律规定所为的民事行为无效。

五、可分物与不可分物

可分物是指不因分割而改变其性质或不损害其使用价值的物,例如土地、金钱等。不可分物是指分割会改变其性质或损害其使用价值的物,例如建筑物、洗衣机、马匹等。区分可分物和不可分物的法律意义在于,在多数人之债

的场合，如以可分物为标的物的为可分之债，以不可分物为标的物的为不可分之债；在给付标的物的场合，如为可分物则可以分期给付；在共有物分割的场合，如为可分物可采用实物分割方法，如为不可分物则只能采用变价分割或者作价补偿分割的方法。

六、消费物与非消费物

消费物是指依物的通常使用方法，使用一次即改变其原有形态和性质的物，例如饮料、粮食、水果等。非消费物是指依物的通常使用方法，可多次使用而不致其原有形态和性质改变的物，例如房屋、桌椅、衣服等。区分消费物与非消费物的法律意义在于，消费物为消费借贷、消费寄托的标的物；而非消费物为使用借贷、一般寄托及租赁的标的物。

七、单一物、结合物与集合物

单一物是指在形态上独立、自成一体的物，例如苹果、牛马等。结合物是指由数个单一物结合而形成的物，例如汽车、手表等。构成结合物的各个单一物虽然没有丧失其个性，但是其已成为结合物的组成部分。集合物是指为达到经济上的共同目的而由多数单一物或结合物集合形成的物，例如工厂、农场、百货商店的财产等。区分单一物、结合物与集合物的法律意义在于，单一物和结合物在法律上为一个物，以其整体作为物权的客体，其组成部分不能单独作为物权的客体。而集合物并非一般意义上的物，一般不能以其整体作为物权的客体，而只能以其各个部分为物权的客体，但是，法律另有特别规定的除外。①

八、主物与从物

在物的使用场合，当须有数件物品同时使用方能发挥物的效用时，具有主要和独立效用的物称之为主物，而仅具有次要和辅助效用的物称之为从物。例如刀与刀鞘、电视机与遥控器等，即为主物与从物的关系。数物同时使用，在法律上构成主物与从物关系，应当具备如下要件：第一，从物本身必须为独立存在的物，而非主物的组成部分；第二，必须辅助主物发挥效用；第三，主物与从物必须为同一人所有。

---

① 例如在财团抵押的情形下，即是以某一集合物为抵押权的标的，设立独立的抵押权。参见《担保法》第 34 条。

区分主物与从物的法律意义在于，法律通常规定，对主物的处分及于从物。之所以如此规定，是因为主物与从物之间具有效用上的从属关系。须注意的是，法律有关主物的处分及于从物的规定，属于任意性规范，因此，当事人之间可依约定排除该种规定的适用。

九、原物与孳息

原物是指产生孳息的物，孳息为原物所产生的收益。根据孳息产生的根据不同，孳息可分为天然孳息和法定孳息两种。天然孳息是指原物根据自然规律产生的收益，例如植物所产生的果实、牲畜所产的幼畜等。法定孳息是指根据法律的规定而产生的收益，通常是使用物而产生的对价，例如股息、利息、租金等。区分原物与孳息的法律意义在于确定孳息的归属问题。一般而言，有权收取孳息的人为原物的所有权人。原物转让，孳息的收取权同时转让。

第三节 货币和有价证券

一、货币

货币是物的一种，是可以用票面金额来表现其价值的一种特殊的物。货币是充当一般等价物的特殊商品。它直接体现着社会劳动，是一般财富的代表，具有流通、支付、储蓄和积累等重要职能。在人们的经济生活中，货币不仅是商品交换的媒介，而且是重要的支付手段。

货币具有以下特征：(1)货币属动产。(2)货币是种类物，而且是具有高度替代性的种类物。它的价值是通过票面上的数额来表示的，可以进行交换，是一般等价物，是法定的支付手段、流通手段和结算手段。在民事法律关系中，货币是许多交易的法定支付手段。(3)货币是消费物。货币一经其所有人使用，即转入他人之手，发生了所有权的移转，所以辗转流通是货币的特有机能，而供人消费更是货币的唯一目的。①

由于货币是一种特殊的种类物，在交易上可以互相替代，所以作为所有权客体的货币，具有以下特点：货币所有权与对于货币的占有是合一的，可以推定货币的占有人为所有人；所有人将一定数额的货币出借给他人时，借用人即

① 梁慧星：《民法总论》，法律出版社 1996 年版，第 42 页。

时取得货币的所有权，借用人只需在借用期届满时返还同样数额的金钱即可；丧失对货币占有，一般即丧失对货币的所有权，所以只能行使不当得利返还请求权，而无法行使所有物返还请求权。

由此可见，作为种类物的货币在社会经济生活中具有重要的意义，各国均以相应的法律对之进行必要的管理，形成各自的货币管理法律制度。

在我国，由中国人民银行发行的人民币为法定货币，它是我国唯一通行的货币，是法定的支付手段。[①]在我国境内，法律禁止外国货币流通，作为支付手段。[②] 此外，根据我国货币管理法律制度，自然人持有货币量不受限制，他们可以自行保管，也可以存入银行。法人和非法人组织持有货币量则取决于它们的经营范围，没有最高额的限制，但是它们在银行开户后，它们对现金的收支和使用，必须接受开户银行的监督。开户银行要核定开户单位的库存现金限额，未经银行批准，各单位不得自行增加或减少库存的现金限额。除发放工资津贴、支付个人劳务报酬等范围内可使用现金之外，开户单位之间的经济往来，均应当通过开户银行进行转账结算。开户单位应当建立健全现金账目，逐笔记载现金支付。[③]

二、有价证券

(一)有价证券的概念

有价证券，是设定并证明持券人享有一定财产权利的书面凭证，是物的一种特殊类型。有价证券上所记载的财产权利，称之为“证券上的权利”，与“对证券的权利”不同，后者通常是指持券人对有价证券本身所享有的权利，一般是指物权，例如对有价证券本身的所有权、质权等。有价证券具有如下的特征：

1. 证券上所记载的财产权利与证券本身不可分离

即有价证券直接代表财产权利，权利已经证券化，证券和权利合为一体。持券人持有证券，就享有证券上所记载的财产权利，离开证券，权利人就不能主张自己的权利。持券人向对有价证券负有履行义务的人(即证券义务人)主张证券上所记载的权利时，必须出示证券。证券义务人只对持券人负有履行义务，而不问持券人是否为权利人。此外，证券转让，证券上所记载的财产权

① 《中华人民共和国中国人民银行法》第 15 条。
② 《中华人民共和国外汇管理条例》第 7 条。
③ 《现金管理暂行条例》第 5 条、第 12 条。

利也随之转让。

2. 证券义务人具有固定性

即相对于有价证券的持有人而言，证券义务人是特定的。有价证券的作用不仅仅在于设定并证明财产权利，更为重要的是在于流通，因此，有价证券常常会因为转让而使得其持有人不断发生变换，从而表现出某种程度的不特定性。对此，证券义务人不能因为有价证券的持有人的合法变更而拒绝履行其义务。

3. 证券义务人履行义务的无条件性

即证券义务人在根据有价证券上所记载的财产权利履行其义务时，除有权回收证券外，无权要求持券人支付相应的对价，而是无条件地单方面履行义务。

(二)有价证券的种类

1. 金钱证券、物权证券、股权证券和债权证券

根据有价证券所代表的财产权利的性质，有价证券可分为：取得一定货币的有价证券，例如票据；取得一定物品的有价证券，例如提单、仓单；代表一定股权的有价证券，例如股票；代表一定债权的有价证券，例如债券。

票据，是以支付一定货币为内容的且具有一定格式的有价证券。在票面上载明的根金额，持票人可按票面指定的日期向发票人或指定的付款人支取。根据我国《票据法》的规定，票据是指汇票、本票和支票。汇票，是由出票人签发的，委托付款人在见票时或在指定的日期无条件支付确定的金额给收款人或持票人的票据；本票，是由出票人签发的，承诺自己在见票时无条件支付确定的金额给收款人或持票人的票据；支票，是出票人签发的，委托办理支票存款业务的银行或其他金融机构在见票时无条件支付确定的金额给收款人或持票人的票据。

提单，是指用以证明海上货物运输合同和货物已经由承运人接收或装船，以及承运人保证据以交付货物的单证。提单应当在承运人接收货物或者将货物装船后签发。在海上货物运输过程中，提单具有重要的法律意义：首先，提单是托运人和承运人之间存在运输合同的证明；其次，提单是承运人出具的已经接管货物的收据；最后，提单是承运人船舶所载货物的物权凭证。在国际贸易中，提单代表着货物，交付了提单，就等于交付了货物；谁持有提单，谁就有权提取货物；不出示提单，就无权提取货物。根据提单抬头即提单“收货人”一栏填写内容，提单可分为记名提单、指示提单和不记名提单。记名提单是指提单收货人一栏内明确填写特定收货人名称的提单。记名提单不能背书转让，

属于不可转让、不能流通提单，在当前的国际贸易中极少使用。指示提单是指提单收货人一栏内不具体填写收货人的名称，只注明“凭指示”或“凭××指示”字样的提单。指示提单经背书后即可转让，在国际贸易中普遍采用。不记名提单是指提单收货人一栏空白或仅注明“交与持有人”字样的提单。由于这种提单无须背书即可转让，对于买卖双方风险都很大，因此在国际贸易中并不常用。根据货物是否已经实际装船，提单可分为已装船提单和备运提单。已装船提单，是在货物装船后承运人签发的提单。这种提单中特别注明货物装载船舶的名称和装船日期，对于收货人及时收到货物有保障。备运提单，是承运人已经接管货物但货物尚未装船而签发的提单。备运提单在货物装船后由承运人在提单正面签注“已装船”及船名、装船日期后转化为已装船提单。备运提单在国际集装箱运输中普遍采用。根据承运人是否在提单上对货物的外表状况作不良批注，提单可分为清洁提单和不清洁提单。在国际贸易中通常要求卖方提交清洁提单方能议付货款，因此签发不清洁提单对托运人极为不利。

股票，是公司签发的证明股东所持股份的凭证。股票属于资本性有价证券，持有股票的人，即股东可据以定期取得股息和红利、出席股东会、对公司管理进行监督、在公司解散时取得剩余财产等。我国《公司法》、《证券法》对股份有限公司发行股票的原则、条件和程序，以及股票交易的方式、原则和秩序均有严格的规定。

债券，是债权人依照法定程序发行的、约定在一定期限内还本付息的有价证券。债券与股票同属于资本性有价证券，但是两者存在根本的差异。即债券反映的是借贷关系，持券人为债权人，债券发行人为债务人。债券持有人既可在债券未到期前依法转让债券与他人而提前收回投资，也可在债券到期后收回本金和利息。相反，股票反映的是一种永久性的投资关系，持券人为公司的股东，股东以其财产出资取得股票后，即无权要求返还出资或抽回出资而只能通过股票的转让收回投资。在我国，根据债券发行人的不同，债券主要有公债券、金融债券和企业债券三种。公债券，是由政府发行的债券，包括以国家名义发行的国库券和地方政府发行的地方债券；金融债券，是金融机构直接发行的债券；企业债券，是由企业依照法定程序向社会公众发行的、约定在一定期限内还本付息的债券，例如公司债券。

2.记名式有价证券、指示有价证券和无记名有价证券

根据有价证券的转移方式，有价证券可分为：记名式有价证券、指示有价证券和无记名有价证券。

记名式有价证券，是指在有价证券上记载着该证券权利人的姓名或名称的有价证券，例如记名股票、记名公司债券等。因为记名式有价证券明确指明了证券的权利人，所以该种有价证券的转让通常需要一定的方式，例如签名、办理过户手续等。持券人在要求证券义务人履行义务时，不仅要提示证券，而且要出示身份证明。

指示有价证券，是指在有价证券上写明第一个取得证券权利的人的姓名或名称的有价证券，例如指示提单等。这种证券转让时，转让人需要签名背书并指定下一个取得人的姓名或名称。这种证券每转让一次，在证券上就必须签名指示一次。证券义务人仅对背书指示的持券人负履行义务。

无记名有价证券，是指有价证券上不写明权利人名称或姓名的有价证券，例如无记名股票、无记名公司债券、国库券等。无记名有价证券的持有人即权利人。这种有价证券经交付即可自由转让，证券义务人仅对证券持有人负履行义务。

第7章

民事法律行为

第一节 民事法律行为概述

一、民事法律行为的概念

民事法律行为,是一种重要的法律事实。根据《民法通则》第54条规定,它是指公民或者法人设立、变更、终止民事权利和民事义务的合法行为。

在民法学理论中,通常也采用“法律行为”的概念,指称民事法律行为。这是因为,法律行为是传统民法和民法理论通用的概念。但是,在传统民法里,法律行为并不仅指合法行为。其所谓法律行为,是指私人的、旨在引起某种法律效果的意思表示,[①]而非仅限于合法行为。它既包括合法有效的法律行为,即一般意义上的法律行为,又包括因为违反法律而导致无效的法律行为。但是,传统民法采用的法律行为概念受到我国学者的批评。他们从法律行为的合法性出发,认为既然法律行为是合法行为,那么因违法而无效的法律行为就不是法律行为;[②]传统民法将法律行为分为有效的法律行为和无效的法律行为,“难以自圆其说”。[③] 他们进而主张废弃法律行为的概念,采用民事行为的概念。[④]《民法通则》不用法律行为的概念,而采用民事法律行为的概念,与我

---

① [德]迪特尔·梅迪斯库:《德国民法总论》,邵建东译,法律出版社2000年版,第142页。

② 法学教材编辑部《民法原理》编写组:《民法原理》(佟柔主编),法律出版社1982年版,第90页。

③ 王作堂等:《民法教程》,北京大学出版社1982年版,第80页。

④ 王作堂等:《民法教程》,北京大学出版社1982年版,第80页。

国学者的上述认识有一定的关系。

《民法通则》在采用民事法律行为概念的同时，还创立了“民事行为”的概念。这一做法深得我国学者的赞许，被认为是“世界民法立法史上的一个独创”，[①]“在立法史上为民法的发展作了理论上的贡献”。[②] 按照学者的通常理解，民事行为是统率民法中所有行为的总概念，[③]其与民事法律行为概念的关系是属和种的关系，民事法律行为是民事行为中的一种；除民事法律行为外，民事行为还包括无效的民事行为、可变更可撤销的民事行为、效力待定的行为、侵权行为、违约行为等。[④]

《民法通则》关于民事行为和民事法律行为的规定，近年来受到学界的批评。[⑤] 仔细检讨民法通则的规定，我们将发现，通则采用民事法律行为的概念，是存在很大的弊端的。首先，按照立法者本来的设计，民事行为应包括民事法律行为，但从《民法通则》第四章及第一节的标题及表达方式看，二者的关系完全倒置了。第四章第一节的标题是“民事法律行为”，而民事行为只是该节规定无效的行为和可变更可撤销的行为时才使用的概念；其次，《民法通则》没有对民事行为进行界定，理论界对此也理解不一，传统民法中亦无相应的“民事行为”概念，《民法通则》本想通过创设“民事行为”概念解决将民事法律行为限于合法行为而产生的无效法律行为、可撤销的法律行为的概念归属问题，却引发了更多的麻烦；再次，众所周知，合同是一种民事法律行为，在《合同法》中并没有将合同限于合法行为，它也采用了“合同无效”的概念，因而如果将民事法律行为界定为合法行为，就会出现民法通则与合同具体规则在基本概念上的不一致；最后，从我国的民法传统看，在我国制定《民法通则》之前，无论是清末的民法草案，还是民国时期颁行的民法典，都采用“法律行为”概念来涵盖一切能产生私法效果的行为，我国民法理论界也长期普遍使用“无效的法

---

① 佟柔主编：《中国民法学·民法总则》，中国人民公安大学出版社 1992 年版，第 208 页。

② 余能斌、马俊驹主编：《现代民法学》，武汉大学出版社 1995 年版，第 190 页。

③ 佟柔主编：《中国民法学·民法总则》，中国人民公安大学出版社 1992 年版，第 208 页。

④ 参见余能斌、马俊驹主编：《现代民法学》，武汉大学出版社 1995 年版，第 187～188 页。

⑤ 有关的批评意见，可参见高在敏、陈涛：《对民事法律行为本质合法说的质疑》，载《法律科学》1996 年第 1 期；夏利民：《民法基本问题研究》，中国人民公安大学出版社 2001 年版，第 164～173 页。

律行为"和"可撤销的法律行为"两个概念。鉴于民事法律行为概念所存在的弊端,我们认为,在未来制定民法典时,应恢复法律行为的本来面目,采用传统的法律行为概念。这样不仅可以解决因使用民事法律行为与民事行为而产生的问题,理顺我国关于法律行为制度的理论,又能与大陆法系国家的通行理论和司法实践保持协调,有利于民法学的对外交流和扫清涉外民法实践的障碍。

尽管民事法律行为与法律行为的概念存在上述区别,民事法律行为概念受到学界的批评,但在教学和研究习惯上,尤其是在法律学习层面上,法律行为和民事法律行为两个概念可以不加区分。因此,遵循我国民法教学和研究之习惯,本书仍采用民事法律行为概念,除非特别说明,可以将法律行为与民事法律行为两个概念等同使用。

二、民事法律行为的特征

(一)民事法律行为是一种民事性质的行为

法律行为最初源于对契约关系的理论抽象,后经《德国民法典》的创设,上升为民法总则的基本制度。随着社会关系的发展,法律行为已超越传统的民法范围,在其他法律领域中得到运用,如行政法中的行政处分行为和司法上的审判行为。我国《民法通则》在"法律行为"前加前缀"民事"二字,仅表明这种法律行为的"民事"属性。

民事法律行为的民事性质表明这是民事主体基于自由意志,在平等基础上为调整彼此之间的财产关系和人身关系而实施的行为。它不同于具有强制性的刑事行为和体现隶属关系的行政行为,民事法律行为受到平等、意思自治等民法基本原则的约束并最终产生私法上的法律效果。充分把握法律行为的民事性质,有助于深刻理解民事法律行为,并在对民事法律行为的司法管辖、法律适用和效力认定上具有重大的指导意义。

(二)民事法律行为以意思表示为要素

法律行为的成立离不开意思表示,它是法律行为的核心。"法律行为之特征,即在于以意思表示为要素之一点"。[①] 所谓意思表示,是指行为人将其旨在设立、变更、终止某种民事法律关系的内心意思(又称效果意思)通过一定的方式表现于外部。可见,意思表示包括了行为人的内心意思和表示行为两个方面,是行为人主客观的统一。其间,内心意思是意思表示的基础和核心,决定着意思表示的内容;而表示行为则是意思表示的载体,是考察了解内心意思

---

① 郑玉波:《民法总则》,台湾三民书局 1987 年修订版,第 217 页。

的客观依据。民事法律行为以意思表示为要素，使它区别于法律事实中不以意思表示为必备要素，只注重行为客观效果的事实行为，如无因管理、不当得利和拾得遗失物的行为。

（三）民事法律行为能发生行为人预期的法律后果

民事法律行为是行为人旨在设立、变更或终止某种民事法律关系的行为。行为人通过实施法律行为，将内心所追求的特定法律后果的意思表示于外部，使法律上规定的抽象的权利义务转变为现实中具体的权利义务。当事人的意思表示内容决定了法律行为的内容，有效成立的法律行为使当事人的意思表示发生了效力，即在当事人之间产生设立、变更或消灭一定法律关系的效力。“法律行为旨在实现私法自治，依当事人之意思表示而赋予一定私法上之效果，或直接发生私法上之权利变动……或补充其他法律要件之效果，间接影响权利之变动。”[①]民事法律行为产生当事人预期的法律后果，使它区别于依法律规定直接发生法律后果的事实行为和侵权行为。后者也能产生一定的民事法律后果，但这种后果不是行为人预期的，而是法律直接规定的。

（四）民事法律行为是一种合法行为

民法通过对平等主体之间财产关系和人身关系的调整形成良好的社会秩序，合法行为在民法中占有重要的地位。“民法对法律行为的合法性评价表现为效力性评价”[②]，有效的法律行为（民事法律行为）不仅意味着当事人的意思表示得到了法律的确认，也意味着当事人的意思表示受到法律的保障，当事人可借助国家强制力实现其所预期的法律效果。民事法律行为的合法性，不仅指行为的内容合法，也指行为的方式符合法律的要求。民事法律行为的合法性特征使它区别于非法行为，如侵权行为、违约行为、无效的民事行为、可变更可撤销的民事行为。

三、法律行为制度的沿革

考察法律行为的历史发展过程，有学者形象地称其经历了“从身份到契

---

① 王泽鉴：《民法实例研习·民法总则》，台湾三民书局 1990 年 10 月 9 日版，第 189～190 页。

② 董安生：《民事法律行为——合同，遗嘱和婚姻行为的一般规则》，中国人民大学出版社 1994 年版，第 124 页。

约”和“从契约到制度”的两个阶段。[①]

法律行为制度是随着商品经济的发展而逐步创立和完善起来的。在罗马帝国时期，简单商品经济高度发达，法学家们从契约这种最典型的商品交换形式中概括出了“契约构成要件”的理论，即契约当事人应有订约能力，当事人意思表示一致，具有法律上认可的形式和契约须具备法律上认可的成立债务的原因。这些要件已具有了现代法律行为制度的雏形。在立法上，集罗马法之大成的《查士丁尼法典》中出现了与法律行为概念相类似的“适法行为”这一抽象概念。但由于古罗马政治经济和社会等条件的限制，罗马法中始终未形成一个普遍适用的合法表意行为制度，所有的一切只能看作是现代法律行为制度的萌芽。到了封建时代，由于实行自给自足的自然经济，商品经济发展受到严重抑制，人们之间的权利义务取决于身份地位，因此根本不可能建立以人们的自由意志为基础的法律行为制度。及至资产阶级革命后，进入了资本主义时代，商品经济高度发展，资产阶级提出了法律面前人人平等、意思自治的口号，这一切都为法律行为制度的建立创造了良好的社会条件。

在《法国民法典》中，已使用了“意思表示”的概念，尽管法典没有形式上的法律行为制度内容，但其实质意义上的法律行为制度却相当完善。这主要体现于法典的第 6 条和有关契约的制度中，事实上“法国民法通过对合同法适用力的扩张解释和准用性规则，将当时法制实践中的各类法律行为几乎概括无遗，并将其置于合同自由原则的管辖下，形成‘契约的法律行为制度’”，[②]完成了法律行为制度史上“从身份到契约”的转变。

法律行为概念的提出应归功于擅长逻辑思维的德国法学家。1805 年，德国法学家胡果在《日耳曼普通法》中首创了“法律上的行为”概念，随后萨维尼发展了胡果的思想，正式提出了“法律行为”概念。在立法上，1896 年颁布的《德国民法典》首创了法律行为制度，用 59 个有内在联系的条文将其规定在民法总则第三章中，使法律行为超越了从属于契约的传统，成为民法的一般规则，完成了法律行为制度史上“从契约到制度”的转化。

1912 年的《瑞士民法典》也采纳了法律行为制度，并区分了意思表示和法律行为，进一步完善了法律行为制度。20 世纪以来，日本、泰国、巴西、旧中国

① 苏俊雄、施启杨：《法律与经济发展》，第 89 页，转引自佟柔主编：《中国民法学·民法总则》，中国人民公安大学出版社 1990 年版，第 208 页。

② 董安生：《民事法律行为——合同、遗嘱和婚姻行为的一般规律》，中国人民大学出版社 1994 年版，第 26 页。

等纷纷仿制德国民法体例，在民法总则中专门规定法律行为制度。社会主义国家的民法也确认法律行为制度，1922年《苏俄民法典》第四章专门规定了法律行为，并在1961年的苏联民事立法纲要和1964年《苏俄民法典》中得到保留。我国1986年颁布的《民法通则》也在第四章第一节专门规定了民事法律行为。及至今日，法律行为制度已成为民法中主要的内容之一。

在英美法系，虽然不存在形式上的法律行为制度，但实践中其有关合同、遗嘱和信托的制度中有着与大陆法系国家法律行为制度极为相似的法律规则，在学理上，由于两大法系的相互借鉴和交流，大陆法系的法律行为概念已为英美法系学者所广泛接受。

四、民事法律行为制度的法律意义

法律行为制度自1896年为《德国民法典》所确立以来，一百多年间已为世界各国所普遍接受，成为民法上的重要法律制度和民法学上的重要理论。这并非各国的盲目跟从，而是根源于法律行为制度本身不可磨灭的法律意义。

首先，民事法律行为制度充分反映了当事人意思自治的民法基本原则。意思自治是民法的基本原则，依意思自治原则，在民事领域里，民事主体可以依据自己的意思，为自己设立民事权利和民事义务。民事法律行为以当事人的意思表示为要素，其意义在于依据当事人的意思表示而赋予一定的法律效果，或直接发生民事权利的变动（包括民事权利的设立、变更或消灭），或补充其他法律要件之效果，间接影响权利之变动，[①]体现了法律对当事人意思的充分尊重，体现了民事主体自己创设权利的私法自治本质。意思自治原则正是通过法律行为制度得以实现的，法律行为制度是实现私法领域中当事人意思自治的工具和手段。[②] 当然，当事人的意思表示不是无限制的，民法对法律行为有效要件的规定，贯彻了民法自愿、公平、等价有偿、遵守法律和国家政策的原则，使得当事人在进行意思表示时不至于偏离法律轨道，破坏民法保护的良好社会秩序。

其次，民事法律行为制度给人们提供了进行民事活动的行为模式，解决了法律的一般性调整与民事活动多样性的矛盾。法律行为是从各种各样的民事活动中抽象出来的高度概括的概念，它揭示了现实生活中形式多样的具体的

---

① 王泽鉴：《民法实例研习·民法总则》，台湾三民书局1990年版，第189～190页。

② ［德］迪特尔·梅迪斯库：《德国民法总论》，邵建东译，法律出版社2000年版，第142页。王泽鉴：《民法总则》，台湾三民书局2001年版，第269页。

民事活动的共性，并将其上升为人们依法从事民事活动的最一般的行为模式。法律规范（包含行为模式和法律后果的部分）具有指导、评价和预测人们行为的作用，民事法律行为制度的建立能为人们如何行为提供客观标准和法律依据，并且通过法律对有效的法律行为的肯定性评价和对无效的法律行为的否定性评价，引导和鼓励人们从事有利于国家和社会公共利益的行为，形成良好的社会秩序。同时，这也解决了现实生活中民事活动具体多样，而民法规定无法一一穷尽具体民事活动形式，只能进行一般性规范调整的矛盾，使民法能通过高度概括的法律规范涵盖各种具体的民事行为，避免了民法分则对具体法律行为的无益重复和立法上穷尽各种民事行为的困难，简化了法律条文又提高了民法的调整技巧。

再次，民事法律行为制度解决了法律相对稳定性和前瞻性的矛盾，有利于保护民事主体的合法权益，推动我国法治的进程。法治国家的前提条件是有法可依，这是保护公民权益的首要条件。但由于时代和人为的局限，法律不可能对现实生活中层出不穷的新生事物都作出规定，从而存在一定的滞后性。因法律保持稳定性的要求也制约了法律的朝令夕改以适应现实需要，因而对于新生事物的调整只能借助概括性很强的法律规范。民事法律行为一这高度抽象、概括的制度的建立，使人们能运用这一制度去评价和规范现实生活中不断出现的新的现象、新的问题，以适应社会经济发展的需要。

最后，民事法律行为制度为司法工作中评判民事行为的合法性提供了法律的依据。这一方面解决了法官不得因法无规定不为判决而民法上又无对某一民事问题作出规定的司法困境，另一方面又要求法官在进行自由裁量时，依民事法律行为的有效要件评价民事行为，依法保护当事人的合法权益，防止滥用自由裁量权。

第二节 民事法律行为的分类

现实生活中，民事法律行为多种多样，学理上按照一定的标准，可以对民事法律行为作不同的分类。民事法律行为的分类既有学理上的意义，例如深化对民事法律行为的理论研究，加深我们对民事法律行为理论的理解；又有实践上的意义，例如，它有助于我们正确地判定某一行为是否成立、是否有效，从而正确地解决民事纠纷。

一、单方行为与双方行为、多方行为

这是根据法律行为的成立取决于几方面的当事人的意思表示而作的分类，其意义在于正确认定法律行为的成立与效力。

单方行为，又称单独行为，是指只需当事人一方的意思表示即可成立的法律行为，单方行为无需他人同意即可成立。单方行为只要求当事人一方的意思表示，如当事人一方为多数，当事人一方的意思表示则由几个人的意思表示来构成，如共同承租人向出租人发出解除租赁合同的通知，就是由几个承租人共同作出的承租方的意思表示。此时，虽有数人的意思表示，仍属于单方行为。另外，限制民事行为能力人从事超越他的年龄、智力的民事活动，应征得他的法定代理人的同意，此时的意思表示就由限制民事行为能力人的意思表示和法定代理人的同意构成，但仍不失为单独行为。根据意思表示是否须向特定的相对人作出，单方行为可再分为有相对人的单方行为和无相对人的单方行为。前者如债务的免除须由债权人向债务人作出意思表示，代理权的授予须由被代理人向代理人作出意思表示等；后者如立遗嘱、抛弃所有权等，行为人无须向特定的相对人作出意思表示。由于法律行为依一方当事人的意思表示而成立，为防止当事人滥用权利，造成他人和社会利益受损害，单方行为须有法律规定或当事人的约定才能实施，一般不允许实施为自己谋取利益（取得权利）或增加他人负担（承担义务）的单方行为。

双方行为，又称契约行为、对待行为，是指双方当事人为追求不同的利益而作出不同的意思表示，并在意思表示协商一致的基础上成立的法律行为。双方行为基于相反相成的意思表示（或称交换的意思表示）而成立，最为典型的如买卖契约、租赁契约。在买卖契约中，买方的目的是取得商品，卖方的目的是取得价款，他们的意思表示相反却又相辅相成，一方的权利构成另一方的义务，双方的权利义务具有相对性。双方行为不仅要求有两方的意思表示，而且还要求双方意思表示的一致，即意思表示内容在客观上的一致，而非双方当事人主观的自我认为一致，否则法律行为不成立。

多方行为，又称合同行为、集合行为、共同行为，是指两方以上的当事人为追求共同利益而作出彼此平行的意思表示，并在意思表示一致的基础上成立的法律行为。合同行为依各方当事人目的一致的意思表示而成立，典型的如设立法人的行为、成立合伙组织的行为、联营行为等。不同于双方行为中双方当事人意思表示的相反性，多方行为中多方当事人的意思表示是同向平行的。由于双方行为和多方行为都要求意思表示一致才能成立，因而在这些行为中更多体现了自愿、平等协商的民法原则，法律一般不对它们作出限制，当事人可依意思自治自由实施。基于此，多方行为和双方行为成为法律行为中的重要组成部分。

二、有偿行为与无偿行为

这是根据法律行为中当事人享有某项权利是否必须支付对待利益（即对价）所作的分类。

有偿行为是指一方当事人给对方某种利益，对方在获得该利益时应支付相应对价的行为。典型的如买卖行为、互易行为、租赁行为。无偿行为是指一方当事人给对方某种利益，对方在获得该利益时无须支付相应对价的行为，典型的如赠与行为、使用借贷合同、无偿保管行为。

有偿行为与无偿行为的划分只发生在财产关系中，身份关系一般不涉及有偿无偿的问题。有些法律行为的性质决定其只能是有偿行为，如果要变有偿为无偿，就会改变法律行为的性质，如买卖行为从性质上讲是有偿行为，如果改为无偿的，就变成赠与行为了。有些法律行为则既可以是有偿的，也可以是无偿的，如保管行为、委托行为、借贷行为，当事人可以约定有偿也可以约定无偿，在当事人没有明确约定的情况下，一般视为是无偿的。有偿行为中的对价并不要求当事人之间的对待利益在经济价值上完全等同，而无偿行为一方当事人不必支付对价，也不意味着其不用承担任何义务。

有偿行为与无偿行为分类的法律意义主要在于确定当事人权利的效力范围和承担责任的轻重。一般而言，无偿行为的义务人的责任要较有偿行为义务人的法律责任轻，一定条件下无偿行为的义务人甚至可免除其民事责任。例如《合同法》第 374 条规定："保管期间，因保管人保管不善造成保管物毁损、灭失的，保管人应当承担损害赔偿责任，但保管是无偿的，保管人证明自己没有重大过失的，不承担损害赔偿责任。"

三、诺成行为与实践行为

这是根据法律行为的成立除意思表示之外是否还需要交付标的物而作的划分。

诺成行为是指无须交付标的物，仅有意思表示即可成立的法律行为，故又称非要物行为，典型的如买卖、租赁、承揽等。诺成行为往往通过要约与承诺的方式来完成，在法律无规定或当事人无约定的情况下，当事人意思表示一致达成协议即可成立。

实践行为，又称要物行为，指除当事人意思表示一致外，还须交付标的物才能成立的民事法律行为。例如，依《担保法》第 90 条规定，定金合同以定金交付为必要，因而属于实践行为。传统上认为赠与也属于实践行为，但根据《合同法》第 185 条关于赠与合同的定义和第 186 条第 1 款关于赠与合同撤销的规定，一般情况下，赠与合同应属于诺成行为，不过法律同时赋予赠与人在赠与财产的权利转移之前以撤销赠与的权利。

诺成行为与实践行为区分的法律意义在于能帮助我们正确认定法律行为是否成立、成立时间和标的物所有权及风险转移时间等。

四、要式行为与不要式行为

这是根据法律行为的成立是否要求当事人的意思表示须采用特定形式或遵循特定程序而作的划分。

要式行为是指当事人的意思表示须采用特定形式或遵循特定程序才成立的法律行为。根据这种要求的依据不同，可将要式行为分为法定要式行为和约定要式行为。前者是指意思表示须采用法律规定的特定形式或遵循特定程序才成立的法律行为，违反法律关于特定形式或程序的强行性规定，将导致法律行为的无效或权利受到影响，如《担保法》第 41 条规定："当事人以本法第 42 条规定的财产抵押的，应当办理抵押物登记，抵押合同自登记之日起生效"。后者是指意思表示须采用当事人预先约定的特定形式才成立的法律行为，如《合同法》第 33 条规定："当事人采用信件、数据电文等形式订立合同的，可以在合同成立之前要求签订确认书。签订确认书时合同成立。"我国《合同法》从鼓励交易出发，规定尽管当事人未按法律规定或约定采用书面形式订立合同，但如果一方已经履行主要义务，对方接受的，合同也成立（第 36 条）。要式行为的特定形式或特定程序常见的有审批、登记、公证、书面形式及特殊的书面形式（如票据）。之所以作如此要求，或因为该行为所涉利益重大（如房屋产权的变动）；或为了明确权利范围，以便公示和权利流通（如票据行为）；或便于对该行为进行法律监督和补救（如法人设立及采用书面形式的合同在调查取证上较口头合同快捷便利）。

不要式行为是指当事人可以自由约定意思表示形式的法律行为，即意思表示的形式如何与法律行为的成立无关。历史上看，由于商品经济的不发达，为保障交易安全，多数契约要求采用一定形式，即以要式为一般，不要式为例外。到了近现代，商品经济的迅猛发展，为提高流通效益，以均衡效益和安全的角度出发，多数契约多可由当事人自由约定形式，即以不要式为一般，要式为例外。我国《民法通则》第 57 条规定:"民事法律行为可以采取书面形式、口头形式或者其他形式。法律规定用特定形式的,应当依照法律规定。"即体现了这种法律精神。

要式行为与不要式行为区分的法律意义在于正确认定法律行为的成立与生效,以及保护当事人的利益。

五、有因行为与无因行为

这是根据财产行为的成立是否须以给付原因为要件所作的分类。

有因行为,又称要因行为,是指以给付原因为要素的财产行为。债权行为一般为有因行为,如买卖合同中,卖方转让标的物的所有权是为了取得买方的价金,买方支付价金是为了取得卖方的商品的所有权;但也有例外,如票据行为一般被认为是无因行为。有因行为,如果欠缺给付原因,就会导致法律行为不成立或法律行为成立后,一方给付原因的欠缺、不能、消灭或无效而使另一方义务的免除或暂时免除,如《合同法》第 66 条至第 68 条关于双务合同中同时履行抗辩权和不安抗辩权的规定。无因行为又称不要因行为,是指不以给付原因为要素的财产行为。一般认为,物权行为是无因行为,例如买卖合同被确认无效不影响标的物交付或登记的效力;但是在设立担保物权时,须以债权的存在为基础,可将之视为有因行为。

有因行为与无因行为区分的法律意义在于正确认定法律行为的成立与当事人权利义务的有无。

六、生前行为与死后行为

这是根据法律行为的生效时间所作的划分,其法律意义在于正确认定法律行为何时生效及确定当事人是否享有权利。

生前行为又称生存行为,是指法律行为在行为人生存之时发生效力的行为,如加工承揽行为、专利许可行为等,它是法律行为的常态。死后行为又称死因行为,是指法律行为以行为人的死亡为生效要件,在行为人死亡之后发生法律效力的行为。如遗嘱、遗赠。一般而言,因死因行为而取得权利的人,应于行为人死亡时仍然存在,否则不能取得权利。我国《继承法》第 27 条就规定,如果遗嘱继承人、受遗赠人先于遗嘱人死亡,遗嘱涉及的部分遗产应按照法定继承办理。如果行为人在合同中自行约定合同自其死后生效的,一般认为是附期限的生前行为,不属于死后行为。一般而言,生前行为可以变更或撤销死后行为,而死后行为则不能变更或撤销生前行为,例如《最高人民法院关于贯彻执行继承法若干问题的意见》第39条规定:"遗嘱人生前的行为与遗嘱的意思表示相反,而使遗嘱处分的财产在继承开始前灭失、部分灭失或所有权转移、部分转移的,遗嘱视为被撤销或部分被撤销。"

第三节 民事法律行为的形式

法律行为以意思表示为构成要素,行为人内心意思总要通过一定的外部表现形式才能为他人所知悉。法律行为的形式,就是指行为人实施法律行为时进行意思表示的外在形式,也就是意思表示的形式。

法律行为的表现形式各种各样,我国《民法通则》第56条规定:"民事法律行为可以采取书面形式、口头形式或者其他形式。法律规定用特定形式的,应当按照法律规定。"根据法律行为的表现形式不同,可将其分为明示形式和默示形式两种。前者指以明确可知的方式直接表达意思,包括口头形式和书面形式;后者指以一定的行为(包括作为和不作为)间接地表达意思。下面就对这些表现形式进行介绍。

一、口头形式

口头形式是指通过语言这一媒介表达意思的方式,包括当事人面对面的交谈,也包括通过电话联系等。口头形式具有简便易行、快捷灵活、易于理解等优点,为人们日常生活所普遍采用,但这种形式由于缺乏客观记载,稍纵即逝,当发生纠纷时,难以查证核实,不利于及时解决争议、明确当事人的权利义务,因此对于内容复杂或金额较大或不能及时清结的,一般不宜采用。对于某些法律行为,法律规定不得采取口头形式的也不应采用。例如,《城市房地产管理法》第41条规定:"房地产转让,应当签订书面转让合同,合同中应当载明土地使用权取得的形式。"法律规定虽可以采用口头形式但又加以限制的,应符合法律的规定。如《继承法》第17条第5款规定:"遗嘱人在危急情况下,可以立口头遗嘱。口头遗嘱应当有两个以上公证人在场见证。危急情况解除后,遗嘱人能移用书面或者录音形式立遗嘱的,所立的口头遗嘱无效。"

二、书面形式

书面形式是指以文字进行意思表示的方式。采用书面形式时,其文书可以自己书写也可请别人代书,但为表明其内容为行为人的真意,行为人必须在文书上签名或盖章。书面形式意思表示明确，证据清楚，既有利于预防纠纷，便于有关机关对民事行为的监督管理，又能在纠纷发生时，尽快明确当事人的权利义务，及时解决纠纷。因此，实践中，内容较复杂、金额较大及许多不能即时清结的法律行为都采用书面形式；对于某些法律行为，法律规定应采用书面形式的应采用书面形式，如融资租赁合同、建设工程合同、技术开发合同等。我国《合同法》第 11 条规定："书面形式是指合同书、信件和数据电文（包括电报、电报传真、电子数据交换和电子邮件）等可以有形地表现所载内容的形式"。可见随着科学技术的发展，除了传统的文书、信函、票证外，其文字载体越来越多。

根据法律对书面形式是否有特殊要求，可将书面形式分为一般书面形式和特殊书面形式。前者指法律只一般地要求行为人用文字符号表达其意思，后者指当事人除了用文字符号表达其意思外，还须经有关机关确认的形式。常见的特殊书面形式有：

1. 公证形式，即当事人将其用文字表达的意思，提请公证机关依法定程序对该意思表示的真实性和合法性进行确认取得公证文书的方式。根据我国《公证暂行条例》第 4 条的规定，公证的范围广泛，公证形式可信度高，证明力强，在没有反证的情况下，无需查证即具有证明力。最高人民法院《关于贯彻执行〈中华人民共和国继承法〉若干问题的意见》第 42 条规定："遗嘱人的不同形式立有数份内容相抵触的遗嘱，其中有公证遗嘱的，以最后所立公证遗嘱为准，没有公证遗嘱的，以最后所立的遗嘱为准。"

2. 鉴证形式，即国家行政机关依职权对合同的真实性和合法性进行审查并证明的形式，其可信度高。鉴证是我国对合同管理的一种行政方法。除法律规定以外，当事人可选择是否对法律行为进行鉴证或公证，但公证具有最强的证明力，一个行为经过鉴证后可再作公证，反之则一般没有必要。

3. 认证形式，即通过外交、领事机关对签章给予确认证明而进行意思表示的方式，多见于涉外法律文书，使之具有域外证明力和较高的可信度。对于某些涉外法律行为，法律规定必须采用认证形式。如依《收养法》第 21 条第 2 款的规定，外国收养人提供的证明材料，应当经过其所在国外交机关或者外交机关授权的机构认证，并经中华人民共和国驻该国使领馆认证。

4. 审核批准、登记形式，即当事人用书面表达的意思须经有关主管部门审核批准或登记，法律行为才有效的形式。例如，根据《中外合资经营企业法》第 3 条规定，合营企业的协议、合同、章程，应报国家对外经济贸易主管部门或其授权的审批机关批准，经批准后生效。《担保法》第 41 条规定，抵押合同自抵押物登记之日起生效。

5.公告形式，即有关机关对当事人的书面意思表示进行确认并予以公开宣告的形式，其可信度高并具有公示效力。有些法律行为，法律规定要采取公告形式。例如《商标法》第25条第2款规定“转让注册商标经核准后，予以公告”。

6.见证形式，即当事人的意思表示须通过两个以上无利害关系人在场证实而成立的方式，这种形式除可用于书面的意思表示外，还可用于以语言、视听资料为载体的意思表示。有些法律行为，法律规定须有见证才有效。如《继承法》第17条规定，代书遗嘱、录音遗嘱、口头遗嘱须有两个以上见证人在场见证。

此外，随着信息科学技术的发展，出现了以录音、录像等视听资料形式实施的法律行为，这类形式生动活泼，信息量大，能够再现当时的情景，但也容易被伪造篡改，因此法律规定，对于这类形式的法律行为的真实合法性，要有两个以上无利害关系人证明或有其他证据佐证。

三、默示形式

默示又可分为推定形式和沉默形式。

1.推定，又称积极的默示、作为的默示，是指行为人实施某种有目的的积极的行为，以使他人可以推断其意思表示的形式。例如租约期满，承租人继续支付租金，出租人予以接受，表明当事人之间存在续租的合意，就是一种推定形式。推定形式存在难于查证、易发生纠纷的缺陷，因而一般适宜于进行简单的或能即时清洁或实践性、延续性、惯例性的事项时采用。推定作为意思表示的形式之一，得到我国法律和司法实践的认同。依据《合同法》第37条的规定，当事人约定采取书面形式订立合同时，在签字盖章之前，虽然尚未最终形成书面形式，但“一方已经履行主要义务，对方接受”的，合同也成立。最高人民法院《关于贯彻执行民法通则若干问题的意见（试行）》第66条也指出：“一方当事人向对方提出民事权利的要求，对方未用语言或者文字明确表示意见，但其行为表明已接受的，可以认定为默示。”

2.沉默，又称消极的默示、不作为的默示，是指当事人通过既无言语又无行动，完全不作为的形式进行意思表示的方式。由于当事人的不作为，外人很难窥知其内心意思，因此沉默一般不作为意思表示的形式，但在一定情况下，沉默也可能被赋予法律意义。如《民法通则》第66条第1款规定，在无权代理的情况下，“本人知道他人以本人名义实施民事行为而不作否认表示的，视为同意”。这种沉默就被认为是同意代理的意思表示。由于意思表示对行为人具有法律拘束力，因此法律上对沉默的意思表示必须从严掌握。根据最高人民法院

《关于贯彻执行民法通则若干问题的意见(试行)》第66条的解释,默示只有在法律有规定或者当事人双方有约定的情况下“才可以视为意思表示”;如无法律特别规定或当事人的特别约定,不得认为当事人的沉默是一种意思表示。

第四节 民事法律行为的成立、有效与生效

一、民事法律行为的成立、有效与生效概述

《合同法》颁布之前,我国民事立法、司法实践以及民法理论没有对民事法律行为的成立与生效作严格的区分,也未对有效与生效作严格的界定。《民法通则》第57条规定:“民事法律行为从成立时起具有法律约束力。行为人非依法律规定或者取得对方同意,不得擅自变更或者解除。”已废止的《经济合同法》第6条也规定:“经济合同依法成立,即具有法律约束力”。民事法律行为成立就被赋予法律效力,成立也就生效,法律上排除了民事法律行为已成立但尚未生效的状态。法律上将成立与生效混为一谈,导致司法实践中常常将未成立的合同、已成立但尚未生效的合同等同于无效合同。《合同法》在总结我国民事立法经验的基础上,对合同的成立与生效作了明确区分。该法第44条规定:“依法成立的合同,自成立时生效。”(第1款)“法律、行政法规规定应当办理批准、登记等手续生效的,依照其规定。”(第2款)。然而,理论界对民事法律行为的生效与有效仍未严格加以区分,有效与生效仍混为一谈。其实,民事法律行为的成立、生效和有效三者之间是存在区别的。①

民事法律行为的成立,是指民事法律行为的形成。成立的对应概念是不成立。成立与不成立是对一个行为是否存在的事实判断,成立表明行为人客观上已经实施了一定的民事法律行为,不成立则意味着行为人没有实施过一定的民事法律行为。

民事法律行为的生效,是指民事法律行为具备法律规定的有效条件,并产生了当事人预期的法律效果,当事人现实地依据该行为享有权利和承担义务。生效的对应概念是未生效。生效和未生效是对一个行为是否产生了法律效果

---

① 关于法律行为有效与生效的区别,可参见柳经纬:《法律行为的有效与生效》,载王利明等主编:《中国民法典基本理论问题研究》,人民法院出版社2004年版,第210～217页。

的客观描述，生效表明当事人实施的民事法律行为产生了当事人预期的法律效果，当事人即可现实地依据该行为享有权利和承担义务；未生效则意味着当事人实施的民事法律行为还没有产生当事人预期的法律效果，当事人并不现实地依据该行为享有权利和承担义务。

显而易见，民事法律行为的成立与生效是两个不同的概念，不能混同。根据《合同法》第44条的规定，一般情况下，民事法律行为在成立时即生效；但在法律或行政法规规定须办理批准登记手续后生效，民事法律行为应办理批准登记手续后才能生效。因此，在民事法律行为的成立与生效之间存在着这样一种特定的法律状态：民事法律行为已经成立但因未办理批准登记手续而未生效。例如，按照《担保法》第41条关于抵押合同自抵押物登记之日起生效的规定，当事人就财产抵押达成书面协议意味着抵押合同已经成立，但在抵押物登记之前处于未生效的法律状态。

民事法律行为的生效与有效也是有区别的。有效的对应概念是无效(还可以包括可变更、可撤销和效力待定的状态)。有效和无效是法律对一个行为的价值判断，有效意味着民事行为符合法律规定的有效条件，法律给予肯定性的评价，使其可以产生当事人预期的法律效果；无效则是因为民事行为因其违背法律规定的有效条件，法律给予否定性的评价，不使其产生当事人预期的法律效果。因此，法律行为生效着眼于行为已经产生当事人预期的法律效果，是对行为效果的一种客观描述；有效则着眼于行为符合法律规定的有效条件，因而可以产生法律效力，是对行为性质的一种评价。

关于民事法律行为的成立、有效和生效的关系，大体可以作如下描述：(1)成立是有效、生效的前提，只有已经成立的法律行为才谈得上有效、生效问题。(2)已经成立的法律行为如具备有效条件的规定，属于有效的行为，可以产生当事人预期的法律效果；如不具备法律规定的有效条件，则属于无效的行为或可变更、可撤销的行为或是效力待定的行为。(3)具备法律规定的有效条件的行为，一般情况下从成立时起即生效，但法律、行政法规规定须办理批准登记手续的，办理批准登记手续后生效。因此，法律行为生效以具备法律规定的有效条件为必要，不具备有效条件的行为是不能产生当事人预期的法律效果的。

二、民事法律行为的成立条件

(一)民事法律行为成立条件的概念

民事法律行为的成立要件，是指构成一个民事法律行为的必要因素。根据民事法律行为的复杂性，理论上将民事法律行为的构成要素区分为一般构成要素和特别构成要素。前者指成立一切民事法律行为所必须具备的共同事实要素；后者指成立某一具体民事法律行为，除具备一般构成要素外，还必须具备的其他特殊构成要素。

(二)民事法律行为的一般成立条件

关于民事法律行为成立的一般构成要素，民法学界有不同的主张。有的学者认为只有一项，即意思表示；有的学者认为应包括意思表示和行为内容；也有学者主张应包括行为人、意思表示和行为内容三项。[①] 其中，应以第一种主张为妥当。因为论及意思表示，必然是包括实施该意识表示的行为人，同时行为的内容也包含在意思表示之中。[②]

1. 意思表示的构成因素

意思表示，是指行为人将其旨在设立、变更、终止某种民事法律关系的内心意思通过一定的方式表现于外部的过程。意思表示作为民事法律行为的一般成立要件，应具备以下三个基本因素：(1)行为人的意思表示须有设立或变更或终止一定民事权利义务的意图，即"效果意思"。例如，当事人订立买卖合同，须有设立买卖权利义务关系的"效果意思"，双方达成协议，即可发生设立买卖权利义务的法律效果。不具有设立或变更或终止一定民事权利义务的意图的任何表示都不足以构成民事法律行为，不能产生相应的法律效果。例如，朋友、同事之间的聚会约定，并不能设立任何民事权利义务。(2)行为人的意思表示须有完整明确的所欲设立或变更或终止的民事权利义务的具体内容，即"目的意思"。这是意思表示据以成立的基础。实践中，不同意思表示的差异是由目的意思的不同所决定的，目的意思的不同使意思表示以及法律行为、民事法律关系呈现出多样性。例如，同样是关于物的交付，因当事人意思表示的具体内容不同，可以是买卖、赠与、租赁、借用、质押等不同的法律行为；又如，同样是无偿地给予他人以某种财产利益，因行为人的意思表示内容不同，可以是赠与，也可以是遗赠。(3)行为人的内心意思须通过一定的方式表示于外部，并为其他人所理解。行为人的内心意思未表示于外部，而仅停留在内心意思的状态，不能构成一项意思表示，更不足以构成一项民事法律行为。

---

① 董安生：《民事法律行为——合同、遗嘱和婚姻行为的一般规律》，中国人民大学出版社 1994 年版，第 189 页。

② 参见董安生：《民事法律行为——合同、遗嘱和婚姻行为的一般规律》，中国人民大学出版社 1994 年版，第 189 页；刘心稳主编：《中国民法学研究综述》，中国政法大学出版社 1996 年版，第 207 页。

2. 意思表示的约束力

意思表示对行为人具有法律约束力，即行为人一经作出意思表示，就应受其约束，未依法律规定不得擅自撤销或加以变更。例如，要约人发出要约后，即受其自身意思表示的约束，不得随意撤销要约(《合同法》第19条)。

意思表示可分为无相对人的意思表示和有相对人的意思表示。无相对人的意思表示，不用考虑行为人作出的意思表示是否到达他人及为他人所了解的情况，一经作出意思表示，就开始发生拘束力。例如，股东会决议、董事会决议，一经作出即具有法律效力。但也有例外的情形，如遗嘱，依法律规定只有在立遗嘱人死亡之时才生效，此前立遗嘱人可对遗嘱进行变更，甚至取消。

有相对人的意思表示，应考虑相对人对意思表示的受领能力，即能够独立地理解接受行为人意思表示的能力。受领能力与民事行为能力是一致的。有相对人的意思表示，应向完全行为能力人作出才有效；向无行为能力人或限制行为能力人作出的，在意思表示到达其法定代理人之前，不发生效力。

有相对人的意思表示，依其实施方式，可分为对话的意思表示和非对话的意思表示。前者指当事人采取当面交谈或电话交流的方式作出的意思表示，这种意思表示一经作出就对行为人发生拘束力。《合同法》第23条第2款第1项规定："要约以对话方式作出的，应当即时作出承诺，但当事人另有约定的除外。"后者指通过传达而为相对人所了解的意思表示，如以书面形式发出要约或作出承诺。关于非对话方式作出的意思表示的拘束力，有两种立法例：一是发信主义，又称投邮原则，即将信件投入邮筒或电报交付电信局即发生意思表示的拘束力，英美法系采取发信主义；二是到达主义，又称送达主义，即信件、数据电文到达相对人时意思表示发生拘束力，大陆法系则采达到主义。我国《合同法》借鉴大陆法系国家立法的规定，采用到达主义。《合同法》第16条规定："要约到达受要约人时生效。"第26条规定："承诺通知到达要约人时生效。"

(三)民事法律行为的特别成立条件

对于某些民事法律行为，除意思表示外，还需要某些特殊的构成要素，才能成立。这类行为主要有：

1. 合意行为，除有当事人的意思表示之外，还需当事人之间的意思表示一致才能成立；否则不能成立。如仅有一方向他方发出要约，而无受要约人接受要约的意思表示，合同不能成立。

2. 有因行为，除当事人意思表示之外，还需要有给付原因的存在才能成立；否则不能成立。如买卖行为仅有交付标的物的规定而无支付价款的规定不能成立。

3.实践行为,除当事人的意思表示之外,还需要交付标的物才能成立;否则不能成立。例如,借用合同,仅有双方当事人的协议,如无标的物的交付,合同不成立。

4.要式行为,除当事人的意思表示之外,还须具备法律规定或当事人约定的特定形式才能成立;否则不能成立。例如,遗嘱未采取继承法规定的方式的,不能成立。

三、民事法律行为的有效条件

根据《民法通则》第55条规定,民事法律行为的有效条件包括主体合格、意思表示真实和不违反法律或社会公共利益。

(一)主体合格

主体合格意指行为人应具备相应的民事行为能力。民事法律行为以意思表示为要素,并以产生一定的法律效果为目的,因此行为人必须具备相应的行为能力,才能正确理解自己的行为性质及后果,独立地表达自己的意思的能力。

所谓相应的民事行为能力,是指行为人所具有的行为能力状态与其所为的民事法律行为相适应,行为人所具有的行为能力达到法律对该行为人应具有的行为能力的要求。

对于自然人而言,完全行为能力人可以依法独立地进行民事活动,其范围不受限制;限制行为能力人可以进行与他的年龄、智力相适应的民事活动或征得其法定代理人同意实施超越其行为能力的其他民事活动;无行为能力人原则上不得从事任何民事活动,其行为须由法定代理人代理。对未成年人和精神病人行为能力的限制,目的是保护未成年人和精神病人的权益,如果民事活动的效果是有利于未成年人和精神病人,则不应受其行为能力的限制。最高人民法院《关于贯彻执行民法通则若干问题的意见(试行)》第6条规定:“无民事行为能力人、限制民事行为能力接受奖励、赠与、报酬,他人不得以行为人无民事行为能力、限制民事行为能力人为由,主张以上行为无效。”《合同法》第47条也有相同的规定。因此,对于上述“纯获利益行为”,不因受益人的行为能力缺陷而受到影响。

对于法人,其民事行为能力取决于法人设立的目的和业务范围,法人应当在其业务范围内从事民事活动(《民法通则》第42条)。法人超越业务范围所进行的民事活动,意味着其行为能力的缺陷,其行为的效力自有瑕疵。在我国以往的司法实践中,法人超越业务范围订立的合同,通常被认定为无效合同。因而,《合同法》颁行之后,最高人民法院《关于适用中华人民共和国合同法若干问题的解释(一)》第10条规定:“当事人超越经营范围订立合同,人民法院不因此认定合同无效,但违反国家限制经营,特许经营以及法律、行政法规禁止经营规定的除外。”表明司法对于法人超越业务范围的经营活动,采取了较为宽容的态度。

(二)意思表示真实

意思表示真实,是指行为人的内心意思与其外在表示相一致或相符合,它包括意思自由与表示一致两方面的含义。前者指行为人在意思表示的过程中是自由的,没有受到他人的不当干涉或妨碍;后者指行为人表示于外部的意思与其内心的真实意思相一致。之所以强调意思表示真实,是因为法律行为以意思表示为要素,只有意思与表示一致,当事人通过外部行为实现其内心意思才成为可能,当事人期望的内心意思也只有在其拥有自由意志的情况下才能实现,这是民法意思自治原则的基本要求。从另一个角度看,强调意思表示真实,意在禁止他人对行为人自由意志的干预、妨碍,使得行为人能够通过自己自由意志的行为实现所追求的一定法律效果,从而真正做到按照自己的意志处理自己的法律事务。

判定行为人的意思表示真实与否,应采取排除法。一般情况下,行为人实施的行为应认定是他的真实意思表示,行为人不得借口意思表示瑕疵而主张不受其意思表示的约束。行为人只有在能证明其意思表示确有瑕疵的情况下,如存在重大误解或欺诈或胁迫等情形,才能主张不受其意思表示的约束。

(三)不违反法律或者社会公共利益

民事法律行为的本质特征在于其合法性,正是基于其合法性,因而得到法律的确认,赋予其应有的法律效力,使其得以产生当事人预期的法律效果。如果行为不具合法性,则不足以成为民事法律行为,自不能得到法律的确认,产生当事人预期的法律效果。因此,合法性既是民事法律行为的特征,也是民事法律行为的有效条件。

民事法律行为的合法性,并不意味着法律要求行为人的行为必须符合法律的规定,或必须有法律的依据,而只是要求行为人的行为不违背法律或社会公共利益,只要行为人的行为不违背法律或社会公共利益,就足以具备合法性。这是私法领域中意思自治原则的必然要求和体现。

在我国,关于“法律”一词,可以解释为仅指由全国人民代表大会及其常务委员会通过的法律;也可以解释为除了上述法律外,还包括行政法规、地方性法规、行政规章、规范性文件以及最高人民法院的司法解释在内的凡具有法律效力的文件。《民法通则》仅规定法律行为不得违反法律,而未对“法律”一词作出界定，造成司法实践中对“法律”的扩大化解释，大量的合同因违反上述法律文件的规定而被认定无效，呈现出合同无效泛化的现象。《合同法》从市场经济的要求出发，遵循意思自治的私法原则，对“法律”一词做了限定。该法第52条第5项规定，“违反法律、行政法规的强制性规定”的合同无效。最高人民法院《关于适用中华人民共和国合同法若干问题的解释(一)》第4条进一步明确指出：“合同法实施后，人民法院确认合同无效，应当以全国人大及其常委会制定的法律和国务院制定的行政法规为依据，不得以地方性法规、行政规章为依据。”这对于纠正以往司法实践中的无效合同泛化的现象，维护和促进交易的发展，促进市场经济的发展，具有积极的意义。

民事法律行为除不违反法律外，还应不违反社会公共利益。社会公共利益，《德国民法典》称“善良风俗”(第138条)，《日本民法》(第90条)、我国台湾民法(第72条)称“公共秩序或善良风俗”，也称“公序良俗”。社会生活纷繁复杂，法律不可能将一切情况都规定无遗，法律选择不违反社会公共利益作为判定民事行为的最后一道防线，是明智的立法选择。[①] 所谓社会公共利益，是指社会不特定的多数人的利益，社会生活的政治基础、社会秩序、道德准则和风俗习惯，均可包括在内。民事法律行为的目的是设立、变更或终止一定的民事权利义务，它是民事主体追求个人利益的法律手段。法律要求行为人实施民事行为时不损害社会公共利益，是要求人们在民事活动中应正确处理个人利益与公共社会利益的关系，在追求个人利益过程中不能为一己私利而损害社会公共利益。

四、民事法律行为的生效条件

一般情况下，民事法律行为具备有效条件，于成立时即可发生效力。但是，对于某些民事法律行为，除具备有效条件外还需满足一定的条件才能生效。在学界，由于未严格区分民事法律行为的生效与有效，这种条件往往被称为民事法律行为的“特别有效条件”。[②] 笔者认为，这种条件不宜称为“有效条件”，而应称为“生效条件”。[③] 因为不具备这些条件，民事法律行为只是未生

---

① 王利明主编：《民法》，中国人民大学出版社2000年版，第107页。

② 王利明主编：《民法》，中国人民大学出版社2000年版，第107页；彭万林主编：《民法学》(修订本)，中国政法大学出版社1999年版，第151页。

③ 有的学者也采用“生效条件”的概念，但是由于未区分民事法律行为的生效与有效，其所谓生效条件往往与有效条件是混同的。参见董安生：《民事法律行为——合同、遗嘱和婚姻行为的一般规律》，中国政法大学出版社1994年版，第197、218～219页；张俊浩主编：《民法学》中国政法大学出版社1991年版，第234～239页。

效而已，而不是无效民事行为，也不是可变更、可撤销的民事行为或效力待定的民事行为。

民事法律行为的生效条件可分为当事人约定的条件和法律规定的条件。属于当事人约定的有：(1)附生效条件的民事法律行为。《民法通则》第 62 条规定："民事法律行为可以附条件，附条件的民事法律行为在符合所附条件时生效。"条件未成就，法律行为不生效。(2)附生效期限的民事法律行为。《合同法》第 46 条规定，附生效期限的合同，自期限届至时生效，期限未届至不发生效力。属于法律规定的有：(1)遗嘱。遗嘱是遗嘱人生前作出于其死亡时发生效力的处分其遗产的单方行为，只有当遗嘱人死亡时才能发生效力，遗嘱继承人或受遗赠人可以依据遗嘱而承受遗嘱人的遗产；遗嘱人未死亡，遗嘱继承人或受遗赠人不得主张依据遗嘱承受遗嘱人的财产。(2)法律、行政法规规定应办理批准、登记等手续生效的，自办理批准、登记手续后生效(《合同法》第 44 条第 2 款)。例如，《担保法》第 41 条规定，以土地使用权、房屋、林木、交通运输工具以及企业的机器设备设立抵押的，抵押合同，自抵押物经相关的登记机关登记之日起生效，未经登记抵押合同不发生效力。

第五节 民事行为的法律效力

一、民事行为效力概述

民事行为的法律效力是指民事行为依据法律的规定所产生的法律效果。它可以作狭义和广义两种解释。

狭义的民事行为效力，是指民事法律行为的法律效力，即在当事人之间产生预期的设立、变更或终止一定民事法律关系的法律效果。例如，依据买卖合同，设立买卖的权利义务关系；依据遗嘱，遗嘱继承人于被继承人死亡时取得遗嘱继承权。民事行为的有效、无效、生效的所谓"效"，都是指狭义的民事行为的效力。有效意指行为人所为的行为可以产生当事人预期的法律效果，生效意指行为人所为的行为现实地产生了当事人预期的法律效果，无效则意指行为人所为的行为不能产生当事人预期的法律效果。

广义的民事行为效力，是指任何民事行为所发生的法律效力。它既包括民事法律行为产生当事人预期的法律效果，也包括已经成立尚未生效的民事法律行为、无效的民事行为、可变更可撤销的民事行为以及效力待定的民事行为所产生的法律后果。例如,附生效条件的民事法律行为,在条件成就前处于已经成立尚未生效的状态,所谓尚未生效,正确的理解应当是该行为未发生当事人预期的法律效果,但不能说该行为没有任何法律效力。依据《合同法》第45条的规定,附条件的合同,当事人不正当地阻止条件成就的,视为条件已经成就;不正当地促成条件成就的,视为条件不成就。由此可见,附生效条件的民事法律行为在条件成就前对当事人也具有法律拘束力。又如,遗嘱在遗嘱人死亡前处于尚未生效状态,也具有一定的法律拘束力。依据《继承法》第20条第2款规定,遗嘱人以公证方式作出的遗嘱,如需变更或撤销,只能采取同样公证的方式,不得以自书、代书、录音、口头的方式变更或撤销。至于无效民事行为或撤销后无效的民事行为,并非完全没有法律效力。依据《民法通则》第61条规定,民事行为被认定无效或因撤销而无效,当事人负有返还所得利益的义务,有过错的一方还应承担赔偿他方损失的责任。因此,所谓无效,只不过是指不能发生当事人所预期的法律效果而已,而不是毫无法律效力。

广义的民事行为效力一般包括以下内容:(1)拘束力。民事行为对当事人具有的法律拘束力,来自法律的直接规定。例如,附生效条件的行为,当事人不得不正当地阻止或促成条件的成就;依法有效成立的合同,当事人不得实施有违合同目的的行为,如不得擅自变更或解除合同。(2)产生预期的法律效果,包括设立、变更或消灭一定的民事权利义务关系。如依据生效的遗嘱而取得遗嘱继承权,依据买卖合同而设立一定的债权和债务。如属设立一定的民事权利,则权利人有权为或不为一定行为,或请求他人为或不为一定行为。如属设立一定的民事义务,则义务人应当履行所承担的义务。(3)民事法律责任,包括违反合同义务所应承担的违约责任以及因民事行为无效的民事赔偿责任。但是,并非任何民事行为都同时发生以上效力,不同的民事行为具有不同的效力内容。依法成立且生效的合同具有以上的全部法律效力,附生效条件的合同在条件成就前仅有拘束力,而不发生当事人预期的设立权利义务的效力。

二、无效的民事行为

(一)无效民事行为的概念

无效的民事行为,是指不具备法律规定的有效条件,因而确定、当然、自始地不能产生当事人预期的法律效果的民事行为。

法律上,无效民事行为的“无效”有着严格的含义:一是完全无效,即无效的民事行为不能发生当事人预期的法律效果。二是自始无效,即无效的民事行为从成立之时就无效。三是当然无效，即无效的民事行为，无须当事人主张，也无须经法院或仲裁机构的确认，当然地无效。司法实践中，当事人就某一民事行为是否无效发生争议，诉请法院或仲裁机构认定，但法院或仲裁机构对该行为作出的无效认定，并非确认民事行为无效的法定程序。

（二）民事行为无效的原因

无效民事行为是法律对那些违背法律行为有效条件的民事行为的否定性评价。民事行为无效的原因在于行为本身违背了法律规定的有效条件。

关于民事行为无效的原因，《合同法》与《民法通则》的规定有所不同。《民法通则》第58条规定的无效民事行为包括：(1)无民事行为能力实施的行为；(2)限制民事行为能力人依法不能独立实施的行为；(3)一方以欺诈、胁迫的手段或者乘人之危，使对方在违背真实意思的情况下所为的行为；(4)恶意串通，损害国家、集体或者第三人利益的行为；(5)违反法律或者社会公共利益的行为；(6)违反国家指令性计划的行为；(7)以合法形式掩盖非法目的的行为。《合同法》适应市场经济体制的需要，在总结我国立法经验教训的基础上，对无效合同的范围作了一定的限制。《合同法》52条规定的无效合同包括：(1)一方以欺诈、胁迫的手段订立的损害国家利益的合同；(2)恶意串通，损害国家、集体或者第三人利益的合同；(3)以合法形式掩盖非法目的的合同；(4)损害社会公共利益的合同；(5)违反法律、行政法规的强制性规定的合同。两相比较，《合同法》的规定更趋于合理。

民事法律行为的有效条件包括行为主体合格、意思表示真实和不违反法律或社会公共利益，构成无效民事行为的原因也可以分为行为主体不合格、意思表示不真实和违反法律或社会公共利益三种类别。

1.因行为主体不合格而无效

《民法通则》第58条规定的第(1)项（无行为能力实施的行为）和第(2)项（限制行为能力人依法不能独立实施的行为），属于行为主体不合格的民事行为。但是，须注意的是，无行为能力人、限制行为能力人实施的纯获利益的行为，依据最高人民法院《关于贯彻执行民法通则若干问题的意见（试行）》第6条和《合同法》第47条的规定，不因其行为能力的缺陷而无效。又根据《合同法》第47条的规定，限制行为能力人订立的合同属于效力待定的合同，经法定代理人追认可以有效。

2.因意思表示不真实而无效

(1)欺诈，是指当事人一方人故意提供虚假情况或者隐瞒真实情况，使对方陷于错误而作出违背其真实意思的表示。构成欺诈行为，应具备以下条件：

第一，须当事人一方有欺诈的行为，即提供虚假情况或隐瞒真实情况；第二，欺诈方主观上属于故意；第三，受欺诈人因对方的欺诈而发生错误的认识；第四，须受欺诈人基于错误的认识而作出意思表示。欺诈只有在损害国家利益时，才导致行为无效。在一般情况下，欺诈只构成受欺诈方变更、撤销其意思表示的事由，而不会导致行为无效。

(2)胁迫，指以给公民及其亲友的生命健康、荣誉、名誉、财产等造成损害或者以给法人的荣誉、名誉、财产等造成损害为要挟，迫使对方作出违背真实意思的表示。构成胁迫行为，应具备以下条件：第一，须有胁迫的行为；第二，胁迫人须有主观故意；第三，须是胁迫行为存在违法或不当，包括目的与手段的违法或不当；第四，须相对人因胁迫而陷入恐怖境地；第五，须相对人基于恐怖而作出违背其真实意思的表示。《合同法》对欺诈和胁迫采取了二元的规定，即胁迫、欺诈只有在损害国家利益时，才导致行为无效；在一般情况下只构成变更、撤销其意思表示的事由，而不会导致行为无效。[①]

(3)乘人之危，是指一方当事人乘相对人处于危难之机，为争取不正当利益，迫使对方作出不真实的意思表示，严重损害对方利益的法律行为。构成乘人之危行为，应具备以下条件：第一，当事人一方有乘人之危的行为；第二，乘人之危的一方当事人须有主观上的故意；第三，相对人因处于危难而作出违背其真实意思的表示，此意思表示是乘人之危的一方当事人因势利用的结果；第四，相对人受到该意思表示所造成的严重不利后果。按照《民法通则》的规定，乘人之危所为的行为无效；但按照《合同法》的规定，乘人之危只构成变更、撤销的事由。

(4)恶意串通，指行为人双方串通一气，损害国家、集体或他人利益的行为。例如，代理人滥用代理权，与相对人恶意串通，从而损害被代理人的利益，即是典型的恶意串通行为。构成恶意串通，应具备以下条件：第一，行为人一方与另一方的代理人或代表人实施了串通的行为；第二，行为人一方与另一方代理人或代表人存在串通一气的主观故意，即恶意；第三，行为人恶意串通的行为损害了第三人(包括国家、集体或其他第三人)的利益。为保护第三人的权益，法律规定这类行为无效。

(5)虚构，指只具有法律行为的形式，而行为人根本无意使其发生法律效果的行为。例如，当事人双方为取得银行贷款，虚构货物进口合同，当事人双

① 对我国《合同法》关于欺诈、胁迫二元规定的批评，请参见柳经纬、李茂年：《论欺诈、胁迫之民事救济——兼评〈合同法〉之二元规定》，《现代法学》2000 年第 6 期。

方并无使该进口合同生效的真实意思,法律上应认定无效。

(6)伪装,是指行为人以一个法律行为掩盖另一个法律行为。被掩盖的法律行为可能违法也可能不违法。对于前者,我国《民法通则》规定,“以合法形式掩盖非法目的”,其行为无效;对于后者,应适当考察行为人的真实意图,确认被掩盖的法律行为的效力。

(7)真意保留,是指一方当事人故意隐瞒其内心真实意思而作出不同的表示。《日本民法》第 93 条规定:“意思表示,因表意人知其非真意而妨碍其效力。但相对人知表意人之真意或可得而知者,该意思表示无效。”

3.因违反法律或社会公共利益而无效

违反法律或社会公共利益的行为不具有合法性,自不能发生当事人预期的法律效果。在认定合同因违法而无效时,应特别注意,依据《合同法》第 52 条第 5 项的规定,合同只有在违背法律、行政法规的强制性规定时才无效。最高人民法院《关于适用合同法若干问题的解释(一)》进而指出,合同法实施后,人民法院不得以合同违背地方性法规、行政规章认定无效;对于企业超越经营范围而订立的合同,除了违反国家限制经营、特许经营以及法律、行政法规禁止经营规定的以外,也不应认定无效。

三、可变更、可撤销的民事行为

(一)可变更、可撤销民事行为的概念

可变更、可撤销的民事行为,指当事人的意思表示存在着瑕疵,法律并不使之绝对无效,而是授予当事人以变更权或撤销权,允许其向法院或仲裁机构请求变更或撤销以决定其效力的行为。这种行为在变更和撤销前,应认定有效;如当事人仅要求变更,也不导致行为无效;如当事人主张撤销,经法院或仲裁机构撤销后,该行为自始无效。

(二)可变更、可撤销民事行为的原因

依《民法通则》第 59 条和《合同法》第 54 条的规定,构成可变更、可撤销的法定事由有重大误解、显失公平、欺诈、胁迫和乘人之危。欺诈、胁迫、乘人之危已如上述。

1.重大误解,是指行为人因对行为的性质、对方当事人、标的物的品种、质量、规格和数量等的错误认识,使行为的后果与自己的意思相悖,并造成较大损失的行为。构成重大误解,应具备以下条件:(1)行为人对行为的某些方面存在错误认识,这种错误认识不是行为人故意造成的;(2)行为人的错误认识是“重大”的;(3)行为人的错误认识与其所为的表示行为有因果关系。

2. 显失公平，是指一方当事人利用优势或者利用对方没有经验，致使双方的权利义务明显违反公平、等价有偿原则的行为。构成显失公平，应具备以下条件：(1)法律行为应属有偿行为；(2)行为的内容明显背离公平原则；(3)造成这种不公平是因为表意人的无经验，并非其真实意思。判断合同条是否显失公平，应以合同订立之时为准，不应以合同履行的结果来判定。

(三)变更、撤销权及其行使

对于可变更可撤销的民事行为，法律赋予当事人以变更、撤销权。按照《合同法》第54条的规定，发生重大误解或显失公平的，当事人双方均有变更、撤销权；发生欺诈、胁迫或乘人之危时，法律只赋予受损害方以变更、撤销权，欺诈、胁迫、乘人之危的一方不享有变更撤销权。变更、撤销权属于形成权，只要当事人一方的意思表示即可成立。

为保证社会关系的稳定，促使当事人及时行使权利，《合同法》第55条进一步规定了撤销权的期限，该条规定："有下列情形之一的，撤销权消灭：(一)具有撤销权的当事人自知道或者应当知道撤销事由之日起一年内没有行使撤销权；(二)具有撤销权的当事人知道撤销事由后明确表示或者自己的行为放弃撤销权。"

四、效力待定的民事行为

(一)效力待定民事行为的概念

效力待定的民事行为，是指行为业已成立，但其效力尚待法律规定的其他情形的存在，方可确定的民事行为。如无法律规定的情形存在，这种行为应认定无效。

效力待定的民事行为不同于无效的民事行为。无效的民事行为，其不发生行为人预期的法律效果，不因任何情况的变化而改变；而效力待定的民事行为是否产生当事人预期的法律效果，处在未确定的状态，如存在法律规定的其他情形，则可以有效。

效力待定的民事行为也不同于可变更、可撤销的民事行为。可变更、可撤消的民事行为在被撤销前，是有效的，经当事人请求法院或仲裁机构撤销后，才自始无效。效力待定的民事行为，在具备法律规定的情形时才有效，否则无效。如果从行为效力变化的角度看，可变更、可撤销的行为被撤销，其效力状态是从有效转变为无效；而效力待定的行为存在法律规定其他情形时，其效力状态是从无效转变为有效。

(二)效力待定民事行为的类型

《民法通则》未对效力待定的民事行为作一般性规定，仅有第66条对无权代理行为的追认的规定，涉及效力待定问题。《合同法》对于效力待定的合同作了规定。根据《合同法》的规定，效力待定的民事行为，有以下几种：

1.限制行为能力人订立的与其年龄、智力不相适应的合同。《合同法》第47条第1款规定："限制民事行为能力人订立的合同，经法定代理人追认后，该合同有效，但纯获利益的合同或者与其年龄、智力、精神健康状况相适应而订立的合同，不必经法定代理人追认。"在这里，法定代理人的事后追认是该类行为有效的法定条件，如法定代理人未予追认或明确表示否认，该类行为应认定无效。为了尽早确定该类行为的效力，避免法定代理人迟迟不予明确而导致法律关系处于不确定状态，该条第2款规定了相对人的催告权和撤销权。相对人可以催告法定代理人在一个月内予以追认。法定代理人 未作表示的，视为拒绝追认。合同被追认前，善意相对人有权撤销该行为，撤销应当以通知的方式作出。

2.无权代理的行为。无权代理包括行为人没有代理权、超越代理权和代理权终止后以被代理人名义实施代理行为三种情形。依据《民法通则》第66条和《合同法》第48条、第49条的规定，无权代理的行为能否产生有权代理的效力，取决于是否存在法律规定的两种情形，具备法律规定的情形的，无权代理行为即可转化为有权代理。

一是被代理人的追认。被代理人事后追认的，代理行为有效。被代理人不予追认的，无权代理行为对被代理人不发生效力，由行为人自己承担责任。《民法通则》第66条还规定："本人知道他人以本人名义实施民事行为而不作否认表示的，视为同意。"为了尽早确定该类行为的效力，避免被代理人迟迟不予明确而导致法律关系处于不确定状态，《合同法》第48条第2款规定了相对人的催告权和撤销权。相对人可以催告被代理人在一个月内予以追认。法定代理人 未作表示的，视为拒绝追认。合同被追认前，善意相对人有权撤销该行为。撤销应当以通知的方式作出。

二是相对人有理由相信行为人有代理权。《合同法》第49条规定："行为人没有代理权、超越代理权或者代理权终止后以被代理人名义订立合同，相对人有理由相信行为人有代理权的，该代理行为有效。"这种情形构成表见代理，表见代理属于有权代理。

3.法定代表人等越权所为的行为。《合同法》第50条规定："法人或者其他组织的法定代表人、负责人超越权限订立的合同，除相对人知道或者应当知道其超越权限的以外，该代表行为有效。”如果相对人知道或者应当知道法人的法定代表人和其他组织的负责人超越权限的，代表行为无效，行为人所在的法人或组织不承担责任，应由行为人自己承担责任。

4.无处分权人处分他人财产的行为。《合同法》第51条规定:“无处分权的人处分他人财产，经权利人追认或者无处分权的人订立合同后取得处分权的，该合同有效”。此种行为的效力取决于行为人事后是否得到有处分权人的追认或取得财产的处分权，如事后得到有处分权人的追认或取得处分权，行为有效;否则行为无效。

五、民事行为无效的处理

民事行为无效或被撤销以后，当然不能产生当事人预期的法律效果。但这只意味着当事人的意思表示得不到法律的确认，并不表示不会产生任何法律后果。相反，无效或被撤销的民事行为，由于不具有合法性，法律在否定其效力的同时，也对它作出否定性的评价，使其产生与当事人预期相反的法律后果。《民法通则》第61条和《合同法》第58条对无效或因撤销而无效的民事行为的处理作了规定。

(一)返还财产和折价补偿

民事行为无效或被撤销之后，如果还没有履行的，则不需履行;如已经部分履行的，则应停止履行。对于已经履行的部分或全部履行的，则应返还因履行而取得的财产，在不能返还或没必要返还的情况下，应折价补偿，以使当事人恢复到没有进行民事行为前的地位。

返还财产可分为向对方返还和向第三人返还。向对方返还又可分为单方返还和双方返还。如果合同无效不涉及第三人，因履行无效合同仅有一方从对方取得财产的，发生单方返还;因履行无效合同存在双方各自从相对方取得财产的，发生双方返还。如果合同无效涉及第三人，例如当事人处分了第三人的财产，则取得财产的当事人应向第三人返还财产。

返还财产的对象，以返还原物为原则。如果原物有所损坏，应修复以后返还，或付给相应的补偿。如果原物已经消耗、毁损或其他原因不存在，不能返还的，在原物是可替代物情况下，应以种类物返还;在原物是不可替代物情况下，应折价补偿。如果返还的是金钱，则除了返还本金之外，还应按银行利率支付利息。如果对方给付的是劳务，无形财产或其他不能返还的利益，则要折算成金钱返还。如果给付的财产因第三人善意取得或当事人认为没有必要返还，则应折价予以补偿。

(二)赔偿损失

在当事人返还财产或折价补偿之后,如果还存在着其他各种实际发生的损失,当事人还有赔偿请求权,当然这必须以当事人存在过错为基础。如果损失是由当事人一方的过错造成的,则有过错的一方只有赔偿责任而无赔偿请求权,无过错的一方则享有赔偿请求权。如果损失是由双方过错造成的,则双方应根据各自过错的程度确定各自赔偿责任的范围。如果双方过错程度相当,损失大致相同,可由双方各自承担自己的损失,这是过错相抵原则的适用。

(三)追缴财产

在当事人双方恶意串通,损害国家集体或者第三人利益的情况下,应将当事人因此取得的财产分别收归国家所有、返还集体或返还第三人。追缴财产被认为是一种兼具制裁的补偿。

(四)民事制裁

对于有故意或重大违法情节的当事人,人民法院还可以根据《民法通则》第 134 条第 3 款的规定,采取予以训诫,责令具结悔过,收缴进行非法活动的财物和非法所得,依法律规定处以罚款,拘留等民事制裁措施。

第六节 附条件和附期限的民事法律行为

一、附条件和附期限的民事法律行为概述

一般而言,民事法律行为在当事人意思表示成立时就发生法律效力,但由于现实生活的复杂性,当事人出于某些特殊考虑,有时不希望法律行为在意思表示成立时就生效。例如,甲与乙订立房屋租赁合同,但约定只有甲到时分不到房子时才承租乙的房屋。如此一来,既有利于避免多交出房租,又能在分不到房子时找到居住的场所,充分适应了现实生活的需要。法律行为以意思表示为核心和基础,基于当事人意思自治而对法律行为的效力作出限制的意思表示,一般称为“附款”,包括条件和期限两种。法律行为一般只能反映人们从事该行为的目的(如买房子),却往往不能反映人们的内心动机(即为什么买房子),而法律行为附款的设定则赋予人们的行为动机以法律意义,使民事主体既能根据自身需要灵活安排民事活动,减少可能形成的风险与损失,又能充分利用物质资源,发挥物的效用,促进社会的安定团体和生产力的发展。

历史上看,民事法律行为的附款不是一开始就有的。在早期罗马法中,简

单的商品经济关系客观上要求法律关系简洁明确，因而除了遗嘱以外，其他法律行为都不许附条件。后来由于商品经济的发展和现实生活的需要，这种限制才逐渐解除，到查士丁尼法典时期，原则上允许民事法律行为附条件。近现代民法承袭旧制，纷纷确立民事法律行为的附款制度。我国《民法通则》第62条也规定："民事法律行为可以附条件，附条件的民事法律行为在符合所附条件时生效。"虽然我国立法采用了"条件"一词，但应理解为广义上的条件，包括条件和期限两种，方可从随后最高人民法院作出的《关于贯彻执行民法通则若干问题的意见(试行)》第75条和第76条的解释中得到印证。而《合同法》则采用狭义的条件用语，在第45条、第46条分别规定了附条件的合同和附期限的合同。

附款给人们从事民事活动带来了方便，但并非一切的法律行为都可以有附款。法律规定或法律行为的性质本身不能有附款的，就不许有附款。例如，销售名牌商品不能搭售劣质商品，返还不当得利或拾得物不得附条件，所有权的享有不能附期限，结婚、认领等身份上的行为不能附期限。民法学上将这些不宜附条件或附期限的法律行为称为避忌(或不许)条件(期限)的民事法律行为。一旦这类法律行为附上条件(或期限)，要么导致该法律行为无效(如搭售商品的行为)，要么导致该法律行为性质发生变异(如赠与行为附上终期就变成借用行为)，要么导致所附的条件或期限无效(如放弃所有权附有终期，其所附期限无效)。

二、附条件的民事法律行为

(一)附条件民事法律行为的概念

附条件的民事法律行为，是指以当事人约定的客观事实之成就决定其效力产生或消灭的民事法律行为。前例甲、乙之间签订的房屋租赁合同即是附条件的民事法律行为。当事人约定的未来可能发生的客观事实就是"条件"，它既可以是事件，亦可以是行为，但作为决定民事法律行为效力的条件，应满足以下要求：

1.须是将来不确定发生的事实，即在民事法律行为成立时尚未发生的事实。如果当事人把已发生的事实作为确定民事法律行为效力发生或终止的条件(这种事实称为既定条件或已定条件)，不具有条件的法律意义，该法律行为的效力如何应具体分析。在当事人知道该事实已发生的情况下，如果既定条件决定法律行为效力的产生，则认为该法律行为未附任何条件；如果既定条件决定法律行为效力的消灭，则认为当事人不希望从事该法律行为，该行为应宜告无效。在当事人不知道该事实已发生的情况下，如果当事人知道该事实后就不会从事该民事行为的，则该法律行为无效；如当事人知道该事实发生后仍希望从事该法律行为的，则按当事人知道的情形处理。

2.须是不确定的事实，即未来可能发生也可能不发生的事实，具有或然性。如果当事人把未来势必发生的事实作为条件（这种事实称为必至条件），它具有期限的意义，而非条件。如果当事人把未来不可能发生的事实作为条件（这种条件称为不能条件），以不能条件决定法律行为的生效，应视为当事人根本不希望从事该法律行为，民事行为无效；以不能条件决定法律行为失效的，应视为该法律行为未附任何条件。

3.须是当事人自行约定的事实。法律行为的附款是当事人意思表示的一部分，理应由当事人自行约定，是当事人意思表示一致的结果。如果当事人把法律规定的事实作为条件（这种条件称为法定条件），显然是画蛇添足，没有必要。

4.须是合法的事实，即条件的内容不得反法律规定和社会公共利益。以不合法的事实作为法律行为条件的（这种事实称不法条件），该民事行为当然无效。

5.条件不得与法律行为的主要内容相矛盾。如果以自相矛盾的内容作为法律行为的条件（这种事实称为矛盾条件），行为人的目的就变得模糊不清，破坏了行为人意思表示的协调一致，因此应认为以矛盾事实为条件的法律行为无效。

综上，如果当事人以既定条件、必至条件、不能条件、法定条件、不法条件和矛盾条件这些民法学上称为假装条件（或表见条件、非真正的条件）作为法律行为的附款，都不能产生条件的法律意义。最高人民法院《关于贯彻执行民法通则若干问题的意见（试行）》第75就规定："附条件的民事行为，如果所附的条件是违背法律规定或者不可能发生的，应当认定该民事行为无效。"

应注意的是，条件不同于负担。首先条件是一种事实（当事人是否实施条件所定的行为并不受强制），而负担是一种义务，必须履行，否则会构成违约而招致强制履行；其次，条件影响法律行为的效力，而有负担的法律行为在意思表示成立时就发生法律效力。例如，我国《继承法》第21条规定："遗嘱继承或者遗赠附有义务的继承或者受遗赠人应为履行义务。没有正当理由不履行义务的，经有关单位或个人请求，人民法院可以取消他接受遗产的权利。"这就是一种典型的负担规定。

(二)条件的分类

1.生效条件和解除条件。根据条件是否决定法律行为的生效或失效,可将其分为生效条件和解除条件。生效条件又称停止条件或延缓条件,是指法律行为效力的发生取决于所附条件的成就(作为条件内容的事实确定地实现)。也就是说,法律行为在成立之后并不立即生效,只有在当事人约定的事实发生之后,法律行为才开始生效。解除条件,指法律行为效力的消灭取决于所附条件的成就,即法律行为在条件成就之前已经生效,在当事人约定的条件成就后,法律行为的效力即告终止,权利义务自行解除。

这种划分是立法上通常采用的分类法,已为不少国家立法所确认。我国《合同法》第45条第1款也规定:“当事人对合同的效力可以约定附条件。附生效条件的合同,自条件成就时生效。附解除条件的合同,自条件成就时失效。”

2.积极条件和消极条件。根据条件的成就是否会发生某种事实,可将其分为积极条件和消极条件。前者指把某种事实的发生作为条件,这种事实的发生,视为条件已成就,反之则视为条件未成就。后者指把某种事实的不发生作为条件,这种事实的不发生,视为条件已成就,反之则视为条件未成就。条件的这种划分,其意义在于更好地理解当事人所附的条件。

(三)条件的效力

1.条件成就与否未定时的效力。因条件可能成就而受益的当事人此时享有的权利只是一种期待权。对于附生效条件的法律行为的当事人而言,这种期待权是一种希望权,因为法律行为一旦成立,就在当事人之间建立了法律关系,双方均应受到约束,但由于条件尚未成就,因条件可能成就而受益的当事人只能对其权利持观望状态,无权要求相对一方履行义务。对于附解除条件的法律行为的当事人而言,这种期待权是一种复归权,因为法律行为在条件成就之前已经生效,在条件未成就前,权利只能由相对一方享有,而不能复归原权利人。

2.条件成就时的效力。因条件成就,当事人所享有的期待权进入兑现状态,变成现实的权利。如无特别约定,附生效条件的法律行为从条件成就之时起开始生效(即条件的成就无溯及力),权利即可行使,义务则应履行;附解除条件的法律行为从条件成就之时起失效,现存的权利义务终止,权利复归原权利人,但条件成就之前所产生的法律效果不受影响(即条件的成就无溯及力)。

3.条件不成就时的效力。因条件不成就,当事人所享有的期待权归于消灭。附生效条件的法律行为便永不能生效,附解除条件的法律行为保持权利义务的现状，就如同未附有条件。

4.附条件的民事法律行为是充分尊重当事人意思表示为满足现实生活需要而做出的一种法律安排，在条件未成就前，当事人所享有的期待权虽然不是现实的权利，但理应受到法律的保护，禁止相对一方或他人侵犯其期待权。如果在条件成就前，当事人的期待权受到侵害的，其享有损害赔偿请求权。当事人对法律行为附以条件之后，只能听任作为条件的事实自然发展，当事人不得为了自身的利益而恶意地促成或阻碍条件的成就，否则就要承担对其不利的法律后果。当事人的这种行为，称为条件的拟制，不少国家立法都有相应规定。例如，《德国民法典》第 162 条规定："因条件成就而受不利益之当事人，违背信义妨害其成就者，视为条件已成就。因条件成就而受利益之当事人违背信义促其成就者，视为条件不成就。"《法国民法典》第 1178 条规定："附条件之债务，债务人妨碍其条件成就者，视为已成就"。我国《合同法》第 45 条第 2 款也作出了类似的规定。

三、附期限的民事法律行为

附期限的民事法律行为，是指以当事人约定的时间之到来决定其效力产生或消灭的民事法律行为。

当事人所约定的时间就是一种期限，它应满足下列要求：(1)须是民事法律行为成立之日尚未到来的时间；(2)须是肯定能够到来的具有现实意义的未来时间，这是期限与条件的不同之处，期限必须是将来确定的事实，而条件则是未来不确定的事实；(3)须是当事人约定的时间而非法定期限。

根据期限是否决定法律行为的生效或失效，可将期限分为始期和终期。前者指以当事人约定的时间的到来(始期的到来，称届至)作为法律行为生效的条件；后者指以当事人约定的时间的到来(终期的到来，称届满)作为法律行为效力终止的条件。我国《合同法》第 46 条规定："当事人对合同的效力可以约定附期限。附生效期限的合同，自期限届至时生效。附终止期限的合同，自期限届满时失效。"

根据期限到来的时间是否明确，可将期限分为确定期限和不确定期限。前者是指能够准确界定具体时日的期限，包括期日与期间，如"2000 年 8 月 15 日"，"自今天起 3 个月内"。后者是指不能准确界定具体时日的期限。在不确定的期限中，期限内容中的事实是确定的，而其到来的具体时日则无法明确，如"王五死亡时"。

期限的效力体现在：(1)期限未到来之时的效力。因期限到来而受益的当事人在期限到来之前享有的是一种期待权。这种期待权不同于附条件的法律行为中当事人所享有的的期待权，后者是一种不确定的期待权，而前者是一种确定的期待权，因为期限的到来是确定无疑的。附始期的法律行为在期限到来之前未生效，权利不能行使，义务不必履行。附终期的民事法律行为在期限到来之前继续有效，权利继续享有，义务应当履行。例如《法国民法典》第1186条规定："至预定期应履行的义务，于其期限届至前，不得请求；但于其期限前已经清偿的不得请求返还。"《日本民法典》第135条规定："法律行为附有始期者，其法律行为的履行于期限届至前，不得请求。法律行为附有终期者，其法律行为的效力，于期限届满消灭。"(2)期限到来后的效力。因期限的到来，当事人享有的期待权进入兑现状态，变成现实权利。附始期的法律行为开始生效，如无特别约定，期限的效力是向前发展的，即期限无溯及力。附终期的法律行为归于消灭，权利义务终止，对期限届满之前的法律行为，其效果不受影响，即期限无溯及力。如当事人约定期限届满的效力追溯自行为成立或生效之时，应认定该行为无效。

第七节 民事法律行为(意思表示)的解释

一、民事法律行为解释的概念

民事法律行为的解释，又称意思表示的解释，指对意思表示的内容和含义所作的分析或说明。民事法律行为是行为人对其未来事务以及相互之间权利义务关系所作的安排，具有相应的法律效力。当事人通过法律行为对此做出了什么样的安排，设定了什么样的权利义务关系，法律行为将产生怎样的法律效力，须通过对其意思表示的分析和说明才能确定。因此，对法律行为进行解释是确定法律行为的效力，进而确定当事人之间的权利义务，不可缺少的一个环节。尤其是在意思表示不明确时，在当事人对法律行为的内容和含义产生不同理解乃至争议时，对法律行为作出科学的合理的解释，意义就更为重要。在这种情况下，法律行为的解释还是具有定纷止争的作用。

法律行为的解释一般只涉及其内容，而不涉及其形式。[①] 因为，法律行为的形式是否符合法律的规定或当事人的约定，一目了然；即便当事人之间对法

① 王利明：《合同法研究》(第一卷)，中国人民大学出版社2002年版，第406页。

律行为的形式问题发生争议，也容易判定，无需通过解释加以确定。然而，法律行为的内容则不同。一方面，由于语言文字常常具有多义性，当事人基于不同的角度或不同的利益考虑，可能对法律行为所使用的语言文字产生不同的理解，从而提出不同的权利义务主张。另一方面，法律上又要求法律行为的效果必须是确定的，某一种法律行为只能有一种确定的法律效果，而不能有多种法律效果的出现，否则将使当事人无可适从。为了解决这种语言文字的多义性可能产生的对法律行为效果的不同主张与法律行为效果必须具有确定性之间的矛盾，这就需要对法律行为进行解释，从而确定法律行为的法律效果，明确当事人的权利义务。

二、民事法律行为解释的目的

民事法律行为以意思表示为要素，它是当事人真实意思的表示。因此，法律行为的解释目的也就是确定行为人的真实意思。通过一定的解释规则或解释方法的运用，对法律行为的内容和含义做出合乎行为人真实意思的解释，才能使得依此所确定的权利义务符合行为人的要求，才能真正发挥法律行为作为实现意思自治原则的工具的作用。我国《合同法》第 125 条规定："当事人对合同条款的理解有争议的，应当按照合同所使用的词句、合同的有关条款、合同的目的、交易习惯以及诚实信用原则，确定该条款的真实意思。"所谓"该条款的真实意思"，也就是行为人的真实意思，指行为人订立合同之时真实的意思。这一规定明确了，无论采取什么样的解释原则和方法，合同解释的目的都是探求当事人的真实意思。

确定行为人的真实意思只是法律行为解释的直接目的，并非最终目的，其最终目的是通过法律行为的解释，寻求行为人的真实意思，最终确定当事人之间的权利义务及其责任，以解决当事人之间存在的纷争。

三、民事法律行为解释的主体

关于法律行为解释的主体，因广义法律行为解释论和狭义法律行为解释论而有不同。[①]

广义的解释理论认为，任何人都有权对法律行为进行解释，因此法律行为解释的主体不仅包括法院、仲裁机构，还可以包括当事人及其诉讼代理人、鉴定人、公证人以及消费者协会等社会团体，他们都可以从各自不同的角度对法

① 王利明：《合同法研究》(第一卷)，中国人民大学出版社 2002 年版，第 412 页。

律行为作出解释。例如，公证员进行遗嘱公证时，通过对遗嘱的内容进行解释，帮助立遗嘱人了解遗嘱的法律效力；消费者协会受理消费投诉时，对消费合同的条款进行解释，阐明对投诉的态度。这些也属于法律行为的解释。

狭义的解释理论认为，法律行为解释仅指有权解释，也就是法院和仲裁机关才能对法律行为所作的具有法律拘束力的解释，因此法律行为解释的主体仅限于法院或仲裁机构。尤其是在当事人就法律行为的内容产生不同的理解和争议时，只有法院和仲裁机构对法律行为作出的解释才具有法律效力，才能作为确定当事人之间权利义务的依据。因此，法律行为的解释是法官或仲裁员的一种职权活动。[①] 有的学者甚至认为，法律上所说的法律行为的解释，仅指法院所作的解释。[②]

虽然在民事诉讼或商事仲裁中，当事人就意思表示的内容发生争议时，只有法院或仲裁机构的解释才具有法律效力，当事人及其代理人对争议内容所作的解释并不具有法律价值，但是在法律行为的解释活动中，当事人及其代理人所作的解释并非毫无意义，“法院常能从当事人自己所作的解释性陈述中得到极大的帮助”。[③] 因此，法律行为的解释不应当仅仅限于法院或仲裁机构的解释，也应当包括当事人及其代理人以及其他有关组织或人士所作的解释。

四、民事法律行为解释的原则

解释法律行为应遵守一定的原则。近代以来，在法律行为解释的立法和实践上，形成了意思主义、表示主义和折衷主义三种原则。

意思主义原则又称主观主义原则，它强调法律行为解释应注重当事人的真实意思。依此原则，当行为人的内心意思与外部表示不一致时，应以行为人的内心意思为准确定行为的内容。《法国民法典》第 1156 条规定：“解释契约时，应寻求缔约当事人的共同意思，而不拘泥于文字。”《德国民法典》第 133 条规定：“解释意思表示，应探求当事人的真实意思，而不得拘泥于所用的词句。”这些规定都反映了意思主义对该国立法的影响。

表示主义原则又称客观主义原则。根据该原则，法律行为的本质不是行为人的内心意思，而是行为人表示的意思，法律行为的解释应注重其外部的表

---

① 王利明：《合同法研究》（第一卷），中国人民大学出版社 2002 年版，第 413 页。

② 梁慧星：《民法总论》，法律出版社 1995 年版，第 185 页。

③ ［美］A. L. 科宾：《科宾论合同》（上册），中国大百科全书出版社 1997 年版，第 663 页。

示行为。当行为人的内心意思与外部表示不一致时，表示主义原则主张应以外部的表示为准加以解释，而无需考虑非外人所能窥知的行为人的内心意思。《德国民法典》第157条规定："对合同的解释，应遵守诚实信用原则，并考虑交易上的习惯。"这反映了表示主义理论的影响。

从两种理论的价值取向看，意思主义重在探求行为人的内心真意，倾向保护行为人的利益；表示主义重在通过外部表现探求行为人的意思表示，倾向保护相对人的信赖利益和交易的安全。现代民法从平衡两种利益的角度出发，大多采取折衷主义，但偏重不同。从促进经济发展，鼓励交易的角度出发，应侧重于表示主义，即以表示主义为原则，意思主义为补充。

关于法律行为的解释，我国民法没有明确是采取意思主义原则还是采取表示主义原则。有关法律行为解释的规定，主要是《合同法》第125条。该条第1款规定："当事人对合同条款的理解有争议的，应当按照合同所使用的词句、合同的有关条款、合同的目的、交易习惯以及诚实信用的原则，确定该条款的真实意思。"依此规定，一方面，合同解释应探求当事人的"真实意思"，具有意思主义的特点；另一方面，该条又强调合同解释"应当按照合同所使用的词句、合同的有关条款、合同的目的、交易习惯以及诚实信用的原则"，要求在探求当事人的真实意思时，应注重外部行为以及交易习惯等，又具有表示主义的特点。由此可见，我国法律实际上采用的折衷主义原则，要求对法律行为进行解释时，应当将意思主义和表示主义结合起来考虑。①

五、民事法律行为解释的方法

（一）文义解释

文义解释，是指按照通常的理解，对法律行为所使用的文字词句的含义进行的解释。我国《合同法》第125条第1款规定，当事人对合同条款有争议的，应当按照"合同所使用的词句"，"确定该条款的真实意思"。该规定即是指文义解释。文义解释是法律行为解释的首要的方法。语言文字是意思表示的载体，在当事人对法律行为的有关内容产生争议时，首先必须按照行为人所使用的语言文字本身的含义来确定当事人的真实意思，而不能抛开法律行为所使用的语言文字任意进行解释。因此，法律行为解释首先应当考虑文义解释法，只有在这种方法仍不能确定当事人的真实意思时，才能采用其他方法进行解释。

---

① 王利明：《合同法研究》（第一卷），中国人民大学出版社2002年版，第419页。

采取文义解释法时，必须遵守语言文字的规范。如果是一般用语，应按照文字的通常含义进行解释。如果涉及专业用语，则应当该专业的特定含义进行解释。如果争议双方已经明确所使用的语言文字表达的是某一种意思，则应该按照当事人双方共同认可的含义进行解释。

（二）目的解释

法律行为是行为人旨在设立、变更或终止一定权利义务的行为。因此，行为人实施行为时所追求的设立、变更或终止一定权利义务关系，也就构成了法律行为的目的。例如，订立买卖合同的目的是为了确定买卖双方的权利义务关系，实现物的买卖；遗嘱人立遗嘱的目的是为了按照自己的意愿处分人死后所遗留的财产。法律行为不过是行为人实现其行为目的的法律手段。

所谓目的解释，是指对法律行为所作的解释，应符合法律行为目的的要求，至少不得违背法律行为的目的。例如，某一行为既可以被解释为有效又可被解释为无效，按照目的解释法，应当尽可能按照有效来解释。此时，如作无效解释，显然与行为实施法律行为的目的相悖。

目的解释法有利于实现法律行为的目的，有利于实现当事人的意思自治，因而为法律所确认。《法国民法典》第 1158 条规定："文字可能作两种解释时，应采取最适合于契约目的的解释。"我国《合同法》第 125 条第 1 款也规定，当事人对合同条款的理解有争议的，应当按照"合同的目的"，"确定该条款的真实意思"。该条第 2 款还对合同采用不同文本时的解释问题作出规定："各文本使用的词句不一致的，应当根据合同的目的予以解释。"

（三）整体解释

整体解释又称体系解释，指将法律行为的全部内容作为一个整体，从各个部分的相互联系、争议的条款或词句所处的地位、与其他词句、条款的关联性，阐明争议词句或条款的含义。按照整体解释法的要求，法律行为的解释，应当将当事人争议的内容置于法律行为的整体之中，不能孤立地看待问题；应当坚持同一法律行为中所使用的概念含义的统一性，不能各取所需；应当结合其他条款以及相关的文件（如往来的信件、电报、传真、谈判纪录等），注重事物的相互联系。这样才能准确地确定争议条款或词句的真正含义。

整体解释法着眼于事物的相互联系，有利于避免法律行为解释时的片面性，有利于探询当事人的真实意思，为各国法律所确认。《法国民法典》第 1161 条规定："契约的全部条款得相互解释之，以确定每一条款从整个行为中所获得的意义。"我国《合同法》第 125 条也要求合同的解释应按照"合同的有关条款"来确定争议条款的真实意思；并规定"合同文本采用两种以上文字订立并约定具有同等效力的,对各文本使用的词句推定具有相同含义”。

(四)习惯解释

习惯又可称为惯例,包括生活习惯和交易习惯,是指人们在长期的社会生活中形成的,在某一地域或某一行业的社会交往中被普遍采用的做法,它是一些已经被大多数人所认同和遵守的规则。习惯只要不违反法律的强行性规定,应当为法律所认可。

人总是处在特定的社会经济环境里,并享受此种环境里形成的习惯带来的便利,并受到相应的制约。当人们对法律行为的内容以及所使用的词句发生争议时,依据行为之时行为人所处的特定环境里人们所遵从的习惯进行解释,有利于确定行为人的真实意思。习惯就其范围而言,包括一般习惯和当事人之间的习惯,前者指通行于特定领域或特定行业的习惯,后者指当事人长时间交往中形成的习惯。采取习惯解释法时,应遵循当事人之间的习惯优先于一般习惯的规则。这是因为,当事人之间的习惯更能够反映其真实意思。

习惯解释法为各国法律所确认。《法国民法典》第 1159 条规定:“有歧义的文字依契约订立地的习惯解释之。”第 1160 条规定:“习惯上的条款,虽未载明于契约,接似乎时应用于补充之。”《德国民法典》第 157 条规定:“对合同的解释,应遵守诚实信用原则,并考虑交易上的习惯。”我国《合同法》第 125 条规定能够,合同的解释应按照“交易习惯”,也规定了习惯解释法。

(五)依诚实信用解释

诚实信用是民法的一项基本原则,它不仅是民事主体从事民事活动应当遵守的原则,而且对于法律行为的解释也具有基本原则的指导意义。《德国民法典》第 157 条、我国《合同法》第 15 条都规定了诚信解释法。

诚实信用具有社会道德规范的意义。诚信解释法要求,人们解释法律行为时,应以一个诚信的当事人来理解、判断法律行为的内容和条款的含义,对争议的内容作出符合社会公共道德和商业道德的解释。同时,诚信原则还具有平衡利益的作用,依据诚实信用原则解释法律行为时,应考虑当事人之间利益的平衡,公平地确定的双方的权利义务。例如,当事人对于完全相同的条款产生争议,如属无偿合同,应按对债务人义务较轻的含义解释;如属有偿合同,则应按对双方都较公平的含义解释。

诚实信用是民法最为重要的基本原则。当事人对法律行为的内容和含义发生争议时,无论采取何种解释法,其结果都不应当是违背诚实信用原则的。因此,诚实信用原则还具有对法律行为解释最终评判的作用。

(六)对起草者不利的解释

在合同的解释中,自罗马法以来便有一项原则,即对起草者不利解释的原则。[①] 现代各国民法都采用了这项原则。《法国民法典》第 1162 条规定:"契约有疑义时,应作不利于债权人而有利于债务人的解释。"由于债权人通常是合同条款的提出方或拟订方,因此作出"不利于债权人"的解释也就是作出不利于合同条款起草者的解释。在英美法中,对于当事人一方设定的而他方只能表示同意的合同条款引发的争议,法院通常也会采取"不利于条款设定方的解释"。[②] 我国关于该原则的规定首先见诸《保险法》。该法第 30 条规定:"对于保险合同的条款,保险人与投保人、被保险人或者受益人有争议时,人民法院或者仲裁机关应当作出有利于被保险人和受益人的解释。"《合同法》继而对一般格式合同条款的解释作了明确的规定。该法第 41 条规定"对格式条款有两种以上解释的,应当作出不利于提供格式条款一方的解释。"

如果合同的条款是由当事人一方设定的,他方处在要么接受要么拒绝的地位,无法参与合同条款的协商,那么合同条款含义模糊可能所带来的不利的风险就应当由起草者一方来承担。[③] 这体现了一种公平的精神。因此,采用不利于条款起草者而有利于相对人的解释,是符合法律的公平原则的。但是,应当注意的是,运用这一原则解释合同的时候,应当区分格式条款和非格式条款。对于格式条款,应当将该原则作为适用的原则。对于非格式条款,只有在其他解释法不能适用的情况下,才适用这一原则。[④]

---

① 王利明:《合同法研究》(第一卷),中国人民大学出版社 2002 年版,第 445 页。

② [美]A.L. 科宾:《科宾论合同》(上册),中国大百科全书出版社 1997 年版,第 664～665 页。

③ [德]海因・克茨:《欧洲合同法》(上卷),周忠海等译,法律出版社 2001 年版,第 166 页。

④ 王利明:《合同法研究》(第一卷),中国人民大学出版社 2002 年版,第 446 页。

第8章 代 理

第一节 代理概述

一、代理的概念和特征

(一)代理的概念

代理,是代理人在代理权范围内,以被代理人的名义或自己的名义独立与第三人为民事法律行为,由此产生的法律效果直接或间接归属于被代理人的法律制度。代理人的使命,在于代他人为民事法律行为,在事实行为的实施中,不存在代理问题。因此,代理就是民事法律行为的代理。代理的概念有广义和狭义两种。狭义的代理仅指直接代理,即代理人须以被代理人的名义进行代理行为,大陆法系各国一般仅承认狭义的代理。广义的代理不仅包括直接代理,而且包括间接代理。所谓间接代理,就是代理人以自己的名义代被代理人为民事法律行为。我国现行民事立法采广义的代理。

在法律上,可以从多个角度来理解代理的含义。

首先,可以将代理作为一种法律关系来理解。代理关系是一种法律关系。在这种法律关系中,以他人名义或自己名义为他人实施民事法律行为的人,称为代理人。由他人代为实施民事法律行为的人,称为被代理人,也称本人。与代理人实施民事法律行为的人,称为第三人或相对人。在代理关系中,有三方当事人参加,同时也涉及三种法律关系:一是代理人与被代理人之间基于委托授权或法律直接规定而形成的代理权关系;二是代理人依据代理权与第三人之间的代理行为关系;三是被代理人与第三人之间因代理行为而形成的代理效果关系。其中,第一种关系为代理的内部关系,后两种关系为代理的外部关系。代理的内部关系和外部关系是相互联系、不可分割的。代理的内部关系是代理的外部关系得以产生的前提和基础，而代理的外部关系是代理的内部关系的目的和归宿。[①]

其次，可以将代理作为一种民事法律行为来理解。民事法律行为是以意思表示为要素，旨在设立、变更、终止民事法律关系的行为。某一行为是否属于民事法律行为的判断标准是是否以意思表示为要素。而意思表示由目的意思、效果意思和表示行为构成。在代理行为中，目的意思和表示行为的存在，皆无疑问。因此，要判断代理行为是否属于民事法律行为，关键就要判断代理行为中是否包含效果意思。效果意思是表意人想使自己的行为发生一定的法律效果的意思。尽管代理人在实施代理行为时，并没有依其意思表示内容自己取得法律效果的意思，表面上似乎欠缺效果意思。但是，在意定代理中其所欠缺的效果意思，可经由被代理人的授权行为而补足。换言之，由被代理人的效果意思，与代理人的目的意思和表示行为相结合，就可以构成完整的意思表示。在法定代理中，代理的法律效果由法律直接规定，同样可以补足代理人的效果意思，从而形成完整的意思表示。因此，代理行为是以意思表示为要素的行为，属于民事法律行为。

最后，可以将代理作为一项法律制度来理解。将代理作为一项法律制度来理解时，代理就是指代理制度，是调整代理关系的法律规范的总称。

（二）代理的特征

1. 代理人以为意思表示为职能

代理人进行代理行为，以代被代理人实施民事法律行为为使命，由于意思表示是民事法律行为的基本要素，因此，代理人以自己的技能为被代理人的利益独立为意思表示，是代理人的职能。在这一点上，代理人既与使者不同，也区别于委托合同中的受托人。使者只传达他人的意思而不独立为意思表示。受托人接受委托，所处理的委托事务，既有民事法律行为，也有非民事法律行为。代理人独立实施意思表示，包括向相对人发出意思表示以及受领相对人的意思表示。前者可称为“发动型”代理行为，后者可称为“受动型”代理行为。[②]

严格说来，代理只能适用于民事法律行为。但为了保护当事人的合法权益，促进正常民事流转和维护社会经济秩序，允许将代理制度及有关规则扩展适用于民事法律行为以外的其他行为。主要有：申请行为，即请求国家有关部

① 马骏驹、余延满：《民法原论》（上），法律出版社 1998 年版，第 283 页。

② 张俊浩主编：《民法学原理》，中国政法大学出版社 1997 年版，第 257 页。

门授予某种资格或特许权的行为；申报行为，即向国家有关部门履行法定的告知义务和给付义务的行为；诉讼行为，即在民事诉讼、行政诉讼和刑事附带民事诉讼中，作为原告、被告或第三人的诉讼代理人参加诉讼。

凡意思表示具有严格的人身性质，必须由表意人亲自作出决定和进行表达的行为，尽管包含有意思表示因素，也不得适用代理。如订立遗嘱、婚姻登记、收养子女、演出等行为。《民通意见》第 78 条规定："凡是依法或者依双方的约定必须由本人亲自实施的民事行为，本人未亲自实施的，应当认定行为无效。"

2.代理人以被代理人的名义或自己的名义实施民事法律行为

代理人以被代理人的名义实施的代理为直接代理，又称显名代理。代理人以自己的名义实施的代理为间接代理，又称隐名代理。大陆法系国家民法中的代理制度曾经长期实行"显名主义"原则。依此原则，凡不以被代理人的名义实施的行为，其法律效果即由行为人自己承担，而不能归属于被代理人。《德国民法典》第 164 条第 2 款、《日本民法典》第 160 条均有专门规定。显名主义的法律伦理依据是，只有明示以被代理人的名义，才能依法律行为的效力模式，使意思表示所描述的法律效果归属于被代理人。不过由于这一原则过于机械，上述两国的判例学说已使之具有弹性，并且出现了否定显名主义的主张。[①]

我国也曾长期在代理制度中实行"显名主义"原则。但《合同法》关于间接代理即隐名代理的规定表明，我国已在立法上否定了彻底的"显名主义"原则，而代之以显名与隐名相结合的原则。各国对"显名主义"原则进行修正的主要原因是，"显名主义"在许多情况下都是没有意义的。首先，显名与否属于代理人与被代理人之间的内部关系，严格来说只具有对内意义，不应该对交易的相对人产生太大的影响。其次，在法律效果归属于何人这一点对相对人并无利益的场合(亦即人的因素不作为交易前提的场合)，显名与否，毫无意义。再次，处分行为的效力不以名义为要件。就处分行为的发动型代理而言，显名与否，其效力并无不同。最后，对于非处分行为的隐名代理，纵使其法律效果在名义上先归属于代理人，然后再由代理人依债权让与或者债务承担等方式，在名义上移转于被代理人，也无繁难之处。总之，代理的实质在于为被代理人计算，而不在于是否以被代理人的名义。[②]

---

① 张俊浩主编:《民法学原理》，中国政法大学出版社 1997 年版，第 258 页。

② 张俊浩主编:《民法学原理》，中国政法大学出版社 1997 年版，第 258 页。

3.代理是代理人在代理权限内独立实施民事法律行为

代理权是确定代理人代理行为的实施和代理行为法律效果归属的依据，表明了代理人是否具有以被代理人的名义向第三人发出意思表示或者接受意思表示的资格。代理权是代理人代被代理人进行民事活动的基础。代理人必须在代理权限范围内为意思表示，才能体现被代理人的意志，以追求并实现被代理人的利益。代理人在没有代理权的情况下所实施的代理行为，除被代理人事后追认的以外，应视为代理人自己的行为，对被代理人不发生效力，而由代理人自己承担行为的效果(表见代理除外，详见后文)。

4.代理行为的法律效果直接归属于被代理人或经由间接代理人归属于被代理人

虽然从形式上看，代理行为是在代理人与相对人之间进行的，但由于它是以被代理人的名义并且是在代理权限范围内实施，代理人就好像是被代理人的“替身”，行为的效果当然应当归属于被代理人。换言之，民事权利和义务关系的产生、变更或者消灭的效果应当发生在被代理人和相对人之间，而不是代理人和相对人之间。

代理行为的效果之所以应由本人承受，是因为设定代理权的宗旨是为了使本人能够借助他人的力量来维护自己的利益。在本人利益的推动下，产生了本人与代理人之间的代理权关系、代理人与相对人之间的代理行为关系，以及相对人与本人之间的代理效果关系。因此，代理人只是行为人，而本人才是法律效果的承受人。来自相对人的利益归属于本人，伴随而来的责任也应由本人承担，代理人一般不对相对人承担代理行为产生的法律后果。

二、代理与相关概念的区别

(一)代理与使者

在法律上，使者又称传达人，是指帮助民事主体实施民事行为的辅助人，其任务在于传达主体的意思或意思表示，或者代主体接受意思表示。因其任务不同，可分为表示使者、传达使者和受领使者。在表示使者，其任务仅在于将当事人已经决定的意思表示出来；在传达使者，其任务仅在于忠实传达委托人已经作成的意思表示；在受领使者，其任务仅在于为当事人接受意思表示并转达给当事人。无论何种使者，其区别于代理的主要特征在于：(1)使者无权决定意思表示的内容，因而不能决定民事法律行为的成立与否。而在代理中，代理人可以且必须独立为意思表示，其意思表示的内容是由代理人决定而不是由被代理人决定的，在接受相对人的意思表示时，也是由代理人自己接受并依自己的意思作出决定(如向相对人作出承诺或者拒绝承诺)。[①] (2)在使者,本人(即委托人)必须具有完全民事行为能力,否则无从产生可以由传达人代为传达的意思;在代理中,意定代理的本人也必须具有完全民事行为能力,但法定代理中的本人则是无民事行为能力人或者限制民事行为能力人。

(二)代理与代表

所谓代表,是把某自然人的行为,直接视为其他自然人或者法人的行为的制度。这种行为,就是代表行为。法人代表机关的行为即法定代表人,是代表制度的典型。[②] 法定代表人是指依照法律或者法人章程的规定,代表法人行使职权的负责人。代表与代理的区别主要体现在以下几个方面:(1)代表人是法人的内部机关,其与法人之间的关系属于法人的内部关系,代表人的人格被法人所吸收,对外只有法人具有独立的人格,是独立的民事主体,代表人不是独立的民事主体。而代理人和被代理人都是独立的民事主体,代理关系是两个平等主体之间的关系。(2)代表人为法人实施的行为就是法人实施的行为,不发生效力归属的问题;而代理人的行为不是被代理人的行为,仅仅是基于法律关于代理制度的规定,才使其效力归属于被代理人。(3)代表人为法人所为的行为,既可以是法律行为,也可以是事实行为;而代理人为被代理人所为的行为一般只能是法律行为。

(三)代理与居间

居间是一种合同关系。依居间合同,居间人为委托人报告签订合同的机会或者充当签订合同的媒介,而由委托人支付报酬。代理与居间的区别主要体现在:代理人以代理权为基础代委托人进行民事法律行为,要独立为意思表示;而居间人并不代委托人进行民事法律行为,仅为委托人报告订约机会或者充当签订合同的媒介,不能代委托人为意思表示,也不参与委托人与第三人之间的合同关系。居间人也不存在将处理事务的后果移交给委托人的问题。

(四)代理与行纪

行纪是指一方根据他方的委托,以自己的名义为他方从事贸易活动,并收取报酬的行为,可简称为代客买卖行为。代理与行纪的区别主要体现在:(1)行纪人是以自己的名义为法律行为,其法律效果依据行纪合同间接地归属于委托人,因此理论上称为间接代理;而代理人是以委托人的名义为法律行为,

---

① 梁慧星:《民法总论》,法律出版社 1996 年版,第 208 页。

② 张俊浩主编:《民法学原理》中国政法大学出版社 1997 年版,第 259 页。

其法律效果直接归属于委托人，故理论上称为直接代理。[①] (2)行纪人须有特殊身份，是依法登记专门从事行纪营业的主体，并且为一般人服务；而代理人不需有特殊身份，且仅为特定人服务。(3)行纪人的营业范围由法律规定，主要限于动产之买卖以及法律规定的某些行为；而代理人的行为范围主要由被代理人的授权行为确定，一般比较宽泛。(4)行纪行为均为有偿法律行为；而代理则不以有偿为要件，在法定代理中更是如此。

(五)代理与信托

信托是指委托人基于对受托人的信任，将其财产委托给受托人，由受托人按委托人的意愿以自己的名义，为受益人的利益或者特定目的，进行管理或者处分的行为。信托与代理的区别主要体现在：(1)在信托关系中，信托财产实行所有权与利益相分离原则，受托人因信托的设立而取得信托财产名义上的所有权，但其收益则归受益人享有。而在代理关系中，代理人并不因代理而取得被代理人的财产所有权，因代理而取得的所有权利和义务均概括地由被代理人承受。(2)在英美信托法中，信托成立后，委托人原则上脱离信托关系。除委托人在信托文件中明确保留了撤销权外，委托人不得撤销信托；委托人死亡或者终止，并不影响信托关系的存续。而在代理关系中，被代理人原则上可以撤销代理关系，代理人死亡或者终止，代理关系随即消灭。(3)在信托关系中，受托人因信托的设立而取得信托财产权，在信托事务的管理活动中，受托人是以自己的名义对外从事民事交往的。因信托财产的管理和处分而发生的合同责任和侵权责任，除受托人有过失的外，概由信托财产承担。除法律或者信托文件另有规定外，受托人对信托事务的管理和处分权限不受限制，无论是委托人还是受益人都无权随意干涉受托人的行为。在代理关系中，代理人的行为实质上是被代理人民事行为能力的一种补充或延伸，因而一般只能以被代理人的名义对外从事活动。因代理行为而发生的一切法律后果(包括权利、义务和责任)均由被代理人承受。代理人在从事代理事务时，原则上只能在被授予的代理权范围内活动，超越代理权限所实施的行为，原则上对被代理人不发生法律效力(除非构成表见代理)，行为的后果由代理人承担。[②]

三、代理制度的沿革

代理制度源起于罗马法后期，后为德国法所继受，从 17 世纪开始，成为一

① 梁慧星：《民法总论》，法律出版社 1996 年版，第 209 页。

② 钟瑞栋、陈向聪：《信托法》，厦门大学出版社 2004 年版，第 9 页。

项独立的民法制度。代理制度是商品经济高度发展的产物。在罗马法上，以罗马的简单商品经济条件为背景，尽管曾出现过类似于后世有关委托代理的相关规定，但一直没有形成较为完善的代理制度。到了资本主义社会，由于商业交易频繁，规模不断扩大，而且社会生活日趋广泛和复杂，迫切需要通过他人代为办理各项事务，这就使得代理制度的产生成为必要和可能。《法国民法典》将代理制度作为“委任契约”列入“取得财产的各种方法”，实现了代理制度的初步立法化。《德国民法典》则将代理制度列入“法律行为”一章加以规定，并被许多大陆法系国家和地区的立法所效仿。在英美法系国家，代理法自成一体，其涉及范围也比大陆法系广泛得多，它通常包括团体成员(合伙、雇主与雇员)的内部关系与企业交易的对外代理关系等等。

我国现行的民事立法上，明确规定了代理制度，并将代理区分为直接代理和间接代理。其中，《民法通则》第四章第二节为关于代理制度的一般规定及关于直接代理制度的规定；《合同法》第二十一章则设有两个条文，即第402条和第403条，规定间接代理关系消灭的特殊原因。在立法体例上，我国《民法通则》将“民事法律行为和代理”列为第四章，然后又将“民事法律行为”与“代理”各自独立规定为一节。民事法律行为与代理就成了两个并立关系的概念，在立法体例上颇具独到之处。在内容上，我国《民法通则》第四章第二节对代理的概念、种类、适用范围、当事人的民事责任等问题，都作了明确的规定，它们构成我国调整代理关系的基本法律依据。在《合同法》第二十一章“委托合同”中又加入了间接代理的规定，从而变更了原有的立法体系，形成了目前的立法模式：一方面在《民法通则》中承认直接代理制度，另一方面在《合同法》关于委托合同的规定中承认了间接代理制度，但仍然区分委托合同和代理关系，有委托合同，未必产生代理关系。我国代理制度的确立，为自然人和法人等民事主体实现自己的民事权利，参与社会经济生活提供了极大的方便，对开展国际经济技术合作，发展社会主义市场经济，均具有重要的意义。

四、代理制度的功能

(一)补充不完全的民事行为能力

在近现代法中，所有的自然人均具有民事权利能力。然而，并非所有的人都有完全的民事行为能力。无意思能力的人，由于没有完全的民事行为能力，不能独立实施民事法律行为。代理制度的设立，使无民事行为能力人或限制民事行为能力人可以借助代理制度参加各种社会活动，补足了此类民事主体由于意思能力的欠缺所可能带来的各种不便。

(二)扩张完全民事行为能力

完全民事行为能力人,虽有民事行为能力,但受时间、精力、专业知识、地域等的限制,也不可能事必躬亲,代理制度则给他以“分身之术”,使其民事行为能力得以扩张。尤其是经济组织,借助于代理制度,可以克服地域的限制,在全国市场乃至国际市场上进行购销、投资、合作等各种经济活动。总之,代理制度能使民事主体不仅可以利用自己的能力和知识参加民事活动,而且可以利用他人的能力和专门知识进行民事活动,从而扩张了民事主体从事民事活动的范围,有效降低了交易成本,为民事主体更好地实现自己的权利、参与社会经济活动提供了极大的便利。

第二节　代理的分类

一、直接代理和间接代理

根据代理人进行代理活动的方式的不同,可以把代理分为直接代理和间接代理。所谓直接代理是指代理人在进行代理活动时以被代理人的名义,进行代理活动的法律效果直接由被代理人承受的代理。所谓间接代理是指代理人在进行代理活动时以自己的名义,进行代理活动的法律效果并不当然由被代理人承受的代理。

民法学上对直接代理和间接代理的区分,反映了两大法系对代理的不同制度设计和调整方法。大陆法系国家多采直接代理概念,强调代理人在对外进行民事活动时,应以被代理人名义进行,并要表明代理人的身份,原则上不承认间接代理。如《德国民法典》第164条第1款规定:“代理人于代理权限内,以被代理人名义所为的意思表示,直接为被代理人和对被代理人发生效力。”《日本民法典》第99条第1款规定:“代理人于其权限内明示为本人而进行的意思表示,直接对本人发生效力。”我国台湾地区民法典第103条也规定,代理人于代理权限内,以本人名义所为之意思表示,直接对本人发生法律效力。而对于间接代理,大陆法系国家则不认为是代理,而是当作行纪关系处理。行纪人行为的后果不能直接由委托人承受,而只能由其间接承受,即行纪人向委托人进行了一项转移有关权利义务关系的民事法律行为之后,被代理人才可向第三人主张权利或者履行义务。有学者认为这实质上是债权关系的移转。[①]

英美法系国家采用广义的代理概念，其所称代理，不仅包括直接代理，而且包括间接代理。英美法将代理区分为显名代理和隐名代理。显名代理是代理人公开委托人的身份而为的代理，所订合同的效果直接归委托人承受。代理人一般不享有合同权利，也不承担合同义务或责任。隐名代理是代理人代订合同时向对方公开了代理关系，但不透露委托人姓名或者不公开代理关系而为的代理。在代理人公开代理关系但不透露姓名的情况下，所订合同对隐名的委托人发生拘束力，而代理人对合同不承担责任。代理人代订合同时，既未指明委托人的身份或者姓名，又未说明委托代理关系，而是以自己的名义订立合同的，委托人有直接介入权，既可向第三人行使请求权，又可向第三人行使诉权，不过一旦行使和介入，委托人就必须对第三人承担责任。与直接介入权相对应，第三人可有选择权，他既可以向委托人行使请求权和诉权，又可以向其代理人行使请求权和诉权，一旦选中其中一种后便不得反悔。[②]

我国原有的民商立法及学说均只承认直接代理，不承认间接代理。但在外贸经营活动中，长期存在外贸代理制度。在该项制度中，作为代理人的外贸进出口公司，系以自己的名义而非被代理人的名义实施代理行为，与直接代理有明显不同。我国《合同法》在第二十一章“委托合同”中，以外贸代理为实践基础，又借鉴了《国际货物销售代理公约》中的相关规定，正式承认了间接代理制度。

二、委托代理、法定代理和指定代理

根据代理权产生的根据的不同，可以将代理区分为委托代理、法定代理和指定代理。

（一）委托代理

委托代理又称为意定代理，是基于被代理人的委托授权所产生代理权的代理。由于它是依据本人意思而产生代理权的代理，本人意思表示是发生委托代理的前提条件，因此又称意定代理。委托授权行为是被代理人以委托的意思表示将代理权授予代理人的行为。它是委托代理产生的根据。我国《民法通则》有关委托代理的规定，明确使用了“授权委托书”、“委托书授权”等术

① 佟柔主编：《中国民法学·民法总则》，中国人民公安大学出版社 1990 年版，第 264 页。

② 董安生：《英国商法》，法律出版社 1991 年版，第 195 页。

语，表明我国《民法通则》也把授权行为作为委托代理发生的根据。

对于委托授权行为的法律性质，理论上存在契约说和单方行为说两种观点。契约说认为，委托代理是本人与代理人之间的一种契约关系。单方行为说则认为，代理权的授予，并不是一种契约关系，而是一种单方法律行为，它不必取得代理人的同意，仅凭被代理人一方的意思表示，就能发生授权的效力。①

我们认为，委托合同与委托授权行为皆为产生委托代理权的根据。其中委托合同又称委任合同，是委托人与受托人约定，由受托人处理委托人事务的合同。委托合同是产生委托代理权的基础关系。委托授权行为是被代理人将代理权授予代理人的行为，是委托代理产生的直接根据。委托合同是产生委托代理授权的前提和基础，但委托合同的成立和生效，并不当然地产生代理权，只有在委托人作出授予代理权的单方行为后，代理权才产生。因此，委托代理人取得代理权，通常要以委托合同和委托授权行为两个法律行为同时有效存在为前提。② 前者为契约行为（关系），后者为单方法律行为。

委托代理授权的形式，可以用书面形式，也可以用口头形式。法律、行政法规规定应当采用书面形式的，应当采用书面形式。

（二）法定代理

法定代理是指基于法律的直接规定而产生代理权的代理。在法定代理中，代理权之授予是基于法律的直接规定。法定代理主要适用于被代理人为无行为能力人或限制行为能力人的情形。法律之所以作出规定，一是为了保护处于特定情况下的民事主体的利益；二是为了维护交易安全。根据我国《民法通则》第 12 条、第 13 条的规定，限制民事行为能力人依法不能独立实施的民事法律行为，必须由他的法定代理人代理，或者征得他的法定代理人的同意；无民事行为能力人由他的法定代理人代理民事活动。《民法通则》第 14 条规定："无民事行为能力人、限制民事行为能力人的监护人是他的法定代理人。"由此可知，具有监护资格的人依法享有法定代理权。监护人作为法定代理人实施代理行为时，应遵循《民法通则》第 18 条第 1 款所规定的行为准则，本着有利于被监护人利益的精神而为之。监护人实施代理行为违反监护职责的要求或者侵害被监护人的合法权益时，应当承担由此产生的不利后果；若因

---

① 王利明、郭明瑞、方流芳：《民法新论》，中国政法大学出版社 1988 年版，第 426～427 页。

② 王利明主编：《民法》，中国人民大学出版社 2000 年版，第 119 页。

此给被监护人造成损失，应负赔偿责任。

（三）指定代理

指定代理是指基于法院或有关机关的指定行为而产生代理权的代理。"有关机关"是指依法对被代理人的合法权益负有保护义务的组织，如未成年人所在地的居民委员会、村民委员会等。人民法院可以依法为那些因特殊原因不能亲自处理自己事务，又不能通过法定代理人或者委托代理人处理其事务的人指定代理人。如为失踪人指定财产代管人，为没有法定代理人或者其法定代理人互相推诿代理责任的无诉讼行为能力人指定诉讼代理人。在不能由法院指定代理人的情况下，应由依法对他的合法权益负有保护义务的单位为其指定代理人。

指定代理实质上只是法定代理的一种特殊形式。我国民法将指定代理与法定代理、意定代理(委托代理)并列只是照搬了法定监护和指定监护的划分。依照我国《民法通则》第 16 条、第 17 条的规定，指定监护只发生在对担任监护人有争议的场合。如果对监护人有争议，由被监护人的父母或被监护人自己所在单位或者住所地的居民委员会、村民委员会在其近亲属中指定。指定监护的结果仍然是由有监护能力的近亲属担任监护人。除此之外，法律没有对法定监护与指定监护作明确区分，法定监护人与指定监护人的职责完全相同。无论是法定监护还是指定监护，监护人与被监护人之间的权利义务关系、代理权限等事项，都是由法律直接规定，而不是由法院或者有关机关具体指定的。因此，指定代理实质上仍然是法定的。

三、本代理和复代理

根据代理人的代理权来源的不同，可以把代理区分为本代理和复代理。

代理人的代理权来源于被代理人直接授予代理权的行为，或来源于法律的规定以及有关机关的指定，这种代理称为本代理。复代理又称为再代理，是代理人为了实施代理权限内的全部或部分行为，以自己的名义选定他人担任被代理人的代理人，该他人称为复代理人，其代理行为产生的法律效果直接归属于被代理人。代理人选择他人担任复代理人的权利，称为复任权，是代理权的一项内容。

在委托代理中，由于代理人的选定，是基于被代理人对他的知识、技能、信用的信赖，因此，代理的内部关系具有较强的人身信赖性质，代理人原则上应负担亲自执行代理事务的义务，不得转委托他人处理代理事务。但在事先得到被代理人同意或事后得到其认可的情况下，以及在发生紧急情况使代理人不能亲自处理代理事务，任这种状况持续将进一步损害被代理人的利益时，法律也允许产生复代理，以更好地保护被代理人的利益。

在法定代理中，由于法定代理权发生的基础不是特定当事人之间的信赖关系，而是法律的直接规定，同时法定代理人的权限范围又比较广泛，且不得任意辞任，被代理人往往也缺乏为同意表示的意思能力。因此，法定代理人应无条件地享有复任权。法定代理人复任权的行使，应尽善良管理人的注意义务。

在指定代理中，代理关系建立在人民法院或者指定单位对于特定代理人的信赖关系上，因此，代理人原则上没有复任权。但在人民法院或者指定单位同意，以及发生紧急情况，为维护被代理人利益的情况下，应承认例外。

复代理人是被代理人的代理人，而不是代理人的代理人，因此，他只能以被代理人的名义为民事法律行为，其行为的法律效果直接归属于被代理人。选任复代理人之后，代理人仍可继续行使代理权。复代理人的行为，受代理人的监督。代理人对复代理人还享有解任权，可取消其代理权限。

四、单独代理与共同代理

根据代理人的人数是一人还是多人，可将代理分为单独代理和共同代理。单独代理是指代理人只有一人的代理，其核心要件是代理权只属于一个人。至于被代理人是一人还是多人，在所不问。此外，无论是法定代理还是委托代理，都可能产生单独代理。共同代理是指代理人有两个以上的代理，即代理权属于两个以上的代理人。

这一分类的意义在于明确共同代理权的行使及其责任。共同代理权的行使应由多个共同代理人共同行使。所谓共同行使就是应经全体代理人协商或者按照多数人意思形成共同代理意思。如果其中一人或者数人未与其他代理人协商或者不按协商的意思代理，其行为侵害被代理人权益的，由实施行为的代理人承担民事责任。

五、有权代理与无权代理

以代理权之有无为标准，代理可分为有权代理和无权代理。真正的代理应以有权代理为限。无权代理，如经本人予以追认，即转变为有权代理；如本人不予追认，则不发生代理的效力，属于非代理。

第三节 代理权

一、代理权的概念和性质

代理权是确定代理人代理行为的实施和代理行为法律效果归属的依据，也是表明代理人是否具有以被代理人的名义向第三人为意思表示或者接受意思表示的资格。代理权为代理关系的基础。关于代理权的性质，有不同见解，举其要者，主要有如下几种：

（一）否定说

此说由法国学者首先提出。此说认为，代理不过是特定法律关系如委任关系的外部效力，并非独立的制度，也无所谓代理权。受此影响，《法国民法典》只规定委任制度，而未规定严格意义上的代理制度。[①] 这种学说由于混淆了代理和委任之间的区别，现已被各国的民法理论和立法所抛弃。

（二）权利说

此说认为，代理权为一项民事权利。在权利说中，又有不同见解。有人认为，代理权是一种形成权；有人认为代理权是一种财产管理权；有人认为代理权不是一种独立的民事权利，具有依附性和他主性。[②]“权利说”具有自身难以克服的缺陷：代理制度为被代理人的利益而设，这是众所周知的事实。若将代理人的法律地位解释为权利，必然得出代理制度为代理人的利益而设的结论，因为权利的最终落脚点为权利人所享有的某种利益。这种解释显然是于理不通的。

（三）权力说

此说认为，代理权是一种法律上之力。凭借此法律上之力，代理人可以改变本人与第三人之间的关系，而本人则必须承受其法律后果。此法律上之力不仅来源于本人的授权行为（如委托代理），也来源于法律的直接规定（如法定代理和表见代理）。因此，代理权（power of agency ）是一种权力—义务关系，即代理人被授予改变被代理人与第三人之间的法律关系的权力，被代理人承

---

① 魏振瀛主编：《民法》，北京大学出版社、高等教育出版社 2000 年版，第 176 页。

② 魏振瀛主编：《民法》，北京大学出版社、高等教育出版社 2000 年版，第 177 页。

担接受这种被改变的关系的相应义务。[①] 将代理权的性质界定为权利,显然是混淆了公权(权力)与私权(权利)、公法与私法之间的区别。尽管公权与私权的内容皆为利益,但公权中所包含的利益属于国家和社会公共利益,私权中所包含的利益属于私人利益。而代理权,无论从代理人的角度看,还是从被代理人的角度看,其所涉及的利益,都只是私人利益,与国家和公共利益无直接关系。因此,权力说是不能成立的。

(四)资格说

"资格说",又称"能力说"。此说认为,代理权在性质上与权利能力、行为能力相同,是一种法律上的能力或资格。代理权是由于被代理人的委托行为而使代理人所具有的一种资格,据此可以为代理行为。此说为学界之通说。

我们认为,界定代理权的性质,应从代理法律关系的角度来进行分析,因为代理关系是决定代理权的发生、行使和效力的基础。代理法律关系是指代理人以被代理人的名义同第三人为法律行为而发生在其相互之间的权利义务关系。代理法律关系包含代理人与被代理人之间的代理内部关系,代理人与相对人、相对人与本人之间的代理外部关系。

从代理的内部关系来看,代理或者是委托授权关系,或者是监护关系。前者是为了使被代理人充分行使自己的民事行为能力,后者是为了对一些民事主体行为能力的欠缺给予补救,都与当事人的行为能力有密切关系。

从代理的外部关系来看,代理权只是一种资格或地位。这种资格或地位,是指代理人得以被代理人的名义向第三人为意思表示或接受意思表示的资格或地位。[②] 代理人取得这种资格后所为的民事行为受到法律的承认和保护,并依法产生一定的效果。而此种资格的设定和变动,以他人(委托人)的意思表示为条件。

综上所述,我们赞同资格说。我们认为,代理权是从民事主体(委托人)的民事权利中派生出来的一种法律资格,目的是为了补充、扩张民事主体的民事行为能力,其性质为独立的一种法律资格,代理人取得代理权只是意味着他有资格以被代理人的名义与第三人进行民事活动,而其行为的后果又可以直接

① 梁慧星:《民法总论》,法律出版社 1996 年版,第 215 页;魏振瀛主编:《民法》,北京大学出版社、高等教育出版社 2000 年版,第 177 页;王利明主编:《民法》,中国人民大学出版社 2000 年版,第 118 页。

② 佟柔主编:《中国民法学 · 民法总则》,中国人民公安大学出版社 1990 年版,第 264 页。

或间接归属于被代理人。

二、代理权的发生

(一)代理权的发生原因

1.依法律的直接规定而发生

这是法定代理权的发生原因。根据我国《民法通则》第16条的规定,未成年人的父母因具有监护人身份而成为未成年人的代理人。可见,父母对未成年人的法定代理权,是根据法律的直接规定而产生的。

2.依法院或者其他有关机关指定而发生

这是指定代理权的发生原因。根据我国《民法通则》第16条、第17条和第21条的规定,在不能从法律规定的监护权人中当然产生监护权人时,必须由主管机关从中指定产生。凡经有关机关指定为监护人的,即取得指定代理权。凡被主管机关指定监护人而不服的,可向法院起诉,经法院判决选定为监护人的,即取得指定代理权。人民法院为失踪人所指定的财产代管人,在不损害失踪人利益的范围内享有指定代理权,如清偿失踪人的债务。此外,根据破产法的规定,破产清算人在法律规定的范围内,有指定代理权。上述代理权,均是依法院或者其他有关机关指定而发生的。

3.依被代理人的授权行为而发生

这是委托代理权的发生原因。所谓授权行为,是指被代理人向代理人授予代理权的单方意思表示。这种意思表示是代理人获得代理权的原因和基础。实践中,授权行为常常与某种基础法律关系相结合,这些基础法律关系主要包括:委任合同关系、合伙合同关系、承揽合同关系、劳动合同关系和企业内部组织关系等。

4.依"外表授权"而发生

这是表见代理中代理权的发生原因。所谓外表授权,是指具有授权行为的外表或假象,而无实际授权的"授权行为"。法律为了维护交易安全,保护善意第三人的利益,将只具授权之假象而无真实授权之实质的行为,视为"本人"对表见代理人的一种授权。

5.依某种紧急情况而发生

在某种紧急情况下,无须本人授权,而法律直接授予当事人以代理权。如船长、承运人、保管人,在某种紧急情况下,作为货主的代理人而处分其货物。此种情形,理论上称之为紧急代理。紧急代理权的发生需具备以下要件:其一,紧急代理人须是与本人(如货主)有特定合同关系的人,如承运人、保管人、船长等；其二，须在某种紧急情况下，无法获得本人的指示或授权；其三，须为本人的利益并符合诚实信用原则；其四，在该紧急情况下除以代理人的身份实施该行为（如出售货物）外，别无其他办法可以保护本人的利益。[①]

（二）代理权的授予

1.授权行为的性质

授权行为是以发生代理权为目的的单方法律行为。代理权因本人的单方意思表示而发生，既不必取得相对人的同意，也不使代理人负担义务。自从拉班德使授权行为独立化以来，授权行为的单方法律行为的性质，即为学界接受而成为通说。《德国民法典》、《日本民法典》及我国《台湾地区民法典》均采纳这一学说。而德国普通法理论中原有的"委任契约说"和"无名契约说"，则告式微。[②]

2.授权行为与基础法律关系的关系

如前所述，授权行为往往与某种基础法律关系相结合，如委任合同关系、合伙合同关系、承揽合同关系、劳动合同关系和企业内部组织关系等。在授权行为独立化之前，代理权也因此被认为是基于委任、合伙、承揽、劳动等契约关系而发生。在授权行为独立化之后，上述关系则被称为代理的基础法律关系。授权行为与基础法律关系之间有以下三种组合：(1)授权行为不伴有基础法律关系。例如，公民某甲嘱某乙代购某物，或者代交房租，甲乙之间只是基于朋友之情，并未建立委任或者劳动合同关系。乙虽没有为甲代理的义务，但仍能取得代理权。如果乙依嘱购物完租，其法律效果当然归属于甲。(2)虽有基础法律关系存在，但不授予代理权。例如甲商店雇佣公民某乙作店员，但先命其观摩，不得售货，即属未授予代理权。(3)授权行为伴有基础法律关系。在委任与合伙合同成立时，均既有授权行为，又伴有基础法律关系。而在劳动合同中，当用人单位向职工授予代理权时，也伴有基础法律关系。在上述场合，授权行为往往被合同所吸收。然而，为了郑重起见，仍不妨专门授权（如出具授权委托书）[③]。

授权行为与基础法律关系的关系问题，就是指当授权行为伴有基础法律关系时，尤其是当基础法律关系不成立、无效、被撤销或者终止时，授权行为是否受牵连而同其命运。这就是授权行为的所谓有因无因问题。所谓有因，就是指授权行为的效力由基础法律关系决定，基础法律关系不成立、无效、被撤

① 梁慧星：《民法总论》，法律出版社 1996 年版，第 221 页。

② 张俊浩主编：《民法学原理》，中国政法大学出版社 1997 年版，第 268 页。

③ 张俊浩主编：《民法学原理》，中国政法大学出版社 1997 年版，第 268 页。

销或者终止，授权行为也不成立、无效、被撤销或者终止；所谓无因，是指授权行为的效力与基础法律关系相对独立，基础法律关系不成立、无效、被撤销或者终止，不影响授权行为的效力。对于这个问题，我国法律没有明确规定，民法学界对此也存在争议，主要有“有因说”和“无因说”两种观点。

“无因说”认为，授权行为与基础法律关系的关系是被代理人与代理人之间的内部关系，第三人无从得知，授权行为与其基础法律关系应相互独立，因此，基础法律关系不成立、无效、被撤销或者终止，授权行为仍然有效。“有因说”则认为，授权行为是基于基础法律关系而发生的，授权行为从属于基础法律关系，因此，基础法律关系不成立、无效、被撤销或者终止，授权行为也无效，如为代理行为，则属无权代理。我们认为，授权行为与基础法律关系原则上应采有因说，但涉及善意第三人利益时，当事人可依表见代理主张权利。

三、代理证书

代理证书，又称授权委托书，是委托授权行为的书面形式。它是由被代理人制作的，证明代理人之代理权并表明其权限范围的证书。代理证书只存在于委托代理中，在法定代理和指定代理中，不存在代理证书。依据《民法通则》第65条第2款的规定，代理证书应载明代理人的姓名或名称、代理事项、代理的权限范围、代理权的有效期限，并应由委托人签名或盖章。在实际生活中，介绍信也被作为代理证书使用，司法实践承认其法律效力。代理证书具有单独的证明力。实践中，代理人实施代理行为，只需出具代理证书，即可表明其代理权的存在，无须再出具以调整代理人和被代理人之间的法律关系为使命的委托合同。代理证书的各种事项应记载明确，代理证书授权不明的，被代理人应当向第三人承担民事责任，代理人负连带责任。

四、代理权的行使

(一)代理权行使的要求

1.亲自行使代理权

被代理人之所以委托特定的代理人为自己服务，是基于对该代理人知识、技能、信用的信赖。因此，代理人必须亲自实施代理行为，才合乎被代理人的愿望。除非经被代理人同意或有不得已的事由发生，不得将代理事务转委托他人处理。

2.谨慎、勤勉、忠实地行使代理权

代理制度为被代理人的利益而设，被代理人设立代理的目的，是为了利用

代理人的知识和技能为自己服务，代理人的活动是为了实现被代理人的利益。因此，代理人行使代理权，应从被代理人的利益出发，而不是从他自己的利益出发，应谨慎、勤勉、忠实地处理好被代理人的事务，以增进被代理人的福利。代理人应谨慎、勤勉地行使代理权。代理人不履行勤勉义务，疏于处理代理事务，使被代理人设定代理的目的落空，并遭受损失的，根据《民法通则》第 66 条第 2 款的规定，由代理人予以赔偿。代理人应向被代理人忠实报告处理代理事务的一切重要情况，以使被代理人知道事务的进展以及自己利益的损益情况。在代理事务处理完毕后，代理人还应向被代理人报告执行任务的经过和结果，并提交必要的文件材料。代理人在执行代理事务过程中，应尽保密义务，对于其知晓的被代理人的个人秘密和商业秘密，不得向外界泄露，或利用它们同被代理人进行不正当竞争。代理人与第三人恶意串通，损害被代理人利益，被代理人由此受到损失的，根据《民法通则》第 66 条第 3 款的规定，由代理人和第三人负连带赔偿责任。

(二)代理权行使的限制

1.自己代理之限制

所谓自己代理，指代理人在代理权限内与自己为民事法律行为。在这种情况下，代理人同时为代理关系中的代理人和第三人，交易双方的交易行为实际上只由一个人实施。由于交易皆是以对方利益为代价追求自身利益的最大化，在自己代理之场合，很难避免代理人为自己的利益牺牲被代理人利益的情况。因此，自己代理，除非事前得到被代理人的同意或事后得到其追认，否则，法律不予承认。

2.双方代理之限制

双方代理又称同时代理，指一个代理人同时代理双方当事人为民事法律行为的情况。在交易中，当事人双方的利益总是互相冲突的，通过讨价还价，才能使双方的利益达到平衡。而由一个人同时代表两种利益，难免顾此失彼。因此，对于双方代理，除非事先得到过双方当事人的同意或事后得到了其追认，否则，法律应不予承认。

3.恶意串通代理之禁止

所谓恶意串通代理，是指代理人与第三人相互串通，损害被代理人利益的代理行为。从民事法律行为的准则看，这种行为属于因欠缺合法性而无效的民事行为。从代理行为的准则看，这种行为明显违反代理的诚信原则，属于违反代理制度宗旨的滥用代理权行为。我国《民法通则》第 66 条规定："代理人和第三人恶意串通，损害被代理人利益的，由代理人和第三人负连带责任。"

第四节 无权代理

一、无权代理的概念和特征

(一)无权代理的概念

无权代理,是指代理人不具有代理权而以他人名义实施代理行为,它仅具备代理行为的表面特征,但不具备代理行为的实质特征,即欠缺代理权,因而不是真正的代理,仅仅是由于在形式上类似于代理且与代理有联系才由代理法调整。无权代理有广义的无权代理和狭义的无权代理之分。广义的无权代理包括狭义的无权代理和表见代理,狭义的无权代理仅指一般的无权代理,不包括表见代理。本节只介绍狭义的无权代理,表见代理的问题将在第五节中分析。

无权代理与滥用代理权是两个不同的概念。二者的区别主要体现在:第一,性质不同。无权代理是没有代理权而进行的所谓代理;而滥用代理权则属于有权代理,只是代理权的行使不当。第二,产生的原因不同。无权代理的产生原因包括未经授权的代理、超越代理权的代理和代理权终止之后的代理;而滥用代理权的产生原因主要包括自己代理、双方代理以及代理人与第三人恶意串通损害被代理人利益的代理。

(二)无权代理的特征

第一,行为人所为的民事法律行为,须具备代理行为的表面特征,即行为人以他人名义与第三人实施民事法律行为,并将其行为的法律后果归属于该他人。如果行为人不是以他人名义实施民事法律行为,而是实施管理他人事务的事实行为,则可能构成无因管理,而不构成无权代理。

第二,行为人就其所为的民事法律行为,没有代理权。没有代理权的原因,既可以是原始的(自始未授予代理权),也可以是嗣后的(虽曾授予代理权,但超越了其范围和期限)。

第三,客观表面上没有足以使人相信行为人有代理权的事由。如果表面上有足以使人相信行为人有代理权的事由,则可能构成表见代理,而不是狭义的无权代理。

第四,无权代理属于效力待定的民事行为。我国《民法通则》第 66 条规定:“没有代理权、超越代理权或者代理权终止后的行为,只有经过被代理人的追认，被代理人才承担民事责任。未经追认的行为，由行为人承担民事责任。本人知道他人以本人名义实施民事行为而不作否认表示的，视为同意。”我国《合同法》第48条规定：“行为人没有代理权、超越代理权或者代理权终止后以被代理人名义订立的合同，未经被代理人追认，对被代理人不发生效力，由行为人承担责任。相对人可以催告被代理人在一个月内予以追认。被代理人未作表示的，视为拒绝追认。合同被追认之前，善意相对人有撤销的权利。撤销应当以通知的方式作出。”可见，无权代理行为经本人追认后可以转化为有权代理而有效，也可因被代理人拒绝追认而对被代理人无效，转由行为人自己承担行为的后果。

二、无权代理的发生原因

无权代理的发生原因，包括如下三种情况：

（一）根本未经授权的代理

即当事人实施代理行为，根本未获得被代理人的授权或者授权无效，代理人或者明知这一事实而为代理，或者误以为被代理人已作授权而为代理。

（二）超越代理权的代理

即代理人虽然获得了被代理人的授权，但他实施的代理行为，不在被代理人的授权范围之内。就其超越代理权限所实施的代理行为，成立无权代理。

（三）代理权已终止后的代理

即代理人获得了被代理人的授权，但在代理证书所规定的期限届满后，代理人继续实施代理行为，就其超过代理权存续期限所实施的代理行为，成立无权代理。

三、无权代理的法律后果

（一）概述

在确定无权代理行为所引起的法律后果时，立法者面临的主要问题是如何平衡被代理人与第三人之间的利益关系。一方面，维护被代理人利益是代理制度的设立宗旨，而且被代理人也往往是无权代理行为的受害人，要他就未授权的他人行为承担责任，显然是不公平的。因此，在无权代理行为造成被代理人损害的情况下，应对被代理人不发生法律效力，而只发生无权代理人对被代理人和第三人的赔偿责任。但并非所有的无权代理都不利于被代理人。在实际生活中，也不能排除无权代理行为有利于被代理人的可能，在这种情况下，法律将无权代理行为规定为效力待定的行为，同时又赋予被代理人选择权

（追认权），发生何种法律后果，听命于被代理人的选择。如为追认，该代理行为有效；如拒绝追认，则对被代理人无效，而由行为人承担责任。另一方面，由于代理人与被代理人之间的关系属于难以为第三人知晓的代理内部关系，第三人往往也难以知晓代理权授予的确定根据，而只能根据一些表面现象来判断代理人是否有代理权，并基于这种判断发生的信赖与代理人进行交易活动。如果将无权代理行为一概确定为无效，则可能损害第三人的信赖利益，不利于交易安全。[①] 正是出于这一方面的考虑，法律在赋予被代理人追认权的同时，也赋予第三人催告权和撤销权。法律通过对追认权、催告权和撤销权的配置，就合理地平衡了被代理人和第三人的利益关系。

（二）发生与有权代理同样的法律效果

基于如下两种情形，无权代理可以发生与有权代理同样的法律效果：

1. 被代理人行使追认权

通过被代理人行使追认权，可使无权代理行为中所欠缺的代理权得到补足，转化为有权代理，发生与有权代理同样的法律效果。被代理人追认权的行使，有明示和默示两种方式。所谓明示的方式，指被代理人以明确的意思表示对无权代理行为予以承认。所谓默示的方式，是指被代理人虽没有明确表示承认无权代理行为对自己的效力，但以特定的行为，如以履行义务的行为对无权代理行为予以承认；或是被代理人明知他人以自己名义实施民事法律行为，但不作否认表示。追认无权代理行为有效的权利，是被代理人基于意思自治原则所享有的权利，其法律性质为形成权。

被代理人追认权的行使，可以向交易相对人作出，也可以向无权代理人作出。一经作出追认，无权代理行为即获得与有权代理行为同样的法律效力，因为追认的表示具有溯及力，无权代理行为自始有效，被代理人应接受因无权代理行为发生的法律效果。

被代理人追认权的行使，受到了交易相对人催告权的限制。所谓交易相对人的催告权，是指交易相对人在被代理人行使追认权之前，得向被代理人发出催告，要求其在相当期限内作出是否追认表示的权利。交易相对人催告被代理人在一定期间内行使追认权的，被代理人应及时行使，不及时行使的，视为拒绝追认。

2. 构成表见代理（详见第五节）

---

① 彭万林主编：《民法学》，中国政法大学出版社 1994 年版，第 123 页；江帆、孙鹏主编：《交易安全与中国民商法》，中国政法大学出版社 1997 年版，第 138 页。

(三)不发生与有权代理同样的法律效果

1.交易相对人行使撤销权

为平衡当事人之间的利益,与被代理人享有追认权相对应,在与无权代理人进行民事行为时,不知也不应知其为无权代理的善意交易相对人享有撤销权。交易相对人经由撤销权的行使,将使基于无权代理所为的民事行为成为无效的行为。

交易相对人撤销权的行使,应符合以下条件:

第一,应于被代理人行使追认权之前行使。

第二,被撤销的无权代理行为,被代理人不得再为追认。

第三,第三人关于撤销的意思表示,一般应向被代理人作出。

2.被代理人拒绝行使追认权

无权代理行为发生后,被代理人享有追认或拒绝追认的选择权,代理行为处于效力待定状态。若被代理人明确表示拒绝追认或在交易相对人确定的催告期内不作出追认的表示,代理行为即不对被代理人发生效力。

需注意的是,无权代理不发生与有权代理同样的法律效果,并不意味着该行为不发生任何法律效果。此时,无权代理人应对交易相对人和被代理人承担相应的民事责任。无权代理人对交易相对人所承担的民事责任,如以合同交易为背景,应为缔约上过失责任;无权代理人对于被代理人所承担的民事责任,其类型应依据无权代理的发生原因确定,可为违约责任,也可为侵权责任。

第五节 表见代理

一、表见代理的概念及其法理基础

(一)表见代理的概念

表见代理是指行为人虽无代理权,但善意的相对人客观上有充分理由相信行为人有代理权,并基于此项信赖与行为人为民事法律行为,其行为的法律后果直接归属于被代理人的制度。我国《民法通则》未对表见代理制度作出明确规定,我国《合同法》第49条弥补了这一立法缺陷,明确承认了表见代理制度,该条内容为:“行为人没有代理权、超越代理权或者代理权终止后以被代理人名义订立合同,相对人有理由相信行为人有代理权的,该代理行为有效。”

(二)表见代理的法理基础

表见代理为无权代理的一种,属广义的无权代理。表见代理既然属于无权代理,本应由无权代理人自己承担行为的法律后果。然而,这里却有不容忽视的特殊情况存在,即本人(被代理人)的行为(包括作为和不作为)制造了代理权存在的表征,并且引起了善意相对人的信赖。后者的利益,事关交易安全,因而远较本人的利益更值得保护。于是民法创立了对于善意相对人特别保护的表见代理制度,[①]以维护交易安全。

安全价值为法律所追求的基本价值之一。法律上的安全有“静的安全”与“动的安全”之分。根据台湾学者郑玉波先生的解释,“静的安全乃对于吾人本来享有之利益,法律上加以保护,不使他人任意夺取,俾得安全之谓,此种安全之保护,系着眼于利益之享有,故亦称‘享有的安全’或‘所有的安全’”;而“动的安全乃吾人依自己之活动,取得新利益时,法律上对该项取得行为进行保护,不使其归于无效,俾得安全之谓,此种安全之保护,系着眼于利益之取得,故亦称‘交易安全’”。[②] 在一般情况下,法律始终必须兼顾“静的安全”与“动的安全”的一体保护和周到保护。但在一些特殊情况下,“动的安全”与“静的安全”会发生冲突,法律无法兼顾。这时,法律就会根据“两利相权取其重,两害相权取其轻”的原则,选择其中一种价值,予以优先保护。

在古代,商品经济不甚发达,交易不甚频繁。尤其是在自给自足的自然经济占主导地位的时代,个人财富的重心和财富多寡的衡量标准主要是物权,尤其是所有权(主要是土地和房屋)。因此,在这个时期,法律保护的重心是表现为静态财产的物权。相应的,“动的安全”与“静的安全”会发生冲突时,法律价值的取向,也更多的集中于“静的安全”而或略乃至否定“动的安全”的保护。

但在近代尤其是当代社会,随着商品经济的迅猛发展,高度发达的市场经济已经形成。物权与债权的地位已发生重大变化,债权已取代物权,成为个人财富的重心和衡量财富多寡的主要标准。在这种背景下,法律保护的重心,就不能再以物权为中心,而应以债权为中心,相应的,当“动的安全”与“静的安全”会发生冲突时,法律价值的取向也应当首先保护“动的安全”即交易的安全。只有这样,市场经济(实质就是交易经济,因为所谓市场,无非就是交易的集合)才能得以维持和进一步发展,市场秩序才能得以形成。

在法律上,对交易安全的保护主要是通过对善意第三人的保护来实现的

① 张俊浩主编:《民法学原理》,中国政法大学出版社 1997 年版,第 275 页。

② 郑玉波:《民商法问题研究》(一),台湾三民书局 1980 年版,第 39 页。

(善意第三人在法律上可以称之为“交易安全的化身”[①])。在表见代理中,相对人就是第三人,只要他在与代理人交易时是善意的,就应优先得到保护。这体现的就是交易安全在法律上的优先地位。因为被代理人的安全仅仅是“静的安全”,而他的安全(“静的安全”)又与第三人的安全(“动的安全”即交易的安全)相冲突,因而只能让位于第三人。但需注意的是,这并不意味着被代理人的利益就不需要保护或者无法保护了。在表见代理中,如果被代理人因此遭受损失,有权请求代理人赔偿。

二、表见代理的构成要件

(一)代理人无代理权

表见代理人实施代理行为时,对该代理行为不具有代理权,是成立表见代理的首要条件。如果代理人实际上有代理权,则属于有权代理,不发生表见代理问题。这里所谓无权代理,是指代理人在实施代理行为时没有代理权或者对于所实施的代理行为无代理权,包括自始没有代理权、超越代理权或者代理权终止后以被代理人名义为民事法律行为等情形。

(二)客观上存在使第三人相信表见代理人有代理权的外表现象

成立表见代理的第二项要件是客观上存在使第三人相信表见代理人有代理权的外表现象,即存在所谓的“外表授权”。外表授权现象的确认往往是以表见代理人与被代理人之间具有某种事实上或法律上的联系为基础的。这种情况是否存在或者是否足以使相对人相信无权代理人具有代理权,应依一般交易情况而定。通常情况下,无权代理人都持有被代理人发出的证明文件(如介绍信、空白合同书等),或者被代理人向相对人所作的授予代理权的通知或广告,无权代理人与被代理人之间的亲属关系或劳动关系也常构成认定表见代理的客观依据。[②]

(三)无权代理人与第三人所为的民事行为,应具备民事法律行为成立的有效要件和代理行为的表面特征

首先,由于表见代理发生与有权代理相同的法律效力,因此,表见代理人

① 孙宪忠教授认为,“第三人的利益实际上正是市场经济的交易秩序的化身,社会整体的正常的经济秩序就是由一个个第三人连接起来的。”参见孙宪忠:《论物权法》,法律出版社 2001 年版,第 28 页。

② 佟柔主编:《中国民法学 · 民法总则》,中国人民公安大学出版社 1990 年版,第 296 页。

与相对人所为的民事行为,应具备民事法律行为的成立要件和有效要件,即该民事行为不能违反法律、行政法规的强制性规定和公序良俗原则。如果不具备民事法律行为的有效要件,则不能成立表见代理。

其次,表见代理行为还必须具备代理的外部特征和表面要件,如无权代理人须以被代理人名义进行民事活动,该民事行为还必须是向相对人发出意思表示或者接受相对人的意思表示。

(四)交易相对人须为善意

所谓善意,是指交易的相对人不知道也不应当知道无权代理人无代理权,这是成立表见代理的主观要件。如果相对人出于恶意,即明知或者应知代理人无代理权,却仍与其实施民事法律行为,法律便无对该相对人进行特别保护的必要,因而不能成立表见代理。我国《民法通则》第 66 条第 4 款规定:“第三人知道行为人没有代理权、超越代理权或者代理权已终止还与行为人实施民事行为给他人造成损害的,由第三人和行为人负连带责任。”从该条款的规定可以看出,我国民法不承认在相对人有恶意的情况下可以成立表见代理。交易相对人应就其善意负担举证责任。[①]

尚需说明的是,在构成表见代理的情况中,相对人之所以相信行为人具有代理权,往往与被代理人具有过失有关,如被代理人未在授权委托书中注明代理权限、代理期限等。但表见代理的成立不以被代理人的过失与否为要件。即使被代理人没有过失,只要客观上有足以使相对人相信行为人有代理权的依据,即可构成表见代理。[②]

三、表见代理的发生原因

表见代理的发生原因主要包括:

第一,被代理人以书面或口头形式直接或间接地向第三人表示以他人为自己的代理人,而事实上他并未对该他人进行授权,第三人信赖被代理人的表示而与该他人为交易。

第二,被代理人与代理人之间的委托合同不成立、无效或被撤销,但尚未收回代理证书,交易相对人基于对代理证书的信赖,与行为人进行交易。

第三,交付证明文件给他人。即被代理人将某种有代理权证明意义的文件交给他人,他人以这种文件使第三人相信其为有权代理而与之为民事法律

① 王利明主编:《民法》,中国人民大学出版社 2000 年版,第 123 页。

② 魏振瀛主编:《民法》,北京大学出版社、高等教育出版社 2000 年版,第 189 页。

行为。在这种情形下,只要其证明文件通常被认为是合理的、可信赖的,则不论被代理人主观上有无授予代理权的意思,均可构成表见代理,而由被代理人向第三人承担代理行为的法律后果。此处所谓的证明文件,包括一切在使用中足以使人相信有代理权存在的文书和文件(但不包括代理证书),例如盖有公章的空白介绍信、空白合同文本等。

第四,代理关系终止后被代理人未采取必要措施,公示代理关系终止的事实并收回代理人持有的代理证书,造成第三人不知代理关系终止而仍与代理人为交易。

四、表见代理的效力

表见代理具有与有权代理相同的法律效力,即在相对人与被代理人之间产生法律关系,代理行为的法律效果直接归属于被代理人。被代理人不得以无权代理行为违背自己的意愿或利益、或者以无权代理人有故意或者过失为理由而拒绝承担责任,也不得以自己没有过失作为抗辩。表见代理多为缔结合同的行为,因此,被代理人所承担的后果通常是履行合同。如被代理人无能力履行合同,则应承担违约责任。被代理人因该合同所得的利益同样受法律保护。

被代理人向相对人承担责任后,如果因此受到损失,有权向无权代理人追偿。如果损失因双方过错而发生,按各自的过错程度分别承担责任。如果是被代理人授权的意思表示不明确,代理人无恶意超越代理权限而代理行为,则应由被代理人承担全部责任。

第六节 代理关系的消灭

一、代理关系消灭的原因

(一) 委托代理关系消灭的原因

1.委托代理关系消灭的一般原因为:

(1)代理期限届满或代理事务完成。期限届满或事务完成的时间,以代理证书的记载为准。记载不明的,被代理人有权随时以单方面的意思表示加以确定。

(2)被代理人取消委托或代理人辞去委托。代理关系以人身信任为存在基础，一旦这一基础丧失，在被代理人方面，可以取消委托；在代理人方面，可以辞去委托。代理人辞去委托时，应履行善后义务，于新的代理人继任前，继续处理代理事务。

(3)被代理人或代理人死亡。代理关系是一种民事法律关系，它是以主体作为基本要素，基于一定的社会关系而成立。被代理人或代理人死亡，致使代理关系的一方失去了主体，而且这一特定的社会关系不再存在，代理权便终止。

(4)代理人失去行为能力。代理人的活动条件为其行为能力，被代理人所要借助的，也是这种能力。代理人一旦失去行为能力，代理人关系当然消灭。

(5)被代理人或代理人为法人时，因法人消灭而使代理关系消灭。

2.间接代理关系消灭的特别原因为：

(1)委托人的自动介入。受托人作为代理人以自己的名义，在委托人的授权范围内与第三人订立合同，第三人在订立合同时，知道受托人与委托人之间的代理关系的，该合同直接约束委托人和第三人，此时代理关系消灭。但有确切证据证明该合同只约束受托人和第三人的除外。

(2) 委托人行使介入权或者第三人行使选择权。间接代理制度中，第三人在与受托人订立合同的当时，不知道受托人与委托人之间的代理关系的，一旦受托人因第三人的原因对委托人不履行义务，受托人应当向委托人披露第三人，一旦委托人选择行使受托人对第三人的权利的，代理关系消灭。但此时应注意，如果第三人与受托人订立合同时，知道该委托人就不会订立合同的，代理关系不消灭；受托人因委托人的原因对第三人不履行义务的，受托人应当向第三人披露委托人，第三人一旦选择委托人作为相对人主张权利，代理关系也消灭。

(二)法定代理和指定代理关系的消灭原因

1.被代理人已取得或恢复行为能力，使代理成为不必要。

2.被代理人死亡或代理人死亡、丧失行为能力。

3.指定机关撤销对指定代理人的指定。

二、代理关系消灭的效果

1.代理关系消灭后，代理权归于消灭，代理人不得再以代理人的身份进行活动，否则即为无权代理。

2.代理关系消灭后，代理人在必要和可能的情况下，应向被代理人或其继承人、遗嘱执行人、清算人、新代理人等，就其代理事务及有关财产事宜作出报告和移交。

3.委托代理人应向被代理人交回代理证书及其他证明代理权的凭证。

第9章

民事责任

第一节 民事责任概述

一、民事责任的概念

责任一词在法律上有多种含义。其一,指职责(responsibility),如生产承包责任制、岗位责任制等;其二,同义务(obligation),如保证责任、举证责任等;其三,因不履行所负义务而应承受的某种制裁,如法律责任、道德责任等。① 法律责任又有民事责任、行政责任和刑事责任之分。前者属于私法上的责任,其主要目的是对受害人的权利提供救济,以保护民事主体的私人利益;后二者属于公法上的责任,其主要目的是对加害人的行为实施惩罚,以维护国家和社会公共利益。

民事责任,指民事主体因违反法律规定或者合同约定的民事义务,侵害其他民事主体的财产或人身权益,而应承担的民事法律后果。按照大陆法系民法理论,民事责任为民事法律关系之构成要素。民事法律关系由民事权利、民事义务和民事责任三者结合而成。权利、义务为法律关系之内容,责任则是权利、义务实现的法律保障。② 我国《民法通则》第106条规定:"公民、法人违反合同或者不履行其他义务的,应当承担民事责任。公民、法人由于过错侵害国家的、集体的财产,侵害他人财产、人身的,应当承担民事责任。没有过错,但法律规定应当承担民事责任的,应当承担民事责任。"可见,民事责任是公民、

① 王家福主编:《中国民法学·民法债权》,法律出版社1991年版,第218页。

② 梁慧星:《民法总论》,法律出版社1996年版,第77页。

法人或其他组织等民事主体不履行债务或者实施其他民事违法行为所必然引起的法律后果，是民法对民事违法行为人的一种处置。

二、民事责任的特征

民事责任是法律责任的一种，它具有法律责任的普遍性特点，又有自身的法律特征。具体地说，民事责任具有以下法律特征：

第一，民事责任是民事主体违反民事义务所应承担的法律后果，民事责任以民事义务为前提和基础。现代民法理论认为，民事主体在民事活动中，应当自觉履行法律规定或者合同约定的民事义务，否则就应当承担相应的法律后果。民事责任正是民法对民事违法行为人所施加的不利后果，它以民事义务的存在为前提，以违反民事义务实施民事违法行为为条件，体现了民法对民事违法行为的否定和对行为人的制裁。

第二，民事责任赋予民事权利的实现以强制力，民事责任具有强制性。民事义务是义务主体为满足权利主体利益实现而依法应为一定行为或不为一定行为的一种约束。民事义务对于民事主体具有法律拘束力，如果义务人违反其义务，为不应当为的行为或不为应当为的行为，则权利人可以通过民事责任而强制义务人履行其义务，从而实现自己的民事权益。

第三，民事责任是债发生的根据之一，又与债相分离，自成体系。民事主体违反民事义务，应当依法承担民事责任。而责任人依法承担民事责任，又在相关的当事人之间形成债权债务关系。因而，民事责任与债是两个既有联系又有区别的法律概念，民事责任可以与债相分离而独立存在，同时民事责任又是产生债的关系或者在原债的主体之间产生新的债的内容的根据。民事主体之间的权利义务关系是根据法律规定或当事人的约定而产生的，在义务人自觉履行法定或约定义务的情形下，权利人的民事权益得到完全的实现，自不产生民事责任的问题。若义务人不履行义务，原有的民事权利义务关系就会发生性质和内容上的变化，转化为以承担民事责任为内容的一种新的民事法律关系。从这意义上说，作为债之内容的债务与不履行债务而应当承担的民事责任不是合二为一的，而是互相分离的。因而，有学者认为，无论从学理上还是从立法上，都有必要将责任从债中分离出来，并建立系统的民事责任制度。①

第四，民事责任主要体现为财产责任，但也包括非财产责任。民法是调整

---

① 魏振瀛：《论债与责任的融合与分离》，《中国法学》1998 年第 1 期。

平等的民事主体之间的人身关系和财产关系的法律规范，在民事法律关系中，权利主体享有的民事权利的内容主要体现为人身权和财产权，而作为与民事权利相对应的民事义务是以满足权利人实现其民事权益而设定的。民事责任是义务人违反民事义务的后果，是民事权利实现的保障，责令义务人承担民事责任的目的在于恢复权利的原有状态，或者在给权利人造成侵害时补偿权利人的利益损失。义务人违反义务侵害了权利人的财产权，其应当承担的民事责任一般体现为具有经济内容的财产责任，其中，赔偿损失是承担财产责任的最为主要的方式。义务人违反义务侵害了权利人的人身权，因其侵害的人身权的具体内容不同，所造成的后果有所不同，义务人所应承担的具体责任也有所不同。侵害人身权未造成财产损失的，一般承担停止侵害、恢复名誉、消除影响、赔礼道歉等非财产责任。但因侵害人身权并造成受害人财产损失的，如因侵害公民身体造成伤害并因此产生医疗费支出、收入减少等损害后果的，则侵权人应当承担财产责任。未造成财产损失，但承担非财产责任不足以弥补受害人因侵权行为所遭受的精神损失的，则除承担非财产责任外，并可以被要求赔偿精神损失。

三、民事责任与民事义务的关系

民事责任与民事义务是两个既有区别又有联系的法律概念，正确认识二者的实质性区别和相互关联性，有助于我们理解民事责任这一法律制度。

（一）民事责任与民事义务的区别

民事责任的概念源于日耳曼法。在罗马法中，民事义务与民事责任未作区分，“obligation”一词具有义务与责任的双重含义。因为按照罗马法的思想，责任是不履行义务的必然结果，为义务概念所包含，没有区分的必要。日耳曼法则明确区分民事责任与民事义务，认为债务在法律上属于“当为”，不含法律上的强制，因此债权人无强制债务人给付的权利；如欲强制债务人为给付，须在债务之外另有责任关系的存在。所谓责任关系，是指债务人当为给付而未为给付或不完全给付时，应当服从债权人强制取得的一种关系，它附加于债务关系之上，并使其具有拘束力。因而，在日耳曼法中，“责任 ”不是“义务 ”的应有之义，而是与义务相关联的独立概念。[①] 这种区分民事义务与民事责任的概念为现代各国民事立法所普遍接受。民事责任与民事义务的区别主要体现在：

① 李双元、温世扬主编：《比较民法学》，武汉大学出版社 1998 年版，第 90 页。

1. 法律性质不同

民事义务是义务主体为满足权利主体实现其民事权益的需要而依法应当为一定行为或不为一定行为的约束，这种约束是现实的、具体的，是法律要求义务人必须履行的具体行为或不行为。民事责任是义务主体违反民事义务而应承担的法律上的不利后果，这种不利后果是潜在的、非现实的，是法律对权利人实现权利设置的一种保障。

2. 发生的条件不同

民事义务的发生以法律的直接规定或当事人的合同约定为基础，以法律规定的事实或当事人约定的民事法律行为为条件。民事责任的发生则以法定或约定的民事义务为基础，以义务主体违反法律约束，不履行民事义务（即当为而不为或当不为而为）为条件。因而，民事责任以民事义务为基础，但并非民事义务的必然延伸或必然产物。只有在义务主体不履行民事义务时，才会发生民事责任。

3. 包含的内容不同

民事主体负担民事义务或承担民事责任，其最为根本的目的均在于使权利主体的民事权益得以实现，但二者所包含的内容有所不同。民事义务的内容由法律直接规定或当事人合同约定，法定的义务实为维持社会经济和生活秩序正常发展而需要人人遵守的基本约束，约定的义务则为因从对方获得利益的对价。因而，民事义务对于负担者而言，并非属于真正的“不利益”。民事责任的内容则体现为民法对违反民事义务的民事主体的不利后果，是对违法者违法行为的制裁。法律责令民事主体承担民事责任，是强制使其承担真正的“不利益”。例如，在买卖合同中，卖方交付标的物的义务是卖方取得标的物价款这一权利的对价，体现的是等价有偿；若卖方违约未履行交付义务，则其承担的违约责任除实际履行外，还包括支付违约金、赔偿损失等超出原债务内容的不利益。

4. 主体范围不同

民事责任以民事义务的负担为基础，但民事责任的承担者与民事义务的负担者并不是完全一致的。参与民事活动的任何民事主体都应当依法履行法律规定的义务，民事主体参与民事法律关系往往既是权利主体，同时又是义务主体。因而，民事义务的主体范围是广泛的。民事责任是法律对违反民事义务者所规定的不利后果，因而，民事主体只有违反了民事义务才需依法承担民事责任，成为民事责任的承担者；若民事主体自觉履行法律规定或合同约定的义务，则不涉及民事责任的承担，自不会成为民事责任的承担者。

(二)民事责任与民事义务的联系

民事责任与民事义务是两个相互关联的法律概念,二者之间具有直接的联系。具体的主要体现:

1. 民事责任以民事义务为基础,以民事主体不履行民事义务为条件

民事责任的存在以法律规定或合同约定的民事义务的存在为前提,没有民事义务,就没有民事责任。民事责任的发生以义务主体不履行法定或约定的义务为条件,没有义务主体当为而不为或当不为而为的法律事实,就不会发生民事责任的实际承担。

2. 民事责任是民事主体履行义务和实现权利的法律保障

民事义务是法律或合同对当事人的一种约束,而民事责任则是对这种约束提供一种强制性保障。因而,对于民事权利的享有者而言,民事责任是权利实现的法律保障;对于民事义务的负担者而言,民事责任同样是履行义务的法律保证。民事主体未违反义务时,民事责任是一种潜在的威慑,它督促义务人认真履行义务;民事主体违反义务时,民事责任的制裁性便得到启动,法律强制义务人承担具体的民事责任,从而强制义务人履行义务,实现权利人的民事权益。

3. 民事责任与民事义务的内容相对应

在现代民法中,民事责任与民事义务虽是相区别的两个概念,其内容并不互相包容,但民事义务的内容往往决定了承担民事责任的具体方式。民事主体承担民事责任的方式、具体的责任范围是根据该义务主体所违反的民事义务的性质、内容以及违反义务行为所造成的损害后果而确定的。

四、民事责任的承担

(一)民事责任的承担方式

民事主体违反民事义务,应当依法承担民事责任,由于民事主体违反民事义务的具体情形不同,民事责任的形式也有所不同。民事责任的形式是承担民事责任的具体方式,也是权利人请求人民法院用以保护权利人合法权益的具体的诉求内容。确定责任人承担民事责任的具体方式,目的主要在于使权利人受到侵害的民事权益因此能够得到恢复或补救。当然,违反合同义务时承担的支付违约金的责任,在某种意义上,还具有预防和制裁违约行为的目的。

根据我国《民法通则》第134条的规定,在我国,承担民事责任的方式主要有如下十种:

1. 停止侵害

停止侵害，是指侵害人终止其正在进行或者仍在延续的损害他人合法权益的行为。停止侵害的功能在于及时制止侵害行为，防止损害的扩大。它主要适用于正在进行或者仍在延续的侵权行为，对于已经实施完毕或者尚未发生的侵权行为并无适用之余地。

2. 排除妨碍

排除妨碍，是指侵害人排除由其行为引起的妨碍他人权利正常行使和利益实现的客观事实状态。如在公用通道上堆放物品，妨碍他人通行的，堆放人应当将物品搬走。排除妨碍针对的是实际存在或者将来必然会出现的妨碍。

3. 消除危险

消除危险，是指侵害人消除由其行为或者物件引起的现实存在的某种有可能对他人合法权益造成损害的紧急事实状态。如要求所有人及时修理可能坍塌并危及他人人身安全的房屋。消除危险旨在防止损害和妨碍的发生。如果损害已经发生或者妨碍已经形成，适用消除危险责任已于事无补。

4. 返还财产

返还财产，是指侵害人将其非法占有或者获得的财产移转给所有人或者权利人。包括三种情形：一是不当得利返还，即一方没有合法根据，取得不当利益，造成他人损失的，应当将取得的利益返还给受损失的人。二是法律行为被确认无效或者被撤销后，第三人因该行为取得的财产，应当返还给受损失的一方。三是非法侵占他人财产的返还，即侵占国家、集体财产或者他人财产的，应当返还财产。

5. 恢复原状

狭义的恢复原状，是指使受害人的财产恢复到受侵害之前的状态。适用此种责任形式的条件有二：一是可能性，即受损害的财产在客观上具有恢复的可能。二是必要性。即受损害的财产须有恢复原状的必要。如果恢复对受害人已无必要，或者恢复不符合经济合理原则，则适用折价赔偿或者损害赔偿等责任形式。广义的恢复原状，是指使受害人的财产权利或者人身权利恢复到受侵害之前的状态。从此种意义上说，恢复原状作为一种责任形式，实际上是侵害人承担民事责任所要达到的结果或者目的，而非手段。如恢复原状适用于侵害财产权的责任形式，则返还财产、修理、重作、更换、赔偿损失等，都是恢复原状的手段。

6. 修理、重作、更换

修理、重作和更换主要是违反合同质量条款的民事责任形式。修理，是指使受损害的财产或者不符合合同约定质量的标的物具有应当具备的功能、质量。重作，是指重新加工、制作标的物。它主要适用于加工承揽合同，如定作物不符合约定的质量标准的，应当予以修理，修理仍达不到标准的，应当重作。更换，是指以符合质量要求的标的物替代已交付的质量不符合要求的标的物。修理和重作可以适用于种类物或者特定物，而更换只能适用于种类物。

7. 赔偿损失

赔偿损失，是指行为人因违反民事义务致人损害，应以财产赔偿受害人所受的损失。它是最基本、适用范围最广泛的责任形式，可以适用于违约责任、缔约过失责任和侵权责任。赔偿损失适用于违约责任，赔偿额应相当于对方因违约所受的损失，不仅包括实际受到的损失，还包括履行合同可以得到的利益，从而使对方的利益达到合同获得适当履行的状态。但违约损害赔偿受可预见规则的限制，即损失赔偿额不得超过违反合同一方订立合同时预见到或者应当预见到的因违反合同可能造成的损失。赔偿损失适用于缔约上的过失责任主要是赔偿对方的信赖利益的损失，使对方的利益恢复到合同订立之前的状态。赔偿损失适用于侵权责任包括财产损失和精神损害的赔偿，使受害人的利益恢复到未曾受到侵害的状态。

8. 支付违约金

违约金是指依照法律规定或者合同当事人的约定，一方违约时向对方支付的一定数额的金钱。根据产生依据不同，违约金可分为法定违约金和约定违约金，前者的产生基于法律的直接规定，违约金的比例、数额等均由法律规定，不以当事人的意志为转移；后者的产生则是基于当事人在合同中的约定。根据性质的不同，违约金分为惩罚性违约金和补偿性违约金，前者是指一方支付违约金后，不影响其承担实际履行、采取补救措施、赔偿损失等违约责任；后者实际上是合同当事人对违约损害赔偿额的事先估算，以违约金作为违约造成损害的补偿。但约定违约金和实际损失往往不尽一致，因此，《合同法》第114条第2款规定，“约定的违约金低于造成的损失的，当事人可以请求人民法院或者仲裁机构予以增加；约定的违约金过分高于造成的损失的，当事人可以请求人民法院或者仲裁机构予以适当减少。”

9. 消除影响、恢复名誉

消除影响，是指加害人在其不良影响所及范围内消除对受害人不利后果的民事责任。恢复名誉，是指加害人在其侵害后果所及范围内使受害人的名誉恢复到未曾受损害的状态。消除影响是侵害人格权如隐私权、肖像权的民事责任；恢复名誉则专属于侵害名誉权的民事责任。消除影响、恢复名誉的范围，一般应与侵权行为所造成不良影响的范围相当。加害人拒不执行生效判决，不为受害人消除影响、恢复名誉的，人民法院可以采取公告、登报方式，将判决的内容和有关情况公布于众，达到消除影响、恢复名誉的目的。公告、登记的费用由加害人承担。

10.赔礼道歉

赔礼道歉，是指加害人以口头或者书面的方式向受害人承认过错、表示歉意。它主要适用于侵害人格权的侵权行为。赔礼道歉一般应当公开进行，否则不足以消除影响。但是，如果受害人不要求公开进行的，也可以由加害人向受害人秘密进行。由法院判决加害人承担赔礼道歉责任，赔礼道歉的内容，应当经法院审查同意。

(二)民事责任承担方式的适用

在上述十种民事责任的承担方式中，排除妨碍，消除危险，返还财产，恢复原状，修理、重作、更换，赔偿损失，支付违约金，为财产责任，主要适用于侵害民事主体的财产权益而应当承担的民事责任。消除影响、恢复名誉，赔礼道歉，为非财产责任，主要适用于侵害民事主体的人身权益而应当依法承担的民事责任。停止侵害则既可以适用于侵害财产权的情形，也可适用于侵害人身权的情形。此外，对于人身权的侵害，也可以依法适用赔偿损失的责任形式。除了《民法通则》规定的上述民事责任方式外，按照我国《合同法》的规定，当事人一方不履行合同义务或者履行合同义务不符合约定条件的，首先应当承担继续履行、采取补救措施的违约责任。在履行义务或者采取补救措施后，对方还有其他损失的，应当赔偿损失。

以上承担民事责任的方式，视民事权利受到侵害的不同情况，可以单独适用，也可以合并适用。适用承担民事责任的方式，应当注意以下问题：

1.单独适用和合并适用

民事责任制度旨在充分保护受害人的合法权益，故承担民事责任的方式可以单独适用或者合并适用。如果加害人承担一种民事责任方式尚不足以补偿受害人所受损失的，则可以同时适用多种责任方式，直至受害人的损失得到完全补偿。如侵害名誉权时，仅适用停止侵害尚不足以保护受害人的名誉，则可适用消除影响、恢复名誉、赔礼道歉、赔偿损失等民事责任方式。

2.根据适用条件确定适用顺序

每一种民事责任方式都有其适用条件。如停止侵害只能适用于正在进行的不法侵害。根据民事责任方式的适用条件确定是否适用和适用顺序，有利于充分保护受害人的利益。如侵害知识产权的民事责任，对于正在进行的侵权行为，必须首先适用停止侵害责任形式，否则不能防止损害的扩大。

第二节 民事责任的本质

一、关于民事责任本质的学说

（一）制裁说

此说认为，法律责任乃是指义务人违反其义务时，所应受的法律上的处罚。因此，所谓民事责任不过是不履行义务而应受某种制裁。[①] 李宜琛先生认为，“责任与义务不同，责任盖处于违反义务而受制裁之地位。”[②]

（二）义务说

此说认为，民事责任是根据法律规定，在民事上应负的给付义务，包括一般的民事义务和侵权行为或债务不履行所造成的赔偿义务。[③] 梁慧星先生认为，民事责任本质上是一种特殊的债权债务关系。这种特殊的债，乃以义务的不履行为停止条件。此条件成就前，责任关系虽已存在，但未生效，即效力处于停止状态。若义务人能够正确履行其义务，则此责任关系终不生效。一旦条件成就，即义务人违反义务时，则此责任关系发生效力。[④]

（三）担保说

此说认为，民事责任的本质是义务履行的担保。台湾学者诸葛鲁先生认为，“责任者，对于债务履行之担保也。详言之，即债务人不履行其债务时，债权人得声请法院，依强制执行程序，而使之履行者，乃基于债务人之责任也。”[⑤]林诚二先生认为，“责任者，系指应为一定给付义务之担保，既为一种担保，则应为给付而不为给付时，债权人自可强制债务人实现给付义务。”[⑥]

（四）法律后果说

此说认为，法律责任是某种不利后果。责任就是一个人必须承受他的行

① 魏振瀛主编：《民法》，北京大学出版社、高等教育出版社 2000 年版，第 43 页。

② 李宜琛：《民法总则》，台湾正中书局 1977 年版，第 53 页。

③ 魏振瀛主编：《民法》，北京大学出版社、高等教育出版社 2000 年版，第 43 页。

④ 梁慧星：《民法总论》，法律出版社 1996 年版，第 79 页。

⑤ 诸葛鲁：《债务与责任》，载郑玉波主编：《民法债编论文选辑》（上），转引自王家福主编：《中国民法学·民法债权》，法律出版社 1991 年版，第 221 页。

⑥ 林诚二：《民法理论与问题研究》，中国政法大学出版社 2000 年版，第 234 页。

为给自己造成的不利后果。因此民事责任作为法律责任的一种，是指民事主体违反民事义务而依法应承担的民事法律后果。[①] 魏振瀛先生认为，“民事责任是民事主体违反法定义务或约定义务而应承担的法律后果。民事责任的本质是促使义务人履行民事义务，使权利人实现其民事权利的辅助条件。”[②]

二、四种学说之比较

上述关于民事责任本质的学说，均有一定的道理，区别仅仅在于学者观察角度的不同。事实上，上述四种学说均反映了民事责任的本质，也可以说是民事责任的本质在不同方面的体现。

首先，从权利的角度看，如前所述，关于权利的本质的界定虽有多种学说，但通说认为，权利是法律赋予当事人享受特定利益的法律上之力。换言之，权利就是由“特定利益”和“法律上之力”两个要素构成。在这两个要素中，“特定利益”是权利的内容，“法律上之力”则是权利的外壳。民事权利之所以有此法律上之力，正是因为有民事责任作为后盾。民事权利因与民事责任结合，因此获得法律上之力。但若义务人能够正确履行其义务而使权利完全实现，则此法律上之力不动。必须在权利人不能实现其权利，亦即义务人不履行其义务时，此法律上之力才发动。权利人即可借此法律上之力以强制义务人履行义务或为损害赔偿，以确保民事权利之实现。[③] 从这个角度看，担保说有一定的说服力。

其次，从义务的角度看，民事义务是指民事法律法规规定或者当事人依法约定的，民事主体为一定行为或者不为一定行为，以满足权利主体的利益的法律手段。可见，义务的本质是以不利益为内容的法律拘束力。义务对应于权利，权利体现为利益，因而义务就体现为不利益。此其一。其二，权利是法律赋予的意思支配力，义务就是对应于这种支配力的拘束力。[④] 其三，义务的拘束力以法律的强制力作为后盾。换言之，如果义务人故意或者过失不履行应尽的义务，就应当依法承担相应的法律责任。由此，责任就成为义务的转化形态，即所谓“义务为因，责任为果”。这里的“果”就是以“不利益”为内容的“法

---

① 魏振瀛主编：《民法》，北京大学出版社、高等教育出版社 2000 年版，第 43 页。

② 魏振瀛：《论民法典中的民事责任体系——我国民法典应建立新的民事责任体系》，《中外法学》2001 年第 3 期。

③ 梁慧星：《民法总论》，法律出版社 1996 年版，第 78 页。

④ 张俊浩主编：《民法学原理》，中国政法大学出版社 1997 年版，第 82 页。

律后果”。而这样的法律后果,对于责任人(义务人)而言,自然会起到一定的制裁作用。可见,从义务的角度看,制裁说和法律后果说更能反映民事责任的本质。

最后,从民事责任本身来看,由于责任是义务的转化,因此,责任关系仍然是在特定当事人之间发生以特定给付为内容的权利义务关系,具备债的全部特征。从这个角度来看,责任在本质上仍然是一种债,因而义务说也是能够成立的。

综上所述,责任既是义务的转化,也是权利的保障。责任作为权利的保障,首先要保障的就是权利人利益的实现。责任作为义务的转化,最终也是为了保障权利的实现。责任的这种功能的实现,均有赖于“法律上之力”效用的发挥。责任的这种“法律上之力”,就是要使责任人受到法律的“制裁”(制裁说),制裁的方式就是让责任人承担对其不利的“法律后果”(法律后果说),这种“法律后果”以特定的给付为内容,本质上仍然是一种义务(义务说),责任人所承担的“制裁”、“法律后果”或者“义务”,对于权利人利益的实现而言都是一种“担保”(担保说)。

三、对民事责任本质问题的进一步分析

如前所述,责任是义务的转化,也是权利的保障,而民事义务是权利人实现民事权利的必要条件,本质上也是权利的保障。义务的发生或者基于法律的直接规定,或者基于当事人依自己的自由意思设定。后者的内容为特定化的义务,而前者则既可能为特定化的义务,也可能是普遍的不特定的义务。例如不侵害他人的人身和财产权利,可以称之为第一次义务。第一次义务的违反,转化为第二次义务,即违反不得侵害他人人身和财产权利的义务转化为损害赔偿义务,违反合同义务转化为损害赔偿或者支付违约金的义务。第一次义务和第二次义务的区别在于,第一次义务可能针对不特定人的不作为义务,具有普遍性;而第二次义务已转化为对于特定人的作为义务。但第一次义务与第二次义务并无性质的不同。①

对于第二次义务,人们通常称之为责任,即侵权责任或者债务不履行责任。但第二次义务已具有债务的全部特征,即它在特定当事人之间发生以特定给付为内容的权利义务关系。因债务人对于自己负担的债务有主动履行的可能,债权人也可能放弃自己的权利,故不须国家公权力的发动。例如,侵害

---

① 张广兴:《债法总论》,法律出版社 1997 年版,第 286 页。

他人权利的，虽然法律规定有责任方式和赔偿范围，但加害人如果主动给予受害人赔偿，或者受害人自愿放弃损害赔偿的请求，国家并不主动加以干预。在因债务不履行转化为损害赔偿或者支付违约金的债务也是如此。只有在债务人不履行第二次义务，债权人依其债权的强制执行力请求国家保护时，才发生国家公权力对私人债权债务关系的介入，以国家的强制力使债务人履行债务。国家在强制债务人履行债务时，通常还要以裁判的方式确定债务人应当履行的标的或数额以及履行的期限等。①

因此，第一次义务的违反，仅转化为第二次义务；只有在义务人违反第二次义务，且权利人请求国家保护时，才发生义务人的责任。责任以国家公权力的介入（即强制）为其必要条件。没有国家公权力的介入，即没有责任。正因为如此，责任才能被称为一种强制或者说是“制裁”。在这个意义上，可以说在一切责任和义务的关系上，无一例外是“义务为因，责任为果”。② 因国家公权力的介入以义务人的义务不履行和权利人行使诉权为其基础，责任才成为人们恢复和实现人身和财产权利的民法上的最后救济手段。从这个角度看，民事责任的本质还具有如下三个方面的表现：

（一）强制性

法律责任的强制性是其区别于道德责任和其他社会责任的根本标志。民事责任作为法律责任之一，也以国家强制力为保障，具有强制性，主要体现在：第一，在民事主体违反合同或者不履行其他义务，或者由于过错侵害国家、集体的财产，侵害他人财产、人身时，法律规定应当承担民事责任。第二，当民事主体不主动承担民事责任时，通过国家有关权力机构强制其承担责任，履行民事义务。

（二）财产性

民事责任以财产责任为主，非财产责任为辅。一方不履行民事义务的行为，给他方造成财产和精神上的损失，通常通过财产性赔偿的方式予以救济。但是，对人格权和身份权的侵害，仅通过财产性的赔偿，难以完全消除侵害所造成的后果。以侵害名誉权为例，仅有财产赔偿，对受害人的社会评价难以恢复到受侵害之前的状态。因此《民法通则》规定了一些辅助性的非财产责任，如赔礼道歉、消除影响、恢复名誉等。

---

① 张广兴：《债法总论》，法律出版社 1997 年版，第 287 页。

② 张广兴：《债法总论》，法律出版社 1997 年版，第 287 页。

（三）补偿性

所谓补偿性，是指民事责任以补足民事主体所受损失为限。补偿性是相对于惩罚性而言的。公法上的责任（包括行政责任和刑事责任）的主要内容和目的是对责任人的一种惩罚，而私法上的责任即民事责任实行同质救济原则，以填补受害人的损失和恢复权利的原有状态为根本目的，因而惩罚性责任原则上被排除适用。如违约责任的目的是使非违约方的利益达到合同获得适当履行的状态；侵权民事责任的目的在于使受害人的利益恢复到受损害以前的状态。民事责任实行惩罚性赔偿属于特例。例如，我国《消费者权利保护法》第 49 条规定，“经营者提供商品或者服务有欺诈行为的，应当按照消费者的要求增加赔偿其受到的损失，增加赔偿的金额为消费者购买商品或者接受服务的费用的一倍”。

第三节 民事责任的分类

由于民事主体违反民事义务的表现形式多种多样，当事人承担的民事责任的根据、内容和方式也不相同。根据不同的标准，民事责任可以作不同的分类。民事责任的分类主要有以下几种：

（一）债务不履行的民事责任和侵权的民事责任

根据当事人违反的民事义务的性质的不同，民事责任可以分为债务不履行的民事责任和侵权的民事责任。违反积极义务，侵害相对权所应承担的民事责任为债务不履行责任。侵害相对权的情形主要包括侵害合同债权、侵害不当得利债权、侵害无因管理债权、侵害缔约过失债权和侵害单方允诺债权等，理论上一般将侵害合同债权所应承担的民事责任称为违约责任，将侵害缔约过失债权所应承担的民事责任称为缔约过失责任，侵害其他债权所应承担的民事责任则仍概括地称为债务不履行责任。违反消极义务，侵害绝对权所应承担的民事责任，为侵权责任，包括侵害人身权、侵害物权、侵害知识产权等权利。我国《民法通则》第 106 条第 1 款规定的“公民、法人违反合同或者不履行其他义务的，应当承担民事责任”，属于债务不履行民事责任的规定；“公民、法人由于过错侵害国家的、集体的财产，侵害他人财产、人身的，应当承担民事责任”，属于侵权责任的规定。

在债务不履行的民事责任中，最重要的是违约责任。违约责任与侵权责任是民事责任的最主要、最基本的分类。区分这两种不同性质的民事责任的主要意义在于认识二者所存在的以下不同：

第一，二者的基础不同。违约责任产生的基础是当事人之间合法、有效的合同，合同若被认定无效，对当事人没有法律拘束力，因而仅涉及合同无效后的法律后果，不足以产生违约责任问题。侵权责任以法律规定为基础，侵权责任的构成条件由法律直接规定，不体现当事人的意思自治。

第二，二者的价值取向不同。违约责任体现的是法律对当事人意思自治原则的维护，其所保护的是当事人以合同设定和取得的民事利益。侵权责任体现的是法律对社会正常的经济、生活秩序的维护，尤其是保障民事主体的财产和人身不被侵害，其所保护的往往是合同债权以外的依法获得的物权、人身权等民事利益。

第三，二者违反的民事义务不同。违约责任违反的是合同义务，该违约行为表现为不履行合同义务或履行合同义务不符合约定条件的行为。侵权责任违反的是法定义务，该侵权行为表现为由于过错侵害国家的、集体的财产，侵害他人财产、人身的行为。

第四，确定责任的内容的根据不同。在合同纠纷中，违约一方当事人承担的具体的违约责任可以依照法律规定确定，也可以由当事人约定。当事人在合同中约定违约责任的，只要该违约责任条款不违背法律禁止性规定，对当事人有约束力，当事人违约的，按照违约条款追究违约责任；当事人在合同中没有约定违约责任的，或违约责任条款因违背法律禁止性规定而被认定部分无效的，按照合同法或相关法律规定的违约责任处理。在侵权纠纷中，侵权人应当承担的具体的侵权责任则由法律直接规定，因在侵权行为发生以前，当事人之间不得事先约定侵权责任，即使约定也为无效。

第五，责任的构成不同。在违约责任中，除当事人另有约定或法律另有规定的不可抗力、同时履行抗辩权、不安履行抗辩权外，合同当事人应当自觉履行合同，当事人违反合同，不履行合同义务或履行合同义务不符合约定条件的，无论违约一方当事人的主观态度如何，均应承担相应的违约责任。当事人双方均违反合同的，应当分别承担各自的违约责任。在侵权责任中，除法律另有规定无过错也要承担民事责任的特殊情形外，一般侵权责任以行为人在实施侵权行为时有过错为责任的构成条件。如果受害人和侵害人双方对损害的发生均有过错的，可以适当减轻侵害人的民事责任；如果双方对损害的发生均没有过错的，可以根据实际情况，由当事人双方分担民事责任。

第六，承担责任的方式不同。承担违约责任的方式，主要为实际履行或者采取补救措施、赔偿损失、支付违约金。承担侵权责任的方式，主要为返还财产、恢复原状、赔偿损失、停止侵害、消除影响、恢复名誉、赔礼道歉等。

尽管违约责任与侵权责任是两类不同产生根据的民事责任，但在经济生活中，当事人的某些行为可能既违反合同义务而构成违约行为，同时又侵害了合同对方当事人的合同利益以外的其他民事权益而构成侵权行为。这种情形在民法理论中称为违约责任与侵权责任的竞合，权利人可以从更有利于保护自己的合法权益方面，选择其中的一个请求权行使权利，请求义务人承担其中的一种民事责任。在《合同法》施行前的司法实践中，根据最高人民法院 1989 年《全国沿海地区涉外、涉港澳经济审判工作座谈会纪要》的精神，认为当一个法律事实或法律行为同时产生两个法律关系，或者被告的行为同时构成破坏合同和民事侵害的，原告可以选择两者之中有利于自己的一种诉因提起诉讼。因此，当一个法律事实导致违约行为和侵权行为同时发生时，权利人可以自由决定依违约行为或依侵权行为而提起诉讼。我国《合同法》第 122 条确认，因当事人一方的违约行为，侵害对方人身、财产权益的，受损害方有权选择依照合同法规定要求其承担违约责任或者依照其他法律要求其承担侵权责任。

(二)过错责任、无过错责任和公平责任

根据民事责任的归责方式的不同，民事责任可以分为过错责任、无过错责任和公平责任。过错责任，指以行为人的主观过错构成民事责任成立的必要条件的民事责任。无过错责任，指只要行为人的行为造成他人的损害，无论该行为人在行为时是否存在主观过错，均应依法承担的民事责任。公平责任，指当事人对于造成损害都没有过错的，根据实际情况，由当事人按照公平合理原则分担的民事责任。

上述三种民事责任的归责依据不同，适用的范围也有所不同。过错责任是民事责任的归责原则，适用于一般的民事责任的认定；无过错责任是一种特殊的归责方式，适用于法律另有特别规定的几种特殊的侵权行为；公平责任也是一种特殊的归责方式，是民法公平原则在民事责任中的具体体现，适用于法律没有规定适用无过错责任，但适用过错责任又显失公平的情形。综之，在我国，过错责任是民事责任的一般归责原则，无过错责任和公平责任是民事责任的特殊的归责方式，其中，无过错责任以法律有特别规定为前提，公平责任由法院依公平原则裁量。

(三)财产责任和非财产责任

根据承担责任的具体内容的不同，民事责任可以分为财产责任和非财产责任。财产责任，指以财产为内容，或具有经济内容的民事责任。非财产责任，指不以财产为内容，或没有经济内容的民事责任。

财产责任与非财产责任的实质性区别主要在于责任人承担责任的具体方式不同，前者主要体现为返还财产、赔偿损失、支付违约金等具有财产给付内容的责任，后者主要体现为赔礼道歉、消除影响、恢复名誉等以行为为给付内容的责任。

区分财产责任与非财产责任的法律意义在于：第一，确定当事人承担责任的范围的根据不同。当事人承担财产责任的，一般在其财产范围内承担民事责任。例如，按照公司法的规定，有限责任公司，股东以其出资额为限对公司承担责任，公司以其全部资产对公司的债务承担责任。又如，按照民法通则的规定，限制民事行为能力人和无民事行为能力人造成他人财产或人身损害的，是否承担财产责任，取决于其是否具有财产。而当事人承担非财产责任的，因不需以财产来承担民事责任，所以不受当事人财产状况的限制，一般只受其行为能力的限制。第二，民事责任的适用情形不同。财产责任主要适用于行为人的行为违反合同约定，或违反法律规定，给他人的财产造成损害；非财产责任主要适用于行为人的行为违反法律规定，给他人的人身造成损害。但侵害他人的人身权益，并因此导致他人财产损失的，也应当依法承担财产责任。此外，民事主体的人身权利受到侵害的，除有权要求侵害人承担停止侵害、恢复名誉、消除影响、赔礼道歉等非财产责任外，并可以要求性质上属于财产责任的赔偿损失。

（四）一人责任和多人责任

根据承担民事责任的责任人的人数不同，民事责任可以分为一人责任和多人责任。其中，根据承担责任的多人是当事人一方的数人或当事人双方这一不同，多人责任又分为共同责任和混合责任。共同责任又根据数个责任人承担民事责任的责任范围的不同，分为按份责任和连带责任。

一人责任，指因某一民事法律事实，而由某一个民事主体单独承担责任的民事责任。在一人责任中，相关当事人的权利义务关系较为简单、明确，责任人承担民事责任的责任能力、责任范围直接依法确定。多人责任，指因同一民事法律事实，由两个或两个以上的民事主体承担责任的民事责任。

多人责任中，混合责任指当事人双方对损害事实的发生均应当承担责任的民事责任。例如，在合同履行中，合同双方均违反合同义务而构成违约行为的，应当分别承担各自应负的民事责任。又如，在侵权责任中，侵害人与受害人对损害的发生均有过错的，可以适当减轻侵害人的民事责任，这实际上表明除侵害人外，受害人也应承担相应的责任。

多人责任中，共同责任指承担民事责任的一方由两个或两个以上的数人组成的民事责任。共同责任中,因各责任人对外承担民事责任的范围,以及彼此之间的权利义务关系不同,而又分为按份责任和连带责任。当事人一方由两个或两个以上的民事主体构成,对外各自按照一定的份额承担民事责任的,为按份责任。当事人一方由两个或两个以上的民事主体构成,对外不分份额地共同承担民事责任,任何一个责任人均有义务以自己的财产履行全部义务的,为连带责任。例如,基于连带保证责任、共同侵权、合伙债务等而产生的民事责任,责任人承担的民事责任均为连带责任。相对于按份责任或分别责任而言,连带责任对于责任人是一种加重责任,但这种责任方式有利于保证相对的权利人利益的实现。按照法律规定或合同约定,承担了连带责任的责任人,有权再根据法律规定或合同约定,向其他责任人追偿。

第四节 民事责任制度的地位

一、概述

民事责任制度的地位主要是指民事责任制度在民法典中的地位,即民法典关于民事责任制度的规定是应当独立成编,还是应当分别规定。所谓独立成编,是指在民法典中设立《民事责任编》,将民事责任的所有规定囊括其中,使之与债法相独立。所谓分别规定,是指根据受侵害的权利的不同,分别规定不同的民事责任。具体而言,就是将违反合同的民事责任(即违约责任)规定在《合同法编》中,将侵害绝对权的民事责任(即侵权责任)规定在《债法编》中,或者设立独立的《侵权责任编》。对于这一问题,大陆法系国家的民法典作出了不同的回答。我国当前正在起草制定民法典,必须对这一问题作出审慎的回答。“他山之石,可以攻玉”,通过研究大陆法系国家的民法典中有关民事责任的立法例,把握其脉络,了解其发展趋势,必将有助于我国对民事责任制度的立法作出合理的选择。

二、民事责任制度的立法例

众所周知,大陆法系国家的民法典主要受罗马法的影响,因此,研究民事责任的立法例,就必须首先从罗马法的民事责任制度入手,然后再探讨近现代民法典关于民事责任的立法体例。

(一)罗马法上的民事责任

在罗马法上,责任不是一个独立的概念,它是与债的概念融合在一起的。按照罗马法的思想,责任乃是义务不履行的必然结果,为义务关系所包含,无加以区别的必要。"债权、债务、债之关系,夫此三种不同之名词,拉丁文均作'obligatio'"。[①] 在罗马法上,债有时是指法律关系,即"当事人之一方依法得请求他方为一定给付之法律关系也。"[②]有时是指履行义务的法锁。"优帝法典所述之定义曰:'债者,依国法而应负担履行义务之法锁也。'"[③]"有时(至少在优士丁尼法的文献中)还指权利人享有的权利。"[④]学者在论述罗马法时,也是从不同的角度讲债的。有时将债务与责任混用,如认为"债之关系有两方面:一方面系要求对造履行约定或法定之义务,他方面系向对造尽履行之责任。"[⑤]有时将权利与责任相对比而言。如有的学者认为,"侵权云者,谓对于个人法益受侵害而发生损害赔偿之权利也。衡之罗马法例,权利之侵害有可以回复者,有不能回复者。其可以回复者,则为契约上之请求权;其不能回复者,则发生赔偿之责任。"[⑥]"在昔罗马法,债务与责任合而成为债务之观念,责任常随债务而生,二者有不可分离之关系。"[⑦]可见,在罗马法上,责任体现在债的效力之中,体现为"债受法律保护。债务人如不履行债务,债权人可诉请法院强制履行或赔偿损失。"[⑧]

(二)近代法上的民事责任

近代各国民法典明确将责任与债务两个概念加以区分,但各国规定有所不同。

1.法国法

法国民法典第1142条规定:"一切作为或不作为之债,在债务人不履行之场合,均引起损害赔偿。"第1382条规定:"任何行为致他人受到损害时,因其过错致行为发生之人,应对该他人负赔偿之责任。"从上述规定可以看出,法国

---

① 陈朝璧:《罗马法原理》(上册),台湾商务印书馆1944年版,第123页。

② 陈朝璧:《罗马法原理》(上册),台湾商务印书馆1944年版,第123页。

③ 丘汉平:《罗马法》,会文堂新记书局1937年版,第604页。

④ [意]彼德罗·彭梵得:《罗马法教科书》,黄风译,中国政法大学出版社1992年版,第283页。

⑤ 丘汉平:《罗马法》,会文堂新记书局1937年版,第604页。

⑥ 丘汉平:《罗马法》,会文堂新记书局1937年版,第708页。

⑦ 史尚宽:《债法总论》,中国政法大学出版社2000年版,第3页。

⑧ 周枏:《罗马法原论》(下册),商务印书馆1994年版,第629页。

民法典把义务、债务与责任作了区分。但是,并未作严格的区分。例如,该法第 1382 条规定侵权行为的后果是负“赔偿之责任”。第 1370 条第 4 款却明文规定侵权行为属于“由于债务人本人而发生的债”。

2. 德国法

德国民法典第 2 编第 1 章第 1 节的题目是“给付义务”。其中第 242 条规定:“债务人有义务依诚实和信用,并参照交易习惯,履行给付。”第 249 条前段规定:“负损害赔偿义务的人,应回复损害发生前的原状。”第 276 条第 1 款前段规定:“除另有其他规定外,债务人应对其故意或者过失负责。”第 280 条第 1 款规定:“因可归责于债务人的事由致使给付不能时,债务人应对债权人因不履行而产生的损害负赔偿责任。”

与法国民法典不同的是,德国民法典没有将损害赔偿明确认定为责任,而是有时将损害赔偿认定为义务,有时将损害赔偿认定为责任。从立法例考察,德国民法典“设有损害赔偿之债之一般规定(第 249 条至第 255 条),盖损害赔偿之债,不仅可由侵权行为及债务不履行发生,此外依法律之规定及当事人之法律行为亦均可发生,自应设有一般性之规定,以资适用”。[①]

3. 日本法

在责任与债的关系上,日本民法典与德国民法典相同的是,设债编总则。不同的是,没有设损害赔偿的一般规定,而与法国民法典一样,将债务不履行的损害赔偿与侵权行为的损害赔偿分别规定。日本民法典第 3 编债权共 5 章,其中第 5 章是侵权行为。由此可见,日本民法典与法、德两国民法典的共同点是将因侵权行为而发生的损害赔偿视为债,对责任与债未作严格的划分。

(三)现代法上的民事责任

1. 前苏联和俄罗斯法

1964 年颁布的苏俄民法典的有关规定。该法典第 3 编债权共 27 章(第 15—42 章),分两部分:第一部分关于债的一般原则(第 15—20 章),第二部分债的种类(第 21—42 章)。第 19 章题目是违反债的责任,专章对违反债的责任作了规定,突出了责任的地位。第 40 章是因致人损害而发生的债。该法第 444 条规定:“对公民的人身或财产造成的损害,以及对组织造成的损害,都应当由造成损害的人全部赔偿。”该章其他各条均从不同的角度规定损害赔偿问题。该法与其他各国民法典不同的是,不用“侵权行为”,而用“因致人损害而发生的债”。它的特点是不笼统地规定侵权行为之债,而直接规定侵权行为的

---

① 郑玉波:《民法债编总论》,三民书局 1978 年版,第 282 页。

后果即损害赔偿之债。该法将因致人损害而发生的债，作为债的分则中的一章，即认定因致人损害而发生的责任是债的发生根据之一，这与其他国家民法典将侵权行为认定为债的发生根据之一大体相同。1994 年和 1995 年先后颁布的俄罗斯民法典的第一部分和第二部分，包括了债的全部规定，保持了原苏俄民法典将违反债的责任及因致人损害而发生的债独立成章的特点。

2. 中国法

我国至今尚未颁布民法典，1986 年颁布的《民法通则》（以下称民法通则），是我国重要的民事基本法。该法的一个重要特点是将民事责任独立成章（第 6 章），将责任与债分离。该章分四节，即第一节为“一般规定”，第二节为“违反合同的民事责任”。第三节为“侵权的民事责任”，第四节为“承担民事责任的方式”。

3. 越南法

1995 年颁布的越南民法典，第 3 编规定民事义务与民事合同。该编第 1 章是总的规定，其中第 3 节是民事责任，内容是规定“不履行民事义务的民事责任”。该编第 5 章是合同外的损害赔偿责任，其中第 609 条规定：“任何人故意或过失侵犯公民的生命、健康、名誉、人格、威信、财产及其他合法权利、利益，侵犯法人及其他主体的名誉、威信、财产并引起损害时，必须赔偿损失。”该编规定的“民事义务”的定义在第 285 条作了规定：“民事义务是根据法律的规定，一个或数个主体（称为义务人）必须为了另一个主体或另一些主体（称为权利人）的利益作出一定的行为或不得作出一定的行为。”由此可见，这里讲的“义务”，与其他各国民法典中的“债务”的含义相同。该法明确使用“损害赔偿责任”的概念，而不用“损害赔偿义务”的概念。该法关于民事责任的规定有两个特点，一是将责任与义务（债务）区分开了，二是对民事责任有独立的规定（独立成节，而不是成章）。不同之点是越南民法典用“义务”而不用“债务”的概念。

三、我国民事责任制度的立法选择

通过上述分析可知，在罗马法上，债务与责任不分，责任为债务效力的体现，因而不存在独立的民事责任制度。以法国、德国、日本三国民法典为代表的近代法，均对责任与债作了区分，明确提出了责任的概念。同时，又规定损害赔偿责任产生债务，这就说明该三国民法典对责任与债务未作严格的区分。在体系上的特点是，德、日两国民法典都设有债的通则，法国民法典没有统一的债的通则，而是设契约或约定之债的一般规定（第 3 卷第 3 编），与之相并列的是非经约定而发生的债(第 3 卷第 4 编)。这样规定表明非经约定而发生的债,不适用契约或约定之债的一般规定。从 1964 年的苏俄民法典开始,进一步突出了责任的地位。我国民法通则将民事责任独立成章,从整体上突出了民事责任的地位,并将民事责任与债作了区分,形成了另一种民事责任体系。

我国正在起草制定民法典,关于民法典中民事责任制度的安排问题,学术界存在争议。有的学者主张继续沿用民法通则的体例,在民法典中专设民事责任编,将民事责任制度的全部内容规定于该编中。但这种观点已被大多数学者否定。目前争论比较大的是如何处理总则与分则之间的关系。有学者建议,我国《民法通则》单设民事责任制度,因此民法典总则中应当规定民事责任制度。我们赞同这种看法,但同时认为,总则不可能对民事责任的具体内容进行详细、全面的规定,因为无论是合同责任还是侵权责任,都不属于总则的内容,而是分则的内容。因此,总则中不应当规定“民事责任”的具体规则,但总则规定民事责任的一般概念和原则是必要的。其理由是:一方面,一般民事责任的概念只有在总则中规定才合适的,在总则外的其他任何部分都不宜对此作出规定。另一方面,总则在规定了法律关系的主体客体以及简单列举了各种民事权利之后,再规定民事责任,也是顺理成章的。由于侵权行为将独立成编,因此总则中应当有相应的制度与分则中的制度相适应。另外,侵权责任和违约责任存在着一些共性,例如关于归责原则、免责条件、刑事附带民事、民事责任与刑事责任的关系、责任形式等,都应当在总则中设置一般规定。[①]

全国人大法制工作委员会于 2002 年 12 月公布的《民法(草案)》将违约责任、侵权责任均独立出来,违约责任放在合同法中,侵权责任独立成篇,对其内容进行了扩充,也使其地位得到了提升。同时,为了使民事责任的规定不局限于违约责任、侵权责任,又在总则篇中单独列“民事责任”一章,并将有关民事责任的共同性内容加以规定,这样的体系设置无疑具有避免有关民事责任的规定趋于僵化、封闭的优点。[②] 我们完全赞同民法草案关于民事责任所作出的立法选择。

---

① 王利明:《关于我国民法典的体系的再思考》,http://www.civillaw.com.cn/weizhang/default.asp? id=15466

② 江平:《制定一部开放型的民法典》,《政法论坛》2003 年第 1 期。

第10章 诉讼时效

第一节 时效概述

一、时效的概念、性质和特征

(一)时效的概念和意义

时效,指一定的事实状态的存在持续经过一定期间而发生一定的法律后果的法律事实。时效这一概念包含三层含义:(1)一定事实状态的存在。所谓一定事实的存在,是指占有某物或者不行使权利等事实。(2)持续经过一定期间即一定事实状态持续经过一定期间,这一期间被称为“时效期间”。例如某人持续占有某物达30年、债权人不行使债权已达3年等。时效期间为法定期间,即时效期间的长短,应依法律的规定。(3)发生一定的法律效果。即一定事实状态持续经过法律规定的期间,即发生权利的取得或者权利的丧失的法律效果。

时效制度是各国民法中的一项重要法律制度,虽然各国民法对时效的适用范围、效力强弱规定不一,但均承认时效制度在维护社会经济秩序中的作用。其立法基础主要在于确认长期不行使的民事权利丧失法律的强制性保护,以维护社会经济秩序的稳定和社会交易的健康发展;督促权利人及时行使权利,从而间接地促进义务人履行义务,有利于社会经济的发展;同时也以此救济对方当事人举证以及法院查证的困难,有利于法院迅速、及时地处理民事、经济纠纷。

(二)时效的性质

时效的性质,主要体现在以下三方面:第一,时效是民事法律关系产生、变更、消灭的根据。从这个意义上说,时效属于法律事实。第二,时效是以一定期间的经过为条件的，是一定的事实状态持续地经过法律规定的时间而当然会发生的。时效期间的经过不同于行为，不受当事人意志的作用。从这一意义上说，时效被认为是一种事件。第三，时效具有强制性，时效期间以及因此产生的法律后果由法律直接规定，当事人不得自行以协议加以变更或限制。时效期间的经过还应当与一定的事实状态相结合才能发生法律规定的效果。从这一意义上说，时效又被认为是一种法律事件。

(三)时效的特征

民法上的时效，根据一定的事实状态持续地经过一定期间而导致的法律后果的不同，分为取得时效和消灭时效。导致权利取得的时效为取得时效；导致权利消灭的时效为消灭时效。无论是取得时效或消灭时效，时效的成立均具有以下法律特征：

第一，须有一定事实状态的存在。时效必须以一定的事实状态的存在为前提，这一定的事实状态，在取得时效中，为对他人财产的持续地、公开地、善意地占有；而在消灭时效中，则为权利人持续地不行使其享有的权利。

第二，须一定的事实状态持续经过一定期间。在时效制度中，占有他人的财产或权利人不行使权利的事实状态必须在一定的期间内持续存在。该持续经过的期间的长短由法律直接规定，当事人不得以协议变更。

第三，须能发生一定的法律后果。时效期间的届满，依法发生法律规定的相应后果，相关当事人因此取得权利或丧失权利，或者在诉讼上丧失胜诉权或取得抗辩权。

二、取得时效和消灭时效

(一)取得时效

取得时效，是指占有人以自己所有的意思持续、公开、善意地占有他人的动产或不动产经过一定期间，而取得该财产所有权的法律事实。取得时效是所有权取得的一种方式，适用于动产和不动产。但一般认为，国家专有的财产如土地、矿藏等资源不能适用取得时效，任何单位或个人不得以长期占有为理由而取得该财产的所有权。此外，取得时效一般适用于有形财产，无形的知识产权不适用取得时效。

一般认为，取得时效应当具备下列条件：(1)占有人以自己所有的意思占有他人财产。即占有人对所占有的财产虽不享有合法的所有权，但在占有他人财产时，却以自己所有的意思实施民事行为。(2)占有人占有他人财产必须是合法、公开、善意的。若占有人占有他人财产属于非法的、隐蔽的，则不能产生因持续占有而取得该财产所有权的法律后果;占有人在取得他人的财产时非为善意的,或在嗣后知悉其不享有所有权的,则排除根据取得时效取得该财产所有权。(3)占有的状态必须持续达到法律规定的期间。例如,《德国民法典》第 937 条规定:"自主占有动产 10 年,取得所有权。"

我国民法目前尚未建立取得时效制度,仅规定诉讼时效制度,但是我们认为,取得时效解决的是物权的归属问题,消灭时效解决的是债权请求的保护问题,二者各有其功能,共同构成民法中的时效制度。因而,我国有必要在已规定诉讼时效制度的同时,增加规定取得时效制度,但是我国物权法并未对此作出规定。

(二)消灭时效

消灭时效,是指权利人不行使权利的事实状态持续经过一定期间,而导致权利消灭的法律事实。消灭时效的法律效力主要体现为权利消灭。

一般认为,消灭时效应当具备下列条件:(1)权利人享有权利,但不行使权利。即权利人依其民事实体权利而享有请求他人作为或不作为的权利,但却迟迟不行使其请求权。(2)权利人不行使权利的事实状态持续经过法律规定的期间。权利人的请求权受消灭时效的限制是以一定期间的经过为条件的,对于该期间,各国规定不一,不同的请求权所适用的时效期间也有所不同。(3)具有私权变动之效力,即导致权利之请求权消灭的法律后果。消灭时效完成后,义务人有权拒绝权利人请求给付的要求。

我国没有完整意义上的消灭时效制度,而是建立诉讼时效制度。诉讼时效性质上属于消灭时效,都是权利人不行使权利这一消极事实状态的经过而导致权利消灭或丧失的法律后果。但诉讼时效与完整意义上的消灭时效又有所不同,消灭时效导致权利的消灭,诉讼时效则不导致整个权利的消灭,仅是使权利请求失去诉讼强制保护。

三、时效制度之沿革

时效制度最早规定于罗马法。在罗马法中,首先规定了取得时效制度。罗马《十二铜表法》中关于时效的规定,因其在成文法史上最为古老而被称为"最古时效"。按照《十二铜表法》的规定,占有他人财产的,动产经过 1 年,不动产经过 2 年的,取得该物的所有权,但该制度仅能适用于罗马市民。至裁判官法时代,为弥补市民法之不足,特创设长期时效制度,规定凡当事人(占有人与所有人)居住同省的,时效期间为 10 年,双方居住不同省的,时效期间为 20 年。优帝时代,统一规定时效制度,规定动产适用普通时效,时效期间为 3 年;

不动产适用长期时效，时效期间同省者为10年，不同省者为20年。此外，另设特别时效，规定无正当原因之占有或公然占有盗窃物、寺院财产及储金等，经过30年的时效期间后，也可取得所有权。

在罗马法中，消灭时效的创立则晚于取得时效。按照罗马市民法，一般认为债权具有永久性，因而诉权不因时间经过而消灭。但至裁判官法时代，裁判官法上之诉权原则上须于一定期间内行使，当事人未在规定的期限内行使权利，其诉权消灭，于是便有了永久诉权和有期诉权的区别。后至戴帝之世，通过立法扩大消灭时效的适用范围，要求不论市民法或裁判官法上的一切诉权均因30年不行使而消灭。

比较罗马法中的取得时效和消灭时效制度，有以下不同：第一，就时效制度的起源，取得时效起源于十二铜表法，消灭时效起源于裁判官法。二者并非同时创立，取得时效先于消灭时效创立。第二，就时效的构成要件，取得时效以持续占有为基础，消灭时效以权利持续不行使为基础。第三，就时效的法律后果，取得时效导致权利取得，消灭时效导致权利消灭。罗马法中的时效制度被认为是后世取得时效和消灭时效制度的开端。

1804年的《法国民法典》认为取得时效和消灭时效二者的根本精神虽不相同，但因均旨在保护永续之状态及避免举证之困难，故而在总则编中并在时效的概括名词下，对取得时效和消灭时效作了统一的全面规定。《法国民法典》第2219条规定："时效为在法律规定的条件下，经过一定时间，取得财产所有权或免除义务的方法。"在第2219条以下规定了时效、取得时效、消灭时效。后《日本民法典》(第一编第六章第144条以下)、《奥地利民法典》(第1451条以下)沿用了《法国民法典》的体例。《德国民法典》则沿用罗马法的体例，对取得时效和消灭时效予以区别规定。消灭时效规定于总则编中(第五章"消灭时效"第194条至第225条)，取得时效则规定于第三编物权法中(第三章"所有权"第三节"动产所有权的取得和丧失"第二目"取得时效")。我国台湾地区民法沿用《德国民法典》的体例，认为取得时效和消灭时效性质不同，自不能以其为统一制度规定于一处，而将消灭时效和取得时效分别规定于总则编和物权编所有权通则中。

1922年的《苏俄民法典》否定取得时效的合理性，认为取得时效有悖于社会主义共同生活的准则，因而仅在总则编中规定诉讼时效制度。该法第44条规定："起诉权，逾法律规定之期间而消灭。"显然特指时效期间经过，权利人丧失胜诉权而不丧失实体请求权。1995年1月1日起施行的《俄罗斯联邦民法典》(第一部分)在总则的第五分编第十二章"诉讼时效"的第195条、第196条规定，诉讼时效是被侵权人为维护自己的权利而提起诉讼的期限，诉讼时效的一般期限为3年。我国受苏俄民法的影响，对取得时效一直持否定态度，但在解放后的许多单行民事法规和经济司法实践中规定或承认诉讼时效制度。改革以来的立法中，如《专利法》、《继承法》、《涉外经济合同法》均确认诉讼时效制度。1986年颁布的《民法通则》专章规定了诉讼时效制度，并在第141条规定："法律对诉讼时效另有规定的，依照法律规定。"从而建立了我国以《民法通则》为基础，以其他法律规定及司法解释为补充的诉讼时效制度体系。

第二节 诉讼时效概述

一、诉讼时效的概念和特征

(一)诉讼时效的概念

诉讼时效，指权利人在一定期间内不行使请求权而丧失请求保护其民事权利的胜诉权的民事法律制度。权利人依诉讼程序向法院请求保护民事权利的法定有效期间，称为诉讼时效期间。超过法定的诉讼时效期间，法院对权利人的权利不予保护。此外，根据我国《仲裁法》第74条的规定，"法律对仲裁时效有规定的，适用该规定。法律对仲裁没有规定的，适用诉讼时效的规定。"因此，除法律另有规定外，当事人根据仲裁协议就合同纠纷或者其他财产权益纠纷向仲裁机关申请仲裁的，也适用诉讼时效的规定。

诉讼时效性质上属于消灭时效的范畴，因为它是以权利人不行使权利的事实状态持续经过法定的期间而导致权利人丧失胜诉权的法律后果。但诉讼时效与传统的消灭时效相比也存在一定的差异性，这种差异性主要表现在：消灭时效导致相关一切权利的消灭；诉讼时效并不导致实体请求权的消灭，仅导致权利失去诉讼保护的后果，即权利人丧失胜诉权。

(二)诉讼时效的特征

我国民法上的诉讼时效具有以下的法律特征：

第一，诉讼时效以权利人不行使请求权为前提条件。一般认为诉讼时效制度适用于一切债权。债权是一种请求权，即请求债务人为特定行为的权利，同时，债权又是一种相对权，债权的实现须债务人履行债务的行为配合。因而，为了稳定社会经济秩序，法律设置诉讼时效制度，要求债权人必须在规定的期间内行使请求权，以为其债权保护的条件。物权、人身权、知识产权的行使则一般没有诉讼时效的限制，但因对物权、人身权、知识产权的侵害而发生的债的请求权，同样适用诉讼时效的规定。

第二，诉讼时效导致权利人丧失胜诉权。法律规定的诉讼时效期间届满，人民法院对权利人的权利不再予以保护。因而，诉讼时效期间届满，权利人丧失的是由人民法院强制义务人履行义务以实现其实体权利的权利，即胜诉权。权利人并不因此丧失实体请求权，诉讼时效期间届满后，义务人仍自愿履行义务的，权利人有权受领，该受领行为不属于不当得利的范围。同时，权利人也不因此丧失程序意义上的诉权。诉讼时效期间届满，权利人向人民法院提起诉讼的，人民法院仍应当予以受理，经审理确认权利人的起诉已超过诉讼时效期间的，以判决（而非以裁定）驳回其诉讼请求。

第三，诉讼时效在适用上，具有普遍性和强制性。除法律另有规定外，权利人请求人民法院保护其民事权利的，普遍涉及诉讼时效问题。在民事诉讼实务中，当事人的诉讼请求是否超过诉讼时效期间，往往是人民法院审理民事、经济纠纷案件时必须审查、认定的重要事实。同时，法律关于诉讼时效期间的规定属于强制性规定，当事人不得以协议变更诉讼时效期间，或以协议约定抛弃诉讼时效利益。

二、诉讼时效的意义

第一，维护社会经济关系的稳定。按照一般的理论，权利应当具有排除一切侵害的效力。但是，诉讼时效制度的立法价值取向认为，历经持久的事实状态已为人们所接受和信赖，并在此基础上又产生一系列其他的社会关系，从而成为既成社会经济秩序的一部分，因而应当被认为已优于权利的效力。否则，若允许已长期停滞了的权利仍得到法律强制性的实现，将破坏既存的已被接受的财产关系，从而影响社会经济关系的稳定。

第二，督促当事人及时行使权利，以促进社会经济的发展。民法是商品经济发展的产物，包括诉讼时效制度在内的许多民事法律规范往往是商品经济关系的要求和反映，随着商品生产和商品交换的发展而建立和发展，并为一定社会的商品经济服务。诉讼时效制度的设立，一方面确认了对于长期不行使的权利就没有必要予以强制保护的法律精神，权利人要求其权利得到实现的，就应当积极、主动地行使请求权；另一方面，借助于权利人及时行使权利，加快民事流转的速度，最大限度地发挥财产的效用，从而最终促进社会经济的向前发展。

第三，有利于法院及时处理纠纷，体现民事审判的效益原则。义务人不自动履行义务，权利人权利的实现往往要借助于诉讼程序请求人民法院的保护。然而，诉讼中，人民法院对权利人诉讼请求的保护应当遵循民事诉讼程序和诉讼规则，人民法院的裁判应当符合认定事实清楚、适用法律准确的原则。当事人就自己的主张有提供证据的责任，人民法院应当对当事人提供的证据进行认定。在权利人权利被侵害或民事纠纷发生后，权利人长期不行使权利的，相关证据将因为年深日久而难以收集、提供，人民法院也因此难以查证或认定，一旦发生诉讼则导致相关事实难以查明和认定，使案件久悬不决。诉讼时效制度的设立，无疑是确立了一项与证据制度相配套的权利保护规则，有利于人民法院及时、正确地处理民事纠纷，提高民事审判的效益。

三、诉讼时效与除斥期间

除斥期间，又称为预定期间，指法律规定某种权利存续的预定期间。法律规定的存续期间届满，该权利消灭。例如，我国《继承法》第 25 条第 2 款规定："受遗赠人应当在知道受遗赠后两个月内，作出接受或者放弃受遗赠的表示，到期没有表示的，视为放弃受遗赠。"《合同法》第 75 条规定："撤销权自债权人知道或者应当知道撤销事由之日起一年内行使。自债务人的行为发生之日起五年内没有行使撤销权的，该撤销权消灭。"第 104 条第 2 款规定："债权人领取提存物的权利，自提存之日起五年内不行使而消灭，提存物扣除提存费用后归国家所有。"上述规定中的期间即为除斥期间。

诉讼时效与除斥期间极为相似，均因权利的不行使而导致权利消灭的法律后果，因而容易被混淆。但二者却是性质不同的两种法律制度，二者的区别主要表现在以下几点：

第一，二者的性质不同。诉讼时效是权利人请求人民法院保护其民事权利的期限，性质上属于法律规定的民事权利的保护期，因而诉讼时效期间以权利人不行使权利的事实状态的发生为起算点。除斥期间则是权利人可以行使权利的期限，性质上属于民事权利的法定存续期间，因而除斥期间是以法律规定权利人取得该权利之时为起算点。

第二，二者的适用对象不同。诉讼时效主要适用于请求权，除斥期间则适用于形成权。

第三，二者的法律后果不同。诉讼时效期间完成，权利人丧失胜诉权，但实体权利本身并不消灭。除斥期间完成，则该权利本身归于消灭。

第四，二者的适用情形不同。诉讼时效以权利人不行使权利的事实状态的持续存在为基础，时效期间的经过与权利人行使权利的行为及其可能性有密切联系，因而诉讼时效存在中止、中断和延长。除斥期间为法律事先设定的权利存续期间，不受当事人主观意志及行为的影响，因而除斥期间是固定不变的，除法律另有规定外，不因任何事由而发生中止、中断和延长。

至于二者在援用上是否存在不同，各国民事立法有所不同，民法学说上也有不同看法。在有的国家，法律规定非受益人主张，受诉法院一般不得依职权自行援用诉讼时效作为驳回权利人诉求的根据。[①] 而对于除斥期间，各国民法一般都规定无论当事人是否主张以为抗辩，受诉法院均应当依职权援用作为判决的根据。在我国民法学界，有学者提出，无论当事人是否了解诉讼时效的规定或是否提出诉讼时效抗辩，受诉法院均应当依职权调查诉讼时效问题。如果原告的诉讼请求或权利保护应当适用诉讼时效规定，并且诉讼时效期间已经届满，又不存在应当予以延长的特殊事由的，就应依法作出不保护其权利的判决。这样才能将当事人的意志和审判机关的职能及主动性结合起来，从而保障当事人的意志在适用法律上的平等。[②]

四、诉讼时效的适用范围

从各国立法看，在民法典中规定有消灭时效制度的国家，一般对消灭时效的适用客体也有相应的规定。有的规定，以债权及其他非所有权的财产权为消灭时效的客体[③]；有的规定，以请求权为消灭时效的客体[④]；有的以例外规定不适用时效的客体。[⑤]

诉讼时效作为一种消灭时效，学界一般认为适用于请求权。请求权有因债权关系产生的，有因物权关系产生的，有因亲属关系产生的，有因人身关系产生的。对于因债权关系产生的请求权适用诉讼时效规定，理论界没有争议，但对于因债权以外其他的财产或人身关系而产生的请求权是否也适用诉讼时

① 例如《捷克民法典》第100条。

② 佟柔主编：《中国民法学·民法总则》，中国公安大学出版社1990年版，第317页。

③ 例如，《日本民法典》第167条规定："债权因十年间不行使而消灭；债权或所有权以外的财产权因二十年间不行使而消灭。"

④ 例如，《德国民法典》第194条规定："请求他人作为或不作为的权利（请求权）受消灭时效的限制。由亲属关系产生的请求权，以该请求权将来回复符合此种关系的状态为目的为限，不受消灭时效的限制。"

⑤ 例如，《法国民法典》第2226条规定："对于不能为买卖的物件，不得适用时效的规定。"

效的规定，则有不同的规定或认识。[①] 我国《民法通则》没有明确规定诉讼时效的适用范围，但根据最高人民法院的司法解释以及民法通说理论，一般认为以下的请求权不适用诉讼时效的规定：

第一，未授权给公民、法人经营、管理的国家财产受到侵害的，不受诉讼时效期间的限制。[②] 但值得注意的是，对于国家各商业银行及其他金融机构贷出的款项，因该商业银行或其他金融机构是以独立核算的经济实体而与企业或公民形成债权债务关系的，因而国家各商业银行及其他金融机构向人民法院请求保护其追偿贷款权利的，应当适用民法通则关于诉讼时效的规定。[③]

第二，对于因人身权而产生的权利保护的请求权，不受诉讼时效期间的限制，但因人身权受到侵害而引起的损害赔偿请求权，仍适用诉讼时效期间的规定。

第三，与一定事实关系或法律关系相始终的权利或持续处于被侵害状态的权利的保护请求权，一般不适用诉讼时效的规定。例如，基于相邻关系而产生的停止侵害、排除妨碍请求权，基于婚姻家庭关系或亲属关系而产生的赡养费给付的请求权，基于共有关系而产生的共有物分割的请求权，基于合同关系而产生的同时履行抗辩权，这些请求权的保护都不受诉讼时效期间的限制。至于请求保护的权利一直持续地处于被侵害状态中的，不论这种侵害状态持续了多长时间，权利人的权利保护不受诉讼时效的限制，人民法院均应当予以保护。例如，所有权人的房产一直被他人非法占用，则该所有权人在任何时候都可以向人民法院起诉，请求占用人返还房产。对此，人民法院不得以非法占用人非法占用房屋已超过20年为理由驳回所有权人的诉讼请求。

除上述情形外，尚有学者认为形成权、个人提取储蓄存款的请求权、已登记的不动产请求权不适用诉讼时效的规定。[④]

---

① 根据《俄罗斯联邦民法典》第208条规定："诉讼时效不适用于下列请求：要求保护人身非财产权利和其他非物质利益的请求，但法律规定的情况除外；存款人要求银行支付存款的请求；公民生命或健康受到损害而要求赔偿损害的请求，如果在这种损害赔偿权利产生之时起的3年后方才提出请求的，则对过去的赔偿不得超过提出请求前的3年；财产的所有人或者其他占有人关于排除对其权利的任何侵害的请求，即使这些侵害并不同时剥夺对财产的占有（指第304条）；法律规定的其他请求。"

② 最高人民法院《关于贯彻执行〈中华人民共和国民法通则〉若干问题的意见》第170条。

③ 最高人民法院《关于企业或个人欠国家银行贷款逾期两年未还应当适用民法通则规定的诉讼时效问题的批复》（1993年2月22日）

④ 详见刘心稳主编：《中国民法学研究述评》，中国政法大学出版社1996年版，第282～283页。

第三节 诉讼时效的种类

一、一般诉讼时效

一般诉讼时效，又称为普通诉讼时效，指普遍适用于法律没有特别规定的各种民事权利的保护的诉讼时效。我国《民法通则》第135条规定："向人民法院请求保护民事权利的诉讼时效期间为二年，法律另有规定的除外。"该两年的诉讼时效期间即是一般诉讼时效期间。

二、特别诉讼时效

特别诉讼时效，又称为特殊诉讼时效，指由《民法通则》或其他法律特别规定的，仅适用于特定的民事法律关系的诉讼时效。特别诉讼时效的特殊性主要在于：一是仅适用于法律另有规定的特别情形，不具有普遍适用性；二是在适用上优于一般诉讼时效，即法律另有规定的适用法律另有规定的特别诉讼时效，只有在法律没有另行规定的情况下，才适用一般诉讼时效；三是诉讼时效期间与一般诉讼时效期间不同。

我国法律规定的特别诉讼时效主要有两类：

1.《民法通则》规定的特别诉讼时效。根据我国《民法通则》第136条的规定，因以下情形而享有的请求权，不适用两年的一般诉讼时效，而适用一年的特别诉讼时效：(1)身体受到伤害要求赔偿的；(2)出售质量不合格的商品未声明的；(3)延付或者拒付租金的；(4)寄存财物被丢失或者损毁的。权利人据以主张请求权的上述情形，多属于相关证据容易消失，须及时处理或及时清结的民事法律关系。法律规定适用相对短于一般诉讼时效期间的一年诉讼时效期间，有利于发挥诉讼时效制度应有的效用。

2.其他法律规定的特别诉讼时效。《民法通则》第141条规定："法律对诉讼时效另有规定的，依照法律规定。"在民商事纠纷中，相关法律特别就权利人行使权利，提起争议诉讼问题规定诉讼时效期间的，适用这些特别法的规定。例如，《合同法》第129条规定："因国际货物买卖合同和技术进出口合同争议提起诉讼或者申请仲裁的期限为四年，自当事人知道或者应当知道其权利受到侵害之日起计算。因其他合同争议提起诉讼或者申请仲裁的期限，依照有关法律的规定。"又如，《海商法》专章规定了海商活动中发生的各类商事关系适用的时效期间，涉及就海上货物运输向承运人要求赔偿的请求权（1 年）、有关航次租船合同的请求权（2 年）、就海上旅客运输向承运人要求赔偿的请求权（2 年）、有关船舶租用合同的请求权（2 年）、有关海上拖航合同的请求权（1 年）、有关船舶碰撞的请求权（2 年）、有关海难救助的请求权（2 年）、有关共同海损分摊的请求权（1 年）、根据海上保险合同向保险人要求保险赔偿的请求权（2 年）、有关船舶发生油污损害的请求权（3 年）。

三、最长诉讼时效

最长诉讼时效，指对被侵害的民事权利给予诉讼保护的最长期限。《民法通则》第 137 条规定："诉讼时效期间从知道或者应当知道权利被侵害时起计算。但是，从权利被侵害之日起超过 20 年的，人民法院不予保护。"因此，民事权利人请求人民法院保护其合法权益的最长诉讼时效期间为权利被侵害之日起 20 年。

关于《民法通则》第 137 条规定的 20 年期间性质如何，民法学界有不同的看法。有的认为属于除斥期间[①]；有的认为既不属于诉讼时效，也不属于除斥期间，仅是民事权利的最长保护期限[②]；但多数学者认为应属于诉讼时效。[③]我们同意最后一种观点。理由是，该 20 年期间适用的对象、前提与期间届满的法律后果，与诉讼时效没有本质的区别。该 20 年期间适用的对象也是债权请求权，不适用于其他权利；其适用的前提也是权利人怠于行使权利；该期间届满的后果也是权利人丧失胜诉权。

最长诉讼时效与前述一般诉讼时效、特别诉讼时效有所不同，其差异主要表现于：(1)诉讼时效期间的起算点不同。一般诉讼时效期间和特别诉讼时效期间均从权利人知道或者应当知道权利被侵害时起计算，最长诉讼时效期间是从权利被侵害之日起计算。(2)一般诉讼时效和特别诉讼时效适用诉讼时效中止、中断、延长，最长诉讼时效不适用诉讼时效中止、中断，但适用诉讼时效延长。(3)最长诉讼时效期间相比于一般诉讼时效期间和特别诉讼时效期间，期限较长，是民事权利受诉讼保护的最长期限，其目的主要在于稳定社会

---

① 佟柔主编：《中国民法学·民法总则》，中国公安大学出版社 1990 年版，第 318～321 页。

② 曾宪义总主编（民法分主编：王利明）：《法律硕士专业学位招生考试教程（下卷）》，法律出版社 1998 年版，第 525 页。

③ 刘心稳主编：《中国民法学研究述评》，中国政法大学出版社 1996 年版，第 285 页。

经济、生活秩序；一般诉讼时效期间和特别诉讼时效期间则较短，一般一至四年不等，其目的主要在于及时保护权利人的权利。(4)对于最长诉讼时效的适用范围，法律没有加以限制，它适用于所有的民事纠纷案件。特别诉讼时效则仅适用于法律规定的特定民事纠纷案件，普通诉讼时效则适用于特别诉讼时效所适用的案件以外的一般民事案件。

但是，最长诉讼时效与一般诉讼时效和特别诉讼时效也有联系。最长诉讼时效期间是对一般诉讼时效和特别诉讼时效适用的一种限制。根据最高人民法院《关于贯彻执行〈民法通则〉若干问题的意见(试行)》第167条的规定，《民法通则》第135条规定的两年诉讼时效期间，权利人自权利被侵害时起的第18年后至第20年期间才知道自己的权利被侵害的，或者属于《民法通则》第136条规定的一年诉讼时效期间，权利人自权利被侵害时起的第19年后至第20年期间才知道自己的权利被侵害的，提起诉讼请求的权利，应当在权利被侵害之日起的20年内行使；超过20年的，不予保护。

第四节　诉讼时效期间的计算

一、诉讼时效的起算

(一)诉讼时效起算的概念

诉讼时效的起算，指诉讼时效期间的起算点，换言之，指诉讼时效期间从什么时候开始计算。根据《民法通则》第137条的规定，一般诉讼时效期间和特别诉讼时效期间均从权利人知道或者应当知道权利被侵害时起计算，最长诉讼时效期间是从权利被侵害之日起计算。

(二)确定诉讼时效期间起算的规则

除最长诉讼时效期间外，诉讼时效期间从权利人知道或者应当知道权利被侵害时起计算。在确定"权利人知道或者应当知道权利被侵害"时通常依以下规则：

1.因合同所生之债的请求权的诉讼时效，有履行期限的，从履行期限届满之日起计算；没有履行期限的，从权利人主张权利而义务人拒绝履行义务之日起计算。

2.请求损害赔偿的诉讼时效，从权利人知道或者应当知道损害事实发生及具体侵害人时起计算。就人身损害赔偿提出的诉讼，伤害明显的，从受伤害之日起计算;伤害当时未曾发现,后经检查确诊并能证明是由伤害引起的,从伤势确诊之日起计算。侵权行为是持续发生的,诉讼时效从侵权行为实施终了之日起计算。

3.无民事行为能力人和限制民事行为能力人的权利被侵害,诉讼时效从监护人知道或者应当知道权利被侵害时起计算;没有监护人或者监护人是侵权人的,从设定、变更监护人后监护人知道或者应当知道之日起计算,或者从被侵权人具有完全民事行为能力之日起计算。

4.附延缓条件的债权从条件成就之时起计算,但请求权定有期限的,则从该期限届满之时起计算。

二、诉讼时效的中止

(一)诉讼时效中止的概念

诉讼时效的中止,指在诉讼时效完成以前,因发生了法律规定的事由而使权利人不能行使权利,因而暂停诉讼时效期间的计算,待中止时效的事由消除后,再继续计算诉讼时效期间。《民法通则》第 139 条规定:"在诉讼时效期间的最后六个月内,因不可抗力或者其他障碍致使权利人不能行使请求权的,诉讼时效中止。从中止时效的原因消除之日起,诉讼时效期间继续计算。"

(二)诉讼时效中止的发生时间和事由

适用诉讼时效中止规定时应当注意,诉讼时效中止的法定事由必须发生在诉讼时效的最后 6 个月内,才能导致诉讼时效中止的后果。如果在诉讼时效期间的最后六个月以前发生法律规定的权利行使障碍,而至诉讼时效期间的最后六个月时该障碍已经消除的,则不发生诉讼时效中止;如果该障碍持续至诉讼时效期间的最后六个月仍未消除的,则从诉讼时效期间的最后六个月之始开始发生诉讼时效中止,至该障碍消除后再继续计算诉讼时效期间。

诉讼时效中止的事由属法定事由,当事人超出法律规定自行约定的中止事由无效。在我国,诉讼时效中止的事由为客观原因,包括不可抗力和其他客观障碍。不可抗力,指不能预见、不能避免并且不能克服的客观情况,如地震、强台风等。其他障碍,指除法律规定的不可抗力外,非由权利人主观意志决定或支配的,并足以阻碍权利人行使权利的客观障碍。这种客观障碍按照司法解释,至少包括:权利被侵害的无民事行为能力人、限制民事行为能力人没有法定代理人,或者法定代理人死亡,或者法定代理人本人丧失行为能力;权利人死亡,其继承人或受遗赠人尚不明确的。这些障碍都直接导致权利人不能行使请求权,故可引起诉讼时效中止。

(三)诉讼时效中止的法律后果

发生诉讼时效中止的事由时,中止时效事由发生以前已经经过的诉讼时效期间仍然有效,中止时效事由的发生期间诉讼时效期间暂停计算,中止时效的事由消除后,诉讼时效期间继续计算。即扣除中止时效事由的发生期间,中止前和中止后进行的诉讼时效期间合并计算。

三、诉讼时效的中断

(一)诉讼时效中断的概念

诉讼时效的中断,指在诉讼时效进行中,因权利人行使权利或义务人履行义务等事由,致使以前已经经过的诉讼时效期间归于消灭,待中断时效的事由消灭后,诉讼时效期间重新开始计算。《民法通则》第 140 条规定:“诉讼时效因提起诉讼、当事人一方提出要求或者同意履行义务而中断。从中断时起,诉讼时效期间重新计算。”诉讼时效中断可以发生在诉讼时效期间的任何时间,这是诉讼时效中断与诉讼时效中止不同的特点之一,并且诉讼时效中断后,在开始重新计算的新的诉讼时效期间内再次发生时效中断的事由的,诉讼时效可以再次中断,诉讼时效中断不受次数限制。

(二)诉讼时效中断的事由

按照《民法通则》第 140 条的规定以及有关的司法解释和司法实践,导致诉讼时效中断的法定事由有:

1. 权利人提起诉讼

诉讼,指权利人按照民事诉讼程序向义务人主张权利。权利人以义务人为被告向人民法院提出一定的诉讼请求,请求人民法院对其诉求予以裁判。从权利人提起诉讼,至人民法院生效、确认判决书或调解书作出的整个诉讼期间,诉讼时效期间中断;自生效法律文书确认的义务人应当履行义务的期间届满起,诉讼时效期间重新开始计算。至于权利人提起诉讼后,又自动申请撤诉或依法视为撤诉的,或被人民法院以判决驳回诉讼请求的,是否发生诉讼时效中断的问题,我国民法学界存在肯定和否定两种截然不同的观点。[①] 我们认为,权利人提起诉讼后,法院以裁定准予原告撤诉或以原告经法院合法传唤无正当理由拒不到庭而视为自动撤诉的,虽经权利人行使诉权,但该撤诉除具有撤回诉讼请求而终结诉讼的法律后果外,没有其他的法律意义,因而不宜归入

① 刘心稳主编:《中国民法学研究述评》,中国政法大学出版社 1996 年版,第 287～288 页。

因“提起诉讼”而发生诉讼时效中断的情形。但若权利人起诉后，起诉状的副本已送达义务人的，可以列入因“当事人一方提出要求”而发生诉讼时效中断的情形。至于权利人提起诉讼后，受诉法院以原告的诉讼请求证据不足而判决驳回原告的诉讼请求的，而后，权利人又就同一诉求和事由以新的证据提起诉讼的，则权利人提起的前一诉讼应当视为发生诉讼时效中断的事由。

2. 权利人按照法律规定的解决争议的其他途径或程序，提出保护其民事权利的请求

主要包括以下四种情形：(1)合同当事人按照仲裁协议就合同纠纷或财产权益争议向仲裁机构申请仲裁的。(2)权利人向人民调解委员会或者有关单位请求居中调解的，从提出请求时起，诉讼时效中断。经调处达不成协议的，诉讼时效期间重新起算；如调处达成协议，义务人未按协议所定期限履行义务的，诉讼时效期间应从期限届满时起重新计算。(3)权利人按照法律规定向有关行政主管部门主张权利，或请求保护自己的权利而对他人行为提出异议的。如向国家工商行政管理局提出商标异议或争议；向土地房产管理局申办产权或就他人的产权登记而提出异议。(4)债权人按照破产程序向清算人申报破产债权。

3. 当事人一方提出要求

当事人一方提出要求，是指权利人在诉讼程序或其他解决争议的程序以外，向义务人一方提出履行义务的请求。权利人一方提出要求以主张权利、催告履行义务的意思表示可以向义务人作出，也可以向债务人的保证人、债务人的代理人或者财产代管人主张权利。可以采用书面、口头的方式，也可以采用信件、电报、电话、传真、电子邮件、数据电文等方式作出，只要能够达到通知义务人履行义务的效果，均应当认为诉讼时效中断。但权利人以此主张诉讼时效中断的，应当就其主张承担举证责任。

4. 当事人一方同意履行义务

当事人一方同意履行义务，是指权利人的相对人(即义务人)向权利人一方表示承认权利人权利的存在，或同意履行义务。当事人一方同意履行义务，表明双方的权利义务关系处于确定的状态，权利人信赖这种承认而未行使请求权，原来已经经过的诉讼时效期间自无再维持的必要，诉讼时效中断，权利人的权利仍应继续得到保护。当事人一方同意履行义务为一种意思表示，只须将承认权利人权利存在的意思传达给权利人，即可发生诉讼时效中断，无须确有义务人履行义务的行为，也不论义务人是否有履行义务的诚意或具体的计划。例如，买卖合同的买方在收到卖方的货物后，未在约定的期限内履行付

款的义务，但其后向卖方出具了一张没有写明还款日期的"欠条"。对此应认定为诉讼时效中断，诉讼时效期间从卖方收到买方所写的欠条之日起开始重新计算。若义务人明确承诺在某一期限内履行义务的，则诉讼时效中断至该履行期限届满后，诉讼时效期间再重新开始计算。此外，债务人履行部分义务或支付债务利息、违约金、赔偿损失或为主债务提供担保等，均被认为是对其债务的确认而属于诉讼时效中断的事由。

（三）诉讼时效中断的法律后果

发生诉讼时效中断的事由时，中断时效事由发生以前已经经过的诉讼时效期间归于无效，中断时效事由的发生期间，诉讼时效期间停止计算，待中断的事由消除后，诉讼时效期间重新开始计算。在重新计算的诉讼时效期间内，如果再次发生中断事由，则诉讼时效再次中断。诉讼时效中断的次数不受限制。

四、诉讼时效的延长

诉讼时效的延长，是指因有特殊的原因，人民法院对于已经届满的诉讼时效期间，依法予以延长。《民法通则》第137条规定："有特殊情况的，人民法院可以延长诉讼时效期间。"根据最高人民法院的司法解释以及其他单行法的规定，诉讼时效延长适用于所有的诉讼时效期间，即既适用于一般诉讼时效期间和特别诉讼时效期间，也适用于最长诉讼时效期间。

人民法院可以延长诉讼时效期间的原因为特殊情况。对于该"特殊情况"包括的情形，法律未有明文的规定或解释，是否属于"特殊情况"，一般由人民法院根据权利人的诉求以及具体的案件情况确定。实践中，一般认为，权利人由于客观的障碍而在法定诉讼时效期间内不能行使请求权，例如，对去台人员和台湾同胞的继承权保护的诉讼时效问题，若权利人的主张超过法定诉讼时效期间的，人民法院可以作为特殊情况，适当延长诉讼时效期间。

第五节 诉讼时效的效力

一、关于消灭时效效力的立法例

消灭时效的效力，是指消灭时效完成而发生的法律后果。各国立法及学说关于消灭时效的效力，规定或认识不一。归纳起来，主要存在三种不同的立法例:(1)权利消灭主义。即认为消灭时效完成后,权利之本身归于消灭。因此,若债务人不知时效完成而为之清偿,债权人受领后,应按照不当得利予以返还。《日本民法典》是这种立法例的典型代表。(2)诉权消灭主义。即认为消灭时效完成后,诉讼上行使其权利之权能即诉权归于消灭,但实体权利本身依然存在。《苏俄民法典》是这种立法例的典型代表。在这种立法例下,又有起诉权消灭主义和胜诉权消灭主义两种立法例。(3)抗辩权发生主义。即认为消灭时效完成后,不但实体权利本身并不归于消灭,其在诉讼上行使权利的权能即诉权也不因此归于消灭,只是发生债务人取得拒绝履行的抗辩权的法律后果。因而,消灭时效完成后,权利人实体权利能否实现取决于债务人是否行使抗辩权。《德国民法典》是这种立法例的典型代表。[①] 我国台湾地区的民法借鉴《德国民法典》的规定,认为消灭时效完成后,债务人得拒绝给付。但请求权已经时效消灭,债务人仍为履行之给付者,不得以不知时效为理由,请求返还。其以契约承认该债务的,或提出担保者,亦同。[②]

二、我国法律关于诉讼时效效力的规定

诉讼时效效力,指诉讼时效完成即诉讼时效期间届满而发生的法律后果。在我国,民事立法及学说均认为,诉讼时效期间届满,权利人丧失向人民法院请求保护其民事权利的权利,即权利人的胜诉权消灭。这可以从以下几个方面来理解:

第一,诉讼时效期间届满,权利人丧失胜诉权,但仍享有起诉权。权利人因此丧失请求人民法院以国家强制力强制义务人履行义务以实现自己的实体权利的权利,即实体意义上的诉权,但并不因此丧失依法向人民法院提起诉讼请求的权利,即程序意义上的诉权。因此,诉讼时效期间届满,权利人向人民法院提起诉讼的,人民法院仍应当予以受理,经审理确认权利人的起诉已超过诉讼时效期间的,才以判决驳回其诉讼请求。

第二,诉讼时效期间届满,权利人丧失胜诉权,但不因此丧失实体权。法律规定的诉讼时效期间届满,人民法院对权利人的权利不再予以保护,但权利人的实体权利仍然存在。依《民法通则》第138条规定,诉讼时效期间届满后,

---

① 胡长清:《中国民法总论》,中国政法大学出版社1997年版,第379页。曾宪义总主编(民法分主编:王利明):《法律硕士专业学位招生考试教程(下卷)》,法律出版社1998年版,第528页。

② 台湾"民法"第144条。

义务人自愿履行义务的，权利人有权受领。义务人履行义务后，又以诉讼时效已经完成为理由而反悔，或主张权利人受领履行属于不当得利的，人民法院不予支持，权利人也可以予以拒绝。

第三，主债权因诉讼时效期间届满而丧失请求人民法院予以保护的权利时，人民法院对于权利人因主债权而取得的各种从权利，也不予以保护。

第四，诉讼时效期间届满后，当事人双方又就原债务履行达成新的协议或具体的还款协议的，或债务人在债权人主张权利或催告履行时，重新确认原债权债务关系的，应当认为原债权债务关系因得到重新确认而重新起算诉讼时效期间。例如，超过诉讼时效期间后，信用社向借款人发出催收到期贷款通知单，债务人在该通知单上签字或者盖章的，应当视为对原债务的重新确认，该债权债务关系应受法律保护。[①]

① 最高人民法院《关于超过诉讼时效期间当事人达成的还款协议是否应当受法律保护问题的批复》(1997 年 4 月 16 日)；最高人民法院《关于超过诉讼时效期间借款人在催款通知单上签字或者盖章的法律效力问题的批复》(1999 年 1 月 29 日)。

第11章

期日和期间

第一节 期日、期间的概念

一、期日的概念

在民法上，时间是测定法律事实发生前后的尺度，时间分为期日和期间。期日，指不可分割的一定时间。期日是静态的时间，是以静态的某一具体点作为表示时间的一种方式。期日往往是不可分或视为不可分的时间。例如“2000年1月1日北京时间12时”为不可分之一定期日，“2000年1月1日”则视为不可分之一定期日。后者虽包括一定之时间长度（即一天有24小时），但法律上认为可以忽视其可分性，这样，在该期日内区分具体的那一时就变得没有任何的意义。

二、期间的概念

期间，指由一定日期持续至一定日期的一段时期。期间是以时间持续地经过的某一阶段作为表示时间的另一种方式，是动态的时间。期间必有一定的长度，有明确的开始之时（即起算点）和终止之时（即终结点）。从开始之时至终止之时，称为期间的经过。至规定的终止之时到来，称为期间届满或完成。例如，《民法通则》规定，普通诉讼时效期间为“权利人知道或者应当知道自己权利被侵害之日起两年”，若权利人知道或者应当知道自己权利被侵害的时间为2000年1月1日，那么从2000年1月2日至2002年1月1日，期间为两年，前者为期间开始，后者为期间结束。

三、期日、期间的法律意义

期日和期间属于民事法律事实的一种。民事法律事实是能够引起民事法律关系产生、变更、消灭的客观现象或事实，包括事件和行为。时间的经过属于事件。因而，期日和期间具有引起民事法律关系产生、变更、消灭的法律意义，是构成民事法律制度的不可缺少的组成部分。各国民法对期日、期间及其计算方法一般都有专章规定。[①] 我国《民法通则》在第九章"附则"中对期间的计算及期日的确定也作了专门的规定。

期日、期间作为时间的形式，固然不能直接发生法律上的效果，但多作为法律事实发生法律效果的条件或标准，对于权利的取得或消灭，关系重大。期日、期间在民法中的作用表现是多方面的，其意义主要体现在以下方面：

第一，以某一期日或期间作为某一法律事实发生法律效力的界限。民事法律事实可能引起民事法律关系的产生、变更或消灭，但根据法律规定或当事人约定，该法律事实只有发生在一定的期日或期间内才能产生相应的法律效力的，则该期日或期间就成为判断该法律事实是否发生法律效力的界限。例如，《继承法》第 25 条规定，法定继承人放弃继承的，应当在继承开始后，遗产实际分割前作出明确的意思表示。因此，被继承人死亡之时、遗产实际分割之时对于法定继承人放弃继承的表示的效力，意义重大。被继承人死亡之前或遗产实际分割之后，法定继承人表示放弃继承的，不发生放弃继承的法律效果。

第二，以某一期日或期间作为确定民事法律行为生效或终止的根据。民事法律行为可以附有期限，并根据所附的期限的意义的不同而分为附始期的民事法律行为和附终期的民事法律行为。因而，对于附始期的民事法律行为而言，该期日到来或该期限届满的，民事法律行为开始发生法律效力；对于附终期的民事法律行为而言，该期日到来或该期限届满，民事法律行为的效力终止。

第三，以某一期日或期间作为确定民事主体的民事权利能力和民事行为能力的界限。公民的民事权利能力始于出生，终于死亡，出生和死亡之期日成为判断公民是否作为民事权利义务关系主体的一个重要标准。公民的行为能

---

① 《法国民法典》第二十编"时效及占有"第五章"时效期间"；《德国民法典》第一编"总则"第四章"期间、期日"；《日本民法典》第一编"总则"第五章"期间"；《俄罗斯联邦民法典》总则第五分编"期限、诉讼时效"第十一章"期限的计算"。

力受其年龄、智力和精神健康的影响，因而，一个公民的成年之日成为判断其是否具有完全民事行为能力，以及其所实施的民事行为是否有效的重要依据。

第四，以某一期日或期间作为确定民事权利取得或丧失的根据。例如，按照我国《继承法》第25条的规定，受遗赠人在知道受遗赠之日起两个月内，没有表示接受遗赠的，则视为放弃受遗赠。该两个月的期限届满，受遗赠人未表示接受遗赠，其取得遗产的权利即丧失。

第五，以某一期日或期间作为认定事实、适用法律以及解决纠纷的依据。法律规定或当事人约定的期日或期间往往是正确认定案件事实和正确适用法律的一个重要依据，它在判断诸如原告的诉讼请求是否超过诉讼时效，当事人履行合同义务是否逾期履行而构成违约行为，原告请求保护的债权是否已届履行期，是否以下落不明而宣告某公民死亡或失踪等案件事实上有重要的意义，并因此影响案件的处理结果。

第二节 期日、期间的分类

一、法定期日、期间

法定期日、期间，指由法律直接规定的期日或期间。例如，各种诉讼时效期间、除斥期间都是由法律直接规定的，当事人不得以合同任意加以改变，当事人以约定改变该规定的，该约定无效。又如，继承从被继承人死亡时开始，被继承人死亡之时作为继承开始和遗产所有权转移的期日是法定的，不可以协议变更。

二、约定期日、期间

约定期日、期间，指由当事人自行选择或约定的期日或期间。例如，合同当事人在合同中约定的合同生效日期、当事人履行义务的期限，或约定的民事法律行为所附的期限，等等。约定期日或期间不得违反法律强制性的规定，否则对当事人不具有拘束力。

三、指定期日、期间

指定期日、期间，指由人民法院、仲裁机构等有关部门或机构确定的期日或期间。例如，人民法院作出的判决书、裁定书或调解书或仲裁机关作出的裁决书中确定的当事人必须履行义务的日期。

上述期日或期间虽确定方式或根据有所不同，但一经确定，即对相关当事人有拘束力，当事人一方不得随意擅自变更。

第三节 期间的计算

期日因是静止的、不可分割的一定时间，因此，无论是法定的、约定的或是指定的，其确定都是具体的某年某月某日。并且因其为不可分的一个时间点，也不发生计算的问题。期间则是动态的一个时间段，其开始、结束一般有确定方式，该期间是否届满也应有相应的计算标准。

一、期间的确定方式

期间，根据法律规定或当事人约定或有关机关的指定，有多种确定方式。主要有：

1. 规定确切的从某年某月某日至某年某月某日。例如，房屋租赁合同规定租期为两年，从1999年1月1日起至2000年12月31日止。

2. 规定一定事实发生起的一定时间段。例如，买卖合同规定买方对买卖标的物的质量有异议的，必须在收到货物时起一个月内提出。

3. 以合理推定确定合理期限。例如，《合同法》规定，要约没有确定承诺期限的，要约以非对话方式作出的，则承诺应当在合理期限内到达(第23条第2款)；当事人在买卖合同中没有约定检验期间的，买受人应当在发现或者应当发现标的物的数量或者质量不符合约定的合理期间内通知出卖人(第158条第2款)。该合理期限的确定往往根据当事人作出判断所需花费的时间以及进行答复或通知所需的在途时间而确定。

4. 期限约定不明确，以当事人提出请求的时间为准。例如，合同没有确定履行期限的，债务人可以随时履行，债权人也可以随时要求履行，但应当给对方必要的准备时间。

二、期间计算的方法

期间的计算方法通常可以分为自然计算法与历法计算法两种。

1. 自然计算法。指依实际发生和经过的精确时间，以时、分、秒为单位计算期间的方法。例如，1日为24小时，那么，“自某日上午8时起1日内”则指从某日上午8时至翌日8时止这一段时间。

2.历法计算法。指依日历确定的历法，以年、月、日为单位计算期间的方法。例如，凌晨0时到第二天0时为一天，那么，“自某日起1日内”则指开始当天的次日凌晨0时到24时止这一段时间。

我国《民法通则》第154条规定：“民法所称的期间按照公历年、月、日、小时计算。”这表明，我国期间的计算方法兼采用自然计算法和历法计算法两种。

三、我国民法规定的期间计算方法

根据我国《民法通则》以及有关的司法解释的规定，具体计算期间的起算点和终止点的方法如下：

1.规定按照小时计算期间的，从规定时开始计算。规定按照日、月、年计算期间的，开始的当天不算入，从下一天开始计算。

2.期间的最后一天是法定休息日（如星期六、星期日）或者其他法定休假节日（如春节、国庆节）的，以休息日或休假日的次日为期间的最后一天。若该法定休息日或其他法定休假日有变通的，以实际休假日的次日为期间的最后一天。

3.期间的最后一天的截止时间为24点，但有业务时间的，到停止业务活动的时间截止。

4.当事人约定的期间不是以月、年第一天起计算的，则一个月以30天计算，一年以365天计算。

5.民法中所称的“以上”、“以下”、“以内”、“届满”，包括本数；所称的“不满”、“以外”，不包括本数。

6.按照日、月、年计算期间，当事人对起算时间有约定的，从其约定。

第12章 民法的效力、适用与解释

第一节 民法的效力

民法的效力，指民法效力发生的范围，包括时间效力、空间效力和对人的效力三个方面。

一、时间效力

民法的时间效力，是指民法在什么时间范围内具有约束力，包括何时发生效力、何时终止效力以及对民法生效前的事件和行为有无溯及力的问题。

民法的生效时间由法律文件直接规定。通常法律并非从公布之日起即发生效力，而是经过一定期间后才发生效力。例如，《民法通则》于 1986 年 4 月 13 日公布，依其第 156 条规定，从 1987 年 1 月 1 日起生效。《合同法》于 1999 年 3 月 15 日公布，依其第 428 条规定，从 1999 年 10 月 1 日起生效。这主要是考虑到法律公布后需有一定的时间开展宣传和做好实施的准备工作。但也有规定，法律自公布之日起即发生效力的。例如《中外合作经营企业法》第 28 条明文规定："本法自公布之日起施行。"该法 1988 年 4 月 13 日公布，从该日起生效。

通常，法律文件本身并不直接规定其终止效力的时间，而是在新的法律公布时，由新的法律规定原有法律终止效力的时间。例如，《合同法》第 428 条规定："本法自 1999 年 10 月 1 日起施行，《经济合同法》、《涉外经济合同法》、《技术合同法》同时废止。"或如《商标法》第 43 条规定，商标法自 1983 年 3 月 1 日起施行，该法施行前，有关商标管理的规定"凡与本法抵触的，同时失效"。

原则上，民法没有溯及力，对于法律施行前发生的事件或行为不具有约束力。法无溯及力，这是法治社会的一项原则。1804 年《法国民法典》第 2 条即规定："法律仅仅适用于将来，没有溯及力。"因为，法律只能要求人们遵守国家现行的法律，不可能要求人们遵守尚未颁行的法律。但在我国，由于过去民事法律不健全，许多民事活动无法可依。对于这些民事纠纷的处理，司法实践中往往采取较为灵活的做法，参照适用新法。例如，最高人民法院《关于贯彻执行〈中华人民共和国民法通则〉若干问题的意见（试行）》第196条指出："1987年1月1日以后受理的案件，如果民事行为发生在1987年以前，适用民事行为发生时的法律、政策；当时的法律、政策没有具体规定的，可以比照适用民法通则处理。"

二、空间效力

民法的空间效力，指民法在什么地域内具有约束力。我国《民法通则》第8条规定第一款："在中华人民共和国领域内的民事活动，适用中华人民共和国的法律，法律另有规定的除外。"这是国家主权原则的体现。因此，除民事法律本身有特别规定外，其效力及于我国全部领域，它包括我国的全部领陆、领空、领水以及驻使领馆等延伸意义上的领域。所谓"法律另有规定"主要包括两种情形：一是指涉外民事法律关系的法律适用，涉外民事法律关系可以适用外国法律。例如《民法通则》第145条规定，涉外合同的当事人可以选择处理合同争议适用的法律。如当事人选择适用外国法律，尽管合同在我国境内订立和履行，仍适用当事人选择的外国法，而排除我国法的适用；二是某些法律因其效力只适用于一定行政区域内，并不适用于全国。例如《香港特别行政区基本法》和《澳门特别行政区基本法》中的民事法律规范，只适用于香港、澳门特别行政区，而不适用于全国。至于各省、自治区、直辖市以及有立法权的经济特区的立法机关制定的地方性法规、自治条例，只在其管辖区域内有效，并不适用于全国。

三、对人的效力

民法对人的效力，指民法对什么人具有约束力。民法上的"人"，即民事主体，包括自然人、法人及其他民事主体。自然人包括本国公民、外国人和无国籍人，法人包括本国法人和外国法人。对于我国公民，不论其在我国境内还是境外，均适用我国民法。这是我国国家主权原则的体现。但依《民法通则》第143条规定，我国公民定居国外的，其行为能力可以适用定居国法律。对于在我国领域内的外国人、无国籍人，依《民法通则》第8条第2款规定，除法律有特别规定外，应适用我国法律。对于我国法人和在我国领域内从事民事活动的外国法人，适用我国民法。

第二节 民法的适用

一、民法适用的意义

民法的适用，是指法院或仲裁机构在查清民事案件的事实的基础上，正确引用民事法律规范，依逻辑方法，作出裁决的过程。这是民法调整一定社会关系的方式之一。民法适用的主体是法院或仲裁机构，公民、法人在民事活动中虽然也引用法律解决问题，但不属于法律适用，而属于法律的遵守。民法适用的目的是解决民事争议，对民事案件作出公正的裁决。民法适用应依逻辑方法而进行，它本身是一个逻辑推理过程。民法的适用以民事法律规范为大前提，以具体案件为小前提，从而得出特定的结论（即对具体案件作出裁决，以确定当事人之间的权利义务关系）。

二、民法适用的原则

（一）特别法优于普通法

民事法律规范按其适用范围可分为普通法和特别法，普通法适用于一般情况，特别法适用于特定的情况。在民法的适用上，特别法优于普通法而适用，即对于具体事项，特别法有规定的，应适用特别法；特别法无规定的，适用普通法。在民法与商法的关系上，民法为普通法，公司、票据等商法为特别法。在处理公司、票据法律问题时，公司法、票据法有规定的，优先适用其规定，没有规定则适用民法的一般规定。普通法与特别法的划分是相对而言的，例如，在我国，《合同法》相对于《民法通则》而言为特别法，有关合同的法律适用，应优先适用合同法之规定；但就合同而言，《合同法》相对于《保险法》之规定，则为普通法。有关保险合同的法律适用，应优先适用保险法；保险法无规定的，则适用合同法的一般规定。

（二）强行法优于任意法

民法规范依其是否允许当事人自由意思加以变更可分为强行法和任意法。强行法要求人们必须遵守，不得以协议加以变更。民法有关民事主体的权利能力、行为能力、责任能力之规定，关于法人设立变更、终止之规定，关于物权种类、物权之内容、物权变动、不动产登记之规定，关于诉讼时效之规定等，均为强行法。任意法则允许当事人以协议变更，法律之规定仅作为当事人意思之补充。民法为权利法,其法律规范主要是任意性规范。民法的任意性规范主要体现在关于合同的规定。但在合同法中也有强行法律规范。如我国合同法归于合同无效的规定。

在民法的适用上,强行法优先于任意法而适用。对于具体民事争议,有强行法规定的,应适用其规定,排除当事人之意思自由。例如,我国《合同法》第12条规定“合同内容由当事人约定”,确认当事人有约定合同内容的自由,但第53条则规定:“合同中的下列免责条款无效:(1)造成对方人身伤害的;(2)因故意或者重大过失造成对方财产损失的。”当事人订立的合同如有上述免责条款,应依第53条规定确认无效,而不适用第12条之规定。

(三)法无具体规定时适用原则性规定

民法是一个由具体规范和原则性条文组成的规范体系。如《合同法》第一章“一般规定”属于原则性条文,第二章以下则为合同具体制定及各种具体合同的规定。在民法适用上,法律有具体规定的,应适用具体规定;无具体规定的,适用原则性条文。

三、民法的类推适用

类推适用,是指在适用法律处理个案时,因法无明文规定,可以比照最相类似的法律条文进行处理的制度。设立类推适用制度的意义在于弥补法律的空白。由于社会经济生活极为纷繁复杂,任何法律均不可能穷尽社会生活,从而作出详尽的规定,法律上难免存在空白状态。对于法律上的空白,可以通过制定新的法律来弥补,也可以采取类推适用的措施弥补。但采取类推适用措施,有利于保持法律的相对稳定,避免动辄修订法律或制定新法,影响法的稳定性和权威性。

我国《合同法》对类推适用作了明确的规定。该法第124条规定,对于合同法或其他法律无明文规定的合同(即无名合同),适用合同法总则的规定,并可以参照合同法分则或其他法律最相类似的规定。第174条则规定,法律对其他有偿合同没有规定的,参照买卖合同的有关规定。

第三节 民法的解释

一、民法解释的意义

法律解释,是指对法律规范的内容、含义所作的理解、说明或阐释。法律规范是通过法律条文表现出来的，法律条文通常是由专门的法律术语和概括的文字构成。在法律适用中，必须对这些法律术语以及由其构成的法律条文作出准确的阐释，才能正确理解法律规范的内容、含义。同时，法律规范作为一种具有普遍适用效力的行为规范，只能是概括的规则，而社会生活是纷繁复杂的，要把作为一般规则的法律规范正确地应用到具体的案件，从而作出正确的裁判，就需要对法律规范有正确的理解。因此，法律解释是准确理解法律和正确适用法律所必需的，是法律适用中不可缺少的环节。在法律适用中，法官正是基于对法律的理解从而对具体案件作出裁判。

而且，法律是人制定的，由于各种主客观原因，法律规定的不圆满及法律规定之间的不和谐总是或多或少存在的。此即原理上所说的法律漏洞。法律漏洞的存在，是成文法局限性的具体表现。为补充法律之漏洞，除补充法律渊源，适用民法基本原则外，亦可采取法律解释之方法。通过对法律条文的文义作扩张解释，以解决法律规定不周延的问题。

二、民法解释的分类

法律解释，依解释主体和效力不同，可分为正式解释和非正式解释两大类。

正式解释，又称法定解释、有权解释，是指拥有法律解释权的国家机关依其权限，对法律所作的解释。它包括：(1)立法解释，指国家立法机关或其授权机关对自己制定的法律，法规所作的解释，如 1999 年 12 月 29 日全国人大常委会《关于国籍法在澳门特别行政区实施的几个问题的解释》。立法解释与被解释的法律、法规具有同等的法律效力。(2)司法解释，指国家司法机关依其权限在适用法律时所作的解释。例如，最高人民法院 1988 年《关于贯彻执行民法通则若干问题的意见(试行)》，1999 年《关于贯彻执行合同法若干问题的意见》，其间许多规定属于对法律规定作出的解释。在我国，由于民事法律不健全，司法解释在指导民事审判工作中具有重要的作用。(3)行政解释，指国家行政机关在依法行使职权时，对法律、法规的具体应用问题即作的解释，如国家环保局 1991 年《关于确定环境污染损害赔偿责任问题的复函》。

非正式解释，又称无权解释或非官方解释，指未经国家授权的任何主体对法律规范所作的无法律效力的解释。非正式解释主要是学理解释，即专家、学者及法律工作者对法律所作了学术性、知识性的解释。学理解释虽不具有法律效力，不能作为适用法律的依据，但对于正确理解法律和适用法律，具有重要的作用。

三、民法解释的常用方法

（一）语法解释

语法解释，是指根据语法规则对法律条文的语句结构、文字排列、标点符号并联贯全文进行分析，以阐释其内容。法律条文是用语言文字表述的，具备语言规范性。运用这种解释，使之符合合法本意，注意防止断章取义，对法律条文作违反语言规范的解释。

（二）逻辑解释

逻辑解释，是指适用形式逻辑的方法分析法律规范的结构、内容、适用范围和所用概念之间的内在联系，避免解释的前后矛盾，以求得对法律规范的正确理解。运用逻辑解释法，可以对法律规范和概念进行正反两方面的推论，以阐明法律规范的内容、含义和适用范围。

（三）系统解释

系统解释，又称为体系解释，是指根据法律条文在法律体系中的位置、该条文与其他法律条文的相互关系，阐释其内容和含义。法律条文不是孤立存在的，总是在同其他法律条文相互配合和制约下发挥作用的。运用系统解释法，可以准确地理解法律，避免片面性。

（四）历史解释

历史解释，又称法意解释，指根据法律制定的背景、审议情况以及立法者所作的说明，阐释立法的原意，达到对法律的准确理解。运用历史解释法，有助于更深刻地把握立法原意和法律规范的实质。

（五）字义解释

字义解释，是指对法律条文中所用文字作出解释。其中，严格按法律条文的文字字面含义进行解释，既不扩张与不缩小，称为字面解释；对法律条文的文字作广于其字面含义的解释，以符合立法原意，称为扩充解释；为符合立法本意，对法律条文的文字作窄于其字面含义的解释，则称为限制解释。

上述法律解释的各种方法并不是互相排斥的，在解释法律时，往往可同时采用几种方法，以达到对法律的准确理解和正确适用。

图书在版编目(CIP)数据

民法总论/柳经纬主编. —厦门:厦门大学出版社,2005.2(2012.4重印)
(高等法学院校民商法学系列)
ISBN 978-7-5615-1651-5

Ⅰ.民… Ⅱ.柳… Ⅲ.民法-中国-高等学校-教材 Ⅳ.D923

中国版本图书馆CIP数据核字(2005)第014769号

厦门大学出版社出版发行
(地址:厦门市软件园二期望海路39号 邮编:361008)
http://www.xmupress.com
xmup @ public. xm. fj. cn
沙县方圆印刷有限公司印刷
2008年6月第3版 2012年4月第2次印刷
开本:787×960 1/16 印张:21.5
字数:369千字 印数:3001～6000册
定价:28.00元